HISTORISCH-POLITISCHE WELTKUNDE

Kursmaterialien Geschichte
Sekundarstufe II/Kollegstufe

Frühe Neuzeit

Von Asmut Brückmann und
Dietmar Schiersner

Ernst Klett Verlag
Stuttgart · Leipzig

HISTORISCH-POLITISCHE WELTKUNDE

Herausgegeben von Hans-W. Ballhausen und Prof. Dr. Joachim Rohlfes
Autoren: Asmut Brückmann (Kap. I, II, III 1 + 3)
Prof. Dr. Dietmar Schiersner (Kap. III 2, IV–VI)
Karten: Kartografisches Büro Borleis & Weis, Leipzig
Joachim Zwick, Gießen
Einband: Manfred Muraro, Stuttgart
Titelbild: „Allegorie auf den europäischen Frieden". Kupferstich (37,2 x 26,4 cm), koloriert und teilweise golderhöht, von Pieter de Jode (nach Abraham van Diepenbeke). Aus Anselm von Hulle: PACIFICATORES ORBIS CHRISTIANI. Rotterdam 1697 (Kulturgeschichtliches Museum Osnabrück)

1. Auflage 1 5 4 3 2 1 | 2011 10 09 08 07

Alle Drucke dieser Auflage sind unverändert und können im Unterricht nebeneinander verwendet werden. Die letzte Zahl bezeichnet das Jahr des Druckes.

www.klett.de

Redaktion: Jens Sieberns, Hamburg

Satz: Krause Büro, Leipzig
Herstellung: Katja Taubert
Reproduktion: Meyle + Müller, Medien-Management, Pforzheim
Druck: Firmengruppe APPL, aprinta Druck, Wemding

Printed in Germany
ISBN: 978-3-12-456031-5

9 783124 560315

Inhalt

Einleitung 5

I. Aufbruch in die Neuzeit 6
1. Leonardo und Erasmus – Zwei Menschen einer neuen Zeit 6
2. Die Wiederentdeckung der Antike und der Humanismus 14
3. Kommunikation und Austausch in der „Republik der Gelehrsamkeit" 22
4. Kunst und Architektur 31
5. Natur und Erfahrung 41

Zur Diskussion: Mythos Renaissance? 20
Zur Diskussion: Die Ursprünge der Revolution der Kunst während des 15. Jahrhunderts in Italien 40
Zur Diskussion: War Kopernikus ein wissenschaftlicher Revolutionär? 53
Grundbegriff: Scholastik 9
Grundbegriff: Renaissance 16
Grundbegriff: Humanismus 16
Grundbegriff: Post 26
Grundbegriff: Manierismus 35
Grundbegriff: Erfahrung/Empirismus 47

II. Wirtschaft und Gesellschaft in der Frühen Neuzeit 55
1. Gesellschaftliche und wirtschaftliche Veränderungen in Mitteleuropa 55
2. Frühkapitalismus in Deutschland 67
3. Frauen in der Renaissance 78

Zur Diskussion: Das Stadtbürgertum – eine dynamische Kraft? 66
Zur Diskussion: Protestantische Ethik und Kapitalismus 77
Grundbegriff: Stand/Ständegesellschaft/Ständestaat 60
Grundbegriff: Zunft 60
Grundbegriff: Frühkapitalismus 71
Grundbegriff: Wiedertäufer 83

III. Die Herausbildung des modernen Staates 91
1. Prototyp des modernen Staates – Florenz 91
2. Wege zum Staat 100

2.1 Monarchische Verdichtung: Portugal, Spanien und Frankreich 100
2.2 Der „König im Parlament": England 110
2.3 Staatsbildung zwischen Adel und König: Böhmen und Polen 117
2.4 Republikanische Alternativen? – die Niederlande und die Eidgenossenschaft 124

3. Staatstheorien und politische Utopien 132

Zur Diskussion: Was ist der „frühmoderne Staat"? 130
Grundbegriff: Republik 96
Grundbegriff: Staatsbildung 104
Grundbegriff: Absolutismus 104
Grundbegriff: Parlament 113
Grundbegriff: Staatsräson 136

IV. Heiliges Römisches Reich Deutscher Nation: Struktur und politische Geschichte 141
1. Das Reich und seine Institutionen 141
2. Das Kaisertum Karls V. 150
3. Die Territorien des Reichs 158

3.1 Die Entstehung der Territorialherrschaft ... 158
3.2 Der „Dualistische Ständestaat" ... 162
Zur Diskussion: Fürstliches Machtmonopol oder ständische Mitsprache? ... 165
Grundbegriff: Reich ... 145
Grundbegriff: Reichsstände ... 146
Grundbegriff: Römisches Recht ... 162

V. Das Jahrhundert der Reformation und die Ausbildung der Konfessionen ... 167
1. Luther und die Anfänge der Reformation im Reich ... 167
2. Zwingli, Calvin und die Spielarten der Reformation ... 175
3. Der Bauernkrieg von 1525 ... 182
4. Religion und Politik ... 188
5. Konfessionsbildung und Konfessionalisierung ... 194
5.1 Die lutherischen Kirchen ... 194
5.2 Die katholische Kirche ... 198
5.3 Die reformierten Kirchen ... 202
Grundbegriff: Kommunalismus ... 203
Grundbegriff: Sozialdisziplinierung ... 203

VI. Großer Krieg und großer Friede ... 205
1. Der europäische Hintergrund des Dreißigjährigen Krieges: das Zeitalter der Glaubenskämpfe ... 205
2. Ausbruch und Verlauf des Dreißigjährigen Krieges ... 209
3. Leben und Sterben im Krieg ... 217
4. Bestimmungen und Folgen des Westfälischen Friedens ... 221
Grundbegriff: Stehendes Heer ... 213
Grundbegriff: Libertät ... 213

Literatur zur Vertiefung ... 228
Register ... 230

Einleitung

„Anfang der Neuzeit" oder „Aufbruch in die Moderne" – mit diesen Bezeichnungen wird vielfach der Zeitraum zwischen dem 14. und dem Anfang des 17. Jahrhunderts belegt. Dies scheint auf der Linie des Epochenbewusstseins zu liegen, das von zeitgenössischen Gelehrten und Künstlern gehegt wurde. In bewusster Abgrenzung vom „alten" Mittelalter verstanden sie sich als „Erneuerer", die durch die aktive Verarbeitung des wissenschaftlichen, philosophischen und künstlerischen Erbes der Antike Unwissenheit, Aberglauben und Rückständigkeit des Mittelalters hinwegfegen zu können meinten. Auf das „finstere" Mittelalter sollte durch die Wiedergeburt – die „Renaissance" – des klassischen Altertums eine Zeit des die Welt durchleuchtenden und erhellenden Verstandes folgen, in der das wache Individuum sein Schicksal selbst in die Hand nehme und seine Umwelt aktiv gestalte. Gleichzeitig proklamierten herausragende Künstler den Anspruch, Werke zu schaffen, die der Natur und einem neuen Schönheitsideal verpflichtet waren.

Dieses glänzende Gemälde eines Zeitalters des Aufbruchs und der überragenden Individuen ist in den letzten Jahrzehnten von immer mehr Historikern in Frage gestellt worden. Manche sprechen sogar von einem nachträglich konstruierten Mythos, der der geschichtlichen Wirklichkeit allenfalls in Teilbereichen gerecht wird. Vielmehr sei nur eine hauchdünne Elite Träger der neuen Ideen gewesen. Außerdem gebe es starke Verbindungslinien zwischen dem in Wirklichkeit gar nicht so „finsteren" Mittelalter und der so genannten Frühen Neuzeit. Denn „mittelalterliche" Denk- und Verhaltensweisen existierten – zumindest bei großen Teilen der Bevölkerung – noch lange weiter.

Auch bei den in diesem Zeitraum zu beobachtenden wirtschaftlichen Entwicklungen fällt eine Mischung aus Kontinuitäten und Brüchen auf. Feudale Strukturen bestehen zwar weiter, beginnen aber zu bröckeln. Städte und Stadtwirtschaft florieren und frühkapitalistische Konzerne entstehen. Gleichzeitig bedrohen Agrarkrisen die Lage der Bauern. Immer wieder machen sie sich in Aufständen oder Protesten Luft. Elend und Verarmung kontrastieren mit Reichtum und luxuriöser Pracht. Bürgerliche Aufsteiger bedrohen die Rangstellung des Adels und Landesfürsten versuchen ihre Macht auszubauen.

Gegensätzliche Tendenzen bestimmen ebenfalls die Entwicklung, in der sich im frühneuzeitlichen Europa Formen „des Staates" herausbilden. Neben republikanischen Gebilden, in denen – wie in den in italienischen Stadtrepubliken – die Bürger ihr politisches Geschick selbst in die Hand nehmen, finden sich ebenso Bestrebungen, die staatliche Macht beim Monarchen zu konzentrieren oder aber zwischen dem Monarchen und parlamentarischer Ständevertretung zu teilen. Einen Sonderfall stellt hier das Heilige Römische Reich Deutscher Nation dar, dessen staatliche Entwicklung im Spannungsfeld von Reich und Territorien entscheidend von der Reformation sowie der ihr folgenden Konfessionalisierung geprägt wird und am Ende des Dreißigjährigen Krieges mit dem Westfälischen Frieden vorläufig einen konsensfähigen Abschluss findet.

Bei allem Beharrungsvermögen und Fortwirken des Tradierten fand im Zeitraum zwischen dem 14. und dem Anfang des 17. Jahrhunderts gleichwohl ein gesamtgesellschaftlicher Wandlungsprozess statt, durch den auf vielen Gebieten neue Perspektiven eröffnet wurden, die den Weg zu unserer modernen Welt geebnet haben und zum tieferen Verständnis unserer Gegenwart beitragen.

I. Aufbruch in die Neuzeit

1. Leonardo und Erasmus – Zwei Menschen einer neuen Zeit

Die geistig-kulturelle Bewegung, die am Ende des 14. Jahrhunderts ausgehend von Italien bis Mitte des 16. Jahrhunderts auch weitere Länder Europas erfasste, wird in der Geschichtsschreibung als „Humanismus" bzw. als „Renaissance" bezeichnet. Die Gelehrten und Künstler, die diese Bewegung in Gang setzten und über Generationen fortführten, begriffen sich als „moderne" Überwinder der rückständigen Welt des Mittelalters. Die Geschichtsforschung ist dieser Selbsteinschätzung noch bis vor kurzem bereitwillig gefolgt. Doch wie treffend ist das Bild eines dunklen und den Menschen in seinen Möglichkeiten einengenden „Mittel-Alters", mit dem die Renaissancegelehrten und -künstler so gar nichts mehr zu tun haben wollten? Waren sie ihm wirklich so weit entwachsen, wie sie für sich beanspruchten? Worin bestand das „Neue" bzw. „Neuartige", das sie sich auf die Fahnen geschrieben hatten? Und: Was waren überhaupt die allgemeinen Kennzeichen von Humanismus und Renaissance?

1472	Leonardo aus Vinci bei Florenz wird als Meister in die Malerzunft von Florenz aufgenommen.
1481	Leonardo tritt in die Dienste von Ludovico Sforza, dem Herzog von Mailand.
1495–1499	Der Augustinermönch Desiderius Erasmus studiert nach der Priesterweihe Theologie an der Sorbonne in Paris. Danach hält er sich für längere Zeit in England auf.
1506–1514	Erasmus reist mehrere Male nach Italien und England, wo er sein Buch „Lob der Torheit" (1509) schreibt. Er hält Griechisch-Vorlesungen in Cambridge.
1516	Erasmus veröffentlicht seine Aufsehen erregende kritische Ausgabe des griechischen Neuen Testaments.
1517	Nach Aufenthalten in Florenz und am Hof des Papstes in Rom geht Leonardo als Maler, Architekt und Ingenieur des französischen Königs Franz I. nach Frankreich.
1524	Erasmus veröffentlicht die gegen Luther gerichtete Streitschrift „De libero arbitrio" (Vom freien Willen).

Leonardo – das universale Genie

„Manchmal sehen wir in einem einzigen Menschen Schönheit und Talent und hohe Fähigkeiten in dermaßen verschwenderischer, schier übernatürlicher Fülle vereint, dass er auf jedem Gebiet, dem er sich zuwendet, Außerordentliches leistet und alle anderen weit übertrifft." Mit diesen Worten begann der italienische Maler, Architekt und Schriftsteller Giorgio Vasari 1550 eine biografische Skizze über Leonardo da Vinci. Wie kaum ein anderer Künstler seiner Zeit verkörpert Leonardo den neuen Menschentyp, den das Zeitalter der Renaissance hervorbrachte.
Schon früh fiel der aus einfachen Verhältnissen stammende Leonardo durch seine breit gestreuten Interessen auf. Bereits als Schüler in der Florentiner Malerwerkstatt des Andrea del Verocchio versuchte er sich als Bildhauer, entwarf Grundrisse und Pläne für Gebäude, projektierte die Kanalisierung des Flusses Arno zwischen Pisa und Florenz und ersann neuartige Konstruktionen für Mühlen und andere Maschinen. Vasari schreibt voller Bewunderung: „Dazu entwarf er täglich neue Modelle und Zeichnungen, wie man mit Leichtigkeit Berge abtragen oder aber

1 Leonardo da Vinci. Vermutliches Selbstporträt, Rötelzeichnung (33,3 x 21,3 cm), um 1512

durchbohren könnte, um von einem ebenen Landstrich zum anderen zu gelangen, wie mithilfe von Hebeln, Winden und Schrauben große Lasten in die Höhe zu ziehen oder wegzuschleppen wären und auf welche Weise man Meereshäfen reinigen oder mittels Pumpen Wasser aus der Tiefe emporholen könnte. Mit solchen Phantasien und Denkaufgaben befasste sich sein Gehirn ununterbrochen." Für Vasari stellte also Leonardo das Ideal des „uomo universale" mit grenzenloser Wissbegierde dar.

Vernunft und Erfahrung

Leonardo ließ sich bei seinem Forschen nicht mehr von Autoritäten aus der Vergangenheit leiten, sondern stützte sich auf die eigene Beobachtung und die Bestätigung seiner Erkenntnisse durch die sinnliche Erfahrung. Er verließ sich vor allem auf seine Sinnesorgane und seine kritische Vernunft, die buchstäblich vor nichts Halt machte. Trotz des kirchlichen Verbotes sezierte er Leichen, um anatomische Studien zu betreiben und das Zusammenspiel von Knochen, Nerven und Muskeln so genau wie möglich zu erforschen oder das Herz oder den Embryo im Mutterleib zu untersuchen. Die Ergebnisse seiner Untersuchungen hielt er in zahlreichen Zeichnungen fest und versah sie mit seinen Kommentaren.

Nützlichkeitsprinzip

Wichtig waren ihm stets auch die möglichen Nutzanwendungen seiner Arbeiten. So beobachtete er sorgfältig den Vogelflug und skizzierte anschließend in seinen Notizbüchern Modelle von Flugmaschinen. Er entwarf Stadtpläne und Befestigungsanlagen. Oder er entwickelte automatische Maschinen, um gleichförmige Arbeitsvorgänge leichter durchführen zu können. Außerdem zeichnete er komplizierte Getriebe und sogar eine Art Maschinengewehr. Er stellte ballistische Untersuchungen an, auch das nicht nur um der Erkenntnis, sondern auch um der Nutzanwendung willen.

Leonardo als Maler

Auch die Malerei und die ihr vorausgehenden Zeichnungen und Skizzen waren für Leonardo Wege der Erkenntnis. Sie dienten ihm dazu, den Geheimnissen der Natur nachzuspüren, die Naturgesetze zu ergründen und beim Malen in gewisser Weise den Schöpfungsprozess nachzuvollziehen. „Der Maler setzt sich mit der Natur auseinander und wetteifert mit ihr", notierte Leonardo auf seinen Skizzenblättern. In einer Fülle von Zeichnungen bemühte er sich um eine möglichst „natürliche" Wiedergabe von Pflanzen, Tieren und Menschen, von Bäumen und Landschaften, von Licht und Schatten. Dabei ging es ihm nicht darum, die Formen der Natur möglichst genau, aber rein mechanisch nachzuahmen, sondern das Wesen der Natur zu verstehen und diese im Prozess des Zeichnens oder Malens gleichsam schöpferisch fortzusetzen: „Wo die Natur aufhört, neue Formen entstehen zu lassen, beginnt der Mensch mit den natürlichen Dingen, mithilfe eben dieser Natur, eine unendliche Vielfalt der Formen zu erschaffen."

Fürstliche Auftraggeber

Auch wenn Leonardo seine Erkenntnisse nicht kommerziell verwertete, so lebte er doch von seiner Kunst. Er erhielt zahlreiche gut bezahlte Aufträge von Fürsten und Stadtregierungen. Zeitweise bezog er auch ein regelmäßiges Gehalt und musste dafür alle möglichen künstlerischen oder auch technischen Aufgaben erledigen. Nach seiner Tätigkeit als selbstständiger Meister in Florenz trat er 1481 für 17 Jahre in die Dienste des Mailänder Herzogs Ludovico il Moro Sforza, bei dem er sich ursprünglich als Militärtechniker beworben hatte. Während dieser Zeit entstanden bedeutende Gemälde wie die „Madonna in der Felsengrotte" und das „Abendmahl". Später arbeitete er u.a. für die Florentiner Stadtregierung, den päpstlichen Hof und den französischen König.

Erasmus – Fürst der Wissenschaft

In den ersten Jahrzehnten des 16. Jahrhunderts galt Desiderius Erasmus von Rotterdam als die unbestrittene geistige Autorität in Europa. Seine Schriften waren in unzähligen Exemplaren und Ausgaben verbreitet; er wurde gerühmt als „doctor universalis", als „Fürst der Wissenschaft" oder gar als „das Licht der Welt". Wer war dieser hochgeschätzte Gelehrte? Wichtige Eindrücke empfing der unehelich geborene Erasmus bereits während seiner Schulzeit in den Niederlanden. Lehrer aus der frommen Laienbewegung der „Brüder vom gemeinsamen Leben" brachten ihm ihre Vorstellungen eines christlich-humanistischen Lebensideals nahe. Er wurde zwar Mönch, verließ das Kloster jedoch bald wieder und begann das Studium der Theologie an der Sorbonne in Paris. Die bedeutende Hochschule stand noch ganz in der Tradition der Scholastik, die den wissbegierigen Studenten jedoch nicht zufrieden stellen konnte. Nach vier Jahren gab er das Studium auf und sammelte auf mehreren Reisen in Frankreich, England und Italien geistige Eindrücke, die er in den nächsten Jahren in vielen Schriften verarbeitete. Außerdem knüpfte er wichtige Kontakte, die für seine künftige Entwicklung förderlich waren. Vor allem durch die Freundschaft mit dem englischen Theologen und Humanisten John Colet sowie dem humanistischen Zeitkritiker Thomas Morus erhielt er fruchtbare Anregungen. Schriften wie das „Handbuch des christlichen Streiters" (1501/03) und besonders das Thomas Morus gewidmete „Lob der Torheit" (1509), in der er Missstände in Kirche und Gesellschaft geißelte, begründeten europaweit seinen Ruhm.

2 Erasmus von Rotterdam. Ölgemälde (58 x 46,5 cm) von Quentyn Metsys, 1517

Gelehrtenleben

Da Erasmus weder eine feste Stelle als Universitätslehrer innehatte noch – wie viele andere Gelehrte seiner Zeit – als Sekretär oder Berater im Dienst eines Fürsten oder einer Stadtregierung stand, musste er sich ständig um seinen Lebensunterhalt sorgen. Er war auf Stipendien, kostenlose Aufenthalte bei reichen Gönnern und vor allem auf die Einnahmen aus seinen Büchern angewiesen. Da die Honorare der Verleger aber selten sehr üppig ausfielen, bemühte sich Erasmus – oft erfolgreich – um wohlhabende Mäzene aus fürstlichen Kreisen, die bereit waren, ihn dafür, dass er ihnen eines seiner Bücher widmete, finanziell zu unterstützen.

Kritik an Scholastik und Scheinheiligkeit

Heftige Kritik übte Erasmus an der im Spätmittelalter aufgetretenen Erstarrung der scholastischen Theologie. Dieser ging es seiner Meinung nach nicht mehr um eine lebendige Auseinandersetzung mit den Inhalten der christlichen Lehre, sondern vielmehr um ein steriles Erörtern von Begriffen, um blutleere Spitzfindigkeiten und unfruchtbare logische Spielereien. Ein ähnliches Urteil fällte er über das religiöse Leben seiner Zeit: Frömmigkeit und christliches Leben seien zu einer mechanischen Beachtung von äußeren Formen verkommen, sie beschränkten sich oft – auch gerade bei Geistlichen und Mönchen – auf die äußerliche Einhaltung von Geboten, Zeremonien und Riten.

Die einfache Wahrheit

Im Gegensatz dazu ging es Erasmus darum, unter all dem Ballast der Theologie die einfache und reine Wahrheit des Christentums wieder ans Licht zu bringen. Dem unverfälschten Text der Bibel solle man sich von neuem zuwenden, so wie ihn die alten Kirchenväter noch verstanden hatten. Ein wichtiger Schritt dazu war die kritische Untersuchung des überlieferten Bibeltextes selbst. Auf der Basis alter Handschriften brachte Erasmus 1516 eine kritische Ausgabe des griechischen Originals des Neuen Testaments heraus. Sie sollte zur Grundlage der Bibelübersetzung Luthers werden.

Erasmus als Schriftsteller

Der Ruhm des Erasmus, der sich bald in der gelehrten Welt von ganz Europa verbreitete, gründete sich vor allem auf seine – oft brillant formulierten – Schriften, die er im Laufe der Jahre in großer Zahl veröffentlichte. Dabei bediente er sich der unterschiedlichsten literarischen Formen; er schrieb u. a. Essays, Dialoge, Satiren und Ratgeber – z. B. zur Erziehung der Jugend, für das Verhalten von Fürsten, zum Verfassen von Briefen usw. Beliebt und weit verbreitet waren auch seine pädagogischen Schriften wie z. B. die „Colloquia familiaria" von 1518, in denen er – zum Teil ironische – Ratschläge für das Alltagsleben erteilte und sich auch für die Bildung der Frauen einsetzte.

Scholastik: Als Scholastik (von lateinisch *schola*: Schule) bezeichnet man die während des Mittelalters an den Universitäten Europas vorherrschende philosophische und theologische Richtung des Denkens und Lehrens. Man wollte mithilfe der natürlichen menschlichen Vernunft und der Philosophie des Aristoteles die christlichen Lehrinhalte verstehen und so die Offenbarungen des Glaubens und das menschliche Denken miteinander vereinen. Zu den Methoden der Scholastik zählten das klare Herausarbeiten einer Frage (*quaestio*), die saubere Unterscheidung und Differenzierung der Begriffe (*distinctio*), die Beweisführung nach den Gesetzen der aristotelischen Logik und das wissenschaftliche Streitgespräch (*disputatio*) unter den Gelehrten, bei dem Argumente und Gegenargumente einander gegenüber gestellt und abgewogen wurden. Ab dem 14. Jahrhundert verloren sich diese Erörterungen immer mehr in inhaltsleeren formalen Spitzfindigkeiten, sodass der Niedergang der Scholastik einsetzte. Zu den bedeutendsten Scholastikern zählen Anselm von Canterbury, Thomas von Aquin, Albertus Magnus und Johannes Duns Scotus.

3 Eine Bewerbung

a) Im Jahre 1482 schreibt Leonardo da Vinci an den Herzog Ludovico Sforza von Mailand, um sich ihm für eine Anstellung an seinem Hofe zu empfehlen:

Dieweil ich, erlauchter Herr, mittlerweile die Proben all jener, die sich für meisterliche Erbauer von Kriegsgerät halten, zur Genüge gesehen sowie befunden habe, dass Erfindung und Wirkung besagten Geräts sich in nichts von demjenigen des allgemeinen Gebrauchs unterscheiden: Also will ich mir, ohne irgendeinen anderen herabzusetzen, Mühe geben, Eurer Exzellenz in verständlicher Weise meine Geheimnisse darzulegen und sie Euch dann zu freier Verfügung anbieten, damit Ihr zu gegebener Zeit all die Dinge wirksam einsetzen könnt, die ich nachfolgend kurz aufzähle.

1. Ich kenne Möglichkeiten, außerordentlich leichte und starke und ohne jede Schwierigkeit transportierbare Brücken herzustellen, mit denen man den Feind verfolgen und auch zuweilen entfliehen kann, sowie andere, denen Feuer und Kampfgeschehen nichts anzuhaben vermögen und die leicht

aufzuschlagen und wieder wegzunehmen sind; und auch Methoden, die Brücken der Feinde zu verbrennen und zu zerstören.

2. Ich verstehe es, bei der Belagerung eines Platzes die Wassergräben trockenzulegen und unzählige Brücken zu errichten sowie Mauerbrecher und Leitern und anderes Gerät zu besagtem Unternehmen zu machen.
3. Desgleichen, wenn man wegen der Höhe des Walles oder der Widrigkeit von Ort und Lage einen befestigten Platz nicht mit Bombarden [Steinschleudermaschinen] beschießen kann, habe ich ein Verfahren, jede Burg oder andere Festung zu zerstören, wenn diese nicht auf Felsen gegründet ist.
4. Ich habe außerdem noch Pläne für eine Art von Bombarden, die ganz bequem und leicht zu transportieren sind und mit denen man kleine Steine gleich einem Ungewitter schleudern kann; mit dem Rauch derselben wird der Feind in großen Schrecken gestürzt und bei ihm eitel Schaden und Verwirrung gestiftet. [...]
5. Desgleichen kenne ich Möglichkeiten, durch Stollen und gewundene Geheimgänge, die ohne jeden Lärm zu machen sind, an einen bestimmten [Ort] zu gelangen, auch unter Gräben oder einem Fluss hindurch.
6. Desgleichen will ich verdeckte, sichere und unangreifbare Wagen machen: Wenn sie in den Feind mit den Artillerien hineinfahren, wird jede noch so große Zahl von Bewaffneten zersprengt; und hinter ihnen kann die Infanterie unverletzt und ohne jede Behinderung folgen.

Zit. nach: Leonardo – Der Künstler. Bearb. v. Anna Maria Brizio, Maria Vittoria Brugnoli u. André Chastel. Stuttgart/Zürich 1981. S. 9.

a) Wie begründet Leonardo seine Bewerbung beim Herzog von Mailand?
b) Charakterisieren Sie das Selbstverständnis des Autors.
c) Diskutieren Sie die Problematik, die das vorliegende Verständnis von technischem Fortschritt erkennen lässt.

4 Erkenntnis und Erfahrung

Leonardo schreibt in seinen Tagebüchern:

Man sagt, dass die Erkenntnis, die von der Erfahrung erzeugt wird, rein handwerksmäßig sei, und nur diejenige wissenschaftlich, die im Geist entsteht und endet, und auf halbem Weg zwischen Wissenschaft und Handwerk diejenige, die aus der Wissenschaft entsteht und im Werk der Hände endet. Doch scheint mir, dass jene Wissenschaften eitel und voller Irrtümer sind, die nicht geboren wurden aus der Erfahrung, der Mutter jeder Gewissheit, oder nicht in einer bekannten Erfahrung enden, das heißt solche, bei denen weder Ursprung noch Mittelweg noch Ende durch irgendeinen der fünf Sinne hindurchgehen. Und wenn wir an der Gewissheit aller Dinge, die durch die Sinne gehen, zweifeln, um wie viel mehr müssen wir an den Dingen zweifeln, die diesen Sinnen aufsässig sind, wie etwa die Wesenheit Gottes und der Seele und Ähnliches, worüber man streitet und kämpft; denn wahrlich, es geschieht, dass immer, wo die Vernunft ausbleibt, das Gezänk einspringt, was bei den Dingen, die gewiss sind, nicht geschieht.

Zit. nach: Karl Vorländer (Hg.): Geschichte der Philosophie mit Quellentexten. Band 2: Mittelalter und Renaissance (rowohlt enzyklopädie Band 493). Reinbek 1990. S. 536.

a) Beschreiben Sie den Prozess der Erkenntnis nach Leonardo.
b) Diskutieren Sie die Konsequenzen, die sich aus Leonardos Erkenntnistheorie für das Erforschen der Natur bzw. für die Suche nach Gott ergeben.

5 Leonardo über Zeichnung, Malerei, Natur und Erfahrung

a) Leonardo äußert sich in seinen Schriften zur Malerei:

Oh Schriftsteller, mit welchen Worten wirst du wohl das gesamte Gebilde hier ebenso vollkommen beschreiben, wie es die Zeichnung tut? Denn du schreibst, da du nicht eingeweiht bist, verworren und vermittelst nur wenig über die wahre Gestalt der Dinge, und du täuschst dich, falls du glaubst, du könntest deine Zuhörer in allem zufrieden stellen, jedes Mal wenn du mit der Abbildung von etwas Körperlichem zu tun hast, das von einer Oberfläche umhüllt ist.

Ich aber erinnere dich daran, du sollst dich nur mit den Worten einlassen, um mit den Blinden zu sprechen; wenn du aber auch mit Worten den Ohren und nicht den Augen der Menschen etwas darstellen willst, dann sprich von Substanz und Natur, aber mische dich nicht in Dinge ein, die mit den Augen zu tun haben, um sie über die Ohren zu leiten, denn darin ist dir das Werk des Malers weit überlegen.

Mit welchen Worten willst du dieses Herz beschreiben, ohne dazu ein ganzes Buch zu brauchen? Und je länger und je ausführlicher du schreiben wirst, desto mehr wirst du den Sinn deines Zuhörers verwirren und immer wieder wirst du neue Erklärungen brauchen und auf die Erfahrung hinweisen müssen, die jedoch nicht von langer Dauer ist und nur wenig Wissen vermittelt, verglichen mit dem gesamten Gegenstand, von dem du alles wissen möchtest. […]

Das Geistige, das nicht über die Sinne gegangen ist, ist vergeblich, und keine Wahrheit geht daraus hervor außer einer schädlichen. […] Und du, der du sagst, es wäre besser, beim anatomischen Sezieren zuzusehen, als diese Zeichnungen anzusehen, du hättest Recht, wenn es möglich wäre, all das zu sehen, was meine Zeichnungen in einer einzigen Abbildung zeigen; in der Anatomie siehst du bei all deiner Gescheitheit nur einige wenige Adern und nur diese lernst du kennen; während ich, um von ihnen eine vollständige und wirklichkeitsgetreue Kenntnis zu bekommen, mehr als zehn menschliche Leichen zerlegt habe, wobei ich alle anderen Teile zerstörte und Stückchen für Stückchen das ganze Fleisch entfernte, das um diese Adern herum war.

Zit. nach: Leonardo da Vinci: Sämtliche Gemälde und die Schriften zur Malerei. Hrsg. v. André Chastel. München 1990. S. 154; 284.

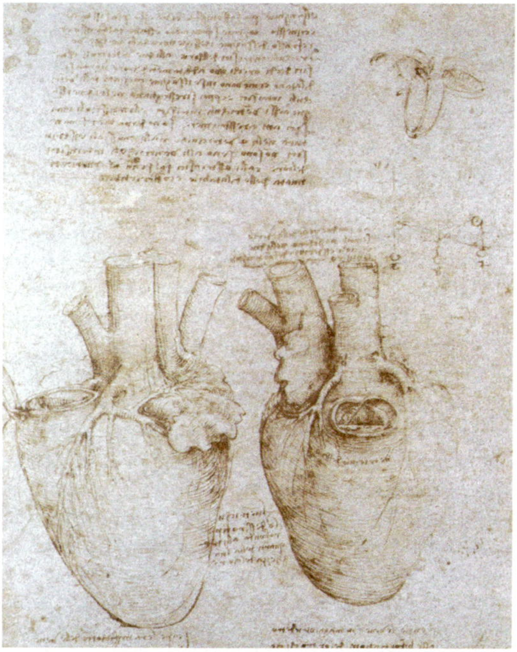

b) Leonardo da Vinci, Studien zum Herz eines Ochsen, vermutlich 1513

a) Welche Bedeutung hat die Malerei bzw. das Zeichnen für das Verständnis der Natur bei Leonardo?

b) Erläutern Sie Leonardos These, die Malerei sei eine „Enkelin der Natur" und „Verwandte Gottes".

c) Inwiefern hat nach Leonardos Überzeugung eine anatomische Zeichnung einen höheren Erkenntniswert als die eigene Anschauung? Ziehen Sie dazu die Skizze eines Ochsenherzens heran und nehmen Sie Stellung zu seinen Überlegungen.

6 Scholastik und Mönchtum

Erasmus kommt in seinem Werk „Lob der Torheit" (1509) zu folgenden Überlegungen:

Nun zu den Theologen! Gescheiter freilich wäre es wohl, in dieses Wespennest nicht zu stechen und um diese stinkende Hoffart einen Bogen zu machen, denn die Leute sind hochnäsig und empfindlich und reiten am Ende mit ihren Schlusssätzen schwadronsweise Attacke, um mich zum Widerruf zu zwingen, und weigere ich mich, so schreien sie gleich: „Ketzerei!" Im Handumdrehen schleudern sie diesen Blitz, um den zu schrecken, der es mit ihnen verscherzt hat. Kein Mensch zwar will so wenig wie sie davon wissen, dass ich ihnen Gutes tue; und doch stehen auch sie mit einer erklecklichen Schuld bei mir zu Buche. Denn beglückt von ihrer Einbildung tun sie, als wohnten sie im dritten Himmel, und sehen auf die übrige Menschheit wie auf Vieh, das auf dem Boden kriecht, von hoch oben herab, mitleidig schier. Sie verschanzen sich hinter einer so dichten Hecke von magistralen Definitionen, Konklusionen, Korollarien [beweisbare Schlussfolgerungen] und Propositionen [vorausgesetzte Annahmen] [...] und halten sich ein so raffiniertes System von Schlupflöchern offen, dass auch die Netze Vulkans sie nicht zu fangen vermöchten[1]: Immer wieder beißen sie sich mit ihren Distinktionen [Unterscheidungen] heraus, die ihnen so glatt wie das Beil von Tenedos[2] die Knoten der Maschen durchschneiden, und eine Unzahl neu ersonnener Wörtchen und ungeheuerlicher Ausdrücke kommt ihnen zu Hilfe. Die heiligen Geheimnisse erklären sie frei aus dem Kopfe: Sie wissen genau, wie die Welt erschaffen und eingerichtet, durch welche Kanäle das Gift der Erbsünde in die Kinder Adams geflossen, wie, in welcher Größe und wie schnell Christus im Leibe der Jungfrau gereift ist, und wie in der Hostie die Gestalten von Brot und Wein auch ohne Substanz bestehen. Doch das sind abgenutzte Themata. Erst Fragen wie die folgenden halten sie großer und erleuchteter Theologen, wie sie sagen, für wahrhaft würdig; erst wenn sie an solche geraten, erwachen sie, an Fragen wie die: Kann man von Entwicklung bei der Menschwerdung Gottes reden? Gibt es bei Christus mehr als eine Sohnschaft? Ist der Satz möglich: Gott Vater hasst den Sohn? Hätte Gott auch in die Gestalt eines Weibes, eines Teufels, eines Esels, eines Kürbisses, eines Kiesels eingehen können? Und wie würde dann dieser Kürbis gepredigt und Wunder gewirkt haben? Wie wäre er zu kreuzigen gewesen? [...] Solche Haarspaltereien kennen sie Tausende, ja, noch viel heiklere. [...]

Kaum weniger glücklich als sie leben die Menschen, die sich fromme Brüder und Klosterleute nennen, wobei der erste Name so falsch ist wie der zweite; denn ein gut Teil von ihnen ist alles andere als fromm, und niemand trifft man so häufig auf allen Straßen und Gassen. [...] Denn während jedermann diese Gesellschaft ins Pfefferland wünscht, ja, eine zufällige Begegnung als übles Vorzeichen ansieht, haben sie selber an sich eine göttliche Freude. Zunächst gilt es ihnen als frömmster Gottesdienst, sich der Wissenschaft so tapfer zu enthalten, dass sie nicht einmal lesen können. Dann glauben sie, den Ohren der Heiligen einen gar herrlichen Schmaus zu bieten, wenn sie ihre abgezählten, aber unverstandenen Psalmverse mit ihren Eselsstimmen in den Kirchen herunterplärren. Manche wissen aus Unsauberkeit und Bettlerpose Kapital zu schlagen und heischen vor den Haustüren mit lautem Muhen ein Stück Brot; ja in keiner Herberge, in keinem Reisewagen, auf keinem Schiff entgeht man den aufdringlichen Gesellen, zum schweren Schaden der übrigen Bettler. Dergestalt, unsauber, unwissend, unflätig, vermeinen diese köstlichen Leute, uns die Apostel wieder vorzuleben.

1 Anspielung auf die im 8. Buch der Odyssee erzählte Geschichte, in der Hephaistos (Vulkan) seine Frau Aphrodite und ihren Liebhaber Ares in einem Netz fängt.

2 Der König Tenes von der Insel Tenedos stellte die Ankläger unter das Beil, um sie sofort zu strafen, falls die Anklage sich als falsch herausstellte.

Zit. nach: Erasmus von Rotterdam: Ausgewählte Schriften. Hrsg. v. Werner Welzig, Band 2. Darmstadt 1995. S. 131; 133; 143; 145.

a) Stellen Sie die Vorwürfe zusammen, die Erasmus gegenüber den Theologen und den Mönchen erhebt.
b) Kennzeichnen Sie die sprachlichen Mittel, die Erasmus benutzt.
c) Welche Absicht verfolgt Erasmus wohl mit seinen Ausführungen?

7 Christentum und Antike

Erasmus schreibt in seinem Buch „Convivium religiosum" (Frommes Gastmahl):

Der Heiligen Schrift gebührt zwar überall die höchste Autorität. Trotzdem finde ich häufig genug in den Aussprüchen und Schriften der heidnischen Schriftsteller, zumal der Dichter, so viel Keusches, Heiliges und Göttliches, dass ich mir nichts anderes vorstellen kann, als ein guter Geist habe ihr Herz geleitet, als sie es niederschrieben. Und vielleicht ergießt sich der Geist Christi weiter, als wir in unserer Schulweisheit denken, und es gibt in der Gemeinschaft der Heiligen viele, die nicht in unserem Kalender stehen. Ich öffne mein Herz vor Freunden: Ich kann Ciceros Buch über das Greisenalter, über die Freundschaft, über die Pflichten oder die Tuskulanischen Unterredungen nicht lesen, ohne dass ich ein Buch mehrmals küsse und das heilige Herz verehre, das von einer himmlischen Gottheit angeweht war. [...]

In dieser Hinsicht habe ich bei den heidnischen Schriftstellern nie etwas gelesen, das besser auf einen wahren Christen passt, als die Worte, die Sokrates zu Kriton sagte, nachdem er den Giftbecher getrunken hatte: Ob Gott an unserem Tun Gefallen finden wird, weiß ich nicht; jedenfalls haben wir uns ernstlich bemüht, ihm zu gefallen. So habe ich denn gute Hoffnung, dass er unser Mühen gut aufnehmen wird. Sein ganzes Sinnen und Trachten war darauf gerichtet, dem Willen Gottes zu entsprechen. Er setzte aber sein Vertrauen nicht auf seine Werke, sondern gab sich der guten Hoffnung hin, Gott werde in seiner Güte es ihm zum Guten anrechnen, dass er sich um ein tugendhaftes Leben bemüht habe.

Zit. nach: August Buck: Humanismus. Seine europäische Entwicklung in Dokumenten und Darstellungen. Freiburg/München 1987. S. 239.

a) Erläutern Sie die Wertschätzung, die Erasmus den heidnischen Schriftstellern entgegenbringt.

b) Diskutieren Sie, ob die Argumente, mit denen die Wertschätzung untermauert wird, tragfähig sind.

8 Textkritik am Beispiel des Neuen Testaments

a) Aus der Vorrede des Erasmus zur kritischen Ausgabe des griechischen Neuen Testaments (1516):

Ich habe nur wiederhergestellt, was durch die Zeit und die Schuld der Abschreiber verdorben worden war, indem ich dabei auch anführte, was der Übersetzer zweideutig oder zu wenig genau wiedergab; denn ich schäme mich fast, es zu sagen: An einigen Stellen hat, so sehr er sich auch davor sicher glaubte, sogar Hieronymus nicht richtig übersetzt. Und das habe ich nicht, wie man so sagt, mit leichter Hand und unbesonnen getan, sondern, nachdem ich […] die lateinischen Exemplare aufgrund des griechischen Originals geprüft und mich nicht dabei auf wenige oder beliebige verlassen hatte. Laurentius Valla[1] versichert, sieben glaubwürdigen Codices gefolgt zu sein; ich habe bei der ersten Untersuchung vier, bei der zweiten fünf griechische Quellen benutzt. […] Dann habe ich einige sehr alte und gereinigte lateinische Vorlagen befragt und damit nicht zufrieden, die berühmtesten Autoren durchforscht und untersucht, um aufs Genaueste zu beobachten, wen sie zitieren, was sie gelesen haben, wie sie verbessern und auslegen. Und nachdem ich dies alles mit der größten Sorgfalt und Treue verglichen und überdacht hatte, bin ich dem gefolgt, was mir das Beste schien, und habe es so der Öffentlichkeit vorgelegt, dass es dennoch jeder überprüfen kann. Wenn man aber befürchtet, dass das Ansehen der Heiligen Schrift durch diese Abweichungen in Zweifel gezogen wird, so möge man nur wissen, dass schon seit mehr denn tausend Jahren weder die lateinischen noch die griechischen Handschriften in allem untereinander übereinstimmen. Das kann ja auch gar nicht anders sein bei der so großen Menge von Abschreibern, mehr noch angesichts ihrer Unwissenheit, Trägheit und Unbesonnenheit.

1 Italienischer Humanist, 1407–1457, einer der ersten, der die antiken Texte und auch die Bibel kritisch untersucht hat.

Zit. nach: August Buck: Humanismus. Seine europäische Entwicklung in Dokumenten und Darstellungen. Freiburg/München 1987. S. 248.

b) Anfang des griechisch-lateinischen Textes des Neuen Testaments mit Seitenrahmung und Initialen mit Zeigefiguren aus der 2. Auflage der Erasmus-Bibel, 1519. Die 1. Auflage der von Erasmus edierten und mit einer eigenen lateinischen Übersetzung sowie kritischen Anmerkungen versehenen Ausgabe wurde 1516 in Basel gedruckt.

a) Beschreiben Sie die einzelnen Arbeitsschritte, mit denen Erasmus bei seiner Herausgabe des griechischen Neuen Testaments vorgegangen ist.

b) Welche geistige Haltung wird in Erasmus' Vorrede deutlich?

2. Die Wiederentdeckung der Antike und der Humanismus

„O Jahrhundert! O Wissenschaften! Es ist eine Freude zu leben! Es blühen die Studien, die Geister regen sich!" Die Aufbruchstimmung, die der deutsche Reichsritter und Humanist Ulrich von Hutten im Herbst 1518 in einem Brief so enthusiastisch bejubelte, war seinerzeit zumindest unter den Intellektuellen Europas weit verbreitet. Aufgekommen war sie im Zuge einer Rückbesinnung auf Werte und Formen der griechisch-römischen Antike, von der sich im Laufe des 15. Jahrhunderts immer mehr Gelehrte und Künstler inspirieren ließen. Diese eröffnete eine Fülle von Anregungen und Impulsen, die in der Literatur, Philosophie und Wissenschaft zu einem neuen Denken und in der Kunst und Architektur zu neuartigen Ausdrucksformen führten.

1345	Petrarca entdeckt Ciceros Briefe an Atticus und studiert die klassischen Schriftsteller Roms (Cicero, Vergil, Horaz).
1486	Pico della Mirandola veröffentlicht seine Rede über die „Würde des Menschen".
1496	John Colet wendet die neuen kritischen Methoden der Textauslegung auch auf biblische Texte an.

Renaissance – Wiedergeburt der Antike

Einer der ersten Reformer war Mitte des 14. Jahrhunderts der junge Römer Cola di Rienzo. Er träumte von einer Erneuerung der Römischen Republik und ließ sich dabei von der Lektüre klassischer Texte über die Glanzzeit Roms inspirieren. Ihm zur Seite stand der berühmte Dichter und Gelehrte Francesco Petrarca. Auch er widmete sich dem Studium klassischer Schriften. In den überlieferten Texten tat sich für die Gelehrten eine Schatzkammer auf, die sie nun begierig auszubeuten trachteten. Sie durchforschten jetzt die Klosterbibliotheken auf der Suche nach verschollen geglaubten Werken aus der alten Zeit. Sie sammelten, untersuchten, übersetzten und veröffentlichten die Texte. Der Erfolg war verblüffend: Historiker

9 „Der heilige Augustinus in seiner Schreibstube". Ölgemälde (141 x 210 cm) von Vittore Carpaccio, 1502.
Der Maler stattete den Kirchenvater mit den Zügen des 1439 zum Kardinal berufenen byzantinischen Theologen Bessarion aus. Als Sammler und Übersetzer griechischer Handschriften wurde Bessarion nach seiner Emigration nach Italien zu einem bedeutenden Vermittler griechischer Gelehrsamkeit, vor allem der Philosophie Platons.

orientierten sich nun an Livius oder Tacitus, Dichter an Ovid oder Catull, Theaterschriftsteller nahmen sich Plautus oder Seneca zum Vorbild, die Form der platonischen oder ciceronischen Dialoge wurde wieder aufgegriffen, man las naturwissenschaftliche Schriften des Archimedes oder Ptolemäus sowie die biografischen Werke von Plutarch und Sueton. Außerdem fand man überall in Italien noch die baulichen und künstlerischen Überreste der ruhmvollen Vergangenheit – und diese wurden nun stilbildend für die Erneuerung der Künste.

Zurück zu den Quellen

Wenn man das antike Erbe möglichst unverfälscht kennen lernen wollte, bedeutete das auch die genaue Kenntnis der klassischen Sprachen, des Lateinischen und Griechischen. „Ad fontes!" – „Zurück zu den Quellen!" – mit dieser Parole machten sich die Gelehrten daran das ursprüngliche Latein der Römerzeit wieder zu beleben. Und auch dem Griechischen wandte man sich seit etwa der Mitte des 15. Jahrhunderts wieder zu. Nach dem Fall von Konstantinopel 1453 waren viele byzantinische Gelehrte in den Westen geflohen und hatten die bedeutenden Werke der griechischen Klassiker mitgebracht. Vieles konnte nun erstmals in der Originalsprache studiert werden, manches – z. B. die Dialoge Platons – wurde erst jetzt im Abendland bekannt. Auch das Neue Testament oder die Werke des Aristoteles kannte man bisher nur in lateinischen Übersetzungen. Beim Studium der Originale stellte man fest, dass vieles durch die bisherigen Praktiken der Überlieferung und der Übersetzung verfälscht worden war. Auch bei der Bibelauslegung wurde das neue Verfahren der Textkritik angewandt.

Humanismus und christliche Kirche

Das Verhältnis der humanistischen Gelehrten zum Christentum war zwiespältig. Sie wandten sich zwar der „heidnischen" Antike zu, nutzten diese jedoch meist dazu, die ethischen Überlegungen der alten Philosophen mit der christlichen Moral zu verbinden. Die Verarbeitung platonischen Gedankenguts hingegen führte – und das war in gewisser Weise revolutionär – zu einer Veränderung des christlichen Menschenbilds. Bisher waren christliche Theologen und die Masse der Gläubigen von der grundsätzlichen Sündhaftigkeit des Menschen ausgegangen und von seiner Unfähigkeit überzeugt, aus eigener Kraft die Erlösung zu erlangen. Dies – so glaubten sie – gehe nur mithilfe der durch die Kirche vermittelten Gnade Gottes. Einige Humanisten wie z. B. Pico della Mirandola äußerten dagegen im Gefolge Platos die Gewissheit, der Mensch besitze die Fähigkeit und die Freiheit, in der Stufenfolge alles Seienden aus eigener Kraft auf- oder abzusteigen. Andere waren davon überzeugt, die Kernelemente des Christentums und der antiken Philosophie miteinander verbinden zu können.

Die mit derartigen Überlegungen einhergehende Relativierung des Christentums blieb nicht ohne Protest seitens der Kirche. So offen mancher Bischof oder selbst die Päpste vor allem für die künstlerischen Ideen der Zeit auch waren, so setzten sie doch der Infragestellung der eigenen Position häufig Widerstand entgegen.

10 „Die Feuerprobe". Ölgemälde (169 x 78 cm) von Pedro Berruguete, um 1500. Inquisitorische Schriftprobe als Gottesurteil: Während Bücher, die sich der „richtigen", d. h. von der katholischen Kirche vertretenen Lehre verschrieben haben, die Feuerprobe mit schwebender Leichtigkeit bestehen, fallen die Bücher „gottlosen" Inhalts den Flammen zum Opfer.

Schon bald nach der Erfindung des Buchdrucks gab es eine Zensur von Druckerzeugnissen. Später veröffentlichte die katholische Kirche einen erstmals 1549 erschienenen „Index der verbotenen Schriften", in den in erster Linie kirchenkritische oder mit dem Welt- und Menschenbild der Kirche nicht übereinstimmende Bücher und Texte aufgenommen wurden.

Renaissance und Mittelalter

Die Gelehrten und Künstler der Renaissance verstanden sich als Repräsentanten einer neuen Epoche und grenzten sich deutlich vom „finsteren Mittelalter" ab. Heute weiß man, dass sie damit ein zu dunkles Bild der Vergangenheit gezeichnet haben. Das Mittelalter war nicht so „finster", wie es dargestellt wurde. So gab es z. B. im 8./9. Jahrhundert unter den Gelehrten am Hof Karls des Großen eine an der lateinischen Spätantike orientierte Bildungsbewegung, die so genannte „karolingische Renaissance". Auf dem Höhepunkt der Scholastik, im 12. Jahrhundert, wusste man ebenfalls um den Wert der klassischen Bildung, bemühte sich um authentische Texte und studierte die durch arabische und jüdische Gelehrte vermittelten Schriften des Aristoteles und des Neuplatonismus.
Gleichzeitig blieben die Menschen der Renaissance in mancherlei Hinsicht noch dem Mittelalter verhaftet. Im Bereich der Kunst überlebten Stilelemente z. B. der Gotik. Aus der Glanzzeit des Rittertums stammende Ideale wurden noch im ausgehenden 15. Jahrhundert gepriesen und in Erziehungs- und Benimmhandbücher aufgenommen. An den Universitäten unterrichteten viele Professoren noch nach den starren scholastischen Lehrmethoden, und Bildung und Kultur beschränkten sich nur auf eine hauchdünne Schicht der Bevölkerung. Ein Großteil der Menschen hatte nie eine Schule besucht und fristete ein kärgliches Dasein. Der Umbruch zwischen Mittelalter und Neuzeit war also bei weitem nicht so radikal und abrupt, wie ihn die Gelehrten und Künstler der Zeit wahrnahmen und betonten.

Renaissance: Mit dem französischen Begriff Renaissance (deutsch: „Wiedergeburt", italienisch: „rinascita") bezeichnen die Historiker seit dem 19. Jahrhundert einen etwa 300 Jahre umfassenden Zeitabschnitt der europäischen Geschichte, in dem die Wiederentdeckung und Wiederbelebung des Gedankenguts vieler griechischer und römischer Schriftsteller und der Kunst der Antike das kulturelle Leben beherrschte. Dabei diente die Rezeption des klassischen Erbes dazu, das kulturelle, wissenschaftliche und politische Leben des ausgehenden Mittelalters aus den Fesseln erstarrter Traditionen zu befreien. Ihren Ursprung hatte diese Bewegung in den italienischen Städten des 14. Jahrhunderts und griff bald darauf auf das westliche und mittlere, so gut wie gar nicht auf das östliche Europa über. Intellektuelle und Künstler machten sich daran, den beherrschenden Einfluss der Kirche und die feudalen Strukturen der Gesellschaft in Frage zu stellen. Geistige und soziale Hierarchien wurden aufgebrochen. Der Wert des einzelnen Menschen und seiner Vernunft rückte jetzt stärker ins Zentrum des Interesses. Die bildende Kunst fand neue Ausdrucksformen zur Darstellung der Natur und des Menschen. Die führenden Gelehrten der Renaissance idealisierten ihre eigene Epoche als eine Zeit des „Lichts", die an die glanzvollen Zeiten der Antike anknüpfte und das „finstere" Mittelalter ablöste.

Humanismus (von lateinisch humanitas: Menschlichkeit) bezeichnet eine von Italien ausgehende und dann in ganz Westeuropa verbreitete literarische und kulturelle Bewegung des 14. bis 16. Jahrhunderts, die ihre Werte aus der klassischen Antike bezog. Hauptanliegen dieser Bewegung war die innere Formung des Menschen durch das Studium der klassischen Sprachen und Schriften. Die Humanisten sammelten und übersetzten alte Manuskripte und entwickelten die Elemente philologischer Textkritik. Die Lektüre der alten Texte erweckte ihr Interesse für die historische Überlieferung und die „vaterländische" Geschichte. Sie vertraten das Erziehungsideal einer umfassenden sprachlichen und literarischen Bildung (*eruditio*), von der sie sich eine ethisch gefestigte Haltung versprachen. Deutsche Gelehrte wie Johannes Reuchlin und Philipp Melanchthon entwarfen Programme einer humanistischen Theologie und Erziehung.

11 Licht und Finsternis

François Rabelais (1494–1553): In seinem ab 1532 erschienenen Roman „Gargantua und Pantagruel" gibt der Titelheld Gargantua seinem Sohn Pantagruel in einem Brief gute Ratschläge für sein Studium in Paris:

Damals lag noch alles in der Finsternis und litt an der Unfruchtbarkeit und Barbarei der Goten, welche alle gute Literatur vernichtet hatten. […]

Jetzt sind alle Lehrfächer wieder eingeführt, die Sprachen neu belebt: Griechisch, ohne welches heutzutage niemand auf den Namen eines Gelehrten Anspruch erheben kann, Hebräisch, Chaldäisch[1] und Lateinisch. Schöne, einwandfreie Drucke sind überall im Gebrauch, deren Herstellung erst zu meiner Zeit durch göttliche Eingebung erfunden wurde wie umgekehrt die Feuerwaffen durch satanische. Überall findet man eine Menge gelehrter, hochstudierter Professoren, reiche Bibliotheken, und meiner Meinung nach hat es weder zu Platons noch zu Ciceros, noch Papinians[2] Zeiten solche Gelegenheit gegeben, etwas Tüchtiges zu lernen, wie jetzt. Bald wird niemand in irgendeiner Gesellschaft mehr am Platze sein, der sich nicht in Minervas[3] Werkstatt geübt hat; Räuber, Henker, Abenteurer und Stallknechte sind heutzutage gelehrter als die Doktoren und Prediger meiner Zeit.

Ja, was soll ich sagen? Frauen selbst und Mädchen streben nach dem Ruhm und himmlischen Manna der Gelehrsamkeit. […]

Darum, mein Sohn, ermahne ich Dich, dass Du Deine Jugend wohl anwendest, um in Wissenschaft und Tugend dazuzulernen. […] Ich setze voraus und will, dass Du die Sprachen gründlich erlernst; erstlich das Griechische, wie Quintilian[4] es verlangt; zweitens das Lateinische, ferner das Hebräische, der Heiligen Schrift wegen, und so das Chaldäische und Arabische gleicherweise. Deinen Stil im Griechischen bilde nach Platon, im Lateinischen nach Cicero. Die Historie musst Du unbedingt vollständig im Gedächtnis haben, wozu Dir die Kosmografien derer, die darüber geschrieben, von Nutzen sein werden. Für die Freien Künste, für Geometrie, Arithmetik und Musik habe ich Dir bereits Geschmack beigebracht, als Du noch ein kleiner Bube von sechs Jahren warst. […]

Es ist mein Wunsch, dass Du Dich mit den Dingen der Natur eingehend beschäftigst, sodass es kein Meer, keinen Fluss, kein Bächlein gebe, von dem Du die Fische nicht kenntest. Kein Vogel der Luft, kein Baum oder Strauch, keine Staude, kein Kraut des Feldes, kein Metall im Schoß der Erde, kein Edelstein des Morgen- oder Mittaglandes darf Dir unbekannt bleiben.

Sorgfältig durchforsche die Schriften der griechischen, arabischen und lateinischen Ärzte und vernachlässige auch nicht die Talmudisten[5] und Kabbalisten[6]. […]

Jeden Tag verwende einige Stunden darauf, die Heilige Schrift zu studieren, zuerst in griechischer Sprache das Neue Testament und die apostolischen Briefe, dann in hebräischer Sprache das Alte Testament. *In summa*, mache Dich zu einem Abgrund des Wissens. […] Und um es kurz zu sagen, ich will, dass Du auch zeigest, was Du gelernt hast, welches nicht besser geschieht, als wenn Du öffentlich mit und gegen jedermann disputierst und mit den gelehrten Leuten sowohl in Paris als an anderen Orten lebhaften Verkehr unterhältst.

1 Sprache der Bewohner Mesopotamiens in der ersten Hälfte des ersten Jahrtausends v.Chr.

2 Römischer Beamter und Jurist Anfang des 3. Jahrhunderts n.Chr.

3 Göttin der Kunst und des Handwerks

4 Römischer Rhetoriker, um 35–100 n.Chr.

5 Kenner der jüdischen Kommentare zu den Vorschriften des Alten Testaments, die im so genannten Talmud im 4./5. Jahrhundert n.Chr. gesammelt worden sind.

6 Jüdische Mystiker des Mittelalters

François Rabelais: Gargantua und Pantagruel, Band 1. Frankfurt/M. 1974. S. 218–220.

a) *Kennzeichnen Sie die zentralen Gesichtspunkte, die aus Sicht von Rabelais sein Zeitalter bestimmen.*
b) *Bestimmen Sie die Rolle des christlichen Glaubens bei Rabelais.*
c) *Über welche Fähigkeiten sollte ein „gebildeter Mensch" nach Gargantua verfügen?*

12 Das Wesen der Menschlichkeit

Coluccio di Piero Salutati (1331–1406), Humanist und Kanzler von Florenz, schreibt 1401 in einem Brief:

Dem großen Herrn Carlo Malatesta, Gebieter von Rimini.

Erster und vorzüglicher Grund dafür, dass ich mich nicht scheue, Dir zu schreiben, großmächtiger Herr, ist Deine Menschlichkeit (humanitas). Durch sie – denn dieses Wort hat viele Bedeutungen – übertriffst Du an literarischer und wissenschaftlicher Bildung nicht nur die Fürsten, die man auf diesem Gebiet leicht besiegen kann, sondern auch die Männer, die sich vor allem den Studien widmen. Zugleich zeigst Du durch sie gegen alle Milde und Leutseligkeit, da Du die Furchtsamen aufrichtest, so dass sie Deine Überlegenheit und Größe vergessen und in größter Ruhe mit Dir sprechen. Ich möchte darum sagen, dass das Licht Deiner Stellung und Würde keinen größeren Glanz auf Dich wirft als das Deiner Tugend und Gelehrsamkeit, die beide durch den einen Begriff der Humanitas ausgedrückt werden. Denn nicht nur jene Tugend, die man auch Güte zu nennen pflegt, wird mit diesem Namen bezeichnet, sondern auch Erfahrung und Gelehrsamkeit. Es ist also mehr in dem Wort Humanitas begriffen, als man gemeinhin meint. Die besten Autoren nämlich – Cicero und andere mehr – gebrauchen diese Bezeichnung für Gelehrsamkeit und moralisches Wissen. Und das ist nicht verwunderlich. Außer dem Menschen findet man ja kein Lebewesen, das lernen kann. Da es also dem Menschen eigentümlich ist zu lernen, und die Gelehrten mehr Menschliches besitzen als die Ungelehrten, bezeichneten die Alten folgerichtig mit Humanitas auch die Gelehrsamkeit.

Zit. nach: Karl Vorländer (Hrsg.): Geschichte der Philosophie mit Quellentexten. Band 2: Mittelalter und Renaissance (rowohlt enzyklopädie Band 493). Reinbek 1990. S. 464.

*a) Definieren Sie Menschlichkeit (*humanitas*) im Sinne Salutatis.*
b) Welche Konsequenzen ergeben sich aus Salutatis Überlegungen über die Stellung und die Erziehung des Menschen?

13 Die Würde des Menschen

a) Der humanistische Philosoph Giovanni Pico della Mirandola (1464–1494) schreibt 1486 über die besondere Rolle des Menschen:

Daher beschloss denn der höchste Künstler, dass derjenige, dem etwas Eigenes nicht mehr gegeben werden konnte, das als Gemeinbesitz haben sollte, was jedem Einzelwesen ein Eigenbesitz gewesen war. Daher ließ sich Gott den Menschen gefallen als ein Geschöpf, das kein deutlich unterscheidbares Bild besitzt, stellte ihn in die Mitte und sprach zu ihm: „Wir haben dir keinen bestimmten Wohnsitz, noch ein eigenes Gesicht, noch irgendeine besondere Gabe verliehen, o Adam, damit du jeden beliebigen Wohnsitz, jedes beliebige Gesicht und alle Gaben, die du dir sicher wünschst, auch nach deinem Willen und nach deiner eigenen Meinung haben und besitzen mögest. Den übrigen Wesen ist ihre Natur durch die von uns vorgeschriebenen Gesetze bestimmt und wird dadurch in Schranken gehalten. Du bist durch keinerlei unüberwindliche Schranken gehemmt, sondern du sollst nach deinem eigenen freien Willen, in dessen Hand ich dein Geschick gelegt habe, sogar jene Natur dir selbst vorherbestimmen. Ich habe dich in die Mitte der Welt gesetzt, damit du von dort bequem um dich schaust, was es alles in dieser Welt gibt. Wir haben dich weder als einen Himmlischen noch als einen Irdischen, weder als einen Sterblichen noch einen Unsterblichen geschaffen, damit du als dein eigener, vollkommen frei und ehrenhalber schaltender Bildhauer und Dichter dir selbst die Form bestimmst, in der du zu leben wünschst. Es steht dir frei, in diese Unterwelt des Viehes zu entarten. Es steht dir ebenso frei, in die höhere Welt des Göttlichen dich durch den Entschluss deines eigenen Geistes zu erheben."

Zit. nach: Karl Vorländer (Hrsg.): Geschichte der Philosophie mit Quellentexten. Band 2: Mittelalter und Renaissance (rowohlt enzyklopädie Band 493). Reinbek 1990. S. 482.

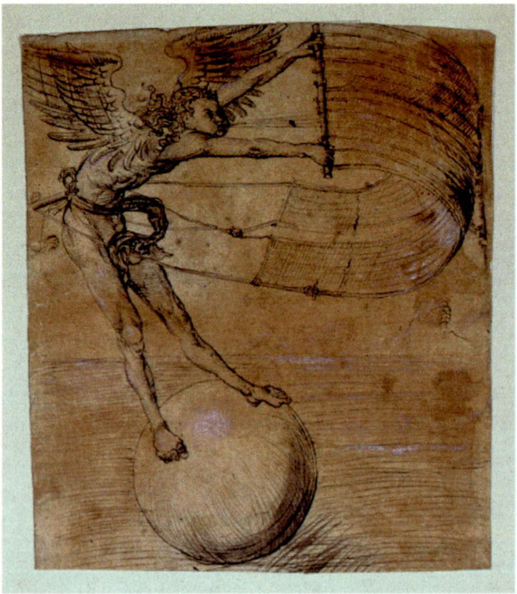

b) Geflügelter Knabe, der das Glück der Freiheit symbolisiert, fährt auf der Kugel des Schicksals übers Meer. Zeichnung von Peter Vischer d. J., um 1500.

a) Erarbeiten Sie Pico della Mirandolas Vorstellungen vom Menschen.
b) Prüfen Sie, ob Picos Sichtweise mit dem christlichen Menschenbild vereinbar ist.
c) Diskutieren Sie, ob Peter Vischers symbolische Darstellung vom „Glück der Freiheit" als eine Art Illustration der Vorstellungen Mirandolas angesehen werden kann.

14 Erneuerung des Studiums

Der deutsche Humanist und Reformator Philipp Melanchthon (1497–1560) begann seine Tätigkeit als Professor an der Universität Wittenberg im Jahre 1518 mit einer programmatischen Rede über eine Reform des Studiums. Darin ruft er aus:

Ihr schöpft aus den Quellen der Bildung, aus den besten Autoren selbst. Dem einen steht der echte Aristoteles in seinem ursprünglichen Gewand zur Verfügung, dem anderen der Rhetor Quintilian[1], dem dritten Plinius[2], einer der reichhaltigsten Schulautoren, und wie aus einem Füllhorn wird euch zwar scharfsinnige, aber auch durch die Kunst geläuterte Gedankenfülle geboten. Hinzu kommt die Mathematik, kommen die Dichter und Redner, ohne deren Kenntnis sich keiner für gebildet halten kann, dargestellt von erlesenen Professoren. Wenn ihr erkannt habt, in welcher Reihenfolge der Stoff durchzunehmen ist, so weiß ich gewiss, wird er euch leicht und bewundernswert vorkommen. Mit den untersten Studienfächern, den „Vorübungen", mit Grammatik, Rhetorik und Dialektik muss man sich so lange abgeben, bis man in Sprache und Urteilsvermögen so weit gediehen ist, dass man sich ohne Vermessenheit an die Gipfel des Studiums heranwagen kann.

Zur Kenntnis der lateinischen Literatur muss die der griechischen hinzukommen. Philosophen, Theologen, Historiker, Redner und Dichter wollen gelesen sein. Bei allem ist stets die Sache selbst anzugreifen und nicht bloß ihr Schatten. [...] Hat man dann einmal gewissermaßen seine Wegzehrung zu sich genommen, so beschreite man als einen Richtweg „leichthin", wie Plato sagt, das Reich der Philosophie. Denn ich bin der Ansicht, dass, wer es etwas weiter bringen will, sei es auf der weltlichen, sei es auf der geistlichen Rednertribüne, nicht zum Ziele kommen wird, wenn er nicht zuvor seinen Geist in den humanistischen Fächern – so nenne ich nämlich die Philosophie – geschärft und ausreichend geübt hat. [...] Man wähle [...] aus dem Besten das Beste aus und zwar sowohl was die Naturwissenschaften anbetrifft als auch, was die sittliche Bildung anbelangt. Hier vor allem bedarf es der Kenntnis des Griechischen. Denn die Griechen haben die ganze Wissenschaft von der Natur ausgebildet. Um vom Verhalten der Menschen geziemend und kunstreich sprechen zu können, ist es höchst wertvoll, die *Ethik* des Aristoteles, sowie die *Gesetze* Platons wie auch die griechischen Dichter zu konsultieren. [...] Unerlässlich ist sodann die Historie. [...] Kein Bereich des öffentlichen und privaten Lebens, den sie nicht berührte. Sie lehre uns Staat und Hauswesen verwalten! Und ich glaube fast, dieser unserer Welt schadete es weniger, wenn ihr die Sonne – das heißt ihre Seele – fehlte, als wenn sie der Geschichte ermangelte, der Grundlage der menschlichen Gesellschaft. Unsere Vorfahren feierten sie übereinstimmend als Mutter der Musen. [...]

Die Bezeichnung Philosophie umgreift für mich also Naturwissenschaft, Wissenschaft vom Verhalten der Menschen und Kenntnis (historischer) Beispiele. Wer sich diese einverleibt hat, ist gerüstet für den Weg zu den Gipfeln. Er hat die Voraussetzungen für die kenntnisreiche und mächtige Rede, er vermag, wenn es gilt, Gemeinwesen zu lenken, die Formeln fürs Gerechte, Gute und Ausgeglichene zu finden.

1 Römischer Rhetoriker, um 35–100 n.Chr.

2 Plinius der Ältere, 23–79 n.Chr., verfasste eine 37-bändige Enzyklopädie der Naturgeschichte

Zit. nach: Jürgen v. Stackelberg: Humanistische Geisteswelt. Von Karl dem Großen bis Philip Sidney. Baden-Baden 1956. S. 271–273. [Übersetzung J. v. Stackelberg]

a) Strukturieren Sie Melanchthons Überlegungen zu einer Studienreform unter den Gesichtspunkten „notwendiger Fächerkanon" und Folgen für den Aufbau des Studiums.
b) „Bei allem ist stets die Sache selbst anzugreifen und nicht bloß ihr Schatten." Erläutern Sie diesen Satz Melanchthons vor dem Hintergrund seiner Ausführungen.
c) Suchen Sie nach Gründen für die besondere Wertschätzung der alten Sprachen.

15 Brauchen Frauen Bildung?

In einem Dialog zwischen einem Abt und einer gebildeten Frau äußert sich Erasmus von Rotterdam zur Bildung der Frauen:

Antronius: Der gemeine Mann empfindet es als etwas Seltsames und Ungewohntes, dass eine Frau Latein könne. Magdala: Was zitiert Ihr den gemeinen Mann, die Menge, diesen geborenen Feind alles Guten? Was die Gewohnheit, die Lehrmeisterin aller schlimmen Dinge? Man muss sich an das Beste gewöhnen; dann wird zur Gewohnheit, was ungewohnt war, angenehm, was unangenehm war, geziemend, was für unziemlich galt. Antronius: Ich höre staunend zu. Magdala: Geziemt es sich, dass eine deutsche Frau französisch lerne? Antronius: Ganz gewiss. Magdala: Weshalb? Antronius: Damit sie mit denen sich unterhalten kann, die französisch reden. Magdala: Und für mich soll es unpassend sein, dass ich Latein lerne, um täglich mit so manchem Autor, so beredten, gelehrten, weisen, treuen Beratern Zwiesprache zu halten? Antronius: Die Bücher nehmen den Frauen viel von ihrem Hirnschmalz, von dem sie ohnehin zu wenig haben. Magdala: Wie viel Ihr davon besitzt, weiß ich nicht; jedenfalls will ich das, was mir beschert ist, lieber bei guten Studien aufbrauchen als bei sinnlos hergesagten Gebeten, nächtlichen Schmausereien und dem Leeren tüchtiger Humpen. [...] In Spanien und in Italien gibt es nicht wenige [gebildete] Frauen, namentlich unter den Vornehmen, die es mit jedem Manne aufnehmen könnten; in England nenne ich die Frauen aus dem Hause Morus[1], in Deutschland die Pirckheimer'schen[2] und die Blaurer'schen[3].

1 Thomas Morus, 1477–1535, englischer Humanist und Staatsmann

2 Willibald Pirckheimer, 1470–1530, Patrizier und Humanist aus Nürnberg

3 Ambrosius Blaurer, 1492–1564, Reformator aus Konstanz

Zit. nach: August Buck: Humanismus. Seine europäische Entwicklung in Dokumenten und Darstellungen. Freiburg/München 1987. S. 172.

Entwickeln Sie aus den Ausführungen der Dialogpartner umrisshaft deren Frauenbild.

Zur Diskussion

Mythos Renaissance?

Im 19. Jahrhundert haben der französische Historiker Jules Michelet und der Schweizer Historiker Jacob Burckhardt sich intensiv mit der Renaissance beschäftigt und sind zu dem Schluss gekommen, damals sei ein grundlegend neues Zeitalter angebrochen, der Mensch habe sich erstmals als Individuum begriffen. Insofern sei nach dem Mittelalter mit der Renaissance die moderne Neuzeit ins Leben getreten. Diese Ansicht wird heute nicht mehr in dieser Eindeutigkeit vertreten. Moderne Historiker kommen zu differenzierteren Einschätzungen.

a) Der deutsche Historiker Helmut Diwald, 1982:

Die Gelehrten konzentrierten eine Menge Scharfsinn auf die Frage, in welchem Jahr die Renaissance begonnen habe und was zu den unverwechselbaren Indizien des Neuen gehöre. [...] Lässt man für das, was zuvor gewesen ist, das eigentümlich Religiös-Christliche auf sich beruhen, dann bedeutet die entschieden theozentrische Ausrichtung des Mittelalters, dass dem einzelnen Menschen keine besondere Rolle zugebilligt wurde. Christlich war allerdings die grundsätzliche Sündhaftigkeit des Menschen, sein hilfloses Ausgeliefertsein, das sich in seiner Erlösungsbedürftigkeit überwältigend äußerte. Mit diesem Konzept brach die Renaissance radikal, und zwar schon im Ansatz. [...]

Renaissance ist im Unterschied zum Mittelalter tatsächlich ein Aufbegehren des Menschen zugunsten des Menschen, eine Investitur des Humanen. Der Ausdruck „Individualismus" greift hier zu weit, ebenso die Wendung „Persönlichkeitsideal". Auf dem Programm stand schlicht die allmähliche Entdeckung des Eigenwerts der Persönlichkeit. Der Mensch und mit ihm die Natur und die Welt – nämlich „seine" Welt – wurden der „anderen" Welt gegenübergestellt, dem Supranaturalen [dem Übernatürlichen], dem Jenseits. Der Mensch erdreistete sich plötzlich zu behaupten, er besitze mit seiner Vernunft etwas „Ewiges"; denn diese Vernunft werde sich nicht ändern, vielmehr seine Natur sein. „Göttliche Natur" als Ewigkeit korrespondiert hier mit der Göttlichkeit

der Menschennatur, die ebenfalls als „ewig“ bewertet wird. Entschieden wurde mit der Rolle gebrochen, die dem Menschen im scholastischen Weltaufriss zugeteilt war. Und, diese Entschiedenheit griff bald zu argumentativen Mitteln, die Behauptung wurde zu einer Maske der Selbstbehauptung. Das ist der Rubikon. Im christlichen Mittelalter gab es keinen Platz für den Menschen; in der Renaissance setzte man ans andere Ufer über, dorthin, wo die Konditionen des Menschen zum Fundamentalthema werden. [...]
Das Göttergleiche war [...] identisch mit der Befähigung des Menschen zu schöpferischer Arbeit, zu kreativer Tätigkeit. [...] Hier geht es folglich nicht um Tätigkeit, Arbeit, Aktivität an sich. Aber Tätigkeit, Arbeit, Aktivität bildeten exklusive Möglichkeiten der Selbstrealisierung. Dabei gab es keine qualitativen Abstufungen des Wirkens. Bildende Kunst, Architektur, Dichtung, Philosophie, Handel, Politik - die disziplinäre Sonderung ist belanglos gegenüber der grundsätzlichen Nobilitierung [Adelung] der Tätigkeit überhaupt. [...]
In den humanistischen Studien wird geistig-intellektuelle Selbstbestätigung aktuell. [...] Die suchenden Menschen der Renaissance wollten durchaus nicht die Antike entdecken, sondern sich selbst. Allein zu diesem Zweck wurden klassisch-literarische Studien betrieben. Auf diesem Wege kam es zur Kostümierung der zeitgenössischen „Tugend“: der Studia humanitatis als Bemühung um Erziehung, um Selbstbildung. Und so brach sich erstmals in der Geschichte das autarke Schöpferturn des menschlichen Geistes freien Raum. Seine Mobilisierung wurde von der Entfaltung eines in ihm selbst wurzelnden sittlichen Lebens begleitet, das mehr war als ein Verhaltensduktus nach äußeren und oktroyierten Regeln.

Helmut Diwald: Anspruch auf Mündigkeit. Propyläen Geschichte Europas, Band 1. Berlin 1982. S. 133–137.

b) Der britische Renaissance-Forscher Peter Burke, 1990:

Dieser aus dem neunzehnten Jahrhundert stammende Mythos der Renaissance wird immer noch von vielen Leuten sehr ernst genommen. Fernsehgesellschaften und Reiseunternehmer verdienen noch heute ihr Geld damit. Nach Ansicht der professionellen Historiker jedoch lässt dieses Bild der Renaissance mehr und mehr zu wünschen übrig. [...]
Zum einen scheint sich herauszukristallisieren, dass die so genannten „Renaissancemenschen“ in Wirklichkeit ziemlich mittelalterliche Züge trugen. Ihr Verhalten, ihre Voraussetzungen und ihre Ideale waren weit traditioneller, als wir gemeinhin annehmen – und traditioneller, als sie selbst sich eingestanden. [...] Zwei der berühmtesten Bücher, die im Italien des sechzehnten Jahrhunderts geschrieben wurden, Castigliones *Cortegiano* und Machiavellis *Principe*, erscheinen uns heute tiefer im Mittelalter verwurzelt als ehedem vermutet. Castigliones *Hofmann* bezieht sich [...] auch auf die mittelalterlichen Traditionen höfischen Verhaltens und ritterlicher Minne. Selbst Machiavellis *Fürst* gehört, obwohl er manche überkommene Weisheit gezielt auf den Kopf stellt, in gewisser Hinsicht einem mittelalterlichen Genre an, jenem der so genannten Fürstenspiegel, die den Herrschern Ratschläge und Verhaltensmaßregeln an die Hand gaben.
Zweitens haben die Mediävisten zahlreiche Argumente dafür zusammengetragen, dass es sich bei der Renaissance nicht um ein so einzigartiges Ereignis handelte, [sondern] dass der Ausdruck „Renaissance“ eigentlich in der Mehrzahl gebraucht werden sollte. Es gab während des Mittelalters mehrere „Renaissancen“, namentlich eine im zwölften Jahrhundert und eine zur Zeit Karls des Großen. In beiden Fällen waren die literarischen und künstlerischen Leistungen von einem wieder auflebenden Interesse an klassischer Bildung begleitet, und in beiden Fällen beschrieben die Zeitgenossen ihr Zeitalter als eines der Wiederbelebung, der Wiedergeburt oder der „Erneuerung“. [...]
Was schließen wir daraus? Gab es nun eine Renaissance oder gab es keine? Wenn wir unter „Renaissance“ ein Zeitalter in Purpur und Gold verstehen, ein isoliertes Kulturwunder, einen plötzlichen Einbruch der Moderne, so lautet meine Antwort: Nein. Wenn wir jedoch, eingedenk der Errungenschaften des Mittelalters oder der außereuropäischen Welt, unter „Renaissance“ ein Ensemble von Veränderungen in der abendländischen Kultur verstehen, so scheint mir der Ausdruck als Ordnungsbegriff nach wie vor von gewissem Nutzen.

Peter Burke: Die Renaissance. Berlin 1990. S. 12–15.

a) Erarbeiten Sie aus den vorliegenden Textauszügen die Kriterien, die für die Verfasser bei ihrer Einschätzung der Renaissance von Bedeutung sind.

b) Suchen Sie in den Materialien des Kapitels nach Argumenten, mit denen Sie die Einschätzung Z. 52–54 im Text a) sowie die Einschätzung Z. 8–10 im Text b) belegen bzw. zurückweisen können.

c) Entwickeln Sie vor dem Hintergrund der vorliegenden Argumente zur Bedeutung der Renaissance eine eigene begründete Position.

3. Kommunikation und Austausch in der „Republik der Gelehrsamkeit"

Gegen Ende des 15. Jahrhunderts hielt der deutsche Humanist Konrad Celtis seine Antrittsvorlesung in der erst einige Jahre zuvor gegründeten Universität Ingolstadt. Dabei proklamierte er vor den versammelten Professoren und Studenten eine „Republik der Gelehrsamkeit", der sie alle angehörten und die sich über alle Landesgrenzen hinweg erstreckte. Er hatte dabei ganz Europa im Auge, denn humanistische Gelehrte gab es an vielen Orten, vor allem in Italien, aber auch in Frankreich und England, in Spanien und den Niederlanden, im Deutschen Reich und in Polen. Sie alle vereinte das Interesse an der klassischen Antike und der Wunsch nach einer geistigen Erneuerung. Doch auf welche Weise und über welche Medien traten die über so weit entfernte Orte verstreuten Humanisten miteinander in Verbindung, wie tauschten sie sich aus, wie entwickelten sie ein Gefühl der Gemeinsamkeit?

1348	Gründung der ersten deutschen Universität in Prag
1450	Erfindung des Buchdrucks mit beweglichen Lettern durch Johann Gutenberg in Mainz
1511	Martin Waldseemüller veröffentlicht die erste „moderne" Karte von Europa.

Zentren der Gelehrsamkeit – die Universitäten

Die langfristigen Wirkungen und Erneuerungen, die von Renaissance und Humanismus ausgingen, dürfen nicht darüber hinwegtäuschen, dass diese Bewegung nur von einer relativ kleinen Minderheit in Gang gesetzt und weitergetragen wurde. Die dem Neuen gegenüber aufgeschlossenen Zeitgenossen lebten vornehmlich in den aufblühenden Städten oder wirkten an den Höfen weltlicher oder geistlicher Fürsten. Wichtige Keimzellen humanistischen Gedankenguts waren vor allem die Universitäten, die – nach ersten Anfängen im Mittelalter – im 14. und 15. Jahrhundert in vielen Städten Europas entstanden. Die ersten deutschen Hochschulen wurden im 14. Jahrhundert gegründet, und zwar in Prag, Wien, Heidelberg, Köln und Erfurt. Schon im folgenden Jahrhundert schossen in ganz Europa neue akademische Lehranstalten wie Pilze aus dem Boden, sodass es um 1500 knapp 80 Hochschulen gab.

Normalerweise lebte und studierte man gemeinsam in Kollegien oder Instituten, wobei man sich je nach Herkunftsland nach „Nationen" zusammenfand. Fast immer umfassten die frühen Universitäten vier Fakultäten, die „Artistenfakultät" sowie die theologische, juristische und medizinische Fakultät. Auf das obligatorische Grundstudium der „Sieben freien Künste" („artes liberales"), durch das man den Magistertitel erwerben konnte

16 Der wie ein arabischer Gelehrter gekleidete Henricus de Alemania vor seinen Studenten: Lehrveranstaltung an der Universität von Paris. Buchmalerei (18 x 22 cm) von Laurentius de Voltalina aus dem Liber ethicorum des Henricus de Alemania, 2. Hälfte des 14. Jahrhunderts.

17 Die Titelabbildung der 1504 erschienenen Enzyklopädie „Margarita philosophica" von Gregor Reisch stellt eine Allegorie der dreiköpfigen Philosophie dar. Ihr zu Füßen sitzen Logik, Rhetorik, Grammatik, Arithmetik, Musik, Geometrie, Astronomie (die sieben freien Künste). Unten links sieht man Aristoteles als Vertreter der Naturphilosophie und rechts Seneca als Moralphilosophen; oben als Vertreter der göttlichen Philosophie (Theologie) die Kirchenlehrer Augustinus, Gregor, Hieronymus und Ambrosius.
Interpretieren Sie Details und Aufteilung dieser Abbildung und geben Sie die Intention des Künstlers wieder.

(„magister artium"), folgte dann einer der drei anderen Studiengänge mit der Doktorprüfung als Abschluss. Die „Sieben freien Künste" unterteilte man in das Studium des so genannten Trivium (Grammatik, Logik und Rhetorik) mit dem Abschluss als Bakkalar und des „Quadrivium" (Arithmetik, Geometrie, Astronomie und Musik). Die Hauptformen des akademischen Unterrichts waren die Vorlesung aus Klassikern und Lehrbüchern mit anschließendem Kommentar und die sich darauf beziehende Disputation.

Höfe, Kanzleien und Klöster

Vornehmlich in Italien gab es neben den Universitäten noch andere „Sammelpunkte" für die Humanisten, und zwar die Kanzleien und Sekretariate in den Stadtrepubliken und an den Fürstenhöfen. Beispielhaft für viele andere ist die Humanistenfamilie Decembrio. Der Vater Uberto arbeitete als Sekretär am Fürstenhof der Visconti in Mailand, sein Sohn Pier Candido wirkte zunächst ebenfalls in Mailand und trat dann in die Dienste der Adelsfamilie Este in Ferrara. Dessen jüngerer Bruder Angelo verdiente sein Brot in Ferrara, Neapel und in Spanien. Gleichzeitig bemühte sich auch mancher Fürst selbst um eine humanistische Bildung. So besaß z. B. der Herrscher von Urbino, Federico da Montefeltro, eine umfangreiche und wertvolle Bibliothek und gab für sein Studierzimmer eine Porträtserie in Auftrag, die viele berühmte Männer der Antike, einige Kirchenväter und Scholastiker sowie „moderne" Prominente wie Dante und Petrarca umfasste. Auch in den Kreisen der Kirche fasste der Humanismus Fuß: Die päpstliche Kanzlei in Rom beschäftigte verschiedene Humanisten und in vielen Klöstern studierten sprachkundige Mönche die klassischen Werke.

Reise- und Briefverkehr

Ein reger Reise- und Briefverkehr förderte den Gedankenaustausch der humanistischen Gelehrten. Man zog zu renommierten Universitäten, um bei berühmten Professoren zu studieren, und besuchte Fachkollegen, um sich mit ihnen auszutauschen oder zu disputieren. Hunderte junger Männer aus Mitteleuropa begaben sich auf den beschwerlichen Weg über die Alpen in die Zentren der humanistischen Gelehrsamkeit wie Florenz, Rom oder Mailand. Nach ihrer Rückkehr sorgten sie voller Enthusiasmus dafür, dass die neuen Ideen auch in ihrer Heimat propagiert wurden.
Eine wichtige Rolle spielte dabei der schriftliche Gedankenaustausch. Tausende

von Briefen aus der Feder von Humanisten sind erhalten geblieben. Man bat um Auskünfte, informierte sich über jüngst gefundene alte Dokumente und versicherte sich der gegenseitigen Freundschaft. Einige große Universitäten richteten zu diesem Zweck einen eigenen Postdienst ein. Oder man bediente sich – gegen eine Gebühr – der Kuriere, die große Kaufmannsgesellschaften oder Stadtverwaltungen für ihre Belange einsetzten. Für die Strecke von Brüssel nach Neapel brauchte ein Botendienst etwa 14 Tage, von Krakau nach Venedig eine gute Woche.

Der Blick auf Europa

Durch diese vielfältigen Kontakte gewannen jetzt die Gebildeten eine klarere Vorstellung von Europa als Kulturraum, der für sie gleichermaßen vom klassischen wie vom christlichen Erbe geprägt war. Schärfere Umrisse erhielt dieses europäische Bewusstsein durch den Kontakt mit den Fremden in anderen Erdteilen, die man durch die Entdeckungsreisen und die vielfältigen Handelsbeziehungen jetzt näher kennen lernte. Mit Staunen registrierten Reisende das kulturelle Niveau der asiatischen Völker. Sie bewunderten beispielsweise die Kunstwerke und die persönliche Hygiene und Reinlichkeit der Türken oder den handwerklichen Leistungsstand und die feinen Umgangsformen in China oder Japan. Und in Amerika trafen sie auf Menschen, die anscheinend noch im Urzustand lebten und über deren Status als menschliche Wesen eine intensive Debatte geführt wurde, denn nur als solche konnte man sie missionieren und zivilisieren. Einzelne Mönche oder Priester interessierten sich sogar für die Sprache, die Texte und die religiösen Anschauungen der Ureinwohner. Reiseschriftsteller verglichen all das mit den schöpferischen Errungenschaften und den Gebräuchen der Europäer und strichen die jeweiligen Vorzüge oder Mängel heraus. Auf diese Weise schärfte die Berührung mit den „anderen" allmählich den Blick für die Besonderheiten der eigenen Kultur. Daher konnte der englische Schriftsteller und Philosoph Francis Bacon Anfang des 17. Jahrhunderts in einem Buch ganz selbstverständlich von „uns Europäern" sprechen, und die Gebildeten Europas wussten, wen er damit meinte.
Die Erweiterung des europäischen Horizonts zu dieser Zeit zeigt sich am sinnfälligsten in der Kartografie, die ihrerseits wiederum den Gesichtskreis der Zeitge-

18 Die erstmals 1511 von Martin Waldseemüller publizierte „Wegekarte Europas", Holzschnitt (106,7 x 140,7 cm), ist im Unterschied zur üblichen nördlichen kartografischen Ausrichtung südorientiert.

nossen ausdehnte. Das Wissen um Ausmaß und Gestalt des eigenen Kontinents wuchs im 16. Jahrhundert rapide. Im Jahre 1511 veröffentlichte der deutsche Geograph Martin Waldseemüller eine erste moderne, vier Seiten umfassende Europakarte.

Buchdruck, Bücher und Bibliotheken

Am folgenreichsten – weit über den Rahmen der damaligen Epoche hinaus – wirkte sich die Erfindung des Buchdrucks mit beweglichen Lettern aus Blei durch Johann Gutenberg aus. Bisher hatte man noch jedes Buch von Hand abschreiben oder jede einzelne Seite aus einer Holztafel mühsam herausschnitzen müssen, was viel Zeit kostete und nur geringe Auflagen zuließ. Jetzt konnte ein Drucker nach Belieben aus den vorhandenen Bleibuchstaben neue Seiten zusammenstellen und Bücher in hohen Auflagen drucken.
Zunächst arbeitete Gutenberg für Auftraggeber und Kunden aus kirchlichen Kreisen, doch schon bald entdeckten humanistische Forscher und Gelehrte die Möglichkeiten des neuen Mediums. Jetzt konnten sie ihre Texte und Übersetzungen in weitaus größeren Stückzahlen verbreiten. Neue Kommunikationsformen wie Zeitungen, Flugblätter und Flugschriften entstanden und verhalfen den Ideen und Wünschen der Zeit zu einer größeren Öffentlichkeit. Statt großer und schwerer Folianten standen auf den Borden der Studierkammern jetzt kleine und handliche Bände, die man auch auf Reisen mitnehmen konnte. Und da auch immer mehr Bücher in den Volkssprachen erschienen, lösten diese allmählich das bisher im Schriftgut vorherrschende Latein ab. In Windeseile breitete sich die neue Technik in Europa aus. Bibliotheken besaßen im Mittelalter nur die Universitäten und einige hohe Fürsten mit bibliophilen Neigungen. Nach der Erfindung Gutenbergs und mit dem wachsenden Interesse an Literatur unterschiedlicher Art richteten sich jetzt immer mehr Adlige eine Bibliothek ein. Bedeutende deutsche Sammler waren Kaiser Maximilian und Kurfürst Friedrich von Sachsen, deren Buchbestände heute noch in der Hofbibliothek in Wien bzw. der Universitätsbibliothek von Jena aufbewahrt werden. Seit dieser Epoche begannen nun allerdings auch Gelehrte und reiche Bürger sich eine umfangreiche Bibliothek zusammenzustellen.
Die massenhafte Verbreitung von Büchern sorgte dafür, dass das Buch seinen Charakter als Gegenstand des Luxus oder des Kultus allmählich verlor und zu einem allgemein zugänglichen Gebrauchsgegenstand wurde. Jetzt erschienen erstmals unterhaltende Prosaromane, Reiseberichte, Sammlungen von Sagen, Kräuterbücher, Ratgeber und belehrende Schriften. Eine herausragende Bedeutung gewann das Buch als Unterrichtswerk, als Schulbuch.

Erziehung und Schule

Im Mittelalter lag die Schulbildung der Kinder fast ausschließlich in der Hand der Kirche. In Kloster-, Dom- oder Stiftsschulen wurde – neben dem einen oder anderen Laien – vor allem der kirchliche Nachwuchs ausgebildet. Der Grundlehrstoff umfasste den Unterricht im Lesen (am Psalmenbuch), (Schön-)Schreiben und Rechnen, den kirchlichen Gesang sowie die lateinische Sprache, Grammatik und Konversation. Adlige und später auch reiche Patrizier engagierten für ihre Kinder in der Regel Privatlehrer, meist Geistliche oder Mönche. Ab dem 13. Jahrhundert begannen in Deutschland die Städte eigene Schulen zu gründen, und zwar die Lateinschulen und die so genannten Deutschen Schulen. Die Lateinschulen boten ein ähnliches Bildungsprogramm wie die kirchlichen Schulen. Die oft von den Zünften geförderten „Deutschen Schulen" waren dagegen eher auf das praktische Leben eines Stadtbürgers ausgerichtet und orientierten sich an den Anforderungen eines Kaufmanns oder Handwerkers und den Bedürfnissen der Stadtverwaltung. Neben Lesen, Schreiben und Rechnen boten sie auch geschichtliche und geografische Stoffe an. Die kirchlichen Autoritäten beobachteten diese Entwicklung in den Städten mit Misstrauen und versuchten – allerdings meist erfolglos – ihr bisheriges Bildungsmonopol zu erhalten. Die unliebsame Konkurrenz bekam

19 Holzschnitt zum Titelblatt von Martin Luthers Schrift von 1524 „An die Ratsherren aller Städte Deutschlands, dass sie christliche Schulen aufrichten und halten sollen", vermutlich von Hans Holbein d. J.

sogar immer mehr Zulauf, als die städtischen Magister den Elementarunterricht zunehmend in deutscher Sprache erteilten und so dem Wunsch vieler Bürger entsprachen.

Da Bildung und Erziehung ein wichtiges Anliegen der Humanisten war, richteten sie ihr Augenmerk besonders auf die Schulen. Umfangreiche Bildungs- und Unterrichtsprogramme wurden entworfen. Eine breite Umsetzung ihrer Bildungsprogramme erfolgte jedoch erst während der Reformation, als sich mit dem Übergang zur neuen Lehre viele kirchliche Bildungseinrichtungen auflösten. Um den Verfall von Ordnung und Moral zu verhindern, verpflichteten Luther und die anderen Reformatoren die Ratsherren der deutschen Städte, sich der Schulen anzunehmen. Auf der Basis der alten Lateinschulen und der Deutschen Schulen organisierten jetzt viele städtische Magistrate ihr Schulwesen neu: für Gelehrte, Juristen und den geistlichen Nachwuchs die Lateinschule, für das einfache Volk eine nach Geschlechtern getrennte Volksschule mit einfachem Bildungsangebot. Auch auf dem Land sorgten der Reformation verpflichtete Grund- oder Landesherren für die Einrichtung solcher einfachen Schulen für die Dorfbevölkerung. Der Schulbesuch blieb jedoch zunächst nur auf eine kleine Minderheit der Kinder und Jugendlichen beschränkt, setzte er doch die Bereitschaft und die Möglichkeit aufseiten der Eltern voraus, die nötigen finanziellen Aufwendungen für die Bildung ihrer Kinder zu tragen. Von einer allgemeinen Schulpflicht war noch keine Rede.

Post: Nach dem Ende des Römischen Reichs gab es in Europa kein geregeltes Verkehrs- und Nachrichtensystem. Die Zunahme des Handelsverkehrs zwischen den Städten und der akademische Austausch zwischen den Universitäten bewirkten, dass ab dem 12. Jahrhundert unregelmäßig verkehrende Botendienste eingerichtet wurden. Das moderne Postwesen begann mit dem aus der Lombardei stammenden Franz von Taxis (1459–1517), der im Jahre 1495 die erste feste Postverbindung zwischen den Habsburger Residenzen in Wien und Brüssel einrichtete. Unter seinen Nachfahren entwickelte sich die Taxis'sche Post mit ihrer Zentrale in Brüssel (seit 1729 Frankfurt am Main) zu einem länderübergreifenden Nachrichtennetz. Im Jahre 1597 erklärte Kaiser Rudolf II. die Post zu einem kaiserlichen Privileg und sein Nachfolger Matthias vergab 1615 den Titel des Reichsgeneralpostmeisters erblich an das Haus Taxis. Danach expandierte der Taxis'sche Postdienst rasch. Die Familie Taxis (seit 1649/50 Thurn und Taxis) stieg zu Reichsgrafen auf und erwarb großen Wohlstand. Im Laufe des 17. und 18. Jahrhunderts gründeten viele Reichsfürsten in Deutschland eigene Postdienste, die der Reichspost der Thurn und Taxis Konkurrenz machten. Als Kaiser Franz II. im Jahre 1806 abdankte, verlor das Haus Thurn und Taxis seine Privilegien und damit große Marktanteile. Nach dem deutsch-österreichischen Krieg von 1866 übernahm Preußen die Post von Thurn und Taxis gegen eine Entschädigung von drei Millionen Talern in staatliche Regie.

20 Ein humanistischer Student

Der im elsässischen Schlettstadt geborene Reformator Martin Bucer (1491–1551) schreibt in einem Brief an den humanistischen Gelehrten Beatus Rhenanus[1] über seine Studienzeit in Heidelberg (1518):

Wahrlich, Du bist doch immer derselbe, mein liebenswürdiger Beatus, dass Du meinen Brief mit den von mir in so elende Sprachlumpen gekleideten Thesen Luthers[2] mit keineswegs grimmiger Miene aufgenommen hast, den Dank nach dem guten Willen des Schenkenden, nicht nach dem Wert des Geschenks bemessend. [...] [Da] ich das Zeug in Windeseile zusammengeschrieben habe, weiß ich selbst am besten, dass kein einziger Satz darin ohne sprachliche Fehler ist. [...]

Was Du ferner schreibst, draußen in der Welt beginne die Philosophie zu blühen und die Scholastiker würden ungeheuer ausgelacht, das war mir ein rechter Freudenkitzel, und ich hoffe, bald werden endlich auch unsere Landsleute wieder zur Vernunft kommen, die bisher noch so krampfhaft an ihrer Barbarei und Scholastik festhalten. Immerhin habe ich meine Heidelberger Patres schon so weit gebracht, dass ich zuerst über das *Lob der Torheit* des Erasmus, dann auch über seine *Friedensklage* unseren Studenten Vorlesung gehalten habe. Der Prior nämlich begünstigt diese Initiative. [...]

Schließlich treibe ich auch, soweit es geht, etwas Griechisch; der Prior erlaubt mir, jeden zweiten Tag zu Johannes Brenz[3] zu gehen, einem hochbegabten und erstaunlich gebildeten jungen Mann, der unter Johannes Oecolampadius[4] außerordentliche Fortschritte gemacht hat. Dieser Tage hat er mir und zwei anderen Philosophen Platos *Gastmahl* erklärt. Um Dir ein Probestück dieses Kollegs vorzulegen, will ich Dir daraus ein Problem, über das ich in den *Adagia* des Erasmus gestolpert bin, unterbreiten, mit der Bitte, ob Du es mir, wenn Du Zeit findest, beheben kannst. [...]

Geschrieben in Frankfurt, am 14. September 1518, im Lärm der auf Geheiß des reizenden Herrn Froben stattfindenden Buchmesse.

1 Aus Schlettstadt stammender deutscher Humanist, 1485–1547; er arbeitete seit 1511 mit dem Basler Buchdrucker Johannes Froben an der Herausgabe klassischer Werke.

2 Bucer war Dominikanermönch, studierte in Heidelberg und hörte dort eine Disputation Luthers, die ihn zu seinem Anhänger machte. Über dieses Erlebnis hatte er einen Bericht an Beatus Rhenanus geschrieben, auf den er sich hier bezieht. Bucer war später der Reformator von Straßburg.

3 Johannes Brenz, 1499–1570, deutscher Reformator

4 Johannes Oecolampadius, 1482–1531, deutscher Reformator, Prediger in Basel, half Erasmus bei der Herausgabe des griechischen Neuen Testaments

Zit. nach: Nicolette Mout (Hrsg.): Die Kultur des Humanismus. Reden, Briefe, Traktate, Gespräche von Petrarca bis Kepler. München 1998. S. 198–200.

a) Kennzeichnen Sie das Verhältnis zwischen Bucer und anderen humanistischen Gelehrten.

b) Zeigen Sie an einzelnen Stellen des Briefes, dass Bucer sich aus einem Mönch zu einem Reformator entwickelt.

c) Erläutern Sie die Bedeutung der Universität für die Ausbreitung humanistischen und reformatorischen Gedankenguts.

21 Über die Erfindung der Buchdruckerkunst

a) Der deutsche Benediktiner Johannes Trithemius, 1483 bis 1506 Abt im Kloster Sponheim und von 1506 bis zu seinem Tode 1516 Abt des Würzburger Schottenklosters, berichtet in den „Annalen des Klosters Hirsau":

Zu dieser Zeit wurde in Mainz, einer Stadt Deutschlands am Rhein, und nicht in Italien, wie einige fälschlich berichten, jene wunderbare und früher unerhörte Kunst, Bücher mittels Buchstaben zusammenzusetzen und zu drucken, durch Johannes Gutenberg, einen Mainzer Bürger, erfunden und ausgedacht. Nachdem er beinahe sein ganzes Vermögen für die Erfindung dieser Kunst aufgewendet hatte, vollbrachte er, mit übergroßen Schwierigkeiten kämpfend, indem er bald in diesem, bald in jenem zu knappe Mittel besaß und schon nahe daran war, am Erfolg verzweifelnd, das ganze Unternehmen aufzugeben, doch endlich mit dem Rat und den Vorschüssen des Johannes Fust, ebenfalls Bürger von Mainz, die angefangene Sache. Demnach druckten sie zuerst das unter dem Namen „Catholicon"[1] bezeichnete Wörterbuch, nachdem sie die Züge der Buchstaben nach der Ordnung auf hölzerne Tafeln gezeichnet und die Formen zusammengesetzt hatten.

Allein mit diesen Formen konnten sie nichts anderes drucken, eben weil die Buchstaben nicht von den Tafeln ablösbar und beweglich, sondern eingeschnitzt waren. Nach diesen Erfindungen folgten kunstreichere. Es gelang ihnen, die Formen aller Buchstaben des lateinischen Alphabets zu gießen. Diese Formen nannten sie Matrizen, und aus ihnen gossen sie hinwiederum eherne oder zinnerne, zu jeglichem Druck geeignete Buchstaben. Solche hatte man früher mit den Händen geschnitzt. Und in der Tat, wie ich vor beinahe dreißig Jahren aus dem Munde des Peter Schöffer von Gernsheim hörte, eines Mainzer Bürgers, des Schwiegersohnes des ersten Erfinders der Kunst, hatte die Buchdruckerkunst vom Anfang ihrer Entstehung an große Schwierigkeiten zu bekämpfen. Als sie nämlich beschäftigt waren, die Bibel zu drucken, hatten sie schon mehr als viertausend Gulden ausgegeben, bevor sie auch nur das dritte Quarternium[2] zustande brachten. Der erwähnte Schöffer aber, damals Gehilfe, hernach Schwiegersohn des ersten Erfinders Fust, ein kluger gedankenreicher Kopf, dachte eine leichtere Art aus, Buchstaben zu gießen, und brachte die Kunst zur heutigen Vollendung. Diese drei hielten ihre Art und Weise zu drucken einige Zeit geheim, bis sie durch Gehilfen, ohne deren Mitwirkung die drei Männer die Kunst nicht selbst ausüben konnten, zuerst bei den Straßburgern und schließlich bei allen Nationen verbreitet wurde.

1 Grammatisch-lexikalisches Werk in lateinischer Sprache aus dem 13. Jahrhundert

2 Lage von vier Bögen

Zit. nach: Bernhard Pollmann (Hrsg.): Lesebuch zur deutschen Geschichte, Band II. Dortmund 1984. S. 13 f.

b) Bei dem 1500 von Matthias Huß geschaffenen Holzschnitt „Lyoner Totentanz" handelt es sich um die älteste bekannte Darstellung einer Druckerwerkstätte.

a) Stellen Sie die einzelnen Entwicklungsschritte bis zu Gutenbergs Erfindung dar.
b) Erläutern Sie, welche Bedeutung die Finanzen für diese technische Innovation hatten.

22 Lob der Bücher

Aus einem Brief von Guarino da Verona an den jungen Fürstensohn Lodovico Gonzaga in Mantua (Mitte des 15. Jahrhunderts):

Willst Du ausgezeichnete Ratgeber, die besten, was Treue, Wohlwollen, Klugheit anbetrifft? So such die Bücher, lies sie, gewöhn Dich daran, sie immer bei Dir zu tragen, auf dem Lande und auf Reisen, wie es andere mit Hunden, Sperbern und Würfeln tun. Wenn Menschen raten, fürchten sie entweder zu beleidigen oder suchen sie zu schmeicheln oder lügen sie oft aus Unkenntnis der Sache. Die Bücher sind jedoch völlig integer, sie können nicht schmeicheln, sind die Eltern der Wahrheit, die treuen Hüter der Zeit, die Lehrer des Lebens, die Führer in der Rede; sie verschaffen uns den Gebrauch, die Erfahrung und das Beispiel aller Dinge. Was kann Dir besser als die Kraft und Macht des geschriebenen Wortes die Unsterblichkeit geben und Dich dem Zahn der Zeit entreißen?

Zit. nach: August Buck: Humanismus. Seine europäische Entwicklung in Dokumenten und Darstellungen. Freiburg/München 1987. S. 141.

a) Welche Vorteile bieten Bücher nach der Meinung des Briefschreibers.
b) Nehmen Sie kritisch Stellung zu Guarinos Thesen, insbesondere zu seiner Behauptung, Bücher seien die „Eltern der Wahrheit".

23 Folgen des Buchdrucks

Edikt des Erzbischofs von Mainz, Berthold von Henneberg (1485):

Wenn man auch zur Aneignung gelehrten Wissens dank der sozusagen göttlichen Kunst des Druckens an die Bücher der verschiedenen Wissenschaften in reichlichem Maße und leicht herankommen kann, so haben wir trotzdem vernommen, dass gewisse Menschen, verführt durch die Gier nach eitlem Ruhm und Geld, diese Kunst missbrauchen und dass das, was zur Kultivierung des Lebens geschenkt wurde, auf die Bahn des Verderbens und der Verfälschung gelenkt wird. Denn wir mussten sehen, dass Bücher, die die Ordnung der hl. Messe enthalten und die über göttliche Dinge und die Hauptfragen unserer Religion handeln, aus der lateinischen in die deutsche Sprache übersetzt wurden und nicht ohne Schande für die Religion durch die Hand des Volkes wandern. [...]

Wer wird den Laien und ungelehrten Menschen und dem weiblichen Geschlecht, in deren Hände die Bücher der heiligen Wissenschaften fallen, das Verständnis verleihen, den wahren Sinn herauszufinden? [...]

Und so befehlen wir, dass man keine Werke, welcher Art sie seien, welche Wissenschaft, Kunst und Erkenntnis sie auch immer betreffen, aus der griechischen, lateinischen oder einer anderen Sprache in die deutsche Volkssprache übersetze [...], verbreite und erwerbe, öffentlich oder heimlich, unmittelbar oder mittelbar, sofern nicht die zu druckenden Werke jeweils vor dem Druck [...] durch eigens dazu bestellte Doktoren und Magister unserer Universität in unserer Stadt Mainz [...] durchgesehen und mit einem Sichtvermerk zum Druck oder zum Vertrieb freigegeben worden sind.

Zit. nach: Stephan Füssel: Johannes Gutenberg. Reinbek 1999. S. 139.

a) Erläutern Sie die Argumente, mit denen der Erzbischof sein Handeln im Edikt erläutert.
b) Diskutieren Sie die Folgen, die sich aus den Maßnahmen des Erzbischofs für die Entwicklung des Buchdrucks ergeben.

24 Erziehung zur Tugend

Schreiben des päpstlichen Sekretärs Cincius Romanus an Poggio Bracciolini zur Geburt seines Sohnes (1438):

Wenn er aber herangewachsen ist, so sei bestrebt, dass jede Altersstufe bei ihm zu ihrem Recht kommt und seine Worte und Taten jeweils dem Alter entsprechen. Hingegen soll er sich in dem Maße, wie die Jugend die Kindheit an Reife übertrifft, das Mannesalter die Jugend und das Alter die Mannesjahre, an Klugheit und sonstigen Tugenden hervortun, auf dass sein ganzes Leben hindurch zwischen Körper und Geist die rechte Harmonie herrsche und seine Tugenden immer strahlender hervortreten. Weil aber der Tugend und der Vernunft nichts so widerstreitet und so im Kampfe mit ihr liegt wie die Wollust des Fleisches, so muss man diese unterdrücken und peinlich darauf achten, dass sie nicht den Körper verseucht und Herz und Hirn entkräftet. So viel freilich soll man sich gestatten, wie zur Erhaltung des leiblichen Wohlbefindens nötig ist. Ihre Fallstricke aber muss man wie die eines listigen Feindes meiden; verfügt sie doch über einen erotischen Kitzel, der gewisse Wonnen verspricht, die, wenn sie nicht durch züchtigen Lebenswandel, Arbeit, Nachtwachen, körperliche Übungen, mäßiges Essen [...] unterdrückt werden, derart Gewalt über uns bekommen, dass die Vernunft selbst, die den Menschen lenken und wie eine Herrscherin in unserem Herzen thronen sollte, von der Wollust besiegt am Boden liegt und, wenn sie, vom matt gewordenen Licht der Natur endlich erweckt, sich erheben will, bei diesem Versuch aufs neue strauchelt und unter dem Schwarm der nach Art der Bienen – mit der Wollust als ihrer Königin – über sie herfallenden Laster begraben wird.

Zit. nach: Nicolette Mout (Hrsg.): Die Kultur des Humanismus. Reden, Briefe, Traktate, Gespräche von Petrarca bis Kepler. München 1998. S. 163 f.

a) Erläutern Sie die Erziehungsgrundsätze, die der Autor dem Adressaten empfiehlt.
b) Erörtern Sie das diesen Prinzipien zugrunde liegende Verständnis von Körper und Geist.

25 Mädchenbildung und -erziehung

Der englische Humanist Thomas Morus schreibt an William Gonell, den Lehrer seiner Kinder (ca. 1518):

Wie ich eine Gelehrsamkeit, die mit Charakter gepaart ist, allen Schätzen der Könige vorziehe, so frage ich mich, was der Ruhm der Bildung, wenn man ihn von der Lauterkeit des Lebenswandels trennt, anderes einbringt als auffallende, viel besprochene Unehre; besonders bei der Frau, deren Gelehrsamkeit als etwas Neues und als Vorwurf gegen die männliche Lässigkeit viele gerne angreifen und ihrer Gelehrsamkeit aufbürden, was naturbedingte Benachteiligung ist. Sie möchten ihre eigene Unwissenheit gegenüber diesen benachteiligten weiblichen Gelehrten als Vorzug erscheinen lassen. Wenn dagegen eine Frau den ausgezeichneten Geistesgaben nur mittelmäßige literarische Bildung hinzufügt, so bin ich der Meinung, dass sie dem Guten, Wahren näher kommt, als wenn sie die Reichtümer des Krösus und die Schönheit der Helena gewinnen würde. (Und ich hoffe und wünsche, dass alle meine Töchter mit Dir als Lehrer dies erreichen). [...]

Da ich also der Meinung bin, wir sollen auf diesem Weg weitergehen, habe ich nicht nur Dich, liebster Gonell, gebeten, der Du es aus großer Liebe zu meinen Kindern schon von Dir aus tust, und nicht nur meine Frau, die von wahrer Mutterliebe getrieben ist (was ich auf mancherlei Weise erfahren habe), sondern ich habe auch alle Freunde oft dringend gebeten, meine Kinder immer wieder anzuhalten, dass sie sich vor den Abgründen von Stolz und Hochmut hüten und durch die schönen Wiesen der Bescheidenheit wandern; dass sie sich nicht vom Anblick des Goldes blenden lassen; [...] dass sie die Tugend an die erste Stelle der Güter rücken und die Bildung an die zweite und in ihren Studien das am höchsten schätzen, was sie Gehorsam gegen Gott, Mildtätigkeit gegen die Nächsten und Bescheidenheit für sich selbst und christliche Demut lehrt. [...]

Auch bin ich der Meinung, es wirkt sich nicht auf die Ernte aus, ob Mann oder Frau gesät haben. Denn beiden gebührt der Name „Mensch“, dessen Natur sich von dem Tier durch die Vernunft unterscheidet. Beide, sage ich, sind geeignet infolge der gleichen wissenschaftlichen Kenntnisse (wodurch die Vernunft gehegt wird) und bringen wie ein Acker, der mit guten Lehren besät ist, Frucht aus dem Samen hervor.

Zit. nach: Nicolette Mout (Hrsg.): Die Kultur des Humanismus. Reden, Briefe, Traktate, Gespräche von Petrarca bis Kepler. München 1998. S. 173–175.

a) Erarbeiten Sie die Erziehungsgrundsätze, die Morus für seine Töchter vorschlägt.
b) Wie begründet Morus seine Überzeugungen?
c) Worin sehen Sie die Vorzüge bzw. Probleme des vorliegenden Erziehungskonzeptes?

26 Unterrichtsmethoden

a) Michel de Montaigne schreibt in einem Brief an die Gräfin Diane de Foix von Gurson, den er in seine 1580 erschienenen „Essays“ aufgenommen hat, über die rechte Unterrichtsmethode:

Bei jenen, die nach heutigem Brauch eine Schar solcher kindlicher Geister von so verschiedener Prägung und Begabung mit der gleichen Lektion und dem gleichen Ellenmaß anzuleiten und zu regieren unternehmen, ist es kein Wunder, wenn in einer ganzen Herde Kinder sich kaum zwei oder drei finden, denen ihre Zucht etwas Rechtes fruchtet.

[Der Lehrer] muss von seinem Zögling nicht nur Rechenschaft über den Wortlaut seiner Lektion verlangen, sondern über ihren Sinn und Gehalt, und den Gewinn, den er daraus gezogen hat, nicht nach dem Zeugnis seines Gedächtnisses, sondern seines Lebens beurteilen. Er soll ihn das frisch Erlernte unter hunderterlei Gestalt abwandeln und auf ebenso mancherlei Gegenstände anwenden lassen, um zu sehen, ob er es bereits richtig erfasst und sich zu eigen gemacht hat, und soll so die Regel seines Fortschreitens von den Erziehungslehren Platos abnehmen. Es zeugt von roh verschlungener und unverdauter Speise, wenn man sie wieder hergibt, wie man sie herabgewürgt hat. Der Magen hat sein Werk nicht getan, wenn er nicht Form und Beschaffenheit dessen verwandelt, was man ihm zu verdauen gab.

Unsere Seele geht nur am Gängelband, gebunden und den Regungen fremden Willens unterworfen, hörig und geknebelt unter der Fuchtel ihrer Unterweisung. Man hat uns so sehr an die Leine genommen, dass wir des freien Ganges entwöhnt sind, unsere Kraft und Freiheit sind dahin. [...]

Er lasse ihn alles durch das Sieb schlagen und setze

ihm nichts durch einfaches Machtwort und kraft seines Ansehens in den Kopf; die Lehrsätze des Aristoteles sollen ihm keine Lehrsätze sein, so wenig wie die der Stoiker oder Epikuräer. Man lege ihm diese Vielfalt der Meinungen vor: wähle er darunter, wenn er kann, wo nicht, bleibe er im Zweifel. Nur die Narren sind frei von Ungewissheit und Schwanken. [...] Er muss ihre Geistesart in sich aufnehmen, nicht ihre Anweisungen auswendig lernen. Und vergesse er nur kühnlich, woher er sie hat, wenn er will, aber mache er sie sich zu eigen. Die Wahrheit und die Vernunft sind allen gemein und gehören nicht rechtmäßiger dem, der sie zuerst ausgesprochen hat, als dem, der sie nach ihm sagt. [...] Die Bienen naschen von den Blumen da und dort, aber nachher machen sie daraus den Honig, der ganz ihr eigen ist; es ist nicht mehr Thymian noch Majoran: so soll er die von andern entlehnten Bruchstücke verwandeln und verschmelzen, um daraus ein ganz ihm eigenes Werk zu schaffen: nämlich sein eigenes Urteil. Seine Erziehung, seine Arbeit und sein Studium zielen nur darauf ab, es zu bilden.

Zit. nach: Jürgen v. Stackelberg: Humanistische Geisteswelt. Von Karl dem Großen bis Philip Sidney. Baden-Baden 1956. S. 288–290. (Original Zürich 1953; Übersetzung H. Lüthy)

b) Der Nürnberger Schreibmeister und Mathematiker „Johann Neudörffer mit seinem Sohn“. Ölgemälde (101 x 92 cm) von Nicolas Neufchatel, 1561. Mithilfe exakter Beobachtungen überträgt der Schüler die Beziehungen komplexer geometrischer Körper in sein Schulbuch.

a) Kennzeichnen Sie die Unterrichtsmethoden, die Montaigne favorisiert.
b) Welche pädagogischen Ziele strebt er an?
c) Diskutieren Sie, ob die Ziele mit dem skizzierten Methodenkonzept erreicht werden können.
d) Organisieren Sie ein Streitgespräch, in dem Sie das Für und Wider der vorgeschlagenen Methoden erörtern.

4. Kunst und Architektur

Als der Italiener Giorgio Vasari im Jahre 1550 seine Lebensbeschreibungen der berühmtesten Maler, Bildhauer und Baumeister herausbrachte, blickte er auf eine Zeit zurück, in der die Malerei, die Architektur und die Bildhauerei im Geist der Renaissance und des Humanismus zu einer erstaunlichen Blüte gelangt waren. Von Italien ausgehend, hatte sich in ganz Europa ein neuer künstlerischer Stil durchgesetzt, der bei aller Unterschiedlichkeit der einzelnen Künstler doch übergreifende Gemeinsamkeiten zeigte. Fürsten und reiche Patrizier förderten – nicht ohne Eigennutz – die neuen Künste: Denn diese trugen zu ihrem Ruhm als Mäzene bei und mit ihrer Hilfe ließen sich gezielt Wohlstand und gesellschaftlicher Rang demonstrieren.

1435 Der italienische Architekt und Kunsttheoretiker Leone Battista Alberti (1404–1472) beschreibt in seinem Buch über die Malkunst („De pictura“) die Grundlagen der Perspektive und der naturgetreuen Malerei.

1452 Alberti vollendet sein Werk über die Architektur („De re aedificatoria"), in dem er die Grundsätze eines neuen Baustils entwickelt.

1504 Michelangelo stellt die überlebensgroße Marmorstatue des David in Florenz fertig.

Eine neue Perspektive

Der neue Malstil war Anfang des 15. Jahrhunderts in Italien entstanden und unterschied sich deutlich von der Malweise des Mittelalters, die in erster Linie sakralen Zwecken diente. Die mittelalterlichen Künstler stellten Personen und Ereignisse nicht in ihrem natürlichen Raum, ihrer plastischen Gestalt und realen Proportion dar, sondern als Objekte des Glaubens und der Vorstellung, „nach dem idealen Bild in ihrer Seele", wie es die Scholastiker hervorhoben. Dabei waren die Maler festgelegten Stereotypen und Symbolen verpflichtet. Sie malten nicht das atmosphärische Licht, sondern ersetzten das Blau des Himmels in der Regel durch eine goldfarbene Grundierung. Menschliche Körper glichen bemalten Flächen und die Gesichter wiesen keine individuellen Züge auf.

Das wichtigste Kennzeichen der neuen Richtung war eine konsequente Hinwendung zum konkreten Menschen und zur wirklichen Natur. Meister wie der Italiener Masaccio (1401–1428) und der Flame Jan van Eyck (1380–1441) wiesen so dem künstlerischen Ausdruck neue Wege.

Zwar blieben die Themen – vor allem bei den flämischen Malern – oft noch religiös, doch die dargestellten Personen wandelten sich nun zu wirklichen Menschen in ihrer natürlichen Umgebung. Licht überflutete jetzt die Szenen, brachte die Farben zum Leuchten und verlieh durch eine geschickte Abstufung von Helligkeit und Schatten vor allem den menschlichen Gesichtern ein plastisches Aussehen.

Man interessierte sich für den menschlichen Körperbau, die Kleidung, den Faltenwurf und die Haartracht. In Porträts bemühten sich die Künstler um eine möglichst naturgetreue Darstellung und oft auch um eine psychologische Durchdringung ihrer Modelle. Räumliche Tiefe gewannen die Gemälde jetzt durch die perspektivische Konstruktion, deren Grundlagen von dem Florentiner Architekten Filippo Brunelleschi (1377–1446) um 1420 entwickelt worden sind.

In der zweiten Hälfte des 15. Jahrhunderts speiste – neben der Beobachtung der Natur – eine zweite Quelle die künstlerische Phantasie: der Rückgriff auf Themen aus der antiken Geschichte und Mythologie und auf klassische Stilelemente. Starke Impulse zu diesem sich nun herausbildenden klassischen Idealstil lieferte wiederum der Mantuaner Hofmaler Andrea Mantegna, der mit humanistischem Gedankengut und Überlieferungen der Antike vertraut war.

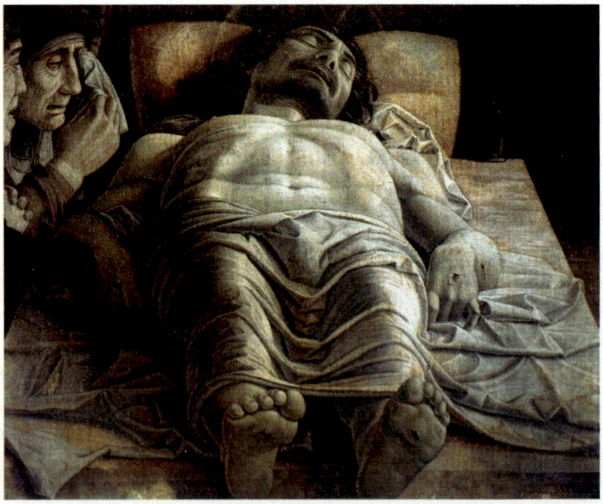

27 „Beweinung Christi". Temperagemälde (66 x 81 cm) von Andrea Mantegna, zwischen 1490–1500. Mantegna fand für eines der zentralen und häufigsten christlichen Bildmotive eine gänzliche neue und kühne Darstellungsform hinsichtlich perspektivischer Verkürzung, Anatomie und Farbgebung.

Neue Architektur

Am stärksten beeinflusst von den Modellen der Antike wurde die Architektur dieser Zeit. An vielen Stellen in Italien fanden sich noch die Überreste und Ruinen aus der römischen Vergangenheit, von denen sich vor allem Filippo Brunelleschi inspirieren ließ: Der Sohn eines Florentiner Advokaten und gelernte Goldschmied hat als erster in Italien den römischen Baustil wiederbelebt und damit hier die Architektur seiner Zeit entscheidend geprägt. Im übrigen Europa dominierten dagegen bis Ende des 15. Jahrhunderts noch gotische Bauwerke mit steil aufragenden Strebepfeilern, Rippengewölben und durchbrochenen großen Glasfenstern. Brunelleschi favorisierte in seinen Bauten demgegenüber eine klassische Harmonie der Proportionen, symmetrische Gestaltung, klare geometrische Formen und eine Ruhe ausstrahlende Regelmäßigkeit. Nach Brunelleschi führten Bramante (1444–1514), Raffael (1483–1520) und Andrea Palladio (1518–1580) in zahlreichen Kirchen, Palästen und Landvillen den neuen Stil zur Vollendung.

28 Die Basilika von San Lorenzo, der Pfarrkirche im Viertel der Medici in Florenz, bei deren 1420 begonnenem Neubau sich Brunelleschi von antiken Formen inspirieren ließ, sie aber nach eigenen Ideen neu arrangierte.

Die Renaissancearchitekten ahmten die römischen Bauten allerdings nicht wahllos und sklavisch nach; sie griffen die Anregungen der alten Baumeister auf und ergänzten sie schöpferisch mit eigenen Ideen. Am wichtigsten waren hier sicherlich die von Brunelleschi erstmals am Dom von Florenz verwirklichte Form der wuchtigen Zentralkuppel und die mit korinthischen Säulen und weiten Bögen geschmückten Arkaden, wie sie z. B. das Florentiner Findelhaus zierten.

Bildhauerei

In der Bildhauerei spielten die Einflüsse der klassischen Antike ebenfalls eine entscheidende Rolle: Viele römische Skulpturen waren erhalten geblieben und konnten studiert werden; Funde wie die 1506 in Rom ausgegrabene Laokoongruppe oder der Apollo von Belvedere demonstrierten eindrucksvoll das Schönheitsideal der Antike. Die leidenschaftliche Sammlerin Isabella d'Este besaß von beiden Werken Duplikate. Der bedeutendste Bildhauer des 15. Jahrhunderts war der Florentiner Donatello (1386–1466) und im 16. Jahrhundert überragte der aus der Nähe von Florenz stammende Michelangelo (1475–1564). Donatello arbeitete lange Jahre am Dom von Florenz, wo er eine Vielzahl von Statuen mit individuellen und plastischen Zügen schuf. Mit der 1440 entstandenen Bronzeplastik des David modellierte Donatello erstmals seit der Antike eine von allen Seiten zugängliche und

durchgestaltete eigenständige Freiplastik. Gleichzeitig gestaltete Donatello mit dem nur mit Schuhen und Schäferhut bekleideten jungen David die erste Nacktstatue der Renaissance.
Michelangelo stand in der Tradition Donatellos. Schon in jungen Jahren erwarb er sich einen hervorragenden Ruf als Bildhauer. Sein vollendetes Können demonstrierte er Anfang des 16. Jahrhunderts in Florenz, wo er aus einem riesigen Marmorblock die vier Meter hohe Statue des David herausmeißelte. Die nackte Figur zeigte genaueste Kenntnisse über die menschliche Anatomie und verwirklichte dabei das ästhetische Ideal der Antike. Gleichzeitig kam in der Haltung und dem Gesichtsausdruck eine moderne vorwärtsstrebende Energie zum Ausdruck. So verkörperte Michelangelos „David" auf vollkommene Weise das humanistische Ideal des Einklangs von ästhetischer Schönheit und geistiger Dynamik.

29 „David". Bronzeskulptur (Höhe 158 cm) von Donatello.

Künstler, Kunstmarkt und Mäzene

Die meisten Renaissancekünstler unterschieden sich in ihrem Selbstverständnis von mittelalterlichen Meistern, die sich in der Regel als qualifizierte Handwerker sahen. Zwar stammten auch viele Maler, Bildhauer und Architekten des 15. und 16. Jahrhunderts ursprünglich aus der städtischen Handwerkerschicht, doch sie verstanden sich zusehends mehr als schöpferische Künstler. Daher erwarteten sie Respekt für ihre Leistungen, auch wenn sie an Fürstenhöfen angestellt waren oder Auftragsarbeiten gegen einen festen Preis und für einen bestimmten Zweck produzierten.
Im 15. Jahrhundert waren es vor allem geistliche und weltliche Fürsten und auch kleinere Adlige, die – oft über Agenten – als Auftraggeber oder Käufer auf dem Kunstmarkt auftraten und als Mäzene die Künstler unterstützten. Dabei dienten die Kunstobjekte meist der Repräsentation des sozialen Status und der Demonstration des persönlichen Wohlstands.
Auch die italienischen Stadtrepubliken nutzten Gebäude, Skulpturen und Gemälde zur eigenen Selbstdarstellung. In Florenz z. B. gab Piero Soderini (1452–1522) als Oberhaupt der Stadtregierung Michelangelo den Auftrag für den „David". Das monumentale Standbild, das seinen Platz vor dem Rathaus erhielt, sollte auch die Freiheit und den Selbstbehauptungswillen der Kommune symbolisieren.
Mit der Zunahme der Geldwirtschaft und des Geldumlaufs veränderte sich allmählich auch das Konsumverhalten der bürgerlichen Schichten in den Städten nördlich und südlich der Alpen. Im 16. Jahrhundert kauften immer mehr betuchte Bürger Kunstgegenstände für ihre privaten Räume. Kulturgüter wurden jetzt zu repräsentativen Konsumgütern. Einzelne unternehmerische Künstler begannen für den Markt zu produzieren und konnten zu einigem Wohlstand gelangen. Bekannt ist das Atelier Lucas Cranachs des Älteren (1472–1553), in dem eine Vielzahl von „Angestellten" Holzschnitte und Stiche zum Verkauf herstellte. Auch der Nürnberger Albrecht Dürer (1471–1528) betrieb einen schwunghaften Handel mit seinen Drucken. Reisende Agenten vertrieben seine Grafiken auf vielen Handelsmessen in ganz Europa.

30 Vorbildliche Paarbildung: das von Piero della Francesca in den Jahren 1465/66 gemalte Doppelportät (je 47 x 33 cm) Federico da Montefeltros und dessen (zu diesem Zeitpunkt bereits gestorbenen) Gattin Battista Sforza. Der Graf von Urbino, dem bei einem Turnierunfall das Nasenbein zertrümmert und das rechte Auge ausgestochen worden war, nutzte seinen als Söldnerführer in wechselnden Diensten erworbenen Reichtum zum prächtigen Ausbau seiner Residenzstadt Urbino sowie zum Erwerb zahlreicher Kunstwerke und zum Aufbau einer der größten Privatbibliotheken der Zeit. Wie die erhaltenen 33 verschiedenen Porträts seiner Person beweisen, setzte Federico sein Mäzenatentum auch ganz bewusst zur Imagepflege ein.

Manierismus: Die Weiterentwicklung der Kunst der Renaissance nach ihrer Hochphase um etwa 1520 bis zum Beginn des Barock um 1600 nennen die Kunsthistoriker Manierismus. Der Begriff wurde erstmals von Giorgio Vasari gebraucht. Er kommt aus dem Italienischen und bedeutet so viel wie „persönlicher Stil". Damit ist gemeint, dass sich viele Künstler im 16. Jahrhundert von den klassischen, im 15. Jahrhundert entwickelten harmonischen Formen und Farben abwandten. Stattdessen gestalteten sie Gemälde, Skulpturen und Bauwerke im Sinne ihrer eigenen Inspiration und versuchten ihr persönliches künstlerisches Anliegen zum Ausdruck zu bringen. Nicht selten war die manieristische Kunst auf bloße Effekte aus und wirkte daher auf den Betrachter gekünstelt. Bedeutende manieristische Künstler waren unter anderen die Maler Tintoretto (Jacopo Robusti, 1518–1594), Tizian (um 1489–1576), Paolo Veronese (1528–1588) und El Greco (Domenikos Theotokopoulos, 1541–1614), der Bildhauer und Goldschmied Benvenuto Cellini (1500–1571) und der Architekt Andrea Palladio (1518–1580).

31 Die Grundlagen der Malerei im 15. Jahrhundert

Auszüge aus dem Buch des italienischen Architekten und Kunsttheoretikers Leon Battista Alberti „Über die Malkunst" aus dem Jahre 1435:

Die Person des Malers:

Die Aufgabe des Malers besteht darin, jeden beliebigen gegebenen Körper so auf einer Fläche mit Linien und Farben zu zeichnen und zu malen, dass – aus einem bestimmten Abstand und bei einer bestimmten, im Voraus zugewiesenen Stellung des Zentralstrahls – alles, was man gemalt sieht, plastisch und dem gegebenen Körper vollkommen ähnlich erscheint. Als Ziel des Malers hat zu gelten, dass er sich mit seinem Werk zumal Ruhm, Erfolg und Wohlwollen erwirbt, gewiss in höherem Maße als Reichtum. Eben dies wird der Maler erreichen, wenn sein Gemälde die Augen und Herzen der Betrachter zu fesseln und zu rühren vermag! […] Damit der Maler sich freilich all das Genannte schön aneignen kann,

sollte er – dies mein Wunsch – in erster Linie ein *guter Mann* sein und *wohl unterrichtet in den schönen Künsten*. Jedermann weiß ja, wie viel der *Anstand* vermag, wenn es darum geht, das Wohlwollen der Mitbürger zu gewinnen. [...]
Wohlunterrichtet wünsche ich mir den Maler, wenn möglich, *in allen Freien Künsten*; besonderen Wert jedoch lege ich auf seine Kenntnis der Geometrie. [...]
Der Ruhm der Malkunst:
Also: diese Kunst verschafft Lust, wenn man sie nur pflegt; sie verschafft Ansehen, Reichtum und ewigen Ruhm, wenn man sie nur so pflegt, dass sie einen hohen Stand erreicht. Angesichts dessen – da die Malkunst sich als beste und ehrwürdigste Zier aller Dinge erweist, freier Menschen würdig, Gelehrten und Ungelehrten gleichermaßen lieb – fordere ich die lernbegierige Jugend mit um so größerem Nachdruck auf, sie möge ihr Bemühen, soweit nur immer angängig, der Malkunst zuwenden.

Leon Battista Alberti: Das Standbild. Die Malkunst. Grundlagen der Malerei, hrsg. v. Oskar Bätschmann u. Christoph Schäublin. Darmstadt 2000. S. 293; 245.

a) Kennzeichnen Sie das Selbstverständnis des Künstlers bei Alberti.
b) Zeigen Sie, welchem Bildungsideal der Künstler verpflichtet sein sollte, und ordnen Sie dieses Bildungsideal in seinen zeitgenössischen Kontext ein.

32 Ketzerprozess gegen einen Maler

a) Am 15. Juli 1573 wurde der Maler Paolo Veronese wegen eines großformatigen Abendmahlsbildes vor das Inquisitionstribunal in Venedig geladen. Ein Auszug aus dem Verhörprotokoll:
Frage: Was bedeuten diese bewaffneten und nach deutscher Art gekleideten Leute, welche Hellebarden in der Hand halten? [...]
Antwort: Wir Maler nehmen uns solche Freiheiten heraus, wie es die Dichter und die Narren tun, und so habe ich diese Hellebardiere dargestellt, den einen trinkend und den andern essend am Fuße der Treppe, übrigens ganz bereit, ihre Dienste zu tun; denn es schien mir passend und auch möglich, dass der Herr des Hauses, der nach dem, was man mir sagte, reich und Pracht liebend war, solche Diener haben müsste.
F.: Und der als Narr gekleidete, mit einem Papagei auf der Faust, zu welchem Zweck habt Ihr ihn auf diesem Gemälde dargestellt?
A.: Er ist da als Zierde, so wie man es gewöhnlich zu tun pflegt.
F.: Wer sind diejenigen, die sich am Tisch unseres Herrn befinden?
A.: Die zwölf Apostel. [...]
F.: Welches sind die Personen, von denen Ihr in Wahrheit annehmt, dass sie bei diesem Mahle zugegen gewesen sind?
A.: Ich glaube, dass nur Christus und seine Apostel dabei waren; wenn mir aber auf einem Gemälde ein wenig Raum übrig bleibt, so schmücke ich ihn mit Figuren meiner Erfindung.
F.: Hat Euch jemand befohlen, Deutsche, Narren und andere ähnliche Figuren auf diesem Gemälde anzubringen?
A.: Nein; aber es wurde der Auftrag erteilt, es zu schmücken, wie ich es für passend halten würde; es ist ja groß und kann viele Figuren fassen.
F.: Müssen die Verzierungen, die ihr Maler auf den Gemälden anzubringen pflegt, nicht mit dem Gegenstande harmonieren und in direkter Beziehung zu ihm stehen oder sind sie ohne Auswahl und ohne Verstand Eurer Phantasie überlassen?
A.: Ich mache die Malereien mit der Überlegung, welche sich geziemt und wie sie mein Verstand fassen kann.
F.: Scheint es Euch passend, auf dem letzten Abendmahle unseres Herrn Narren, betrunkene Deutsche, Zwerge und andere Albernheiten dazustellen?
A.: Allerdings nicht.
F.: Warum habt Ihr es dann getan?
A.: Ich habe es in der Voraussetzung getan, dass jene Leute sich außerhalb des Ortes befinden, in welchem das Gastmahl vor sich ging.
F.: Wisst Ihr nicht, dass sie in Deutschland und in anderen von der Ketzerei verheerten Orten die Gewohnheit haben, mit ihren Bildern von Albernheiten die Angelegenheiten der heiligen katholischen Kirche zu erniedrigen und ins Lächerliche zu ziehen, um so die falsche Lehre den unwissenden oder unverständigen Leuten beizubringen?
A.: Ich gebe zu, dass das schlecht ist; aber ich komme auf das zurück, was ich gesagt habe; dass es nämlich für mich eine Pflicht ist, den Beispielen zu folgen, welche mir meine Lehrmeister gegeben haben.
F.: Was haben denn Eure Meister getan? Vielleicht ähnliche Dinge?
A.: Michelangelo hat zu Rom in der Kapelle des

Papstes unseren Herrn, seine Mutter, die heiligen Johannes und Petrus und den himmlischen Hofstaat dargestellt, und er hat alle Personen, wie z. B. die Jungfrau Maria, nackt dargestellt und in verschiedenen Stellungen, welche die heiligste Religion ihm nicht eingegeben hat.

Veronese wurde verurteilt, das Bild auf eigene Kosten zu verbessern. Er änderte jedoch nichts, sondern gab dem Bild einen unverfänglichen neuen Titel: Das Gastmahl im Hause des Levi.

Zit. nach: Boris v. Brauchitsch: Renaissance. Köln 1999. S. 159–161.

b) „Das Gastmahl im Hause des Levi". Ölgemälde (555 x 1280 cm) von Paolo Veronese, 1573

a) Stellen Sie die Vorwürfe der Inquisitoren und die Antworten Veroneses einander gegenüber. Worauf stützen sie jeweils ihre Argumente?
b) Ordnen Sie das Vorgehen der Inquisition in den historischen Zusammenhang ein.
c) Diskutieren Sie Veroneses Verhalten nach dem Ende des Inquisitionsverfahrens.

33 Der neue Weg der Architektur

Vasari beschreibt die besonderen Verdienste Brunelleschis:

Filippo di Sel Brunellesco [besaß] solch einen erhabenen Geist […], dass man in Wahrheit sagen kann, er sei uns vom Himmel geschenkt worden, der Baukunst, die schon seit Jahrhunderten erloschen war, eine neue Form zu geben. Denn zu jener Zeit wurden von den Menschen viele Reichtümer schlecht verwendet und Bauten ohne Regel, nach schlechter Manier und armseliger Zeichnung, mit seltsamen Erfindungen, mit gesuchter Zierlichkeit und noch schlechteren Verzierungen errichtet. […] Filippo beschäftigte sich viel mit Perspektive, worin man damals gar keine Übung hatte und eine Menge Dinge falsch ausführte. Auf dieses Studium verwendete er einen großen Teil seiner Zeit, bis er von sich aus eine vollkommen richtige Methode fand. […]
Er […] verließ zugleich mit Donato Florenz und begab sich nach Rom, woselbst er bei der Betrachtung der mächtigen Gebäude und der Vollkommenheit der Baumassen der Tempel so verloren stand, dass er außer sich zu sein schien. Er ließ die Gesimse messen und nahm die Grundrisse der Gebäude auf, und er sowohl wie Donato waren darin unermüdlich und scheuten weder Zeit noch Kosten. Keinen Ort in und außerhalb Rom ließen sie unbesehen, nichts unvermessen, was gut und erreichbar war. Und Filippo, der keine häuslichen Sorgen hatte, ergab sich ganz dem Studium und kümmerte sich nicht um Essen und Schlafen, sondern richtete sein Augenmerk einzig auf die Baukunst, die schon so lange erloschen war. Ich sage ausdrücklich: die gute Bauweise der Alten und meine nicht die barbarische deutsche, welche zu seiner Zeit sehr geübt wurde. Zwei große Gedanken waren es, die er verfolgte: der eine, die gute Baumethode wieder ans Licht zu bringen, […] der zweite,

ein Mittel zu finden, wie er die Kuppel von Santa Maria del Fiore [Dom von Florenz] wölben könne. Die Schwierigkeiten waren so groß, dass […] kein Baumeister Mut besessen hatte, sie anders als mit einem großen Gerüst von Holzwerk wölben zu wollen.

Giorgio Vasari: Künstler der Renaissance. Hrsg. v. Herbert Siebenhüner. Köln 1997. S. 117–119; 123. (Original Leipzig 1940)

a) Beschreiben Sie die Persönlichkeit Brunelleschis und vergleichen Sie diese mit dem Idealbild des Malers, wie es Alberti darstellt.
b) Worauf gründen sich die Neuerungen in der Architektur, die Brunelleschi entwickelt?
c) Kennzeichnen Sie die Arbeitsweise Brunelleschis.

34 Michelangelos „David"

a) Vasari berichtet über die Erschaffung des „David" durch Michelangelo in Florenz:

Daraufhin formte Michelangelo ein Modell von Wachs, in dem er einen jungen David mit der Schleuder in der Hand als Wahrzeichen des Palastes darstellte. Dies sollte andeuten: dass wie jener sein Volk verteidigt und gerecht regiert habe, auch die, die über die Stadt gebieten, sie mutig verteidigen und gerecht regieren müssten. Er begann die Statue in der Bauhütte von Santa Maria del Fiore, wo er sich zwischen der Mauer und dem Zaun einen Verschlag von Brettern rings um den Marmor machte, und dann bearbeitete er diesen ohne Unterlass und führte sein Werk vollständig zu Ende, ohne dass irgendjemand es sah. […]

Während der Aufstellungsarbeiten trug es sich zu, dass sie Piero Soderini[1] ansah, während Michelangelo noch einiges daran nachbesserte; sie gefiel jenem sehr wohl, doch bemerkte er, die Nase der Figur scheine ihm zu dick. Michelangelo, der wohl sah, dass der Gonfaloniere[2] unter der Statue stehe und deshalb keine richtige Ansicht des Werkes haben könne, stieg, um ihn zufrieden zu stellen, auf das Gerüst neben den Schultern, nahm schnell in die linke Hand einen Meißel und von den Brettern des Gerüstes ein wenig Marmorstaub und fing sodann an, den Meißel leise zu rühren und ließ dabei den Staub langsam niederfallen, ohne an der Nase irgend etwas zu verändern. Darauf schaute er wieder nach dem Gonfaloniere, der ihm zusah, und sagte: „Betrachtet ihn nun!" – „Was mich anlangt", antwortete dieser, „so gefällt er mir besser, Ihr habt ihm Leben gegeben!" – Und Michelangelo stieg herab, mitleidig lächelnd über Leute, die sich das Ansehen geben, Kenner zu sein, während sie nicht wissen, was sie sagen. Als das Werk aufgestellt und vollendet war, enthüllte es Michelangelo, und es ist wahr, dass es alle modernen und antiken Statuen, griechische wie römische, um ihren Ruhm brachte. Denn bei ihr sind die Umrisse der Beine sehr schön, die Gelenke und die Schlankheit der Hüften sind göttlich, und nie hat man eine so liebliche Stellung gesehen, noch eine Anmut, die dieser gleichkommt, noch Füße, Hände und Kopf, die in Güte, künstlerischer Ausführung, Ebenmaß und Zeichnung in allen Teilen so wohl übereinstimmen.

1 Piero Soderini (1452–1522) war 1502–1512 gewähltes Stadtoberhaupt von Florenz.

2 „Bannerträger", Titel des Stadtoberhaupts von Florenz

Giorgio Vasari: Künstler der Renaissance. Hrsg. v. Herbert Siebenhüner. Köln 1997. S. 396 f.

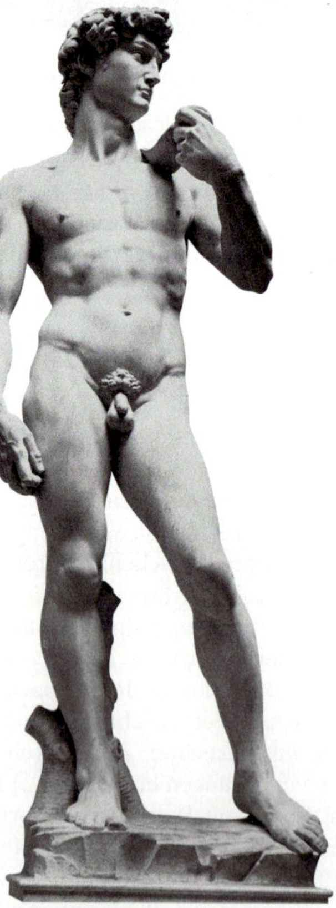

b) „David". Marmorskulptur (Höhe 434 cm) von Michelangelo, 1501–1504. Galleria dell'Academia, Florenz

a) Erklären Sie den symbolischen Gehalt der Statue des David.
b) Welche Einblicke vermittelt die bei Vasari überlieferte Anekdote über das künstlerische Selbstverständnis Michelangelos?

35 Künstler und Mäzene

a) Der Schweizer Historiker Volker Reinhardt schreibt über die Medici in Florenz:

Schon ihre Dreidimensionalität, ihre Realität im Raum, prädestinierte die großen Bauten der Medici zu massiven Zeichen von Macht und Status der Bauherren. Beim großartigen und entsprechend kostspieligen Neubau von Kirche und Kloster S. Marco kommt dazu das ostentative – und vom Papst höchstpersönlich verbriefte – Reinwaschen von Sündenschuld ins Spiel. Das war allein schon eine lohnende Rendite, doch nicht die einzige, die angestrebt wurde. Was die Florentiner in diesem Aufsehen erregenden Bauprojekt ausgedrückt sehen sollten, lässt sich im Abstand eines halben Jahrtausends nur noch umrisshaft in Worte fassen: neben Bußfertigkeit Uneigennützigkeit, Frömmigkeit, Bürgersinn, Fürsorge für die Stadt, also traditionelle Werte, aber auch unerschöpfliche Geldquellen, unerschütterliche Macht; dazu kommen als Kernelemente des humanistischen Fürstenspiegels *magnificentia* und *liberalitas*, Großartigkeit und Großzügigkeit. Offenbar sahen zumindest einige darin allerdings auch noch mehr: Hochmut, Selbstüberhebung, Grenzüberschreitungen, Grenzverletzung.

Volker Reinhardt: Die Medici. Florenz im Zeitalter der Renaissance. München, 2. Aufl. 2001. S. 61.

b) Der niederländische Kunsthistoriker Bram Kempers schreibt in einer Studie aus dem Jahre 1987:

Vasari betonte in seinem Streben nach Anerkennung und Wohlstand die so sehr begehrte Autonomie des Künstlers. In seinen Briefen, Betrachtungen und Künstlerbiografien entwickelte er ein Idealbild, an das vielleicht diejenigen Künstler herankamen, die mit den prestigeträchtigsten Aufträgen betraut waren, das aber von der alltäglichen beruflichen Praxis weit entfernt war. Seine Sicht der Antike, des Mittelalters und der Renaissance ist eine überzogene Vorstellung vom erhabenen Ideal einer Elite von Künstlern.
Man kann die Werke der Malerei auch aus einer mehr soziologischen Perspektive betrachten, ohne dabei über die individuellen Verdienste der Künstler hinwegzusehen: als die Arbeit von Angehörigen einer Berufsgruppe, ausgeführt für Auftraggeber, die ihrerseits ebenfalls von anderen abhängig waren. [...]
Die Fähigkeiten der Maler lassen sich nicht unabhängig von den Auftragsverhältnissen betrachten, in denen sie ihren Beruf ausübten, und das Mäzenatentum ist ohne Berücksichtigung des übergreifenden sozialen Zusammenhangs nicht zu verstehen. [...]
Die reichen Kaufleute versuchten in zunehmendem Maße die Auftragsvergabe zu kontrollieren. Der gegenseitige Wetteifer der verschiedenen Familien begann in diesem Zusammenhang eine wichtige Rolle zu spielen. [...] Die Maler bekamen mündlich, brieflich oder vertraglich vorgeschrieben, was sie darstellen sollten. Dabei wurde manchmal auf andere Dekorationen oder auf Entwürfe verwiesen, die als *modello* oder *disegno* bezeichnet wurden. [...]
Für eine kleine Schicht wurde die Betonung auf Prachtentfaltung, Luxus und Verfeinerung verstärkt. Dies war besonders dort der Fall, wo es noch keine stark ausgeprägte Kultur und Staatsordnung gab. Die Herrscher machten sich zum Mittelpunkt einer Hofhaltung. Im gegenseitigen Wetteifer präsentierten sie sich auf eindrucksvolle und elegante Weise. Der soziale Zwang zur individuellen Stilisierung nahm an Stärke erheblich zu. Das Mäzenatentum im großen Stil wurde im Netz der Höfe ein unersetzliches Machtmittel. Die Möglichkeiten, die das Mäzenatentum bot, kamen aber nicht nur den Auftraggebern zugute, sondern auch den Malern. [...] Einzelne Hofmaler konnten einen kräftigen sozialen Aufstieg erleben; nicht aber die Berufsgruppe insgesamt.

Bram Kempers: Kunst, Macht und Mäzenatentum. Der Beruf des Malers in der italienischen Renaissance. Bearb. u. übers. v. Bram Opstetten. München 1989. S. 15 f.; 291–293.

a) Beschreiben Sie die Veränderung der Rolle des Malers bzw. Künstlers im Verlauf des 14./15. Jahrhunderts.
b) Welches Verhältnis bestand zwischen den Künstlern und ihren Auftraggebern?
c) Bestimmen Sie möglichst genau und differenziert, welche Funktion Kunstwerke und Prachtbauten für die unterschiedlichen Auftraggeber hatten.
d) Erörtern Sie das von Vasari betonte Selbstverständnis der Renaissancekünstler auf dem Hintergrund ihrer gesellschaftlichen Stellung und der Bedeutung ihrer Werke für die Auftraggeber.

Zur Diskussion

Die Ursprünge der Revolution der Kunst während des 15. Jahrhunderts in Italien

Warum gerade in Italien und warum im 15. Jahrhundert eine neue Kunst sich Bahn brach und das mittelalterliche Kunst- und Stilverständnis ablöste, ist unter Historikern und Kunstgeschichtlern nicht eindeutig geklärt. Vor allem ist umstritten, ob es eher ein geistiger Wandel war, der bei genialen Einzelkünstlern seinen Ursprung hatte und nachfolgende Künstlergenerationen inspirierte, oder ob es nicht primär Veränderungen im gesellschaftlichen, wirtschaftlichen und politischen Bereich waren, die die Neuorientierung in der Kunst auslösten.

a) Der ungarisch-deutsch-englische Kunsthistoriker und Kunstsoziologe Arnold Hauser schreibt in seinem 1951 in Englisch und 1953 erstmals in Deutsch erschienenen Werk „Sozialgeschichte der Kunst und Literatur":

Diese Generation [der Florentiner Künstler Anfang des 15. Jahrhunderts] muss nach den Erschütterungen der großen Finanzkrise, der Pest und des Ciompi-Aufstandes[1] so gut wie von vorn anfangen. Das Bürgertum zeigt sich jetzt sowohl in seinen Sitten als auch in seinem Geschmack einfacher, nüchterner, puritanischer als zuvor. Es ist ein sachlich-realistisches, unromantisches Lebensgefühl, das in Florenz wieder vorherrschend wird, und ein neuer, frischer, robuster Naturalismus, gegen den die höfisch-aristokratische Kunstauffassung sich nur allmählich, in dem Maße nämlich, wie das Bürgertum sich wieder konsolidiert, geltend machen kann. Die Kunst des Masaccio und des jungen Donatello ist die Kunst einer noch im Kampfe stehenden, obwohl durchaus optimistischen und siegessicheren Gesellschaft, die Kunst einer neuen Heroenzeit des Kapitalismus, einer neuen Erobererepoche. [...] Das Welt- und Lebensgefühl dieser Kunst ist wesentlich ungotisch, das heißt unmetaphysisch und unsymbolisch, unromantisch und unzeremoniell. Das ist jedenfalls die vorherrschende, wenn auch nicht die ausschließliche Tendenz der neuen Kunst. [...] In einer wirtschaftlich so differenzierten, geistig so komplexen Gesellschaft wie der der Renaissance verschwindet eine Stilrichtung nicht von heute auf morgen, auch wenn die Schicht, für die ihre Produkte ursprünglich bestimmt waren, ihre politische und wirtschaftliche Macht verliert und als Kulturträger durch eine andere ersetzt wird oder ihre eigene geistige Haltung ändert. [...]
Die Ausscheidung der saturierten Schichten der Gesellschaft aus dem aktiven Wirtschaftsleben und das Vorrücken von neuen, an den Chancen der Erwerbswirtschaft bis dahin unbeteiligten Elementen an die frei gewordenen Stellen, oder mit anderen Worten: die Avancierung mittelloser Schichten zu begüterten und der begüterten zu aristokratischen, stellt den konstanten Rhythmus der kapitalistischen Entwicklung dar. Die Kultur tragenden Schichten, die gestern noch progressiv gesinnt waren, fühlen und denken heute konservativ; bevor sie aber die Kultur gänzlich ihrer neuen Gesinnung entsprechend umformen könnten, gelangt schon eine neue dynamisch gestimmte Schicht in den Besitz der Kulturmittel.

1 1346 brachen die beiden großen Florentiner Bankhäuser der Bardi und Peruzzi zusammen; dieser Bankrott löste eine schwere Wirtschaftskrise in Florenz aus. 1348 suchte die Pest Florenz heim und forderte rund 40 000 Todesopfer, danach folgten bis 1430 sieben weitere Pestepidemien. 1378 erhoben sich die Wollarbeiter („Ciompi") und übernahmen kurzfristig die Stadtregierung, bevor der Aufstand von den oberen Zünften niedergeschlagen werden konnte.

Arnold Hauser: Sozialgeschichte der Kunst und Literatur. München 1973. S. 310 f.; 314 f.

b) Der amerikanische Historiker Gene Brucker schreibt in einem erstmals 1969 erschienenen Buch über das Florenz der Renaissance:

Betrachtet man diese schöpferische Epoche der Florentiner Kunst vom Standpunkt der Kunstgeschichte, so stellt sie sich dar als eine Zeit der Entdeckungen und Leistungen von individuellen Künstlern, die ihre besonderen Lösungen für ästhetische Probleme erarbeiteten. Diese bahnbrechenden Errungenschaften wurden von anderen Künstlern kopiert und übernommen; was als individueller Ausdruck begann, wurde zu einer Strömung, einer Bewegung, einem neuen Stil. Unter einem anderen Gesichtspunkt ist die Renaissance die Geschichte der Beziehung einzelner Künstler zu ihrem Publikum: die Reaktion des Patriziats auf den neuen Stil, das Maß, in dem dieser Stil mit den Wertvorstellungen der Schicht der Auftraggeber korrespondiert. In einer dritten und noch umfassenderen Perspektive erscheint die künstlerische Entwicklung als eine Dimension der kollektiven Erfahrung des Gemeinwesens. Wie Wissenschaft und Bildung erfüllte die Florentiner Kunst durchaus eine Funktion. Sie befriedigte bestimmte soziale Bedürfnisse und wurde beeinflusst von den Veränderungen in der Substanz und in der Rangfolge dieser Bedürfnisse. Die Künstler profitierten von Zeiten des Wohlstandes und litten in Zeiten der Krise; einige Bereiche waren aktiv und produktiv, während andere brachlagen. Das Muster dieser Brüche und Schwankungen im 15. Jahrhundert gibt Aufschluss über die äußeren Zwänge, die den Künstler und sein Werk beeinflussten.

Gene Brucker: Florenz in der Renaissance. Stadt, Gesellschaft, Kultur. Reinbek 1990. S. 304–306.

a) Arbeiten Sie die unterschiedlichen Schwerpunkte heraus, die die beiden Autoren bei ihrer Analyse der Ursachen der Kunstrevolution des 15. Jahrhunderts betonen.
b) Bestimmen Sie die Bedeutung der ökonomischen und sozialen Aspekte in den beiden Texten.
c) Setzen Sie sich unter Einbeziehung des Darstellungstextes mit den unterschiedlichen Positionen der Verfasser auseinander. Entwickeln Sie eine eigene begründete Stellungnahme.

5. Natur und Erfahrung

Ab dem 16. Jahrhundert wandten sich einzelne humanistische Gelehrte der bisher etwas vernachlässigten „Naturphilosophie", also der Ergründung der Erscheinungen der Natur zu. Sie untersuchten die Tier- und Pflanzenwelt, erkundeten den Aufbau des menschlichen Körpers und versuchten den Rätseln des Kosmos auf die Spur zu kommen. Doch wie vertrug sich das Bestreben vieler Naturgelehrter des 15. und 16. Jahrhunderts, eine neue auf Experiment und Erfahrung beruhende Naturwissenschaft zu begründen, mit den vorherrschenden Ansichten über Gott und die Welt?

1542	Der in Tübingen lehrende Medizinprofessor Leonhart Fuchs (1501–1566) bringt mit seinem „New Kreuterbuch" eine umfangreiche und gründliche illustrierte Beschreibung einer Vielzahl von Pflanzen heraus.
1543	Kurz vor seinem Tod erscheint Kopernikus' Werk „De revolutionibus orbium coelestium", mit dem er ein neues Weltbild begründet.
1544	Andreas Vesalius (1514–1564) veröffentlicht sein Buch „De humani corporis fabrica", in dem erstmals der genaue anatomische Aufbau des menschlichen Körpers beschrieben und durch Illustrationen dargestellt wird.
1551–1558	In seinem mehrbändigen Werk „Historia animalium" beschreibt der Schweizer Zoologe Conrad Gesner (1516–1565) umfassend die Welt der Säugetiere, Vögel und Fische.
1609	Johannes Kepler (1571–1630) formuliert aufgrund astronomischer Beobachtungen die Gesetze der Planetenbahnen.
1632	Galileo Galileis (1564–1642) Werk „Dialogo di due massimi sistemi del mondo" untermauert die kopernikanische Lehre und bringt den Verfasser vor das Tribunal der Inquisition.

Forschen und nutzen

Im christlichen Abendland gab man sich zunächst damit zufrieden, sein Wissen aus göttlichen Eingebungen, heiligen Schriften oder den Büchern von bewährten Autoritäten zu beziehen. Doch im Laufe des Mittelalters griffen einzelne Gelehrte die Überzeugung antiker Wissenschaftler wieder auf, dass die eigene Beobachtung und die sinnliche Erfahrung die eigentlichen Quellen des Wissens seien. Forscher

richteten jetzt – angetrieben von Wissbegierde und Neugier – ihr Augenmerk auf die Natur, in der sie lebten, und studierten sie möglichst gründlich.
Dieser Forschertrieb ging oft Hand in Hand mit dem Bestreben, die Natur für die Interessen der Menschen nutzbar zu machen und ihre Schätze auszubeuten. Pflanzen erforschte man zu Heilzwecken, die Berge, um Erze zu gewinnen, oder – wie Leonardo – den Flug der Vögel, um Flugapparate zu konstruieren. So flossen Wissensdurst und Nutzungsinteresse zusammen und legten die Basis für die moderne Naturwissenschaft.

Bodenschätze und Bergbau

Den größten unmittelbaren Nutzen versprachen die Bodenschätze, vor allem Silber- und Kupfererze, sowie Blei, Quecksilber und Salz. Dank verbesserter Entwässerungs-, Belüftungs- und Fördertechniken drangen Europas Bergleute in immer größere Tiefen vor und beuteten die dort befindlichen „Gaben der Natur" immer intensiver aus. Wohlhabende Großkaufleute und Bankiers witterten hier eine Chance zu lukrativen Kapitalinvestitionen (vgl. dazu Kap. II.2). Ein Netz von Erzbergwerken überzog Mittel- und Osteuropa und lieferte das nötige Rohmaterial für die wachsende Geldwirtschaft und das aufstrebende Metallgewerbe, vor allem die Waffenindustrie. Nach der Eroberung Mittel- und Südamerikas kam das dort von den Indios unter unsäglichen Mühen abgebaute Silber hinzu.

36 „Landschaft mit Kupferbergwerk". Ölgemälde (83 x 114 cm) von Herri met de Bles, um 1550

Das theoretische Rüstzeug zur Nutzung der Bodenschätze lieferte der deutsche Bergbaufachmann Georg Agricola (1494–1555). Dieser hatte zunächst in Italien eine humanistische Ausbildung genossen und dann als Stadtphysikus in Joachimsthal den Bergbau im Erzgebirge kennen gelernt und intensiv studiert. Sein gesammeltes Wissen fasste er in dem Grundlagenwerk „De re metallica" zusammen, das nach seinem Tod 1556 in Basel erschien. Es beruhte auf genauen Beobachtungen, enthielt zahlreiche Abbildungen und wurde wegweisend für die Nutzanwendung der Bergbautechnik und die Mineralogie der Gesteine.

Pflanzen und Tiere

Pflanzenkunde war im Mittelalter und auch noch während der Renaissance keine eigene Wissenschaft, sondern eine Domäne der Ärzte. Medizinisch interessierte Mönche legten in den Klöstern Kräutergärten an und sammelten Pflanzen wegen ihrer Heilwirkungen. Auch bewahrte man dort das pflanzenkundliche Wissen der Antike auf. Im 16. Jahrhundert machten sich nun die Mediziner daran, dieses Erbe wiederzubeleben und durch eigene Forschungen zu ergänzen. Ihr Ziel war jetzt auch, die Fülle der einheimischen Flora exakt zu beschreiben und sie nach be-

stimmten Merkmalen zu klassifizieren. Das Ergebnis war eine Vielzahl von so genannten Kräuterbüchern, die oft mit prächtigen und recht präzisen Illustrationen ausgestattet waren. Außerdem legte man – zunächst in Italien, später auch in anderen europäischen Universitätsstädten – botanische Gärten und Herbarien an.
Der bedeutendste Erforscher der Tierwelt war der Schweizer Conrad Gesner. In einem Überblick listete er einen großen Teil der damals bekannten Tiere auf und beschrieb sie detailliert. Außerdem versah er sie mit lateinischen Namen, die zum Teil heute noch Geltung haben. Für Jahrhunderte stellte sein systematisch gegliedertes Werk die Grundlage der Zoologie dar, da es dank sorgfältiger eigener Beobachtung äußerst genau war und alles bisher Bekannte kritisch verarbeitete.

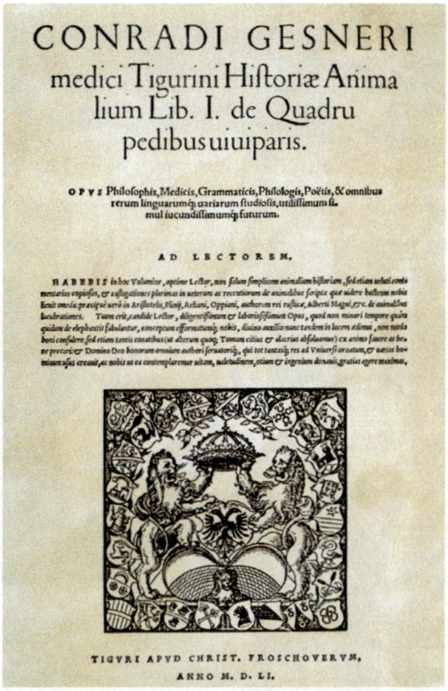
CONRADI GESNERI
medici Tigurini Historiæ Animalium Lib. I. de Quadrupedibus uiuiparis.

OPVS Philosophis, Medicis, Grammaticis, Philologis, Poëtis, & omnibus rerum linguarumq; uariarum studiosis, utilissimum simul iucundissimumq; futurum.

AD LECTOREM.

HABEBIS in hoc Volumine, optime Lector, non solum simplicem animalium historiam, sed etiam ueluti commentarios copiosos, & castigationes plurimas in ueterum ac recentiorum de animalibus scripta quæ uidere hactenus nobis licuit omnia: præcipuè uerò in Aristotelis, Plinij, Aeliani, Oppiani, authorum rei rusticæ, Alberti Magni, &c. de animalibus lucubrationes. Tuum erit, candide Lector, diligentissimum & laboriosissimum Opus, quod non minori tempore quàm quidam de elephantis fabulantur, conceptum efformatumq; nobis, diuino auxilio nunc tandem in lucem ædimus, non modo boni consulere, sed etiam tantis conatibus (ut alterum quoq; Tomum citius & alacrius absoluamus) ex animo fauere ac bene precari: & Domino Deo bonorum omnium authori seruatoriq;, qui tot tantasq; res ad Vniuersi ornatum, & uarios hominum usus creauit, ac nobis ut ea contemplaremur uitam, ualetudinem, otium & ingenium donauit, gratias agere maximas.

TIGVRI APVD CHRIST. FROSCHOVERVM, ANNO M. D. LI.

37 Titelblatt der Erstauflage des ersten Bandes von Conrad Gesners „Historia animalium", Zürich 1551

Der Körper des Menschen

Das Sezieren von Leichen war im Mittelalter nicht grundsätzlich verpönt. Zwar stand die Kirche dieser Praxis sehr skeptisch gegenüber oder verbot sie zum Teil sogar, da der menschliche Körper im Hinblick auf seine einstmalige Auferstehung nicht zerstört und dadurch entweiht werden dürfe. Doch über jüdische und muslimische Ärzte fand das anatomische Wissen der Antike auch im christlichen Abendland Eingang.
Die mittelalterliche Anatomie unterlag jedoch zwei fundamentalen Einschränkungen: Zum einen waren die Mediziner davon überzeugt, die anatomische Struktur der Tiere lasse sich auf den Menschen übertragen. So diente z. B. ein aus dem 11. Jahrhundert stammendes Lehrbuch der Anatomie der Schweine lange Zeit als Grundlage der allgemeinen Anatomie. Zum anderen gehorchte die mittelalterliche Anatomie nicht der unbefangenen empirischen Wahrnehmung, sondern orientierte sich an den anatomischen Erkenntnissen des griechischen Arztes Galen aus dem zweiten nachchristlichen Jahrhundert. Von einer Autopsie im Wortsinne, das heißt einem Überprüfen der Sektionsbefunde mit eigenen Augen, konnte keine Rede sein. Der Anatomieprofessor stand vielmehr oben auf dem Katheder und trug aus den Büchern des Galen vor, während gleichzeitig seine Gehilfen zur Demonstration des Gesagten auf die geöffneten Leichen von hingerichteten Verbrechern wiesen – ohne Rücksicht auf das tatsächlich Feststellbare.

Vesalius und die neue Anatomie

Aus ärztlicher Sicht hatte die Anatomie damals keine große Bedeutung. Im Gefolge Galens und arabischer Mediziner erklärte man sich nämlich die verschiedenen Krankheiten aus einer Störung des Mischungsverhältnisses der vier Körpersäfte Blut, gelbe und schwarze Galle und Schleim. Zur Gesundung des Menschen galt es diese wieder in Harmonie zu bringen. Dementsprechend diagnostizierten die Ärzte Krankheiten meist mithilfe einer Harnschau, zur Heilung wandten sie Maßnahmen wie Aderlass, Abführen und Erbrechen an.
Erst in der Renaissance erwachte bei den Ärzten echtes anatomisches Interesse. Zum Begründer der modernen Anatomie wurde der Flame Andreas Vesalius, der 1537 den Lehrstuhl für Anatomie in Padua einnahm. In seinem Hauptwerk, das ihn in ganz Europa berühmt machte, beschrieb er erstmals genau den Aufbau des menschlichen Körpers und legte die anatomische Terminologie fest. Die Grundlage seines Werks waren unzählige Sektionen von Menschen, die er während sei-

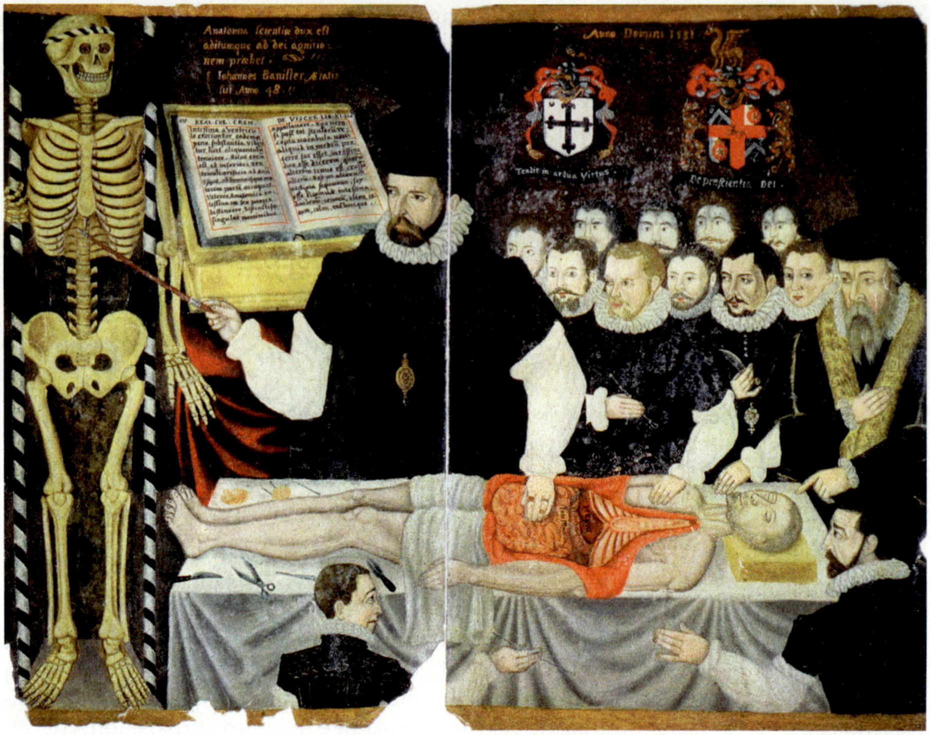

38 Der britische Anatom John Bannister bei einem Vortrag in London,1581. Buchtitelblatt Ende des 16. Jahrhunderts

ner Zeit in Padua vorgenommen hatte. Die auf eigenen Beobachtungen beruhenden Befunde verglich er sorgfältig mit den anatomischen Lehren des Galen und korrigierte dessen Fehler. An der Lehre von den Körpersäften hielt er jedoch fest, sodass diese weiterhin die ärztliche Praxis bestimmte.

Paracelsus

Eine radikale Gegenposition dazu vertrat eine der rätselhaftesten, aber auch faszinierendsten Gestalten der Zeit, der Schweizer Arzt Paracelsus (Theophrastus Bombastus von Hohenheim, 1493–1541). Er griff die galenistisch-arabische Medizin und ihre Säftelehre scharf an und verbrannte öffentlich die medizinischen Schriften des Galen und des Avicenna (Ibn Sina, 980–1037), des berühmtesten arabischen Arztes des Mittelalters. Paracelsus verließ sich nicht auf die Tradition, sondern auf die eigene Arbeit, die eigene Erfahrung und das eigene Überdenken. Die Lehre von den Körpersäften lehnte er ab und behauptete dagegen, jede Krankheit habe ihre eigene Ursache und müsse entsprechend behandelt werden. Als Heilmittel empfahl er statt Heilkräutern kleine Dosen von Gegengiften aus verschiedenen chemischen Elementen wie Quecksilber, Schwefel, Eisen und Kupfersulfaten. Damit führte er erstmals chemische Arzneimittel in die Medizin ein.

Kopernikus und das neue Weltbild

Das alte Bild des Universums war nicht so abwegig, wie es uns heute zu sein scheint. Die Sinneswahrnehmungen, auf die man in der Renaissance so viel Wert legte, schienen es zu bestätigen. Und jedes Phänomen im Himmel und auf der Erde ließ sich mit ihm plausibel erklären. Der griechische Philosoph Aristoteles (384–322 v. Chr.) hatte die Grundlagen dieses Modells entwickelt und der in Alexandria im 2. Jh. n. Chr. arbeitende Astronom Ptolemäus hatte es ergänzt und perfektioniert. Demnach war das Universum in zwei grundlegend verschiedene Bereiche unterteilt, die durch die Sphäre des Mondes getrennt wurden, den irdischen, sublunaren und den himmlischen Bereich. Die Erde war der Bereich des Veränderlichen, in dem die vier Elemente ihren natürlichen Bewegungen folgten: die schweren Elemente Wasser und Erde strebten nach unten zum Erdmittelpunkt und die leichten Feuer und Luft nach oben zu den Sphären. Oberhalb der Mondsphäre herrschte göttliche Vollkommenheit und Unveränderlichkeit. Dort stellte man sich eine Art fünftes Element von durchsichtiger und schwereloser Beschaffenheit vor, die „quinta essentia", die Quintessenz, die man Äther nannte. In diesem göttlichen Bereich gab es zwar auch Bewegungen, aber nicht die irdischen Auf- und Abbewegungen, sondern vollkommene kreisförmige Bahnen. Den Aufbau des gesamten Kosmos stellten sich Aristoteles und Ptolemäus dementsprechend so vor, dass die im Mittelpunkt stehende Erde von konzentrischen, durchsichtigen und festen Schalen (Sphären) umgeben war, an denen sich die Planeten und die Fixsterne in exakten Kreisen bewegten. Ein alles umfassender göttlicher erster Beweger hielt dieses ganze Räderwerk in Gang.

39 „Die Weltsysteme von Copernicus, Tycho Brahe und Ptolemäus". Frontispiz des Almagestum Novum von Riccioli, 1651. Links an der Waage erkennt man das kopernikanische System, rechts das des Tycho Brahe, das ptolemäische rechts unten in der Ecke. Tychos Modell belässt die Erde im Mittelpunkt. Um diese dreht sich die Sonne, die wiederum von den Planeten umkreist wird. Hier wird dem (schwerer wiegenden) System des Tycho Brahe der Vorzug gegenüber dem kopernikanischen gegeben, während das ptolemäische gleichsam auf dem Müll liegt. Die linke Gestalt in der erleuchteten Taghälfte symbolisiert die Kunst der Beobachtung (Fernrohr), die rechte Gestalt in der Nacht die Astronomie mit einer Armillarsphäre. Die Engel im Himmel tragen die Planeten (links Mars, Venus, Sonne, Merkur; rechts Saturn mit Ring, Jupiter mit Streifen und Monden, Mond der Erde, ein Komet). Die Hand Gottes ordnet die Welt nach Maß, Zahl und Gewicht.

Unstimmigkeiten in diesem Modell bewogen Anfang des 16. Jahrhunderts den ostpreußischen Domherrn Nikolaus Kopernikus (1473–1543) dazu, eine völlig neue Berechnungsgrundlage zu suchen.

In griechischen Texten aus hellenistischer Zeit fand er die Idee einer feststehenden Sonne, um die eine rotierende Erde und die anderen Planeten kreisten. Darauf aufbauend entwickelte er seine „neue" heliozentrische Theorie, die allerdings erst kurz vor seinem Tode im Druck erschien. Dabei blieb Kopernikus in zwei Punkten noch der traditionellen Sichtweise verpflichtet: Zum einen hielt er an der Existenz von unsichtbaren, aber festen kristallinen Sphären fest; zum anderen lag ihm die Vorstellung eines unendlichen Universums und des leeren Raums völlig fern. Diese Vorstellungen vertrat rund 50 Jahre nach ihm erst Giordano Bruno (1548–1600, Tod auf dem Scheiterhaufen).

Von Kopernikus zu Galilei

Gleichwohl wirkte das Buch des Kopernikus meist schockierend oder gar unglaubwürdig auf die Zeitgenossen, soweit es überhaupt zur Kenntnis genommen wurde. Zu kompliziert waren die

Berechnungen, zu eklatant widersprach das Modell der augenscheinlichen Erfahrung. Auch der dänische Astronom Tycho Brahe (1546–1601) hielt am geozentrischen Weltbild fest, obwohl er nach umfangreichen Beobachtungen und Messungen zu der Überzeugung gelangt war, dass es keine festen und undurchdringlichen Sphären am Himmel gebe. Damit schuf er immerhin die Voraussetzungen für die genaue Berechnung der Planetenbahnen durch Johannes Kepler (1571–1630), die dieser in drei Gesetzen formulierte. Demnach bewegten sich die nun von den Sphären befreiten Planeten nicht kreisförmig, sondern elliptisch um die Sonne, die in einem der beiden Brennpunkte stehe. Ihre wechselnde Geschwindigkeit hänge von ihrer sich ständig ändernden Entfernung von der Sonne ab.

Den Widerspruch zwischen der Vorstellung einer sich rasend schnell drehenden Erde (im Bereich des Mittelmeers ca. 300 Meter pro Sekunde) und den alltäglichen Erfahrungen (Flug der Vögel oder Geschossbahnen, Fahrtwind, fallende Steine u. ä.) konnte erst Galileo Galilei (1564–1642) lösen, indem er den Begriff der Trägheit in die Bewegungslehre einführte. Danach benötigte ein bewegter Körper keine ständig auf ihn einwirkende bewegende Kraft, wie noch Aristoteles und alle Wissenschaftler nach ihm geglaubt hatten, sondern blieb, einmal in Gang gesetzt und ohne auf ihn einwirkende Kräfte oder Widerstände, ständig in einer gleichförmigen geraden oder kreisförmigen Bewegung. Man konnte also auf einer rotierenden Erde als Bewohner dieser Erde nichts von der Drehung merken, weil sich alle irdischen Gegenstände und Erscheinungen mitdrehten.

Mathematik in der Naturwissenschaft

Während des Mittelalters war die Mathematik nach der Lehre des Aristoteles für die Naturforscher kein Mittel zur Erklärung der Natur. Physik und Mathematik hatten nichts miteinander zu tun. Mathematik war eine gedankliche Abstraktion des Menschen, die sich allenfalls auf die idealen Bewegungen der Gestirne im himmlischen Bereich anwenden ließ, nicht aber auf die veränderlichen Erdendinge unterhalb des Mondes.

Galilei nun wies der Mathematik für die Naturwissenschaft eine ganz neue Bedeutung zu und wurde so zum Begründer der modernen Physik. Er stellte die These auf: „Das Buch der Natur ist in mathematischer Sprache geschrieben." Es gebe keine Zweiteilung der Welt, die mathematischen Regeln des Himmels gälten auch auf der Erde. Das beinhaltete ein neues Konzept der irdischen Bewegungen, die jetzt nicht mehr von den Qualitäten der Elemente bestimmt, sondern durch einen Anstoß ausgelöst wurden. Diese Art Bewegung konnte man durch Zahlen erfassen. Gleichzeitig hieß das: Technik oder Mechanik waren nicht gegen die Natur gerichtet, sondern gehorchten ihren Gesetzen.

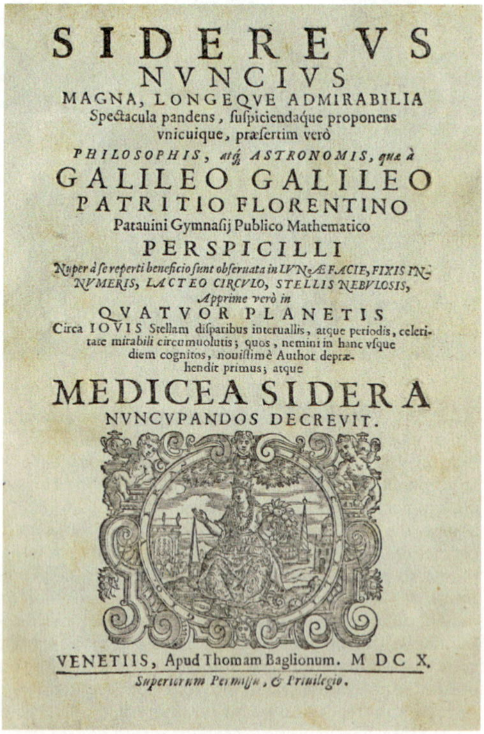
SIDEREVS
NVNCIVS
MAGNA, LONGEQVE ADMIRABILIA
Spectacula pandens, suspiciendaque proponens
vnicuique, præsertim verò
PHILOSOPHIS, atq; ASTRONOMIS, quæ à
GALILEO GALILEO
PATRITIO FLORENTINO
Patauini Gymnasij Publico Mathematico
PERSPICILLI
Nuper à se reperti beneficio sunt obseruata in LVNÆ FACIE, FIXIS INNVMERIS, LACTEO CIRCVLO, STELLIS NEBVLOSIS,
Apprime verò in
QVATVOR PLANETIS
Circa IOVIS Stellam disparibus interuallis, atque periodis, celeritate mirabili circumuolutis; quos, nemini in hanc vsque diem cognitos, nouissimè Author depræhendit primus; atque
MEDICEA SIDERA
NVNCVPANDOS DECREVIT.
VENETIIS, Apud Thomam Baglionum. M D C X.
Superiorum Permissu, & Priuilegio.

40 Frontispiz von Galileo Galileis „Sidereus Nuncius", 1610

Erfahrung und Experiment

Auf diesem Hintergrund ist auch der Wandel des Erfahrungsbegriffs zu sehen. Die Wissenschaftler und Künstler vor Galilei hatten sich in Anlehnung an Aristoteles zwar auch immer auf die Notwendigkeit der sinnlichen Erfahrung berufen, doch verstanden sie darunter eine passive Wahrnehmung ohne Eingriff in die Natur. Es war die alltägliche Erfahrung, die jeder aufmerksame Mensch mithilfe seiner Sinne machen konnte: Eine Kugel fiel zur Erde, weil das ihre natürliche Bewegungstendenz war. Galilei dagegen entwickelte eine neue Vorstellung von Erfahrung, die auf Experimenten unter künstlich hergestellten Versuchsbedingungen beruhte. Ihr Zweck war nicht mehr, Ursachen zu finden, sondern mathematisch formulierte Naturgesetze zu bestätigen oder zu widerlegen. In diesem Sinne formulierte er seine Bewegungslehre und die Fallgesetze mithilfe künstlicher Versuchsaufbauten.

Erfahrung/Empirismus: Der Empirismus vertritt die Ansicht, dass alle Erkenntnisse über die Welt und den Menschen auf Sinneserfahrungen beruhen. Realität besitzen danach nur die einzelnen Phänomene und Gegenstände; die nicht sinnlich erfahrbaren oder transzendenten Erscheinungen sind dagegen bloße Abstraktionen und haben für die wahre Erkenntnis keine Bedeutung. Der Verstand ordnet die beobachteten Einzelphänomene und zieht aus ihnen auf dem Weg der Induktion verallgemeinernde Schlüsse. Der Empirismus entstand Anfang des 16. Jahrhunderts; seine Hauptvertreter wie z. B. Francis Bacon (1561–1626), John Locke (1632–1704) und David Hume (1711–1776) waren Engländer. Die im Empirismus zum Ausdruck kommende Geisteshaltung hatte große Bedeutung für die Entwicklung der modernen Naturwissenschaft. Einen Vorläufer hatte sie im mittelalterlichen Nominalismus, der behauptete, die verallgemeinernden Begriffe seien bloße Namen ohne eigene Realität. Wirklichkeit besäßen nur die konkreten Einzeldinge.
Das Gegenteil des Empirismus ist der Rationalismus, der seine Hauptvertreter in Frankreich und Deutschland hatte. Dieser behauptet, die Wirklichkeit sei nur mithilfe des Denkens zu erfassen. Der Aufbau und die Ordnung der Welt seien von ihren mithilfe des Verstands erkannten Grundprinzipien deduktiv abzuleiten.

41 Der Beruf des Bergmanns

Der deutsche Bergbaufachmann Georg Agricola benennt die Fähigkeiten, über die ein Bergmann verfügen muss:

Außerdem muss der Bergmann noch vieler Künste und Wissenschaften kundig sein: zuerst der *Philosophie*, dass er den Ursprung, die Ursachen und die Eigenschaften der unterirdischen Dinge erkenne. Denn er wird dann auf leichterem und bequemerem Wege zum Abbau gelangen und besseren Nutzen von den geförderten Erzen haben. Zweitens der *Medizin*, dass er für die Häuer und andere Bergarbeiter sorgen könne, damit sie nicht in Krankheiten verfallen, von denen sie vor anderen bedrängt werden, oder wenn sie in solche verfallen sind, dass er entweder selbst sie kurieren oder dafür sorgen könne, dass Ärzte sie kurieren. Drittens der *Astronomie*, damit er die Himmelsgegenden kennen lerne und nach ihnen die Ausdehnung der Erzgänge beurteilen könne. Viertens der *Lehre von den Maßen*, dass er einerseits messen könne, wie tief ein Schacht zu graben sei, damit er zu dem Stollen reiche, der dahin getrieben wird, und dass er andererseits einer jeden Grube, besonders in der Tiefe, bestimmte Grenzen setze. Sodann soll er auch die *Rechenkunst* verstehen, damit er die Kosten, die für die Gezeuge und die Arbeiten der Häuer aufzubringen sind, zu berechnen vermag. Ferner die *Baukunst*, damit er die verschiedenen Kunstgezeuge und Grundbauten selbst machen oder wenigstens anderen die Art und Weise angeben könne, wie sie zu machen seien. Als dann soll er auch die *Zeichenkunst* kennen, dass er die Modelle aller Gezeuge abzeichnen könne. Endlich soll er auch des *Rechtes*, vor allem des *Bergrechtes* kundig sein, damit er einerseits den anderen nichts wegnehme, andererseits für sich selbst nichts Unbilliges begehre und das Amt übernehme, anderen Rechtsbescheid zu geben.

Georg Agricola: Zwölf Bücher vom Berg- und Hüttenwesen. Übers. v. C. Schiffner u. E. Darmstädter. München 1977 S. 1 f.

a) Welches Verständnis des Bergmannsberufs spiegelt sich in diesem Text?
b) Charakterisieren Sie das in diesem Text zum Ausdruck kommende Menschenbild.

42 Das ärztliche Programm des Paracelsus (Basel 1527)

a) Jahre 1527 wurde Paracelsus Stadtphysikus und Medizinprofessor in Basel. Er erläutert vor Studenten sein Programm:

Da ganz allein die Medizin als einzige aller Disziplinen, gleichsam wie ein Gottesgeschenk, nach dem Urteil der heiligen und profanen Schriftsteller als eine Notwendigkeit ausgezeichnet wird und nur wenige der Doktoren sie heute mit Glück ausüben, erschien es geboten, sie in ihren ursprünglichen lobenswerten Zustand zurückzuführen und […] wollen wir sie von den schwersten Irrtümern reinigen, nicht den Regeln der Alten zugetan, sondern ausschließlich denjenigen, die wir aus der Natur der Dinge und eigenen Erwägungen gewonnen und in langer Übung und Erfahrung bewährt gefunden haben. Wer weiß es denn nicht, dass die meisten Ärzte heutiger Zeit zum größten Schaden der Kranken in übelster Weise daneben gegriffen haben, da sie allzu sklavisch am Wort des Hippokrates, Galenos und Avicenna und anderer geklebt haben, als ob diese wie Orakel aus dem Dreifuß des Apoll herausklängen, von deren Wortlaut man auch nicht um Fingers Breite abweichen dürfte. Wenn's Gott gefällt, kann man auf diesem Wege wohl zu blendenden Doktortiteln gelangen, wird aber niemals ein wahrer Arzt. Nicht Titel und Beredsamkeit, nicht Sprachenkenntnisse, nicht die Lektüre zahlreicher Bücher […] sind Erfordernisse eines Arztes, sondern die tiefste Kenntnis der Naturdinge und Naturgeheimnisse, welche einzig und allein alles andere aufwiegen. […] Aufgabe des Arztes ist es, die verschiedenen Krankheitsformen zu kennen, ihre Ursachen und Symptome zu durchschauen und obendrein mit Scharfsinn und Beharrlichkeit ihnen Arzneimittel zu verordnen und nach Umständen und Besonderheiten tunlichst allen Heilhilfe zu bringen.

Um in meine eigene Lehrmethode ein wenig einzuführen, werde ich […] täglich in zwei Stunden praktischer und theoretischer Heilkunde sowohl der inneren Medizin wie der Chirurgie Lehrbücher, deren Verfasser ich selbst bin, mit höchstem Fleiß und hohem Nutzen der Hörer öffentlich erklären. Diese Lehrbücher sind nicht etwa aus Hippokrates und Galenos oder irgendwelchen anderen Lehrbüchern zusammengebettelt, sondern vermitteln das, was mich die höchste Lehrerin Erfahrung und eigene Arbeit gelehrt haben. Demnach dienen mir als Beweishelfer Erfahrung und eigene Erwägung statt Berufung auf Autoritäten. […] Um den Schleier etwas zu lüften, kann ich ihm sagen, dass von Komplexionen [Vermischungen] und Kardinalsäften im Stile der Alten bei mir nicht die Rede sein wird, aus denen fälschlich alle Krankheiten hergeleitet werden, woraus den Ärzten heute Krankheiten, Krankheitsursachen, kritische Tage usw. erklärt werden.

Zit. nach: Ernst Kaiser: Paracelsus in Selbstzeugnissen und Bilddokumenten. Reinbek 1969. S. 89 f.

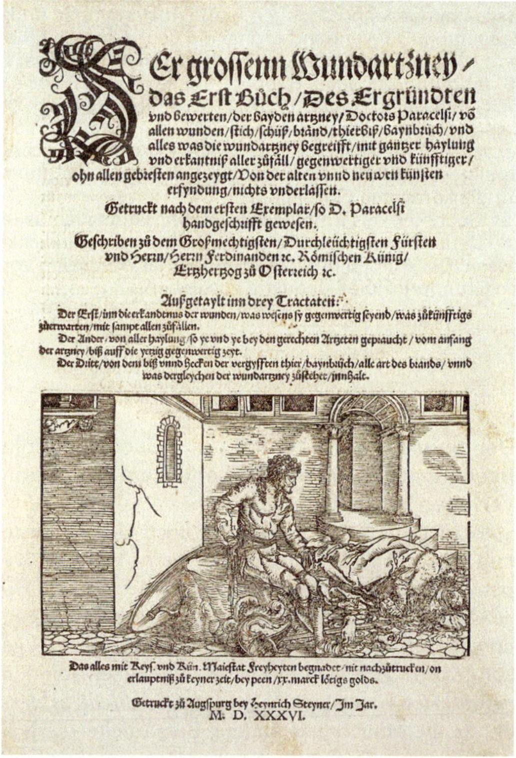

b) „Tod auf der Straße". Holzschnitt aus Paracelsus' „Grosse Wundartzney", 1536

a) Gegen wen richtet sich Paracelsus' Programm? Wie begründet er seine Kritik?
b) Benennen Sie die „medizinischen Autoritäten", von denen sich Paracelsus leiten lässt.
c) Welches neue medizinische Konzept formuliert Paracelsus?

43 Descartes über den menschlichen Körper

In seiner 1633 entstandenen Abhandlung „Der Mensch" schreibt der französische Naturwissenschaftler und Philosoph René Descartes (1596–1650):

Ich setze voraus, dass der Körper nichts ist als eine Statue, eine Maschine aus Lehm. Wir kennen Uhren, künstliche Brunnen, Mühlen und andere ähnliche Maschinen, die von Menschen gemacht sind und dennoch die Kraft haben, sich auf verschiedene Weise selbst zu bewegen. Mir scheint, ich kann mir gar nicht so viele Arten von Bewegungen darin vorstellen, wie Gottes Hand vermutlich geschaffen hat, und auch nicht so viele kunstvolle Dinge, dass es deren nicht noch mehr geben könnte. [...] Nun möchte ich euch bitten, alle die Funktionen zu betrachten, die ich dieser Maschine beilege: Verdauen der Nahrung, Schlagen des Herzens und der Arterien, Ernährung und Wachstum der Gliedmaßen, Atmung, Wachen und Schlafen; die Eindrücke von Licht, Schall, Geruch, Geschmack, Wärme und anderem auf die Organe der äußeren Sinne; der Eindruck von Ideen auf Verstand und Phantasie; die Aufbewahrung dieser Ideen durch Einprägung in das Gedächtnis; die inneren Bewegungen der Gelüste und Leidenschaften; und schließlich die äußeren Bewegungen aller Glieder, die sinnvoll und gut auf die Sinnesreize antworten, wie auch auf die Leidenschaften und Eindrücke des Gedächtnisses, sodass sie in vollkommenster Weise einen wirklichen Menschen nachahmen.

Ich betone, ihr sollt bedenken, dass alle diese Funktionen der Maschine natürlicherweise aus der Anordnung ihrer Teile folgen, nicht mehr und nicht weniger als die Bewegungen einer Uhr oder anderer Automaten aus der Anordnung ihrer Gewichte und Räder. Zu ihrer Erklärung ist es keineswegs notwendig, eine vegetative oder sensitive Seele oder ein anderes Prinzip des Lebens und der Bewegung heranzuziehen; es genügt ihr Blut und ihr Geist, in Bewegung gesetzt durch die Wärme des Feuers, das ständig in ihrem Herzen brennt und das seiner Natur nach nicht im geringsten verschieden ist von allen Feuern in unbelebten Körpern.

Zit. nach: Alastair C. Crombie: Von Augustinus bis Galilei. Die Emanzipation der Naturwissenschaft. Übers. v. H. Hoffmann u. H. Plens. Köln/Berlin 1959. S. 472.

a) Gliedern Sie die verschiedenen Funktionen der „Maschine Mensch" nach den Kategorien „körperlich", „seelisch" und „geistig".
b) Worin besteht der Antriebsstoff dieser Maschine?
c) Welche Rolle spielt Gott in Descartes' Überlegungen?
d) Vergleichen Sie Descartes' Vorstellung vom Menschen mit der der Humanisten.

44 Kopernikus und das heliozentrische Weltbild

a) In der an den Papst Paul III. gerichteten Vorrede zu seinem Werk „Über die Umdrehungen der Himmelskreise" von 1543 äußert sich Kopernikus zu seiner Vorgehensweise:

Ich dachte also lange Zeit über diese Unsicherheit der überlieferten mathematischen Lehren von der Berechnung der Umdrehungen der Weltsphären nach. Dabei empfand ich allmählich Widerwillen darüber, dass den Philosophen kein einigermaßen sicheres Gesetz für die Bewegungen der Weltmaschine bekannt sein sollte, die doch um unsertwillen vom besten und genauesten Werkmeister eingerichtet wurde, während dieselben Philosophen sonst hinsichtlich der geringsten Umstände dieses Kreislaufes so gründliche Untersuchungen anstellten. Daher machte ich mir die Mühe, die Bücher aller Philosophen, derer ich habhaft werden konnte, von neuem durchzulesen, um zu erforschen, ob einer vermutet habe, dass die Bewegungen der Weltsphären andere seien, als die Lehrer der Mathematik in den Schulen annehmen. Und in der Tat fand ich als erstes bei Cicero, dass Hiketas der Meinung gewesen sei, die Erde bewege sich. Später entdeckte ich bei Plutarch, dass auch andere derselben Ansicht gewesen sind. [...]

Das war also für mich der Anlass, über die Beweglichkeit der Erde nachzudenken. Wenn auch diese Meinung absurd erschien, glaubte ich doch, dass wenn anderen vor mir die Freiheit zugestanden wurde, alle beliebigen Kreise zur Erklärung der Erscheinungen an den Gestirnen zu ersinnen, es auch mir ohne weiteres gestattet sei, auszuprobieren, ob bei den Umdrehungen der himmlischen Kugelschalen unter der Voraussetzung irgendeiner Bewegung der Erde Beweise gefunden werden könnten, die die früheren an Überzeugungskraft überträfen.

Und so nahm ich die Bewegungen an, die ich später in meinem Werk der Erde zuschreibe, und fand durch vieles und langes Beobachten schließlich folgendes heraus: Wenn die Bewegungen der übrigen Gestirne mit der Kreisbewegung der Erde zusammengesetzt und jeweils nach der Umlaufzeit eines jeden Gestirns berechnet werden, so ergeben sich hieraus nicht nur die Erscheinungen bei jenen, sondern auch die Rangordnungen und Größen der Gestirne und aller Kreisbahnen, und der Himmel selber kommt in einen solchen inneren Zusammenhang, dass an keiner Stelle von ihm etwas verstellt werden kann, ohne seine übrigen Teile und das ganze Weltall in Unordnung zu bringen.

Zit. nach: Jürgen Hamel: Nicolaus Copernicus. Leben, Werk und Wirkung. Heidelberg/Berlin/Oxford 1994. S. 307 f.

b) Das kopernikanische System: Der kolorierte Kupferstich stammt aus Christoph Cellarius' Buch „Harmonia Macrocosmica" aus dem Jahre 1660. Er trägt den Titel „Scenographica systematica Copernicani". In der Mitte befindet sich die Sonne und bestrahlt entsprechend den vier Himmelsrichtungen die vier Hemisphären der Erde. Auf den Umlaufbahnen erkennt man neben der Erde von innen nach außen die damals bekannten Planten Merkur, Venus, Mars, Jupiter und Saturn. Das ganze System ist vom Ring der Tierkreiszeichen umgeben.

a) Erläutern Sie die einzelnen Schritte von Kopernikus' Weg zum neuen Weltbild.
b) Überlegen Sie, welche Motive Kopernikus bewogen haben könnten, seine Schrift dem Papst zu widmen.

45 Kopernikus im Urteil seiner Zeitgenossen

a) Der Reformator Philipp Melanchthon (1497–1560) in seinen „Anfangsgründen der Naturlehre" (1549):

Unsere Augen bezeugen es, dass sich der Himmel in 24 Stunden herumbewegt. Und da haben nun einige, entweder aus Neuerungssucht oder um ihren Witz zu zeigen, sich ausgelassen, die Erde bewege sich. Sie bestehen darauf, weder die achte Sphäre noch die Sonne bewege sich. Sie schreiben nämlich den übrigen Himmelskörpern eine Bewegung zu und versetzen auch die Erde unter die Gestirne. [...]

Wenn auch scharfsinnige Meister vieles untersuchen, um den Witz zu üben, so ist es doch nicht schicklich, widersinnige Meinungen offen und frei im Ernst zu behaupten. Es ist ein Zeichen von guter Gesinnung, die von Gott gezeigte Wahrheit ehrfürchtig aufzunehmen und sich mit ihr zu beruhigen. Manche Physiker verlachen zwar einen, der göttliche Zeugnisse anführt. Trotzdem halten wir es für angebracht, Naturwissenschaft und Bibel zur Beurteilung zusammenzustellen und wegen der großen Dunkelheit des menschlichen Verstands uns bei dem göttlichen Ausspruch Rat zu holen, wo wir es nur immer können. Aufs deutlichste versichert uns ein Psalm, dass die Sonne sich bewegt. Mit diesem klaren Zeugnis über die Sonne müssen wir uns zufrieden geben. Von der Erde sagt ein anderer Psalm: „Der du das Erdreich gegründet hast auf seinen Boden, dass es bleibt immer und ewiglich." Und der Prediger Salomo sagt im ersten Kapitel: „Die Erde aber stehet ewiglich, die Sonne gehet auf und unter ..." Durch diese göttlichen Zeugnisse bestärkt wollen wir die Wahrheit festhalten und nicht dulden, dass durch die Gaukeleien von Leuten, die es noch für eine Ehrensache halten, die Wissenschaften durcheinander zu bringen, die Wissenschaften verwirrt und wir von der Wahrheit abgezogen werden. Bei der Umdrehung eines Kreises bleibt der Mittelpunkt unbeweglich, das ist allgemein bekannt. Die Erde befindet sich aber im Mittelpunkt der Welt, ganz wie das Zentrum des Weltalls, also ist die Erde unbeweglich.

Zit. nach: Adolf Kistner: Im Kampf um das Weltsystem (Kopernikus und Galilei), (Voigtländers Quellenbücher Nr. 39). Leipzig 1912. S. 39–41.

b) Der französische Staatstheoretiker Jean Bodin (1530–1596) in seinem letzten, 1596 erschienenen Werk „Universae naturae Theatrum“:
Niemand mit Verstand oder mit der kleinsten Ahnung von Physik wird jemals glauben, dass die Erde, schwer und groß, um ihren eigenen Mittelpunkt und um den der Sonne hin- und herschwankt. [...] Würde sich die Erde bewegen, so würde weder ein senkrecht nach oben geschossener Pfeil noch ein von der Spitze eines Turmes fallen gelassener Stein senkrecht fallen, sondern entweder vorauseilen oder zurückbleiben. [...] Schließlich bleiben alle Dinge nach Aristoteles dort, wo sie einen ihrer Natur angepassten Ort finden. Da der Erde ein Platz zugewiesen worden ist, der ihrer Natur entspricht, kann sie nicht von einer anderen Bewegung als ihrer eigenen herumgeführt werden.

Zit: nach: Thomas S. Kuhn: Die kopernikanische Revolution. Übers. v. H. Kühnelt. Braunschweig/Wiesbaden 1981. S. 195.

a) Fassen Sie die zentralen inhaltlichen Aussagen der beiden Verfasser thesenartig zusammen.
b) Charakterisieren Sie die kosmologischen Vorstellungen der beiden Kritiker.

46 Bibel und Naturwissenschaft

Galileo Galilei schrieb im Jahr 1615 einen offenen Brief an Christina von Lothringen, Großherzogin der Toscana und Gemahlin seines Arbeitgebers Cosimo II. Medici:
Mir scheint, wir sollten in der Diskussion von Naturproblemen nicht von der Autorität der Bibeltexte ausgehen, sondern von der Sinneserfahrung und von notwendigen Beweisführungen. Denn die Heilige Schrift und die Natur gehen gleicher Weise aus dem göttlichen Wort hervor, die eine als Diktat des Heiligen Geistes, die andere als gehorsamste Vollstreckerin von Gottes Befehlen. Zudem ist es der Heiligen Schrift erlaubt (da sie sich dem Verständnis aller Menschen zuneigt), manche Dinge – soweit es die reine Wortbedeutung angeht – scheinbar abweichend von der absoluten Wahrheit zu sagen. Aber die Natur ist andrerseits unerklärlich und unwandelbar; sie überschreitet nie die Grenzen der Gesetze, die ihr auferlegt sind, so als ob es sie nicht kümmere, ob ihre dunklen Gründe und Wirkweisen dem Verstehen des Menschen greifbar sind oder nicht. Es ist klar, dass jene Dinge, natürliche Wirkungen betreffend, die entweder die Erfahrung der Sinne uns vor Augen stellt oder notwendige Demonstrationen uns beweisen, auf keinen Fall aufgrund von Schrifttexten, die wahrscheinlich etwas ganz anderes meinen, infrage gestellt oder gar verurteilt werden dürfen. Denn ein Ausdruck der Heiligen Schrift ist nicht an strikte Bedingungen gebunden wie jede Wirkung in der Natur; und Gott offenbart sich nicht weniger herrlich in den Wirkungen der Natur als in den heiligen Worten der Schrift.
Natürlich ist es nicht die Absicht des Heiligen Geistes, uns Physik oder Astronomie zu lehren oder uns zu zeigen, ob die Erde sich bewegt oder nicht. Diese Fragen sind theologisch neutral; wir sollten jedoch den heiligen Text respektieren und, wo es angebracht ist, die Ergebnisse der Wissenschaft benutzen, um seine Bedeutung zu erkennen.

Zit. nach: Alastair C. Crombie: Von Augustinus bis Galilei. Die Emanzipation der Naturwissenschaft. Köln/Berlin 1959. S. 433 f.

a) Welche Rolle spielt die Bibel bei Galilei?
b) Was ist bei Galilei das wichtigste Mittel der Naturerkenntnis und wie erklärt er mögliche Widersprüche zum Wortlaut der Bibel?
c) Erörtern Sie, ob Galileis Sichtweise auch heute noch vertretbar sein könnte.

47 Die Haltung der Kirche

a) Der neapolitanische Mönch Paolo Antonio Foscarini hatte in einer kleinen Schrift die heliozentrische Lehre und damit auch Galileis Ansichten gegen theologische Einwände verteidigt. Daraufhin schrieb ihm der römische Kardinal Robert Bellarmin (1542–1621), der auch theologischer Berater der Inquisition war, im Jahre 1615 einen Brief, in dem er die offizielle Haltung der Kirche zu diesem Problem darlegte:
Es scheint mir, dass Ihr und Signor Galilei klug tut, wenn Ihr Euch damit begnügt, nicht absolut, sondern ex suppositione (also hypothetisch) zu sprechen, wie

es, wie ich immer geglaubt habe, Kopernikus getan hat. Denn wenn man sagt: Unter der Voraussetzung, dass die Erde sich bewege und die Sonne stillstehe, lassen sich alle Erscheinungen besser erklären als durch die Annahme der exzentrischen Kreise und Epizykel, so ist das sehr gut gesagt und hat keine Gefahr, und das genügt dem Mathematiker. Wenn man aber behaupten will, die Sonne stehe wirklich im Mittelpunkt der Welt und bewege sich nur um sich selbst, ohne von Osten nach Westen zu laufen, und die Erde stehe am dritten Himmel und bewege sich mit der größten Schnelligkeit um die Sonne, so läuft man damit große Gefahr, nicht nur alle Philosophen und scholastischen Theologen zu reizen, sondern auch unseren heiligen Glauben zu beleidigen, indem man die Heilige Schrift eines Fehlers überführt. [...] Aber ich werde nicht eher glauben, dass ein solcher Beweis geliefert sei, bis er mir vorgelegt wird. Es ist nicht die gleiche Sache, zu zeigen, dass die Erscheinungen durch die Annahme gerettet werden, die Sonne sei im Zentrum und die Erde in den Himmeln, als darzulegen, dass die Sonne wirklich im Zentrum ist und die Erde in den Himmeln. Ich glaube, dass der erste Beweis existieren mag, aber ich habe schwerste Bedenken, was den zweiten betrifft, und im Zweifelsfalle soll man von der Auslegung der Schrift durch die Väter nicht abgehen.

Zit. nach: Albrecht Fölsing: Galileo Galilei. Prozess ohne Ende. Eine Biographie. Reinbek 1996. S. 299–301.

b) „Galileo Galilei vor der Inquisition im Vatikan 1632". Ölgemälde von Joseph Nicolas Robert-Fleury, 1847

a) Vergleichen Sie Bellarmins Bibelverständnis mit dem des Galilei.
b) Untersuchen Sie Bellarmins Argumentation auf logische Fehler.

48 Physik und Mathematik

Im Jahre 1613 kam es zwischen dem Florentiner Hofmathematiker Galileo Galilei und zwei Philosophieprofessoren aus Pisa zum Streit über das Verhältnis von Mathematik und Physik und damit letztlich auch über das aristotelische Naturverständnis. Einer der beteiligten Philosophen, Vincenzio di Grazia, wandte sich gegen Galileis Vorstellungen:

Bevor wir die Beweise des Herrn Galileo näher betrachten, scheint es uns nötig zu beweisen, wie sehr sich jene Gelehrten von der Wirklichkeit entfernen, die mit mathematischen Gründen die natürlichen

Dinge beweisen wollen. Zu diesen gehört, wenn ich mich nicht täusche, der Herr Galileo. Ich behaupte also, dass alle Wissenschaften und Künste ihre eigenen Prinzipien und Gründe haben, mit deren Hilfe sie die Eigenschaften ihres Gegenstandes beweisen. Folglich ist es nicht zulässig, dass man mit den Prinzipien der einen Wissenschaft die Wirkungen einer anderen zu beweisen sucht; und so irrt sich auch der gewaltig, der es unternimmt, die Eigenschaften der Natur mit mathematischen Gründen beweisen zu wollen, denn diese beiden Wissenschaften sind vollkommen verschieden voneinander. Der Naturwissenschaftler befasst sich nämlich mit den natürlichen Dingen, deren ureigenste und natürliche Neigung die Bewegung ist, während der Mathematiker bei seinem Gegenstand von jeder Bewegung absieht. Hinzu kommt, dass der Naturwissenschaftler die sinnlich wahrnehmbare Materie der natürlichen Körper betrachtet und durch sie viele natürliche Eigenschaften begründet. Der Mathematiker hingegen kümmert sich nicht um die Materie. Bei der Untersuchung des Ortes nimmt der Mathematiker einen einfachen Raum an, ohne zu betrachten, von welcher Art von Körper er ausgefüllt ist. Der Naturwissenschaftler jedoch macht einen großen Unterschied zwischen einem Raum und einem anderen, je nach den Körpern, die ihn einnehmen, denn daraus resultiert die Schnelligkeit oder Langsamkeit der natürlichen Bewegungen. Und obwohl der Naturwissenschaftler sich mit den Linien und Punkten der Oberfläche befasst, behandelt er sie als Begrenzung des natürlichen und beweglichen Körpers; der Mathematiker dagegen, der von jeder Bewegung absieht, betrachtet sie als Eigenschaften der festen dreidimensionalen Körper.

Zit. nach: Michael Heidelberger/Sigrun Thiessen: Natur und Erfahrung. Von der mittelalterlichen zur neuzeitlichen Naturwissenschaft. Reinbek 1981. S. 75 f.

a) Beschreiben Sie aus dem Blickwinkel von Grazia die unterschiedlichen Vorgehensweisen von Naturwissenschaftlern und Mathematikern.
b) Wie erklärt Grazia das Phänomen der Bewegung?
c) Erläutern Sie die kosmologischen Konsequenzen aus Grazias Sichtweise.
d) Welche Bedeutung hat demgegenüber Galileis These, das Buch der Natur sei in mathematischer Sprache geschrieben?

Zur Diskussion

War Kopernikus ein wissenschaftlicher Revolutionär?

Die Begründung des geozentrischen Weltbilds durch Kopernikus wird oft als „kopernikanische Revolution oder Wende" bezeichnet. Man will damit den radikalen Bruch zu den bisherigen kosmologischen Vorstellungen zum Ausdruck bringen. Doch manche Wissenschaftshistoriker haben Zweifel an dieser Einschätzung. Für sie war Kopernikus nicht der Revolutionär, als der er gerne dargestellt wird.

a) Der deutsche Schriftstelle Hermann Kesten in seiner Kopernikus-Biografie, 1948:

Der gewaltigste Mensch in tausend Jahren war ein Astronom. Aus Ordnungsliebe leitete er die wildeste Revolution ein, die wissenschaftliche. Er schrieb über den Mond und die Sterne, aber kein anderer Autor hat der Menschheit und ihrem falschen Stolz einen schwereren Schlag versetzt.

Er war friedlich und fromm, ein stiller Mann, ohne große Macht, ohne große Titel, ohne großes Vermögen. Er schaute, rechnete, dachte. Aber kein Dschingis-Khan oder Napoleon, kein Kaiser oder Papst veränderte radikaler den Gang der Menschheit als der Domherr aus Thorn, ein Astronom, ein Humanist – Nicolaus Copernicus. Unser Weltsystem heißt seit vierhundert Jahren nach ihm. [...]

Copernicus hatte Glück! Und er war weise. Wie anders hätte ein guter Mann ohne andre Waffe als die Vernunft siegen sollen! Allein trat er gegen die ganze Welt auf, gegen die Kirche und den Kaiser, gegen die herrschenden Autoren in seinem Jahrhundert, Ptolemäus, Aristoteles und Gott, und gegen den blanken Augenschein und das gelehrte Vorurteil und gegen die breite Unwissenheit, vor denen er als der frechste Mensch in tausend Jahren erschien! [...]

Copernicus und seine Nachfolger haben ungeheuerlich gesiegt. Erst Copernicus machte das Denken frei. Auf seinen Resultaten beruht heute alles wissenschaftliche Denken, mit ihm beginnt die Wissenschaft. Durch ihn und Kepler und Galilei und Newton machte die Zivilisation in dreihundert Jahren größere Fortschritte als vorher in dreitausend Jahren.

Hermann Kesten: Copernicus und seine Welt. Biographie. Wien/München/Basel 1948. S. 9 f.

b) Der deutsche Physik- und Astronomiehistoriker Jürgen Teichmann, 1985:

Copernicus wurde zum Mittler zwischen antiker und neuzeitlicher Astronomie. Das war seine große Bedeutung, nicht die des „Revolutionärs". Auch er fasste wie Ptolemäus Entwicklungen von Vorgängern – aus der Antike, aus dem christlichen und islamischen Mittelalter – zusammen. So berief er sich für seine wesentlichste Neuerung, die Sonne als Zentrum der Welt, ausdrücklich auf die Antike, auf Aristarch von Samos. Da nicht sehr spät nach seinen Studien in Italien die erste schriftliche Skizze seines Weltsystems überliefert ist – als „Commentariolus" etwa 1510 –, ist es sehr gut möglich, dass antike Texte ihn hier zum ersten Mal mit antiaristotelischen Anschauungen konfrontierten.

Copernicus selbst führte folgende Gründe an, die ihn zu einer Revision der geozentrischen Lehre brachten:

- „Reinigung" des ptolemäischen Systems durch radikalere Erfüllung der antiken Forderung nach gleichmäßiger Geschwindigkeit der himmlischen Sphären, […]
- Einfachheitsüberlegungen, z. B. die Absicht, weniger Kreise anzuwenden als Ptolemäus,
- bessere Anpassung an die wirklichen Beobachtungen, z. B. bei den Mondgrößenschwankungen.

Es fällt sofort auf, dass das Kriterium, das man üblicherweise als Antrieb beim Fortschritt moderner Naturwissenschaft angibt, der Erfahrungsbezug, nur eines unter mehreren ist – hier das dritte, während sich im ersten ausdrücklich die Traditionsbezogenheit von Copernicus spiegelt: als „Reformator" (= Wiederhersteller), nicht als „Revolutionär".

Jürgen Teichmann: Wandel des Weltbildes. Astronomie, Physik und Messtechnik in der Kulturgeschichte. 4. Aufl. Stuttgart 1999. S. 80 f.

a) Stellen Sie die Argumente zusammen, die die beiden Autoren für ihre jeweilige Beurteilung des Kopernikus als Revolutionär oder Reformator anführen.
b) Diskutieren Sie, ob der Begriff der „kopernikanischen Wende" angemessen ist.
c) Erörtern Sie Kestens These, Kopernikus habe das abendländische Denken befreit.

II. Wirtschaft und Gesellschaft in der Frühen Neuzeit

1. Gesellschaftliche und wirtschaftliche Veränderungen in Mitteleuropa

„Fast bei zwanzig Jahren hat die Pestilenz schier die ganze Welt überfallen, dazu dann große Teuerung und Hunger geschlagen, [...] darum viel Volks an der Pestilenz und Hunger ist umgekommen." Diese bittere Klage findet sich in der Chronik eines pommerschen Klosters zum Jahr 1376. Damals herrschte eine Zeit der Not in Deutschland. Zahlreiche Dörfer standen leer und verfielen, Ackerland verwilderte und Brotgetreide war knapp und teuer. Die Beulenpest hatte schlimme Spuren hinterlassen. Gut 100 Jahre später besserten sich die Verhältnisse wieder. Überall nahm die Bevölkerung zu. Die Städte wuchsen, Handwerk und Handel blühten. Doch das althergebrachte feudale System war erschüttert. Der Adel musste um seine traditionelle Position bangen, machten ihm doch aufstrebende Bürger oder energische Landesfürsten seine gesellschaftliche Stellung streitig. Leidtragende waren auch die abhängigen Bauern. Immer wieder machten sie sich in Aufständen und Empörungen Luft.

1347–1350	Durch eine mehrjährige Pestepidemie kommt rund ein Drittel der europäischen Bevölkerung ums Leben.
1522–1523	Im Kampf gegen den sozialen Abstieg erheben sich Teile der deutschen Reichsritter unter dem Söldnerführer Franz von Sickingen (1481–1523).
1528	Baldassare Castiglione veröffentlicht sein Buch „Der Hofmann", in dem er das Idealbild eines zivilisierten Menschen beschreibt.
1530	Erasmus von Rotterdam bringt seine Abhandlung „Von der kindlichen Höflichkeit" (De civilitate morum puerilium) heraus.

Der gesellschaftliche Rahmen

Grundsätzlich bestimmte im späten Mittelalter und in der Frühen Neuzeit immer noch die Ständeordnung die gesellschaftlichen Beziehungen. An der Spitze standen die Reichsfürsten und Reichsritter sowie die in fürstlichen Territorien lebenden niederen („landsässigen") Adeligen. Dazu gesellten sich geistliche Kurfürsten, Fürstbischöfe und Fürstäbte, die zusammen mit der großen Menge der einfachen Kleriker den Stand der Geistlichen bildeten. Das städtische Bürgertum stellte den dritten Stand. Die Bauern, zu denen mit rund 85 % der Gesamtbevölkerung die übergroße Mehrheit der Menschen gehörte, standen am unteren Ende der ständischen Ordnung. Als ihre Obrigkeit fungierten meist die jeweiligen Grundherren. Völlig freie Bauern gab es nur wenige.
Diese ständische Ordnung stimmte jedoch jetzt vielerorts nicht mehr mit der wirtschaftlichen und sozialen Wirklichkeit überein. Es gab wohlhabende Kleinadlige und verarmte Reichsfürsten, reiche Zunfthandwerker und patrizische Kaufleute, die Bankrott gegangen waren, sowie zufriedene Leibeigene und Hunger leidende Freibauern. Diese Widersprüche bildeten einen schwelenden Herd für soziale Spannungen und Konflikte.

Bevölkerungsentwicklung

Eine vom 11. bis zum Ende des 13. Jahrhunderts andauernde Periode wirtschaftlicher Prosperität und wachsender Bevölkerungszahlen wurde im 14. Jahrhundert jäh von einer rund 150 Jahre dauernden schlimmen Krisenzeit gestoppt. Mehrere Faktoren verursachten dieses soziale Desaster: Eine allmähliche Klimaverschlechterung hatte eine Serie von katastrophalen Missernten und Hungersnöten zur

49 Ständetreppe. Kupferstich von Gerhard Altenbach, 17. Jahrhundert. Oben Papst, Kaiser und König; links von oben nach unten: Kardinal, Kurfürst, Bischof, Edelmann, Bauer, Kind; rechts von oben nach unten: Herzog, Graf, Freiherr, Bürger, Soldat, Narr.

Folge. Die Ernährungsmängel schwächten die Widerstandskraft der Menschen gegen Seuchen und Krankheiten, sodass der ab Mitte des 14. Jahrhunderts über Europa hereinbrechende „Schwarze Tod" leichtes Spiel hatte. Da die Seuche periodisch immer wieder auftrat und vor allem Menschen im zeugungsfähigen Alter und Jugendliche dahinraffte, konnten die Menschenverluste kaum ausgeglichen werden.

Und noch etwas kam hinzu: In dieser Zeit änderte sich die Art der Kriegsführung. Mehr und mehr ging man dazu über, die feindlichen Gebiete zu verwüsten, um so den Gegner wirtschaftlich zu schwächen. So stagnierte die europäische Bevölkerung bis etwa 1470 auf deutlich gesunkenem Niveau. Erst ab dann begann sie allmählich wieder zu wachsen.

Agrarkrise und Aufstieg der Städte

Dieser Umschwung hing nicht nur mit dem Abklingen der Pestwellen zusammen, sondern auch mit der Preisentwicklung bei agrarischen und gewerblichen Produkten sowie einer zunehmenden Blüte der Städte und der Stadtwirtschaft. Nach den chaotischen Krisenjahrzehnten bis etwa 1375, als die Getreidepreise sich zum Teil deutlich erhöhten, setzte eine lang andauernde Periode sinkender Preise für Brotgetreide ein. Die Zahl der Verbraucher ging nämlich stärker zurück als die Getreideproduktion.

So verbesserte sich die Ernährungslage nach und nach. Gleichzeitig stiegen die gewerblichen Löhne stark an. Denn in den Städten fehlte es nach den drastischen Bevölkerungsverlusten der Krisenjahre an Fachkräften, sodass fähige Handwerksgesellen gesucht und teuer waren. In der zweiten Hälfte des 15. Jahrhunderts erreichten die Getreidepreise Tiefst- und die Löhne Höchststände. Dadurch verbesserte sich der Lebensstandard in den Städten deutlich. Beispielsweise erhielten Berliner Bäckergesellen nach einer Verordnung aus dem Jahre 1515 täglich vier Pfund Fleisch, acht Quart Bier und reichlich Brot. Diese verlockenden Aussichten veranlassten viele Bauern, ihre Kümmerexistenz auf dem Land aufzugeben und in der Stadt ihr Glück zu suchen.

Blüte der Stadtwirtschaft und Zunftkämpfe

Die steigende Nachfrage nach gewerblichen Produkten beflügelte die Stadtwirtschaft und förderte die Differenzierung und Spezialisierung der Handwerker, besonders in der Metallverarbeitung. Da gab es Gold- und Silberschmiede, Harnischmacher, Klingenschmiede, Ringmacher, Nadler, Schnallenschmiede, Feilenhauer, Drahtzieher, Messerer und manche andere mehr. Spezialisierung und zunehmende Arbeitsteilung hatten eine kräftige Produktivitätssteigerung zur Folge. Außerdem produzierten die Handwerker jetzt auch für das Umland oder den Export. So kamen viele von ihnen zu Wohlstand. Organisiert waren sie in zahlreichen traditionellen und neuen Zünften. Diese regelten Aufnahmebedingungen, Produktionsmengen und Qualität der Waren, wobei sie eifersüchtig auf ihr Auskommen achteten und sich die Konkurrenz vom Leibe zu halten suchten. Aber damit nicht genug: Besonders die reichen Aufsteiger aus der Handwerkerschicht strebten nun auch nach der Teilnahme an der politischen Macht in der Stadt, die bisher den patrizischen Kaufleuten vorbehalten war. Dabei kam es in vielen Kommunen zu teils heftigen Kämpfen. Manchmal hatten die Zunftmeister Erfolg und konnten auf den Ratsbänken Platz nehmen, doch meist konnten sich die Patrizier behaupten.

Fernhandel

Die wirtschaftlich und politisch führende Schicht in den Städten bildeten die Fernhändler. Auf ihren Aktivitäten beruhte die wirtschaftliche Macht einer Kommune. Sie kümmerten sich um den Verkauf der in der Stadt produzierten Waren auch im weiteren Umkreis und in anderen Regionen. Darauf waren die Handwerker angewiesen, konnten sie doch ihre steigende Warenproduktion auf dem engen städtischen Markt nicht mehr absetzen. Gleichzeitig beschafften die Fernhändler die benötigten Rohstoffe (Eisen, Wolle, Baumwolle u. ä.) und Nahrungsmittel (Getreide, Bier usw.) für die Stadtbevölkerung auch aus abgelegenen Orten. Und sie besorgten Fertigwaren auswärtiger Hersteller. Ein fähiger Kaufmann konnte durch geschickten Einkauf und kostengünstige Organisation von Transport und Lagerung beim Verkauf einen beträchtlichen Gewinn erzielen. Aber auch andere städtische Gruppen profitierten von den Aktivitäten der Großkaufleute, z. B. Fuhrleute, Schiffer und Transportarbeiter. Dazu kamen die auf den heimischen Markt konzentrierten Kleinhändler und Handwerker, die durch das verstärkt in die Stadt fließende Geld ihre Umsätze steigern konnten.

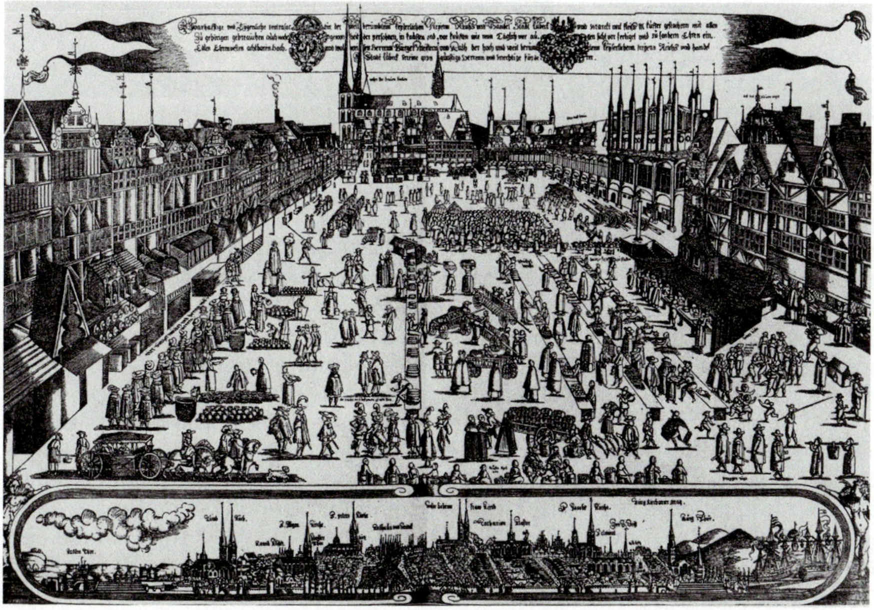

50 Marktplatz zu Lübeck. Kupferstich um 1580

Niedergang des Kleinadels

Der Aufstieg des Bürgertums bedrohte die Position des mittleren und kleinen Adels. Dieser sah sich – vor allem im Westen Deutschlands – nach den hohen Bevölkerungsverlusten gezwungen, auf die Selbstbewirtschaftung seiner Ländereien zu verzichten, da nicht genügend Arbeitskräfte dafür zur Verfügung standen. Die Grundbesitzer teilten ihr Land auf und verpachteten es gegen eine mäßige Jahresabgabe an die Bauern. Höhere Pachtzahlungen waren nicht durchsetzbar, da sich die Bauern nach Alternativen umsehen konnten und das Land sonst brach gelegen hätte. Und die einmal festgelegten Geld- oder Naturalabgaben verloren durch die Verringerung der Kaufkraft und das Sinken der Agrarpreise immer mehr an Wert. So gingen die Einkünfte der Grundherren manchmal sogar bis zu deren totaler Verarmung zurück.

Viele verschuldeten sich und mussten ihre Güter verpfänden. Einige suchten ihr Heil als Raubritter oder gingen im Bürger- oder Bauernstand auf. Auch die militärische Bedeutung des Adels schwand nach der Erfindung des Schießpulvers und dem zunehmenden Einsatz von Söldnertruppen. Der Reichsritteraufstand von 1522/23 war ein letzter verzweifelter Versuch des Ritterstands, seine Stellung gegenüber dem Landesfürstentum und den Städten zu behaupten. Wer die Zeichen der Zeit erkannte, trat in den Militär- oder Beamtendienst bei den aufstrebenden Landesfürsten.

Die Lage der Bauern

Nachdem sich die rechtliche Lage der Bauern vom 12. bis zum 14. Jahrhundert leicht gebessert hatte, bekam die Landbevölkerung die Folgen des drastischen Bevölkerungsrückgangs und der Agrarkrise voll zu spüren. Dabei kam es in West- und Ostdeutschland zu unterschiedlichen Entwicklungen. Die Bauern im Westen litten zwar auch unter dem Rückgang der Agrarpreise, ihre rechtliche Stellung gegenüber den Grundherren veränderte sich dagegen kaum. Ihnen boten sich nämlich Alternativen in der schon recht dichten Stadtlandschaft.

51 Bauern beim Frondienst im 16. Jahrhundert. Monatsbild (August) von Hans Wertinger

Im Osten dagegen verschärfte sich die bäuerliche Abhängigkeit durch den ab etwa 1400 erfolgenden Übergang von der Grundherrschaft zur Gutsherrschaft. Auch dort waren die Menschenverluste durch die Pest der entscheidende Auslöser. Der ostdeutsche Landadel zog die freigewordenen Bauernstellen ein und fasste im Erbgang freigewordene Grundherrschaften in einer Hand zusammen. So entstanden große Güter, die die Gutsherren mit eigenen Knechten und an den Boden gebundenen Bauern bewirtschafteten. Sie produzierten weniger für den Eigenbedarf, sondern jetzt vor allem für den Markt. Die Machtstellung der Gutsherren beruhte darauf, dass sie landesherrliche Rechte übernehmen konnten. So traten sie den Bauern nicht nur als Grundherr, sondern auch als Leibherr, Gerichtsherr und Inhaber der Polizeigewalt gegenüber. Und diese hatten im dünn besiedelten Osten, wo es nur wenige Städte gab, keine Ausweichmöglichkeit. Sie mussten auf ihre Freizügigkeit verzichten und sich in eine so genannte zweite Leibeigenschaft fügen. Fast tägliche Dienste auf dem herrschaftlichen Eigenland und

Zwang zum Gesindedienst für die Kinder erhöhten den Druck, unter dem eine ostdeutsche Bauernfamilie leben musste.

Preisrevolution des 16. Jahrhunderts

Im 16. Jahrhundert stiegen die Preise für Nahrungsmittel, gewerbliche Artikel und Arbeitsleistungen kontinuierlich an. Die Ursache lag auf der einen Seite bei einer steigenden Nachfrage, die von der jetzt wieder wachsenden Bevölkerung ausging. Bei der geringen Intensität der damaligen Landwirtschaft blieb die Getreideproduktion hinter den Bedürfnissen zurück. Nicht selten kam es auch zu künstlichen Verknappungen, wenn Kaufleute Waren horteten und auf höhere Preise spekulierten. Auf der anderen Seite bewirkten die Edelmetallimporte aus Amerika und die Ausweitung des bargeldlosen Zahlungsverkehrs zwischen den großen Kaufleuten und Banken eine Aufblähung der Geldmenge mit inflationären Tendenzen. Allerdings waren die Preissteigerungen nicht einheitlich. Während sich die Getreidepreise zwischen dem Ende des 15. Jahrhunderts und dem Anfang des 17. Jahrhunderts fast vervierfachten, stiegen die Löhne im gleichen Zeitraum nur um rund 120 %. Das lag daran, dass jetzt mehr Menschen auf den Arbeitsmarkt drängten.
Die Folgen dieser so genannten Preisrevolution waren vor allem für die Stadtbevölkerung fatal. Das Realeinkommen der lohnabhängigen Arbeitskräfte ging deutlich zurück, da diese in der Regel 70 % – 80 % ihres Einkommens für Lebensmittel aufwenden mussten. Profitieren konnten davon die agrarischen Produzenten, vor allem die Guts- und Grundbesitzer, die für den Markt anbauten.

Aufstieg der bürgerlich-zivilisierten Gesellschaft

Mit der Blüte der Städte und der Übernahme klassischen Gedankenguts durch die Humanisten durchdrangen allmählich die Vorstellungen einer an antiken Vorbildern gewonnenen zivilisierten Stadtgesellschaft das mittelalterliche Dreiständemodell. Nicht mehr eine gottgewollte Ordnung sollte das Zusammenleben der Menschen bestimmen, sondern der Grad der Zivilisiertheit. Auf der einen Seite standen die vernünftigen Menschen, die vornehmlich in der Stadt lebten. Sie verfügten über eine gewisse Bildung, kleideten sich geziemend und benahmen sich – speziell beim Essen – schicklich, hatten ein Bewusstsein von Recht und Unrecht, waren vermögend und zeichneten sich insbesondere durch einen intelligenten und kaufmännisch-rationalen Umgang mit dem Geld aus. Handbücher wie Castigliones – ursprünglich für den Höfling gedachter – „Hofmann" oder Erasmus' Erziehungsbüchlein definierten die Verhaltensweisen sowie die moralischen Normen dieser zivilisierten Menschen und formulierten so die Grundlagen bürgerlichen Selbstverständnisses und gesellschaftlichen Aufstiegs. Auf der anderen Seite standen die Menschen, die nicht in dieses Modell passten: die armen Tagelöhner in der Stadt sowie die ungebildeten Bauern auf dem Land – immerhin fast 90 % der gesamten Bevölkerung.
Gleichzeitig entstand – u. a. von den Reformatoren formuliert – ein neues Arbeitsethos. Fleiß und Arbeitsamkeit wurden gepriesen, Faulheit und Müßiggang dagegen verdammt. Das richtete sich auch gegen den Adel, vor allem aber gegen die Außenseiter der bürgerlich-zivilisierten Gesellschaft, die städtischen Bettler und all die „unehrlichen" Leute: Fremde, Heimatlose, Vagabunden, Landstreicher, Gaukler und Landsknechte. In der mittelalterlichen Sozialordnung hatten diese noch einen festen Platz als Objekte christlicher Fürsorge gehabt. Doch jetzt begann man diese Randgruppen entweder von der Stadt fernzuhalten oder sie einer strengen Zucht zu unterwerfen. Die Stadtväter erließen zahlreiche Armen- und Bettelordnungen und versuchten diese ausgegrenzten Menschen zu nützlichen Mitgliedern der bürgerlichen Gesellschaft zu erziehen. Dazu sollten die ab etwa 1600 in vielen Städten errichteten Armen-, Zucht- und Arbeitshäuser dienen.

Stand/Ständegesellschaft/Ständestaat: Ein Stand war eine rechtlich und sozial abgeschlossene gesellschaftliche Gruppe, die die gleiche Herkunft (z. B. Adel, Freie, Unfreie), den gleichen Beruf (u. a. Handwerker, Bauern) oder eine gleichartige Bildung (z. B. Geistliche, Offiziere) aufwies. Meist waren die Stände hierarchisch gegliedert: Oben standen die Herrschenden und die Freien, unten die Dienenden und die Unfreien. Jeder Stand hatte bestimmte Rechte und Pflichten und zeichnete sich durch gemeinsame Verhaltensweisen und ethische Normen aus. Als sich das Ständesystem im frühen Mittelalter herausbildete, gab es neben den privilegierten Ständen des Adels und der Geistlichkeit nur noch den nicht privilegierten Stand der Bauern. Im hohen Mittelalter kam das Bürgertum als so genannter dritter Stand hinzu. Im 19. Jahrhundert bezeichnete man die Arbeiterschaft oft als „vierten Stand". Die Ständeordnung galt bis ins 18. Jahrhundert als göttliche Einrichtung und erhielt so ihre nicht anzweifelbare Legitimation.
In einem Ständestaat, wie er im Europa des späten Mittelalters und der Frühen Neuzeit dominierte, besaßen die führenden Stände des Adels und der Geistlichkeit, manchmal auch das Bürgertum abgestufte Mitwirkungsrechte bei der Gesetzgebung, besonders der Steuerbewilligung und der Verwaltung. Dadurch konnten sie auf den Landtagen die Macht der Landesfürsten begrenzen und ihre eigenen Interessen wahren.

Zunft: Als Zunft (auch Innung, Amt) bezeichnet man den genossenschaftlichen Zusammenschluss von Handwerkern oder Kaufleuten (Gilde) des gleichen Gewerbes. Ihr Hauptziel war, das gute Auskommen aller Zunftmitglieder gegenüber auswärtiger oder einheimischer Konkurrenz zu sichern. Aus diesem Grund begrenzten die Zünfte die Zahl der Meister und machten die Mitgliedschaft in einer Zunft verpflichtend, wollte man ein Handwerk ausüben. Sie regelten die Menge und die Abläufe der Produktion, kontrollierten die Qualität und legten die Preise fest. Zunftordnungen bestimmten die Arbeitszeiten und die Zahl der Lehrlinge und Gesellen pro Meister. Diese Regelungen hemmten allerdings Innovation und technischen Fortschritt. Wollte man Meister werden, musste man als Geselle in der Regel hohe finanzielle und soziale Hürden überwinden (Meisterstück, Eintrittsgeld, ehrliche und eheliche Geburt, guter Leumund, Bürgerrecht). Die Zünfte kümmerten sich auch um die Angehörigen verstorbener Zunftmitglieder, stellten militärische Kontingente für die Stadtverteidigung und traten bei kirchlichen Zeremonien in Erscheinung. Ab dem 14. Jahrhundert strebten die Zunftmeister nach einer Beteiligung am Stadtregiment, das in der Hand patrizischer Kaufleute lag. Später kam es auch zu Aufständen der Gesellen, die die rigiden Zugangsbedingungen zu den Meisterstellen gelockert sehen wollten.

52 Das Leben der Bauern

a) Der humanistische Gelehrte Johannes Boemus (1485–1535) verfasste 1520 die erste volkskundliche Darstellung des Bauernstandes:

Der letzte Stand ist derer, die auf dem Lande in Dörfern und Gehöften wohnen und dasselbe bebauen und deshalb Landleute genannt werden. Ihre Lage ist ziemlich bedauernswert und hart. Sie wohnen abgesondert voneinander, demütig mit ihren Angehörigen und ihrem Viehstand. Hütten aus Lehm und Holz, wenig über die Erde emporragend und mit Stroh gedeckt, sind ihre Häuser. Geringes Brot, Haferbrei oder gekochtes Gemüse ist ihre Speise, Wasser und Molken ihr Getränk. Ein leinener Rock, ein paar Stiefel, ein brauner Hut ist ihre Kleidung. Das Volk ist jederzeit ohne Ruhe, arbeitsam, unsauber. In die nahen Städte bringt es zum Verkaufe, was es vom Acker, vom Vieh gewinnt, und kauft sich wiederum hier ein, was es bedarf; denn Handwerker wohnen keine oder nur wenige unter ihnen. In der Kirche, von denen eine für die einzelnen Gehöfte gewöhnlich vorhanden ist, kommen sie an Festtagen vormittags alle zusammen und hören von ihrem Priester Gottes Wort und die Messe, nachmittags verhandeln sie unter der Linde oder an einem anderen öffentlichen Orte ihre Angelegenheiten, die Jüngeren tanzen darauf nach der Musik des Pfeifers, die Alten gehen in die Schenke und trinken Wein. Ohne Waffen geht kein Mann aus: Sie sind für alle Fälle mit dem Schwerte umgürtet. Die einzelnen Dörfer wählen aus sich zwei oder vier Männer, die sie Bauermeister nennen, das sind Vermittler bei Streitigkeiten und Verträgen und die Rechnungsführer der Gemeinde. Die Verwaltung aber haben nicht sie, sondern die Herren oder die Schulzen, die von jenen bestellt werden. Den Herren fronen sie oftmals im Jahre, bauen das Feld, besäen es, ernten die Früchte, bringen sie in die Scheunen, hauen Holz, bauen Häuser, graben Gräben. Es gibt nichts, was dieses sklavische und elende Volk ihnen nicht schuldig sein soll, nichts, was es, sobald es befohlen wird, ohne Gefahr zu tun verweigert: Der Schuldige wird streng bestraft. Aber am härtesten ist es für die Leute, dass der größte Teil der Güter, die sie besitzen, nicht ihnen, sondern den Herren gehört und dass sie sich durch einen bestimmten Teil der Ernte jedes Jahr von ihnen loskaufen müssen.

Zit. nach: Günther Franz (Hrsg.): Quellen zur Geschichte des deutschen Bauernstandes in der Neuzeit. Darmstadt 2. Aufl. 1963. S. 2–4.

b) Leben auf der Dorfstraße, Holzschnitt aus P. Vergilius: Von den Erfindern der Dynge (1537)

a) Kennzeichnen Sie die Lage der Bauern unter den Gesichtspunkten Lebensverhältnisse und Rechtsstellung.

b) Boemus gilt als der erste deutsche Ethnograph. Arbeiten Sie seine Einstellung gegenüber den Bauern heraus, indem Sie die beschreibenden und die wertenden Aussagen voneinander trennen.

53 Zunftaufstand in Braunschweig im Jahre 1374

a) Der folgende dramatische Bericht ist der Lübecker Detmar-Chronik entnommen:

Im Jahre 1374 war in der Stadt Braunschweig der Teufel los und hetzte das Volk gegen den Rat. Ein Teil der Ratsherren wurde totgeschlagen, ein Teil gefangen genommen und geköpft, ein Teil aus der Stadt vertrieben. Wem von den Ratsherren, ihren Kindern und ihrem Geschlecht es gelang, die Stadt zu verlassen, der war am besten dran. Das führerlose Volk lief in die Weinkeller, zerschlug die Fässer und ließ den Wein auf die Erde laufen. Sie führten den Bürgermeister Tile von dem Damme unter schmählicher Misshandlung vor die Stadt, liefen dann in sein Haus und nahmen, was sie fanden, sie legten Feuer an das Haus, dass es bis auf den Erdboden niederbrannte, dann schlugen sie Herrn Tile den Kopf ab. Zu all diesen lästerlichen Missetaten setzten sie aus allen Zünften einen neuen Rat ein, so wie es ihnen behagte. Das Allerschlimmste war, dass sie an die Zünfte aller Städte Briefe sandten, in denen sie ihr Recht dartun wollten und klagten, dass sie zu hart behandelt und beschatzt worden wären, was sie nicht mehr hätten ertragen können. Mit diesen Sendschreiben reizten sie das Volk anderer Städte gegen ihren Rat auf, was schwer zu dulden war. Um dieser und anderer Untaten willen wurden sie aus der Hanse der Kaufleute ausgeschlossen, man durfte ihre Waren weder kaufen noch verkaufen. Sie blieben bis ins siebte Jahr außerhalb der Hanse.

Aus: Die Chroniken der deutschen Städte 19. Lübeck 1 (1884). S. 549 f. Zit. nach: Norbert Fuchs/Werner Goez (Hrsg.): Die deutsche Stadt im Mittelalter. Arbeitsmaterialien für den Geschichtsunterricht, 11. Jahrgangsstufe. München 1977. S. 29.

b) Auszug aus dem erwähnten Brief der Zunftmeister an die Zünfte von Lüneburg, Lübeck und Hamburg, durch den sie Gegenmaßnahmen dieser Städte zu verhindern versuchten:

Euer Rat hat vor, die Kaufleute und alle Bürger in Braunschweig aus der Hanse zu verweisen und ihnen die Rechte in allen Ländern zu nehmen. Die

Bürger von Braunschweig und ihr Kaufmannsgut sollen in den Städten, die zur Hanse gehören, Geleit und Sicherheit verlieren, und man soll in allen Städten über sie wie über Mörder richten. Wisst nun aber, liebe Freunde, dass alle Gilden und die gesamte Bürgerschaft in Braunschweig außergewöhnlich beschwert und gedrückt worden sind von dem früheren Rat, indem sie uns und andern Gilden und der gesamten Bürgerschaft gegenüber eigenmächtige Gewalt angewandt haben und uns in vielen Prozessen nicht zum Recht verhalfen. Auch wurden wir und die gesamte Bürgerschaft vom Rat sehr bevormundet; denn die Ratsherren hatten viele Jahre lang viel Gut von uns eingenommen durch Sondersteuern und städtische Gült [Grundsteuer] und hatten die Stadt trotzdem in großen Schaden und große Schulden geführt, was wir gut beweisen können. Darüber hinaus hatte der Rat zuletzt den Gilden und der Bürgerschaft neue Abgaben und Pflichten auferlegt, die man von Laken, Korn, von Herbergen, Wein, Bier, Kühen und anderem Vieh leisten sollte, von Handel und vielen anderen Dingen, was vorher nicht üblich gewesen war. Das waren (Maßnahmen) gegen die Freiheit der Stadt, der Gilden und der gesamten Bürgerschaft und hätten dem Land, dem Kaufmann, den Fremden und Bürgern großen Schaden tun können. […] Um dieser und vieler anderer schwerwiegender Nöte willen, womit der Rat alle Gilden und die Bürgerschaft in Braunschweig zu Unrecht beschwert hat, ist dem Rat diese Schicht [Aufruhr] widerfahren. Und zwar ist dies ganz öffentlich mit Urteilen und vor Gericht geschehen; deshalb tun uns alle die Unrecht, die uns deshalb für Mörder halten wollen.

Aus: Die Chroniken der niedersächsischen Städte. Braunschweig 1 (1962). Zit. nach: R. H. Tenbrock u. a. (Hrsg.): Zeiten und Menschen. Oberstufe G, Bd. 1. Bearb. v. W. Grütter Paderborn 1970. S. 249.

a) Entnehmen Sie aus den beiden Quellen so weit wie möglich den Ablauf der Zunftkämpfe in Braunschweig.
b) Stellen Sie die Konfliktpunkte zwischen patrizischem Rat und Zünften zusammen.
c) Vergleichen Sie die beiden Quellen nach ihrem Inhalt und der Art der Darstellung.

54 Die Lage der Ritterschaft

a) Aus einem Brief des Reichsritters und Humanisten Ulrich von Hutten (1488–1523) an den Nürnberger Patrizier Willibald Pirckheimer (1470–1530) aus dem Jahr 1518:

Sodann müssen wir uns in den Dienst eines Fürsten stellen, von dem wir Schutz erhoffen. Wenn ich das nicht tue, glaubt jeder, er könne sich alles gegen mich erlauben. Aber auch wenn ich es tue, ist diese Hoffnung täglich mit Gefahr und Furcht verbunden. Gehe ich nämlich von Hause fort, so muss ich fürchten auf Leute zu stoßen, mit denen der Fürst, wie bedeutend er auch sein mag, Fehde oder Krieg führt und die mich seinetwegen anfallen und wegschleppen. Wenn es dann mein Unglück will, geht leicht mein halbes Vermögen als Lösegeld darauf, und so droht eben von dorther ein Angriff, von wo ich Abwehr erhoffte. Deswegen halten wir uns Pferde und Waffen und umgeben uns mit zahlreichem Gefolge, alles unter großen und spürbaren Kosten. Unterdessen gehen wir nicht einmal im Umkreis von zwei Joch ohne Waffen aus. Kein Dorf können wir unbewaffnet besuchen, auf Jagd und Fischfang nur in Eisen gehen. Außerdem entstehen häufig Streitigkeiten zwischen fremden Meiern und unseren; kein Tag vergeht, an dem uns nicht ein Zank hinterbracht wird, den wir dann möglichst vorsichtig beilegen müssen. Denn sobald ich zu eigensinnig das Meine behaupte oder Unrecht ahnde, gibt es Krieg. Wenn ich aber zu sanftmütig nachgebe oder etwas vom Meinen preisgebe, bin ich sofort den Rechtsbrüchen aller anderen ausgeliefert, denn dann will jeder als Beute für ein Unrecht haben, was dem einen zugestanden wurde. Doch unter welchen Menschen geschieht dies? Nicht unter Fremden, mein Freund, nein, zwischen Nachbarn, Verwandten und Angehörigen, ja sogar unter Brüdern. Das sind unsere ländlichen Freuden, das ist unsere Muße und Stille!

Die Burg selbst, ob sie auf dem Berg oder in der Ebene liegt, ist nicht als angenehmer Aufenthalt, sondern als Festung gebaut. Sie ist von Mauer und Gräben umgeben, innen ist sie eng und durch Stallungen für Vieh und Pferde zusammengedrängt. Daneben liegen dunkle Kammern, voll gepfropft mit Geschützen, Pech, Schwefel und sonstigem Zubehör für Waffen und Kriegsgerät. Überall stinkt es nach Schießpulver; und dann die Hunde und ihr Dreck, auch das – ich muss es schon sagen – ein lieblicher Duft! Reiter kommen und gehen, darunter Räuber, Diebe und Wegelagerer. […]

Der ganze Tag bringt vom Morgen an Sorge und Plage, ständige Unruhe und dauernden Betrieb. Äcker müssen gepflügt und umgegraben werden,

Weinberge müssen bestellt, Bäume gepflanzt, Wiesen bewässert werden; man muss eggen, säen, düngen, mähen und dreschen; jetzt steht die Ernte bevor, jetzt die Weinlese. Wenn aber einmal ein schlechtes Ertragsjahr kommt, wie in dieser mageren Gegend meistens, dann haben wir fürchterliche Not und Armut.

Zit. nach: Arno Borst: Lebensformen des Mittelalters. Frankfurt/Berlin/Wien 1970. S. 173–175.

b) Beschwerde der fränkischen Ritterschaft an den Reichstag von Nürnberg, 1522:

Es ist den Grafen, Herren, auch anderem Adel beschwerlich, nachdem fast alle Stände im Römischen Reiche aus ihrer Notdurft zuzeiten zusammenkommen, dass etliche Fürsten und Obrigkeiten zuzeiten ihrem Adel solches mit Gewalt zu wehren unterstehen. [...] – Ferner haben die Fürsten besonders in hochdeutschen Landen eine Neuerung vor kurzem angefangen, dass ihrer viele alle heimgestorbenen weltlichen Lehen für sich behalten, so doch ihrer Gnaden Vorfahren deren viele oft gnädig wieder unter den Adel verliehen. – Wiewohl in vielen Landen deutscher Nation ein beständiger Gebrauch [...] ist, dass die Grafen, Herren und gemeiner Adel ihren Fürsten und Lehnherren um ihre Lehnsgüter ohne Besoldung außerhalb derselben Fürstentümer [...] zu dienen nicht schuldig sind, es sei denn, dass sie es aus gutem Willen tun, so haben sich doch etliche Fürsten neulich daselbst unterstanden, als ob er ihren Gnaden überall und allerwege zu dienen schuldig sei. – Etliche Fürsten lassen oft vor ihre Landgerichte Sachen ziehen, die nicht dahin, sondern vor ihre ordentliche Obrigkeit, den Adel und andere, hinter denen die beklagte Partei sitzt, gehören, wie Klagen um Schmähworte, Geldschuld u. dgl. – Etliche Fürsten und andere Obrigkeiten haben von Kaiserlicher Majestät hochlöblichen Gedächtnisses neulich die Freiheit erkauft, dass, so ein Endurteil [...] in Sachen, die nicht über 400–600 Gulden Wert betreffen, an ihren Gerichten eröffnet würde, der verlierende Teil davon an Kaiserliche Majestät oder ihr Gericht nicht appellieren darf [...]; was nicht geringe Ursachen zu Fehden und tätlichen Angriffen gibt.

Zit. nach: Gerhart Bürck/Richard Dietrich (Hrsg.): Weltgeschichte im Aufriss, Band II. Frankfurt/Berlin/München. 15. Aufl. 1971. S. 215 f.

c) Darstellung des Raubrittertums aus dem Jahre 1532 (Holzschnitt bei Franziskus Petrarca). Im Vordergrund wird ein Kaufmannsschiff überfallen, im Mittelgrund ein Wagen mit Reisenden angehalten und im Hintergrund ein vornehmer Gefangener abgeführt, wohl um für ihn ein Lösegeld zu erpressen.

a) Listen Sie die Klagen der Ritter nach folgenden Gesichtspunkten auf: „Wirtschaftliche Lage", „Rechtliche Stellung", „Streitigkeiten" und „Sonstige Beschwerden".
b) Beurteilen Sie das Verhältnis der Ritter zu den von ihnen abhängigen Bauern und den Landesfürsten.
c) Wägen Sie die Erfolgsaussichten der Beschwerden ab.

55 Armut, Bettelei und Müßiggang

a) Aus der Kastenordnung[1] von Württemberg (1559):

Wie es mit den fremden Bettlern und Vagabunden / auch den leichtfertigen Armen gehalten soll werden.

Damit den Einwohnenden dürftigen armen Leuten desto stattlicher und reichlicher geholfen / und andere Beschwerlicheit und Unrat / so von den fremden Bettlern und Vagabunden bisher an vielen Orten und Enden offensichtlich und beschwerlich / begegnet ist / verhütet werden mögen / So wollen und gebieten wir ernstlich / dass alle Vagabunden in unserem Fürstentum [...] / weder auf den Jahrmärkten / noch zu andern Zeiten nicht gelassen / darinnen gar nicht geduldet / sondern hinaus verwiesen werden sollen / und fürnehmlich die Amtleute / Bürgermeister / Gerichten und Kastenpfleger an den Grenzen und Ortämtern / die fleißig und ernstlich Fürsehung tun / dass die daselbst abgewiesen und nicht in unser Fürstentum eingelassen werden / denn diese im Schein angemaßter Armut allerlei Brand / Mord / Raub / Diebstahl und Verräterei anrichten und üben / zudem mit ihrer Faulheit / gleich wie die Hummel / dem arbeitsamen Bienlein den armen Bedürftigen das Brot vor dem Mund abzuschneiden verstanden / Würden aber die an einem oder mehr Orten in unserer Obrigkeit [...] / es wäre auf Jahrmärkten oder andere Zeit von jemand zugelassen und geduldet / oder auf den Grenzen von den Amtleuten und Bürgermeistern nicht abgewiesen / [sondern] gefährlich und wissentlich durchgelassen / gedenken wir dieselbigen darum mit Ernst zu strafen / demnach sich ein jeder wisse zu schicken. [...]

Wie die notdürftigen frommen Armen zum Almosen erkannt und angenommen werden / [...]

Damit nun fortan in diesen Fällen / allein den frommen Armen und desto unterschiedlicher und ordentlicher Weise geholfen werde / sich die Faulenzer / Verschwender und Ruchlosen desto weniger unter die Frommen / denen zum Schaden einmischen / auch die Gutherzigen spüren mögen / wem und wie das Almosen ausgespendet / und desto mehr angereizt/ ihre Steuer und Handreichung in die Armenkästen oder den Armen in anderer Weise zu geben/ und sonst alle Ausrichtung dieser unserer Ordnung nach / desto wirklicher und richtiger vollstreckt möge werden. Wollen und befehlen wir / dass niemand also zum Empfang des Almosens zugelassen / oder um Gottes willen gegeben oder geholfen werde / es sei denn einem von dem Amtmann und Gericht da einer gesessen / solches seiner Notdurft und Einhaltens dieser unserer Ordnung nach (und nicht aus Gunst) vergönnt und zugelassen.

1 Kasten = Almosenkasten

Zit. nach: Paul Münch (Hrsg.): Ordnung, Fleiß und Sparsamkeit. Texte und Dokumente zur Entstehung der „bürgerlichen Tugenden". München 1984. S. 62 f. (Leicht dem heutigen Deutsch angepasst)

b) Aus dem „Weiberspiegel" des Georgius Viuennius aus dem Jahre 1565:

Das man nicht müßig / träge / noch schläfrig sein soll / und doch notdürftige Ruhe / Erquickung / und ehrliche Kurzweil möge haben.

Ein faul und müßig Leben soll man fliehen / Denn Trägheit und Verdrossenheit des Gemütes / machet auch den Leib matt und ungeschickt / Aber Übung des Gemütes / dienet auch zur Leibesgesundheit / Darum halt ich dies für eine allgemeine Lehre / beides der Dienstbarkeit und Tuns / das man Gott schuldig ist / darinnen man ohne tödliche Sünde nicht soll noch kann faul und nachlässig sein / und auch der Dienstbarkeit gegen den Menschen / in welchen Trägheit und Faulheit der Seelen oder Gemüt / dem Leibe und den Gütern Schaden bringet / Dieweil das Leben / wie Plinius sagt / eine Munterkeit ist / und in dem Wachen stehet/ so sollen wir uns hüten / dass wir nicht die meiste Zeit unsers Lebens / mit Schlafen umbringen und verlieren / Weil zu voraus Schlafsucht dem Leib und Gemüt viel Übels gebäret. Man soll allzeit mehr wachen denn schlafen / Denn der natürliche Schlaf erfordert ein wenig mehr denn den vierten Teil der Tageszeit / denn weil Tag und Nacht 24 Stunden in sich halten / so lasst ihr die vernünftige Natur an sieben Stunden zum Schlaf begnügen / Die unvernünftige aber erfordert neun Stunden / Allzu viel Schlafen/ schwächet den Verstand und den Leib / [...] Bisweilen muss man schlafen und Ruhe haben/ aber nicht zur Wollust / sondern nach Erforderung der Natur / zur Gesundheit / und dass man möge alle Sachen desto tätiger verrichten. Denn zu wenig schlafen / schwächet das Gesicht / und entziehet dem Leibe Blut und Saft / macht ihn ganz ungelenk und ungeschickt.

Zit. nach: Paul Münch (Hrsg.): Ordnung, Fleiß und Sparsamkeit. Texte und Dokumente zur Entstehung der „bürgerlichen Tugenden". München 1984. S. 66. (Leicht dem heutigen Deutsch angepasst)

a) Stellen Sie zentrale Wertvorstellungen zusammen, die der „Kastenordnung" und dem „Weiberspiegel" zugrunde liegen.

b) Prüfen Sie, nach welchen Kriterien in dieser Gesellschaftsordnung Hilfe gewährt werden kann.

c) Setzen Sie sich mit der Frage auseinander, ob in den Regelungen der „Kastenordnung" von 1559 Ansätze einer Sozialpolitik erkennbar sind.

56 Gutes Benehmen

a) In seiner Schrift „Von der kindlichen Höflichkeit" geht Erasmus auf zivilisierte Verhaltensweisen ein:

Wenn einer eine Rotznase hat, ist er ein unreinlicher Mensch: Man hat dem Philosophen Sokrates dieses Laster vorgeworfen. Wer sich in seine Mütze oder in einen Zipfel seines Gewandes schnäuzt, benimmt sich wie ein Bauer, wer auf den Arm oder auf den Ellenbogen wie ein Pökelhändler. Es ist auch nicht reinlicher, sich in die Hand zu schnäuzen und sie dann an den Kleidern abzuwischen. Da ist es anständiger, sich eines Taschentuchs zu bedienen und sich umzudrehen, wenn eine ehrenwerte Person dabei steht.

Man muss seine Zähne sorgfältig rein halten. Sie mit Hilfe von Pulvern zu bleichen ist eine ganz weibische Art. Sie mit Salz oder Alaun zu scheuern schadet dem Zahnfleisch. Sie mit Urin zu putzen ist eine spanische Mode. Wenn Speisereste zwischen den Zähnen stecken bleiben, so soll man sie nicht mit einer Messerspitze, nicht nach Art der Katzen mit den Fingernägeln und auch nicht mit Hilfe einer Serviette entfernen. Bediene Dich eines Sprosses vom Mastixstrauch, eines Federkiels oder eines jener kleinen Knochen, die man aus Hähnchen oder Suppenhühnern herausziehen kann.

Man vernachlässigt sich, wenn man sich nicht kämmt. Doch ordentlich sein heißt nicht, dass man sich wie ein Mädchen herausputzt. Achte darauf, dass Du keine Läuse oder Nissen hast: Das ist abscheulich. Es gehört sich nicht, wenn man sich in Gegenwart eines anderen ständig im Haar wühlt. Ebenso ist es ungehörig, sich mit den Fingernägeln zu kratzen, vor allem, wenn es zur Gewohnheit wird und unnötig geschieht. Das Haar soll weder in die Stirn fallen noch bis auf die Schultern herabhängen. Man soll es auch nicht aus dem Gesicht schütteln, denn das wirkt wie bei einem Pferd, das seine Mähne schüttelt. Es ist unelegant, sich das Haar von der linken Seite zur Mitte des Kopfes hin aus der Stirn zu streichen: Besser teilt man es mit den Händen.

Zit. nach: Léon E. Halkin: Erasmus von Rotterdam. Eine Biographie. Zürich 2. Aufl. 1992. S. 266.

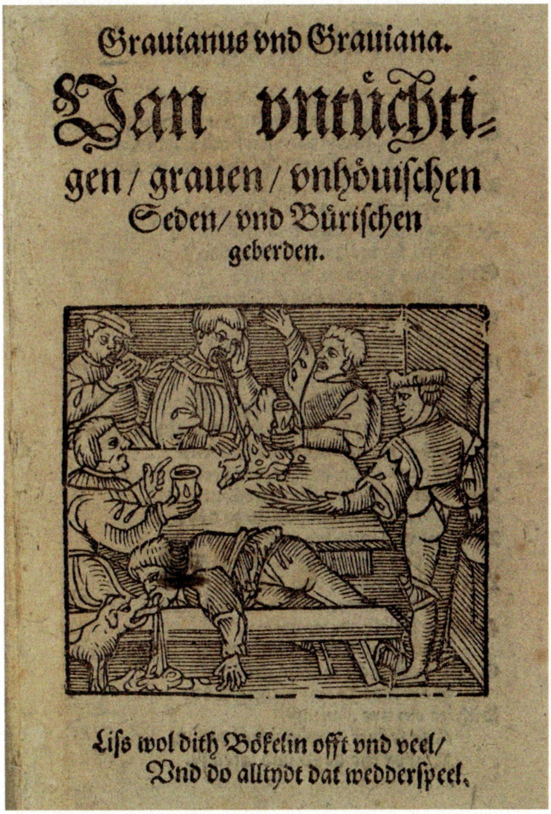

b) „Grobianus Tischzucht": Titelblatt des 1538 unter dem Pseudonym Wilhelm Salzmann publizierten Benimmbuches. Der Text lautet ins Hochdeutsche übertragen: Grobianus und Grobiana, Von untüchtigen, groben, unhöfischen Sitten und bäurischen Gebärden. Lies wohl dies Büchlein oft und viel und tue allzeit das Gegenteil.

a) Erläutern Sie Erasmus' Vorstellung von Anstand und Ordnung.

b) Ordnen Sie Erasmus' Anliegen in die sozialen Verhältnisse seiner Zeit ein und überlegen Sie, welche Bevölkerungsgruppen er wohl anspricht.

c) Überlegen Sie mögliche Gründe für die Betonung des anständigen Benehmens.

Zur Diskussion

Das Stadtbürgertum – eine dynamische Kraft?

Dass das Aufkommen des Städte im Mittelalter und ihr Wachstum und ihre Blüte im Übergang zur Frühen Neuzeit für das Entstehen der modernen Gesellschaft von großer Bedeutung war, ist unter den Historikern unumstritten. Bei der Beurteilung der politischen, ökonomischen, geistigen und sozialen Aspekte der Stadtentwicklung finden sich allerdings unterschiedliche Akzentsetzungen und Bewertungen.

a) Der deutsche Historiker Karl Bosl, 1972:

Das Bürgertum des so genannten Mittelalters war eine dynamische und aktive Kraft, die die Wirtschaft und Gesellschaft der Epoche evolutionär entfaltete und mitgestaltete, aber nicht grundlegend veränderte und politisch beherrschte, sondern eingebettet blieb in die feudale Gesellschaft und Welt, neben und in ihr sich entfaltete, aber von ihr beschattet blieb. Der neue Geist und Wille, der sie prägte, die neue Gesinnung des Rechnens und Kalkulierens, der Arbeit, des Gewinnes und Erfolges, die sie vorantrieb und beseelte, fügten der mächtig erblühten Vielfalt der materiellen und geistigen Welt seit dem 11./12. Jahrhundert einen sehr kraftvollen neuen Zug bei, der die archaische Grundstruktur der alten Gesellschaft entscheidend mit verändern half; neue Bewegungen innerhalb und außerhalb der Kirche, die sich religiös gaben, aber auch gesellschaftskritisch waren und zu Widerstand, auch zu revolutionärer Tat drängten, kamen auf und waren von Bürgern und Bauern getragen. Aber sie und ihr Geist, auch das Bürgertum im Ganzen, wurden in diesem Aufbruch von Gesellschaft und Kultur noch nicht dominant, sie entwickelten sich neben den anderen alten und neuen Kräften, gesellten sich ihnen bei oder ordneten sich ihnen unter; sie waren vor allem keine entscheidende politische Potenz, wenn auch eine stetig wachsende wirtschaftliche Kraft. Ihre Führungsschicht, das Patriziat, ging schließlich im Niederadel auf und stieg zum feudalen Herrenstand empor.

Karl Bosl: Die Grundlagen der modernen Gesellschaft im Mittelalter. Eine deutsche Gesellschaftsgeschichte, Bd. II. Stuttgart 1972. S. 248 f. Zit. nach: Norbert Fuchs / Werner Goez (Hrsg.): Die deutsche Stadt im Mittelalter. Arbeitsmaterialien für den Geschichtsunterricht, 11. Jahrgangsstufe. München 1977. S. 44.

b) Der deutsche Historiker Erich Maschke, 1974:

Nur wer die wirtschaftlichen Vorgänge im Bereich von Geld und Kredit, die sich in den deutschen Städten zu Ausgang des Mittelalters vollzogen, ganz überschaut, hat auch Einsicht in den tiefen Wandel, den sie auslösten. Gewiss gab es Gewinnstreben und Reichtum zu allen Zeiten, freilich immer repräsentiert von Einzelnen. Doch jetzt stieg eine Generation überragender Persönlichkeiten auf, die mit der Neuerung der Gesellschaftsform in Handel, Produktion und Kredit eine Kapitalkonzentration von bisher unbekanntem Ausmaß durchführten. [...] Standen damals wie heute die großen Kaufleute und ihre Gesellschaften im Mittelpunkt des Interesses, so war das Phänomen einer neuen geistigen Haltung und eines dadurch geprägten wirtschaftlichen Verhaltens doch viel umfassender. Ein auf Geld und Kredit, Kapital und Zins, Investition und Gewinn ausgerichtetes Denken verbreitete sich im 15. und 16. Jahrhundert weit über den Kreis der Kaufleute hinaus. [...]
In der geldwirtschaftlich orientierten Gesellschaft der spätmittelalterlichen Stadt war die Vermögenshöhe das Kriterium der Geltung und des Ansehens. Doch gerade die Polarisierung der Gesellschaft, durch welche zunehmend Arme und Reiche ohne starke vermittelnde Zwischenglieder einander gegenübergestellt wurden, löste Veränderungen im sozialen Bewusstsein aus, die ihrerseits nicht selten Aktivitäten zur Folge hatten. Weiterhin eingebettet in die christliche Glaubensordnung, brach angesichts der außerordentlichen Kapitalkonzentration eine neue Bewusstseinslage durch, in der die soziale Lage als solche wesentlich wurde und weithin kritisch diskutiert werden konnte. Ganz allgemein wird der Umfang dieser Veränderung unter anderem sichtbar in der veränderten Wertung von Armut und Arbeit. Hatte die christliche Caritas Jahrhunderte hindurch jedem Armen, der um ein Almosen bat, geholfen, so wurde jetzt zwischen verschuldeter und unverschuldeter Armut unterschieden. Gerade in den Städten wurde diese Unterscheidung mit großer Konsequenz entwickelt und die Unterstützung der unverschuldet Armen überdies auf die in der Stadt ansässigen beschränkt.

Erich Maschke: Deutsche Städte am Ausgang des Mittelalters. In: Wilhelm Rausch (Hrsg.): Die Stadt am Ausgang des Mittelalters. Linz 1974. S. 12 ff. Zit. nach: Norbert Fuchs/Werner Goez (Hrsg.): Die deutsche Stadt im Mittelalter. Arbeitsmaterialien für den Geschichtsunterricht, 11. Jahrgangsstufe. München 1977. S. 44 f.

a) Fassen Sie die zentralen Aussagen der beiden Historiker thesenartig zusammen.
b) Diskutieren Sie die Folgen, die sich aus „der veränderten Wertung von Armut und Arbeit" (Maschke) für die gesellschaftliche Entwicklung ergeben.

2. Frühkapitalismus in Deutschland

Martin Luther ließ kein gutes Haar an den Großkaufleuten seiner Zeit. „Was sollte nun Gutes im Kaufhandel sein?", fragte er provozierend im Jahre 1524. Kaufhandel sei nichts anderes, als den andern ihr Gut zu rauben und zu stehlen. Die Kaufleute – so schimpfte der Reformator – seien „Schalksaugen", „Dickwänste" und „Gurgelstecher", die mit List und Tücke den „gemeinen Mann" ausbeuteten und ihre Geldtruhen mit Silbermünzen füllten. Luther wetterte über ein Phänomen, das die meisten Wirtschaftshistoriker heute als „Frühkapitalismus" bezeichnen: Fernhändler und Großkaufleute weiteten ihre Geschäfte in ganz Europa und bis nach Übersee aus, investierten ihr Geld in lukrative Gewerbe, trieben Finanzgeschäfte und häuften dabei riesige Vermögen an. Viele Zeitgenossen wie Luther empfanden deren Geschäftsgebaren als ungeheuerlich und beschworen die „gute alte Zeit". Was war dran an den Vorwürfen? Was hatte sich geändert? Und handelte es sich dabei wirklich um eine Frühform des im 18. und 19. Jahrhundert aufblühenden Industriekapitalismus?

1485	Jakob Fugger (1459–1525) übernimmt die Leitung der Innsbrucker Niederlassung des väterlichen Handelshauses.
1519	Jakob Fugger finanziert die Wahl Karls I. von Spanien zum deutschen Kaiser.
1523/1530	Auf den Reichstagen von Nürnberg und Speyer werden verschiedene Augsburger Handelsgesellschaften wegen Monopolmissbrauchs angeklagt.

Frühkapitalismus – Merkmale

Etwa ab dem 15. Jahrhundert wuchs primär in den süddeutschen Städten, aber auch in West- und Norddeutschland – inspiriert durch die Geschäftspraxis der großen italienischen Handelshäuser – ein selbstbewusstes kaufmännisches Bürgertum heran, das sein im (Fern-)Handel erworbenes Geldvermögen in gewinnversprechenden Branchen wie dem Bergbau investierte.
Es strebte dabei nach einem möglichst großen Profit und ließ sich nicht von alten Vorstellungen hemmen, nach denen nur ein angemessener Ertrag moralisch vertretbar war.
Im Einzelnen waren es vier Merkmale, die – neben der neuen gewinnorientierten Geschäftsgesinnung – den Frühkapitalismus in Mitteleuropa kennzeichneten. (1) Er ging aus von Großkaufleuten, die als Einzelunternehmer oder gemeinsam in Handelsgesellschaften durch erfolgreichen Fernhandel riesige Summen zusammentrugen. (2) Nicht selten engagierten sich diese dann im Textilgewerbe und beschäftigten dabei im Rahmen des Verlagssystems einheimische und auswärtige Handwerker. (3) Häufig verbanden diese Unternehmer ihre Handelsaktivitäten mit Geld- und Bankgeschäften. (4) Außerdem investierten manche ihr Kapital im gewinnträchtigen Erzbergbau.

57 „Allegorie auf den Handel". Holzschnitt von Jost Amman, 16. Jahrhundert. Das Bild zeigt Tätigkeiten in einem großen Kaufmannshaus: Bücher werden geführt, Geld wird eingenommen und gewechselt, Waren werden in Ballen und Fässer verpackt – der Handel gewinnt neue Dimensionen.

Fernhandel – Quelle des Reichtums

Gegen Ende des Mittelalters nahm der europäische Fernhandel zu und erhielt durch das Bevölkerungswachstum und die Ausweitung der handwerklichen Produktion zusätzliche Impulse. Schon bald wurden auch die neu entdeckten überseeischen Gebiete in den Warenverkehr einbezogen. Dabei bildeten die aufstrebenden Niederlande eine Drehscheibe des Welthandels für die Güter der Überseegebiete und des Ostseeraums. In Mitteleuropa profitierten vor allem die süddeutschen Städte (u. a. Augsburg, Nürnberg, Ulm) von ihrer bevorzugten Lage im Herzen des Kontinents. In ihrem Einzugsgebiet kreuzten sich die Verbindungswege zwischen den oberitalienischen und niederländischen Handels- und Gewerbegebieten sowie zwischen Frankreich und Osteuropa. Gehandelt wurde mit Luxusartikeln wie Gewürzen und Seide, aber auch mit Grundnahrungsmitteln für die städtische Bevölkerung, mit Rohmaterialien wie Holz und Wolle sowie mit gewerblichen Produkten, vor allem Tuchen. Süddeutschland war zugleich ein bedeutendes Zentrum der Textilerzeugung. Hier wurden meist Leinenstoffe und Barchent hergestellt, ein neuartiges leichtes Mischgewebe aus Leinen und Baumwolle, nach dem eine starke Nachfrage bestand.

Verlagssystem

Viele Textilunternehmer praktizierten damals ein Geschäftsverfahren, das man Verlagssystem nennt. Im Mittelalter hatte der Handwerker sich meist selbst um den Einkauf der nötigen Rohstoffe und den Verkauf seiner Erzeugnisse gekümmert. Das war nun in den Zeiten weltweiter Handelsbeziehungen, wachsender Differenzierung der Produkte und neuer, von weit her zu beziehender Rohstoffe kaum mehr möglich. Hier schaltete sich nun der Fernhandelskaufmann ein. Er verfügte über die nötige Kenntnis der Märkte und war auch in der Lage, große Warenmengen in anderen Städten und Ländern zum Verkauf zu bringen. So handelte er mit dem Handwerker die Lieferung einer festen Menge von Produkten zu einem bestimmten Preis aus. Dabei lieferte er häufig auch die zur Herstellung erforderlichen

Rohstoffe, an die der Handwerker nur schwer herankam (z. B. Baumwolle aus dem Orient für die Barchentweberei). Aus ehemals selbstständigen Meistern wurden abhängige Produzenten, die für ihre Arbeit bezahlt wurden. Dieser oft als Belastung empfundenen Abhängigkeit von den Verlegern standen allerdings auch etliche Vorteile gegenüber: Die Handwerker konnten mit einem einigermaßen sicheren und stetigen Absatz ihrer Produkte rechnen; manchmal erhielten sie auch Darlehen zum Ausbau ihrer Werkstatt von ihren Verlegern. Am meisten profitierten jedoch die Verleger selbst von diesem System, da sie mit ziemlich hohen Gewinnspannen kalkulieren konnten.

Geldverkehr und Bankgeschäfte

58 „Der Geldverleiher und seine Frau". Ölgemälde (67 x 70 cm) von Quentin Matsys, 1514

Eine weitere wichtige Voraussetzung für den Erfolg der Fernhändler war, dass sie auf die in den norditalienischen Städten entwickelten Techniken des bargeldlosen Zahlungsverkehrs zurückgreifen konnten. Denn das Risiko, ständig große Summen Silbergeldes mit sich zu führen, war auf den unwegsamen und von Wegelagerern bedrohten europäischen Handelsstraßen beträchtlich. Das wichtigste Zahlungsinstrument war der *Wechsel*: Ein Kaufmann zahlte den durch den Verkauf seiner Waren erzielten Geldbetrag bei einem Wechsler oder einem anderen Fernhändler ein und erhielt dafür eine Bescheinigung mit einer Auszahlungsgarantie über die eingezahlte Summe an einem andern Ort zu einem späteren Termin. Neu waren auch die so genannten *Depositenscheine*, mit denen z. B. ein Geldwechsler die Einzahlung einer bestimmten Summe durch einen Kaufmann bestätigte. Diese Scheine gewannen Geldfunktion, da sie wie Bargeld eingesetzt werden konnten.

Eine Reihe von großen Handelshäusern betrieb jetzt auch Geld- und Bankgeschäfte. Sie nahmen Geldeinlagen reicher Bürger oder Adliger an und vergaben Kredite – sogar an Landesfürsten und an den Kaiser. Dabei ignorierten sie das traditionelle kirchliche Zinsverbot. Oft investierten sie die eingebrachten Gelder in gewinnversprechende Unternehmungen. Um diese oft komplizierten Geschäfte übersichtlich zu halten, benutzten diese frühen Großunternehmer die ebenfalls aus Italien stammende Methode der doppelten Buchführung nach Soll und Haben. Sie machte die Geschäftsvorgänge transparent und wies Geld- und Warenbestände sowie Zahlungsverpflichtungen und Außenstände geordnet aus. Doch selbst diese rationale Geschäftspraxis schützte nicht völlig vor den Risiken des Geldverleihs. Manchmal waren nämlich hohe Kredite, besonders die an Territorialherren oder den Kaiser, nicht mehr einzutreiben, sodass die Gefahr des Bankrotts drohte.

Bergbau

Besonders gewinnträchtig war damals eine Investition in den Erzbergbau. Der wachsende Bedarf des städtischen Gewerbes und der fürstlichen Armeen an Metall sowie die Zunahme des mit Silber- und Kupfermünzen abgewickelten Geldverkehrs bescherten dem Bergbau der Frühen Neuzeit einen rasanten Aufschwung. Bis etwa zur Mitte des 16. Jahrhunderts war Deutschland führend im Erz- und Silberbergbau. Ursprünglich besaßen die Fürsten das Bergregal, die Verfügungsgewalt über die Bodenschätze. Diese hatten jedoch oft die Abbaurechte in Form von Anteilen („Kuxen") gegen einen angemessenen Preis an Städte, Einzelpersonen oder Bergmannsgenossenschaften ausgegeben. Solche Kuxen konnte man – wie heutzutage Aktien – kaufen und sich so am Bergbau beteiligen. In dieser Blütezeit des Bergbaus waren die Löhne der Bergknappen stark gestiegen und die Abbaukosten hatten sich durch das Vordringen in immer größere Tiefen und den Einsatz von aufwändigen Maschinen zur Entwässerung und Belüftung der Gruben sowie zum Transport des Erzes enorm verteuert. Jetzt war großes Kapital gefragt. Zahlreiche deutsche Handelshäuser nutzten die Gelegenheit und engagierten sich im Erzbergbau. Der bedeutendste Handelsherr war Jakob Fugger, der durch seine guten Beziehungen zum Hause Habsburg zum größten europäischen Montanindustriellen aufstieg. Den Grundstock für diesen Erfolg hatte sein Großvater Hans Fugger als Weber und Textilgroßhändler gelegt.

Das Haus Fugger

Hans Fugger und seine Nachfahren hatten sich von einfachen Dorfwebern zu Augsburger Bürgern und wohlhabenden Verlagskaufleuten emporgearbeitet. Bereits Mitte des 15. Jahrhunderts gehörten die Fugger zu den führenden und reichsten Familien der Stadt. Jakob Fugger, den die Zeitgenossen „den Reichen" nannten, führte das väterliche Unternehmen Anfang des 16. Jahrhunderts auf den Gipfel seiner Macht. Er besaß Handelsniederlassungen in ganz Europa und machte mit Kaufleuten in vielen Ländern Geschäfte. Entscheidend für seinen Erfolg waren sein gutes Verhältnis zu den Habsburgern, sein Engagement im Silber- und Kupferbergbau und sein Geschick in Geldgeschäften. Bereits Ende des 16. Jahrhunderts hatte der in ständigen Finanzschwierigkeiten steckende Erzherzog von Tirol für ein Darlehen von 150000 Gulden dem Haus Fugger den Ertrag aus seinen ergiebigen Silber- und Kupferbergwerken in Schwaz am Inn abgetreten, was den Fuggern einen Profit von etwa 50000 Gulden beschert hatte. Außerdem brachte Jakob Fugger wichtige ungarische und spanische Bergbaugebiete unter seine Kontrolle und trieb die Konkurrenz durch Dumpingpreise in den Bankrott. Schließlich besaß er faktisch das europäische Monopol für Kupfer.

59 Das Wirtschaftsimperium der Fugger im 16. Jahrhundert

Dank seiner Kapitalkraft wurde Jakob Fugger zum Bankier vieler Fürsten, des Kaisers und des Papstes. Er finanzierte Bischofssitze, beteiligte sich am Ablasshandel und beeinflusste auch die deutsche Kaiserwahl nach dem Tod Kaiser Maximilians im Jahre 1519.

Soziale und ethische Probleme des Frühkapitalismus

Der große Reichtum und das oft harte Geschäftsgebaren der Fugger und anderer Großkaufleute riefen vor allem beim notleidenden Kleinadel und bei den mittelständischen Kaufleuten in Nord- und Mitteldeutschland Neid und Missfallen hervor. Zwischen 1512 und 1530 versuchten die betroffenen Reichsstände mehrmals auf Reichstagen dem großkaufmännischen Treiben einen Riegel vorzuschieben. 1523 erhoben sie öffentlich Anklage gegen die Fugger und andere Großkaufleute, weil diese ihre Monopolstellung zuungunsten der Konkurrenz nutzten und die Preise – je nach Bedarf – künstlich erhöhten oder senkten. Doch Kaiser Karl, der mangels ausreichender Steuereinnahmen von den Anleihen der Großkaufleute abhängig war, schlug das Verfahren nieder.
Und doch plagten manchen Großkaufmann angesichts des kirchlichen Zinsverbots religiöse Bedenken. Durch Spenden an die Kirche oder mildtätige Stiftungen suchten sie ihre moralischen Skrupel zu beschwichtigen. So stiftete Jakob Fugger 1514 in Augsburg die „Fuggerei", eine bis heute bestehende Sozialsiedlung, in der Bedürftige mit gutem Leumund für die symbolische Jahresmiete von einem Rheinischen Gulden wohnen konnten. Sie mussten allerdings regelmäßig für das Seelenheil des Stifters beten. Dieser hatte sich nämlich für eine Lockerung des Zinsverbots eingesetzt. Martin Luther dagegen wetterte in mehreren Schriften gegen die Geschäftsmethoden der Großkaufleute und vor allem gegen die mühelose Geldvermehrung durch Finanzgeschäfte. Er verurteilte das Gewinnstreben und forderte die Rückkehr zum „gerechten Preis". Etwas zurückhaltender in dieser Hinsicht waren die Schweizer Reformatoren Zwingli und Calvin, die maßvolle Kreditzinsen durchaus für angemessen hielten.

Niedergang der Großkaufleute

Die enge Verflechtung der großen Handelshäuser mit dem Kaiser und anderen Fürsten wurde ihnen letztlich doch zum Verhängnis. Oft waren die Landesherren nämlich nicht in der Lage, die ausgeliehenen Darlehen zurückzuzahlen, und zogen ihre Geldgeber mit in den Bankrott. Die herrschenden Höfe kannten noch kein ausgereiftes Steuersystem und keine vernünftige Finanzwirtschaft, sodass die Kredite der großen Bankhäuser in Kriegen verpulvert oder in höfischer Prachtentfaltung und fürstlichem Luxus unproduktiv verprasst wurden. Erst als die Fürsten im 17. Jahrhundert im Zeichen des Merkantilismus die Wirtschafts- und Finanzpolitik ihrer Staaten gezielt entwickelten und auf solide Fundamente stellten, änderte sich das. Gesicherte und regelmäßige Steuereinnahmen machten sie nun von Bankanleihen unabhängig – die Großkaufleute als staatliche Bankiers hatten ausgedient.

Frühkapitalismus: Die kapitalistische Wirtschaftsform weist vier charakteristische Merkmale auf. Erstens basiert sie auf *privatem Eigentum und privater Verfügungsgewalt über das Kapital*. Zweitens wird das *Kapital* nicht als Schatz gehortet, sondern *in der gewerblichen Wirtschaft oder im Bankwesen investiert*. Drittens wird diese Investition mit dem Ziel vorgenommen, *einen möglichst großen Gewinn zu erzielen*. Und viertens sind die *Arbeitnehmer rechtlich frei* und nicht mehr durch feudale Beziehungen gebunden. Frühe Formen dieser erst mit der industriellen Revolution sich durchsetzenden Wirtschaftsweise glauben die Forscher bereits in der Zeit des Übergangs vom Mittelalter zur Neuzeit erkennen zu können, als Fernhändler große Vermögen erwirtschafteten und – motiviert von kaum gehemmtem Gewinnstreben – diese in gewerbliche Projekte und Geldgeschäfte investierten.

60 Ein Geschäftsvertrag aus der Zeit des Frühkapitalismus

Vertrag über eine Handelsgesellschaft auf 12 Jahre zwischen einem Kaufmann aus Leipzig und einem aus Antwerpen:

Wir, die Unterzeichneten mit Namen [...], bekennen mit diesem offenen Brief für uns und unsere Erben und tun kund all denen, die denselben sehen, hören oder lesen, dass wir [...] uns zusammen verbunden haben und verbinden, einen Handel anzufangen auf den 1. Januar 1526 und in selbem Handel zu bleiben 12 Jahre lang. [...]

Zum andern haben wir uns vereint und sind damit wohl zufrieden, dass jeder von uns beiden Macht haben soll [...], unser eigenes Kapital oder Geld [...] in diesen Handel zu legen, es sei viel oder wenig. [...] Jedoch soll verzeichnet werden, wie viel, auch auf welche Zeit [...], auf dass wir in Beschluss unserer gemeinen Rechnung wissen mögen, einem jeden seinen gebührenden Teil [am Gewinn] zu überantworten. [...]

Weiter haben wir uns vereint, dass alles Geld, das wir in diesem Geschäft als Kredit oder auf Zins aufnehmen mögen während der 12 Jahre oder so lange, wie wir miteinander handeln, und welcher Nutz oder Schaden damit geschaffen werde, es uns beide halb betreffen soll. Es soll auch einer allein von uns nicht Macht haben, Geld von andern Leuten in diesen unsern Handel zu legen, anzunehmen, es sei denn, er habe dasselbe dem andern vorher schriftlich mitgeteilt, auch muss der andere zuvor seine Zustimmung geben und also damit zufrieden sein. [...]

Es soll auch unser jeder auf sein Geld zehren und Kost halten, wenn er zu Leipzig oder Antwerpen ist. Da jeder von uns tägliche Nahrung für seine Familie oder seine Bedürfnisse braucht, soll jeder jährlich bis zu 500 fl.[1] rheinisch aus dem Geschäft herauszunehmen Vollmacht haben und nicht mehr. [...]

Weiter ist unser Wille und unsere Meinung, dass wir alle drei Jahre am 1. Januar in unserem Handel eine Hauptrechnung [Bilanz] beschließen und halten wollen [...] Nach Beschluss gemeiner Rechnung soll einer dem andern klar anzeigen, wo unser Gut, Schuld und Pfennwerte[2] sind [...], so dass man erfahren mag, welchen Gewinn oder Nutzen sie geschaffen haben. [...]

Wer aber sieht, dass von uns einer im Handelsgeschäft gefangen wurde, soll er ihn mit einem Lösegeld von nicht höher als 500 fl. freikaufen. Sonst soll er vom privaten Geld und nicht von des Handels Geld zahlen.

1 Florin = Gulden

2 Waren in kleinen Mengen für den Einzelverkauf

Aus: Quellen zur älteren Wirtschaftsgeschichte Mitteldeutschlands. III. Teil, hrsg. v. H. Helbig. Weimar 1953. S. 49ff. Zit. nach: Volkmar Wittmütz (Hrsg.): Politische und soziale Wandlungen am Beginn der Neuzeit. Frankfurt/M. 1974. S. 34 f.

a) Stellen Sie die wechselseitigen Interessen der Vertragspartner übersichtlich zusammen.
b) Erkennen Sie „kapitalistische" Denkweisen?
c) Inwiefern spiegelt dieser Vertrag die besonderen Risiken des Kaufhandels im 16. Jahrhundert wider?

61 Kritik an den großen Kaufmannsgesellschaften

a) Aus der so genannten Reformation des Kaisers Sigismund.

Diese Reformschrift, die sich mit Missständen im Reich, in Kirche und Gesellschaft auseinandersetzt, stammt nicht von Kaiser Sigismund (1368–1437), sondern von einem unbekannten Verfasser und wurde vermutlich 1439 verfasst:

Von den Gesellschaften in den Städten

Item es sind große Gesellschaften aufgestanden, die zusammenspannen und treiben großen Kaufmannsschatz, es gehe ihnen wohl oder übel[1]. Sie schieben es je darnach, dass sie nicht verlieren. Das bekommt auch allen Gemeinden in den Städten und auf dem Lande übel. Man soll dawider sein, damit solche Verbindungen gebrochen und nirgends mehr gefunden werden, weder von Edlen noch von Bürgern. Wer sich aber an einer solchen Gesellschaft beteiligt, dessen Kaufmannsschatz soll, wenn er Bürger in einer Reichsstadt ist, der Stadt ledig und gar verfallen sein, und soll ihn darin nichts schirmen. [...]

Wie man das Vorkaufen abstellen soll

Man soll auch wissen, dass nötig ist der gemeinen Christenheit, zu sorgen um alles Vorkaufen, es sei Wein, Korn, Fleisch, Schmalz, allerlei Gemüse, was man genießen soll. In einem Land gerät das denn; im andern da findet man manchen, der darauf sieht und vorkauft; so es ihm füglich ist, so schlägt er ungewöhnlichen Gewinn darauf und bedrängt die armen Leute, wenn nichts wächst, Hagel, schlagend Ungewitter, Wolkenbrüche, was die Elemente in ihrer Gewalt haben, eintreten. Dies alles zu verstehen, soll man in einer jeglichen Reichsstadt von jeglichem Handwerk einen weisen, frommen Mann wählen und die alle einen leiblichen Eid zu Gott und den Heiligen schwören heißen, nach der Früchte Jahrgang den Preis von Korn und Wein und andern Lebensmitteln zu überschlagen, dass Bauer und Rebmann bestehen können bei ihrer Arbeit.

1 Auf Gewinn oder Verlust

Zit. nach: Gottfried Guggenbühl/Hans C. Huber: Quellen zur Geschichte des Mittelalters. Zürich 5. Aufl. 1972. S. 391.

b) Martin Luther, Von Kaufhandlung und Wucher (1524):

Erstlich haben die Kaufleut unter sich ein gemeine Regel, das ist ihr Hauptspruch und Grund aller Finanzen, da sie sagen: Ich mag meine War so teur geben, als ich kann. Das halten sie für ein Recht, da ist dem Geiz [= Gier] der Raum gemacht und der Höllen Tür und Fenster alle aufgetan. Was ist das anders gesagt, denn so viel: Ich frage nichts nach meinem Nächsten. [...] Es kann damit der Kaufhandel nichts anders sein denn Rauben und Stehlen den andern ihr Gut. [...]

Es sollt nicht so heißen: Ich mag meine War so teur geben, als ich kann oder will, sondern also: Ich mag meine War so teur geben, als ich soll oder als recht und billig ist. Denn dein Verkaufen soll nicht ein Werk sein, das frei in deiner Macht und Willen ohn alle Gesetz und Maß stehe, als wärest du ein Gott, der niemand verbunden wäre, sondern weil solch dein Verkaufen ein Werk ist, das du gegen deinen Nächsten übest, soll es mit solchem Gesetz und Gewissen verfasset sein, dass du es übest ohn Schaden und Nachteil deines Nächsten. [...]

Darum will ich allhier etliche solcher Tücken und böse Stücke, so ich selbst vermerkt und durch fromme gute Herzen mir sind angezeigt, erzählen. [...]

Aufs erst machen etliche kein Gewissen davon, dass sie ihr War auf Borgen und Zeit teurer verkaufen denn um Bargeld, ja, etliche wollen keine War verkaufen um Bargeld, sondern alles auf Zeit. Und das alles darum, dass sie ja viel Gelds dran gewinnen. Hie siehest du, dass dies Stück gar groblich wider Gottes Wort, wider Vernunft und alle Billigkeit, aus lauter freiem Mutwillen des Geizs sündigt an seinem Nächsten, des Schaden er nicht achtet, und raubt und stiehlet ihm das Seine und sucht nicht seine ziemliche Nahrung, sondern seinen Geiz und Gewinn alleine drinnen. [...]

Item also ist auch das getan, dass etliche ihr Gut teurer verkaufen, denn es auf gemeinem Markt gilt und im Kauf gang und gäbe ist und steigern also die War aus keiner Ursach, denn dass sie wissen, dass desselbigen Guts keins mehr im Lande ist oder in Kurz keins mehr kommen wird und man es haben müsse. Das ist ein Schalkauge [= Arglist] des Geizs, das nur aufs Nächsten Notdurft siehet, nicht derselben zu helfen, sondern sich derselben zu bessern [sich mit derselben zu verbessern] und mit seines Nächsten Schaden reich werden. Das sind alles öffentliche Diebe, Räuber und Wucherer.

Item, dass etliche ein Gut oder War in einem Lande oder in einer Stadt ganz und gar aufkaufen, auf dass sie alleine solch Gut ganz und gar in ihrer Gewalt haben und darnach setzen, steigern und geben mögen, wie teur sie wollen oder können. Nu ist droben gesagt, dass die Regel falsch und unchristlich ist, dass jemand sein Gut so teur gibt, als er will und kann. Viel greulicher ist das, dass man darauf ein Gut alleine aufkauft, wilchs auch die kaiserlichen und weltlichen Rechte verbieten und heißen's Monopolia. Das sind eigennützige Käufe, die in Landen und Städten gar nicht zu leiden sind, und Fürsten und Herrn sollten solchs wehren und strafen, wenn sie ihr Amt wollten vollführen. Denn solche Kaufleut tun gerade, als wären die Kreaturen und Güter Gottes alleine für sie geschaffen und gegeben und als möchten sie dieselben den andern nehmen und setzen nach ihrem Mutwillen. [...]

Item, wenn etliche ihr Monopolia und eigennützige Käufe sonst nicht vermögen aufzurichten, weil andere da sind, die auch der gleichen War und Gut haben, fahren sie zu und geben ihr Gut so wohlfeil [billig, günstig], dass die andern nicht mögen zukommen und zwingen sie damit dahin, dass sie entweder nicht müssen feilhaben [zum Verkauf anbieten] oder mit ihrem Verderben [zu ihrem Schaden] so wohlfeil geben als jene. Also kommen sie doch zum Monopolion. Diese Leut sind nicht wert, dass sie Menschen heißen oder unter Leuten wohnen.

Martin Luther: Von Kaufhandlung und Wucher. Zit. nach: Hutten/Müntzer/Luther, Band 2. Bearb. v. Siegfried Streller. Berlin/Weimar 1982. S. 184 f.; 196–198; 200. (Sprachlich leicht dem heutigen Deutsch angepasst)

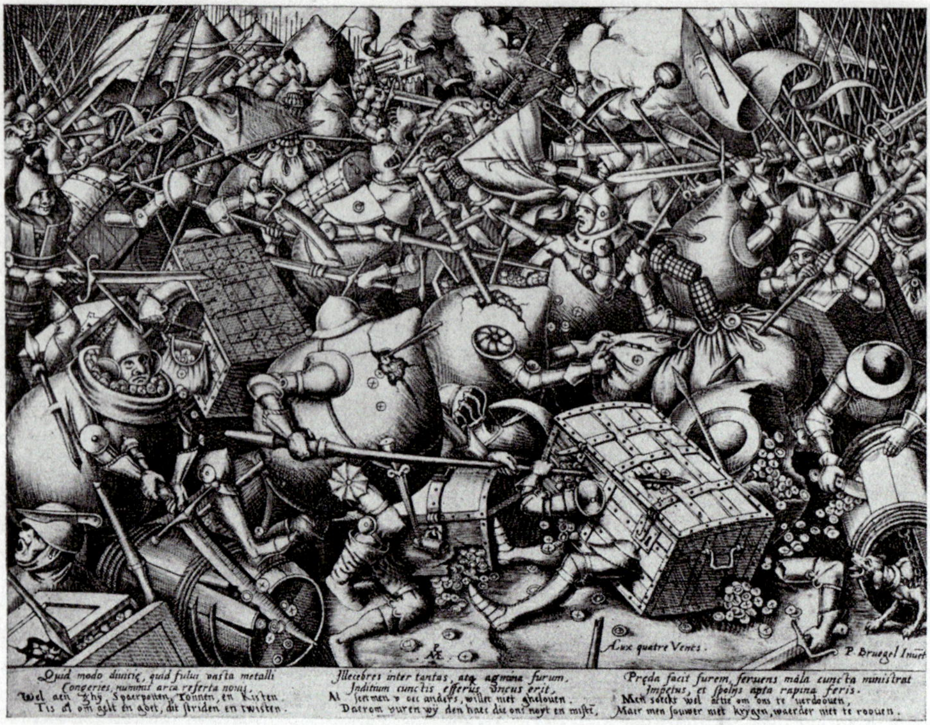

c) „Der Kampf der Geldsäcke und der Geldschränke"; Allegorie auf den Wucher. Holzschnitt (25,5 x 32,4 cm) von Pieter van der Heyden nach Pieter Bruegel d. Ä., um 1570

a) Stellen Sie dar, welche kaufmännischen Praktiken in den beiden Texten angeprangert werden.
b) Bewerten Sie die im Quellentext a) vorgeschlagenen Maßnahmen gegen diese Praktiken hinsichtlich ihrer Erfolgsaussichten.
c) Setzen Sie sich aus der Sicht eines Kaufmanns mit der Grundhaltung Luthers auseinander.

62 Das Monopolproblem vor dem deutschen Reichstag

a) Aus dem Bericht eines Reichstagsausschusses über die Monopole (1522):

Erstlich von dem Ursprung des Wortes Monopolia. Monopolia ist ein kriegisch [griechisches] Wort, welches seinen Ursprung hat von dem Worte Monos, das ist allein, und Polonie, das ist Verkauf. Gleich als spräch jemands: Ich allein verkauff das oder jenes.

Item oben genannte Monopolia, Vereinigung, Verbindung, Gesellschaften und ihr Verkauf wird nicht allein allererst itzo dem gemeinen Nutzen unleidlich und unträglich erfunden, sondern sind dieselben wie früher durch den Römischen Kaiser und Rechtsetzer als sehr schädlich, verderblich und sträflich geachtet und erkannt, dass dieselben Übertreter alle ihre Güter verloren und darzu außerhalb ihrer Wohnung in ewigs Elend verurteilt sein sollen.

[…]

Die Gesellschaften haben es besonders auf die Waren abgesehen, deren man am wenigsten entbehren mag; und wenn eine nicht reich genug ist, so nimmt sie eine andere zu Hilfe und beide bringen dann die betreffende Ware ganz in ihre Hand. Wenn ein armer kleiner Kaufmann von ihnen dieselbe aufgezwungene Ware kaufen und dann die Ware andernfalls seiner Nahrung nach vertreiben will, so sind ihm gedachte große Hantierer von Stund an auf dem Nacken, haben den Überschwall derselben Ware, können diese wohlfeiler, auch auf langen Borg hingeben;

damit wird dieser Arme bedrängt, kommt zu Schaden und etliche zum Verderb.

Welche Vorschläge sind nun zur Vermeidung genannter verbotener Fürkäufe zu machen?

1) Es sollen Gesellschaften oder einzelne Personen nur bis zu 20000, 40000 oder zum meisten 50000 Gulden Hauptgut (Kapital) zum Handel brauchen.
3) Dieses Hauptgut darf nicht durch Gewinn vermehrt werden.
4) Es darf zu Handelszwecken kein Geld um Zinskauf entlehnt werden, da dies ungöttlich und wucherlich, auch gemeinem Nutzen nachteilig und schädlich ist.
5) Keinerlei Ware darf in eine Hand gebracht werden.
7) Kein Kaufmann darf auf einen Kauf mehr über 100 Zentner Pfeffer, 100 Zentner Ingwer und von keinerlei Spezerei, wie die Namen hat, über 50 Zentner kaufen; auch nach solchem Kauf in einem Vierteljahr derselben Ware keine mehr führen oder kaufen.

Zit. nach: Harald Scherrinsky/Walter Wulf (Hrsg.): Renaissance, Reformation und Glaubenskämpfe. Frankfurt/Berlin/München 1975 S. 45. (Sprachlich leicht dem heutigen Deutsch angepasst)

b) Antwort des Augsburger Rates an das Reichsregiment zu Nürnberg 1522:

In allen Landen, Fürstentümern, Städten und Gebieten, wo Kaufmannschaft [...] gehalten wird, daselbst bereichert man sich wohl [...], nicht allein der Wirt, sondern auch der Bauer, alle Handwerke, ja auch die Fürsten und Obrigkeiten an Zöllen, Mauten und anderen Einkommen.

Den großen Kaufleuten hangen an die großen Händel, denn die gemeinen Kaufleute könnten mit ihrem Vermögen die großen Hantierungen nicht vollführen. – Nicht der zwanzigste Teil des Pfeffers, so in Lissabon gekauft wird, wird in deutschen Landen verkauft und gegessen. [...] Warum wollte man dann den reichen Kaufleuten den Pfeffer zu kaufen und durch deutsche Nation zu andern Landen und Obrigkeiten zu führen verbieten? – Das können die gemeinen Kaufleute in Anbetracht, dass dies nicht in ihrem Vermögen ist, nicht tun. Und wenn man sich das unterstehen sollte [die Kaufmannsgesellschaften abzutun], so wäre das so viel, als wollte man dem Pfeffer das Land verbieten und das deutsche Land dieses gemeinen Nutzens und die Fürsten und Obrigkeiten ihrer Zölle, auch die Kaufleute ihres Gewinns berauben, welcher Nutzen und Gewinn alsbald zu andern Nationen kommen würde; gesetzt, dass die vermögenden Kaufleute aus Deutschland nicht handeln würden, so würde man es doch nicht unterlassen, sondern Welsche und andere würden diesen Handel treiben. –

Den Gesellschaften ein Maß zu setzen, wäre in Ansehung, dass der Kaufmannshandel kein Maß erleiden mag, eine besonders schwere Sache. [...] Es ist auch wohl möglich und gut zu ermessen, dass man dadurch die reichen Kaufleute aus unserer deutschen in andere, fremde Nationen vertreiben [...] möchte. –

Und obgleich sich die mindern Kaufleute über die größeren beklagten, so ist solches nicht neu, sondern ein alter und gemeiner Brauch, dass der mindere Handwerker sich über den großen beklagt, er könne nicht so viel gewinnen. Das ist wohl möglich, aber sie haben Unrecht. Man sehe etwa nach Nürnberg, Frankfurt und anderen Orten; dahin kommen viele Kaufleute, die von schlechtem Vermögen sind, und kaufen von den reichen Kaufleuten, und es kauft einer um viermal so viel, als er vermag [...]; das Übrige wird ihm geborgt. [...] Dieselben Kaufleute ziehen auf alle Märkte hin. [...] Es nähren sich also viele Kaufleute von den reichen Gesellschaften.

Zit. nach: Herbert Krieger (Hrsg.): Handbuch des Geschichtsunterrichts Bd. IV. Frankfurt/M. 1978. S.16 f.

a) Erklären Sie die Änderungsvorschläge des Reichstagsausschusses.
b) Welche Interessen vertritt der Reichstagsausschuss?
c) Stellen Sie die Argumente des Augsburger Rats zusammen. Zeigen Sie auf, welche Zielgruppe dabei jeweils ins Auge gefasst wird.
d) Erläutern Sie die Bedeutung dieses Schreibens auf dem Hintergrund der Stellungnahme des Reichstagsausschusses gegen die Monopole von 1522.

63 Großkaufleute und Erzhandel

a) Privileg Karls V. zugunsten des Erzgroßhandels in Deutschland, Toledo 1525:

Dieweil nun [...] die Bergwerke, deren im Heiligen Römischen Reiche und deutschen Landen mehr denn sonst an einem Orte in der ganzen Christenheit erbaut werden, [...] die größte Gabe und Nutzbarkeit ist, so der Allmächtige deutschen Landen mitgeteilt hat, nicht allein des großen Schatzes halber, so daraus durch viel Gold, Silber, Kupfer, Zinn, Quecksilber, Blei, Eisen und andere Metalle, welches sich [...] jährlich auf zwanzigmalhunderttausend Gulden erstreckt, erbaut und gearbeitet wird, sondern da auch in deutschen Landen etliche hunderttausend Menschen [...] sonst ihre notdürftige Nahrung nicht haben möchten. Allein aus dem Abbauen, Arbeiten und Schmelzen und außerdem durch den Transport dieser Metalle in viele Länder ernähren sich insgesamt viele andere Leute auf vielerlei Weise wie Fuhrmann, Wirt, Bürger und gemeiner Handwerksmann überall auf den Straßen, auf dem Land und in den Städten, desgleichen die Fürsten und Herren ihr Einkommen an Fronen und Wechseln, Zöllen und Mauten stark mehren und erhöhen, [...] so sollen die Bergwerke [...] durch alle Wege und Mittel [...] gefördert werden.

Aber unter allen Vorsehungen und Mitteln, durch welche der Betrieb und die stattliche, fruchtbare und dauernde Unterhaltung der Bergwerke gefördert und gehoben werden mag, ist kein dienstlicheres und beständigeres gefunden worden, denn das Gold, Silber, Kupfer, Quecksilber und andere Metalle durch gute Ordnungen viel besser in einem guten und gültigen, gleichen und beständigen als in einem schlechten, geringen, niedrigen und ungleichen Wert zu verkaufen und zu kaufen, [...] und also sie nicht in viele, sondern in eine oder wenige Hände zu verkaufen, kommen und verhantieren zu lassen, wie denn solches [...] länger denn seit 40 Jahren in unserer Grafschaft Tirol [...] der Gebrauch gewesen ist. (Daher, so erklärt der Kaiser, seien die Bestimmungen über Monopole und Fürkäufe auf den Erzhandel nicht anzuwenden.)

Jakob Strieder: Studien zur Geschichte kapitalistischer Organisationsformen. München/Leipzig 1914. S. 375 f. Zit. nach: Volkmar Wittmütz (Hrsg.): Politische und soziale Wandlungen am Beginn der Neuzeit. Frankfurt/M. 1974. S. 35 f. (Sprachlich dem heutigen Deutsch angepasst)

b) „Kaiser Karl V. bei Fugger in Augsburg". Ölgemälde von Carl Ludwig Friedrich Becker, 19. Jahrhundert. Bei einem Besuche Karls V. verbrannte Anton Fugger Schuldverschreibungen des Kaisers.

Welches Interesse hatte der Kaiser daran, den Erzgroßhandel zu begünstigen?

Zur Diskussion

Protestantische Ethik und Kapitalismus

Anfang des 20. Jahrhunderts haben sich Wirtschaftsgeschichtler – u. a. in Auseinandersetzung mit den Untersuchungen von Karl Marx zum Kapital – mit den Kennzeichen und den historischen Wurzeln der kapitalistischen Wirtschaftsweise beschäftigt. Dabei richteten sie ihr Augenmerk auch auf das späte Mittelalter und die Frühe Neuzeit, als erstmals so etwas wie kapitalistisches Wirtschaften zu beobachten war. Wann genau nun dieser ökonomische Prozess seinen Anfang nahm und wodurch er hervorgerufen wurde, darüber gingen die Meinungen allerdings auseinander. Berühmt geworden ist die Schrift des Sozialökonomen Max Weber über den Zusammenhang zwischen Protestantismus und Kapitalismus. Mit ihr setzen sich die Wissenschaftler bis heute auseinander.

a) Der deutsche Wirtschaftshistoriker und Soziologe Max Weber (1864–1920) schreibt in seinem erstmals 1904/05 erschienenen Werk „Die protestantische Ethik und der ‚Geist' des Kapitalismus":

Je größer der Besitz wird, desto schwerer wird – wenn die asketische Lebensstimmung die Probe besteht – das Gefühl der Verantwortung dafür, ihn zu Gottes Ruhm ungeschmälert zu erhalten und durch rastlose Arbeit zu vermehren. Auch die Genesis dieses Lebensstils reicht in einzelnen Wurzeln, wie so viele Bestandteile des modernen kapitalistischen Geistes, in das Mittelalter zurück, aber erst in der Ethik des asketischen Protestantismus fand er seine konsequente ethische Unterlage. Seine Bedeutung für die Entwicklung des Kapitalismus liegt auf der Hand.

Die innerweltliche protestantische Askese [...] wirkte also mit voller Wucht gegen den unbefangenen *Genuss* des Besitzes, sie schnürte die *Konsumtion*, speziell die Luxuskonsumtion, ein. Dagegen *entlastete* sie im psychologischen Effekt den *Gütererwerb* von den Hemmungen der traditionalistischen Ethik, sie sprengte die Fesseln des Gewinnstrebens, indem sie es nicht nur legalisierte, sondern (in dem dargestellten Sinn) direkt als gottgewollt ansah. Der Kampf gegen Fleischeslust und das Hängen an äußeren Gütern war [...] *kein* Kampf gegen rationalen *Erwerb*, sondern gegen irrationale Verwendung des Besitzes. Diese aber lag vor allem in der Wertschätzung der als Kreaturvergötterung verdammlichen *ostensiblen* [bewusst gezeigten] Formen des Luxus, wie sie dem feudalen Empfinden so nahe lagen, anstatt der von Gott gewollten rationalen und utilitarischen [nützlichen] Verwendung für die Lebenszwecke des Einzelnen und der Gesamtheit. *Nicht Kasteiung* wollte sie dem Besitzenden aufzwingen, sondern Gebrauch seines Besitzes für notwendige und *praktisch nützliche* Dinge. [...]

Denn nicht nur sah sie, mit dem Alten Testament und in voller Analogie zu der ethischen Wertung der „guten Werke", zwar in dem Streben nach Reichtum als *Zweck* den Gipfel des Verwerflichen, in der Erlangung des Reichtums als *Frucht* der Berufsarbeit aber den Segen Gottes. Sondern, was noch wichtiger war: Die religiöse Wertung der rastlosen, stetigen, systematischen, weltlichen Berufsarbeit als schlechthin höchsten asketischen Mittels und zugleich sicherster und sichtbarster Bewährung des wiedergeborenen Menschen und seiner Glaubensechtheit musste ja der denkbar mächtigste Hebel der Expansion jener Lebensauffassung sein, die wir hier als „Geist" des Kapitalismus bezeichnen. Und halten wir nun noch jene Einschnürung der Konsumtion mit dieser Entfesselung des Erwerbsstrebens *zusammen*, so ist das äußere Ergebnis nahe liegend: *Kapitalbildung* durch *asketischen Sparzwang*. Die Hemmungen, welche dem konsumtiven Verbrauch des Erworbenen entgegenstanden, mussten ja seiner produktiven Verwendung als *Anlagekapital*, zugute kommen.

Zit. nach: Max Weber: Asketischer Protestantismus und kapitalistischer Geist. In: ders.: Soziologie – Weltgeschichtliche Analysen – Politik. Hrsg. v. Johannes Winckelmann. Stuttgart 4. Aufl. 1968. S. 370–372.

b) Der deutsche Wirtschaftshistoriker Friedrich-Wilhelm Henning, 1991:

Auch der mittelalterliche Mensch und erst recht der frühneuzeitliche Mensch haben weitgehend ökonomisch gedacht und gehandelt, mindestens seit dem Aufkommen der Stadtwirtschaft und der Zunahme der nicht mehr durch Tauschgeschäfte, sondern der durch Geldleistungen bestimmten Marktverbindungen für zahlreiche private Haushalte. Man wird daher den Übergang zu der als (früh-)kapitalistisch bezeichneten Wirtschaftsweise früher anzusetzen haben. [...] Vielmehr muss man einen langsameren und sich nicht in relativ kurzer Zeit ausbreitenden und weite Teile der Wirtschaft prägenden *Wandlungsprozess* annehmen. Die wirtschaftliche Entwicklung in den Niederlanden, in den niederrheinischen Gebieten und vor allem in Italien und von dort beeinflusst in Südwestdeutschland brachte entscheidende Ergänzungen des bisherigen wirtschaftlichen Lebens schon im Mittelalter. [...]

Während Sombart[1] den *Anfang des Frühkapitalismus* in das 15. Jahrhundert einordnete und der *Reformation* nur eine verstärkende Wirkung zusprach, brachte für Max Weber erst die rationale Ethik des asketischen Protestantismus den Beginn einer neuen Epoche des Wirtschaftens. Die Kapitalisten des Mittelalters waren für ihn noch „Abenteurer"-Kaufleute. [...] Nach der These vom asketischen Protestantismus brachten nicht luxuriöses Leben und Geldgier, sondern Askese bei unermüdlicher Arbeit Gewinn und Wohlstand fast ohne Absicht. Reichtum wurde damit zum Zeichen eines gottgefälligen Lebens.

Man wird die Zusammenhänge aber anders sehen müssen: Sparsamkeit erleichterte die Finanzierung der Investitionen und erhöhte das Eigenkapital oder ließ es bei Erweiterungsinvestitionen, d.h. bei einer Ausweitung der unternehmerischen Tätigkeit, auf einem hohen Niveau. Aber auch bei einer aufwendigen Lebensführung kam es eher auf das Verhältnis zwischen Gewinnentnahme hierfür und für Investitionen an bzw. auf die Investitionsrate im Verhältnis zum Gesamtkapital und auf die Wirkung im Hinblick auf die Ausweitung der Kapazität, auch unter Berücksichtigung des Rationalisierungseffekts der Erweiterung der Produktion. Nicht die Askese war entscheidend, sondern das innovative Verhalten und das Geschäftsgebaren. Askese war nur erforderlich, wenn die Geschäftstätigkeit (noch) zu wenig gewinnbringend war. Ausgaben für den privaten Bedarf und Gewinn mussten in einem angemessenen Verhältnis stehen. Die Askese, d. h. geringe private Ausgaben, waren am Anfang der Entwicklung eines Unternehmens deshalb förderlich, weil am Anfang die Kapitaldecke im Allgemeinen klein war und durch Sparsamkeit schneller ausgedehnt werden konnte.

1 Werner Sombart, 1863–1941, deutscher Wirtschaftswissenschaftler, entwickelte in seinem Hauptwerk „Der moderne Kapitalismus" von 1902 als erster die Unterteilung in Früh-, Hoch- und Spätkapitalismus

Friedrich-Wilhelm Henning: Deutsche Wirtschafts- und Sozialgeschichte im Mittelalter und in der frühen Neuzeit. Paderborn/München/Wien/Zürich 1991. S. 654 f.

a) Stellen Sie die Argumente, die die beiden Autoren für ihre Einschätzung vorbringen, einander gegenüber.
b) Welchen Stellenwert räumt Henning Webers These ein?
c) Informieren Sie sich über die Bedeutung der Großkaufleute und Bankiers in Florenz (vgl. S. 91 ff.). Diskutieren Sie anschließend die beiden Stellungnahmen und kommen Sie zu einem begründeten eigenen Urteil.

3. Frauen in der Renaissance

Gerade die Zeit der Renaissance gilt als eine Epoche herausragender Frauenpersönlichkeiten. Es gab bedeutende Herrscherinnen, engagierte Schriftstellerinnen, fromme Heilige, gebildete Adlige und Kunstsammlerinnen und berühmt-berüchtigte Schönheiten. Andererseits resümiert die Historikerin Margaret L. King, „das Zeitalter der Renaissance" habe „im Hinblick auf das weibliche Geschlecht keinesfalls diesen Namen verdient". Wie sah die Situation der übergroßen Masse der Frauen aus, die als Hausfrauen und Mütter auf dem Land oder in der Stadt lebten? Und hinterlässt das Leiden Tausender Frauen, die gerade während der Renaissancezeit als Hexen beschuldigt, grausam gefoltert und auf dem Scheiterhaufen verbrannt wurden, nicht tiefdunkle Flecken auf dem sonst so leuchtenden Bild der Zeit?

1405	Die italienisch-französische Schriftstellerin Christine de Pizan veröffentlicht ihr Buch „La Cité des Dames", in dem sie die Fähigkeiten und Rechte der Frauen herausstellt.
1487	Die Dominikanermönche Heinrich Institoris und Jakob Sprenger bringen den so genannten Hexenhammer heraus.

1523 Der spanische Humanist Juan Luis Vives (1492–1540) veröffentlicht sein Buch „Über die Unterweisung der christlichen Frau".

Die Frau in der Familie

Für fast alle Frauen galt bis ins 19. Jahrhundert hinein: Ihr Leben spielte sich vornehmlich in der Familie ab. Sie waren Töchter, Ehefrauen, Mütter und am Ende ihres Lebens oft Witwen. Ihr Schicksal hing fast immer von den Männern ab: von ihren Vätern, Ehemännern oder männlichen Verwandten. Spielräume zur eigenen Lebensgestaltung hatten sie kaum.

Eine ganze Reihe von Humanisten billigte den Frauen zwar die gleichen intellektuellen Fähigkeiten wie den Männern zu und plädierte für eine sorgfältige, an klassischen Bildungsidealen orientierte Erziehung der Mädchen und die gesellschaftliche Gleichstellung des weiblichen Geschlechts. Doch diese Forderungen blieben meist nur auf dem Papier und verhallten ungehört. Die Realität sah anders aus: Während der Renaissance verstärkte sich die familiäre Kontrolle der Männer über die Frauen und wurde von den Kirchen theologisch bekräftigt. Nach katholischer Glaubenslehre war die Ehe heilig und diente vor allem der Erzeugung von Nachwuchs; der Ehemann fungierte als das Haupt der Familie. Die Reformatoren sprachen der Ehe zwar den sakramentalen Charakter ab, hielten aber auch an der Unterordnung von Frau und Kindern unter den Ehemann und Vater fest.

64 „Der Baum des Lebens und des Todes". Miniatur von Berthold Furtmayr aus dem „Salzburger Missale", einem offiziellen Messbuch der römisch-katholischen Kirche, um 1481. Ein zeittypisches Beispiel für das doppelgesichtige Frauenbild: Die Frau kann, verkörpert durch Maria, Heilige und Spenderin ewigen Lebens sein oder aber, verkörpert durch Eva, Sünderin und Verführerin des Todes.

Frauenfeindlichkeit in der Renaissance

Diese Gedankengänge wurzelten in einer weit verbreiteten frauenfeindlichen Grundhaltung – auch in intellektuellen Kreisen. Im 15. und 16. Jahrhundert erschien eine Flut von gegen die Frauen gerichteten Schriften und Pamphleten, die sich auf die christlichen Kirchenväter und Scholastiker beriefen und mit theologischen, philosophischen und medizinischen Argumenten die Minderwertigkeit der Frauen herausstrichen. Frauen waren demnach der Quell der Unsittlichkeit; durch Eva und ihre Verführungskünste sei die Sünde in die Welt gekommen und das weibliche Geschlecht neige von Natur aus zur Unzucht.

In der Ehe und unter der Aufsicht des Mannes konnte – so waren die männlichen Experten überzeugt – dieses gefährliche Wesen gebändigt werden. Darum war die Frau dem Mann Gehorsam schuldig. Bei Aufsässigkeit hatte er das Recht sie zu züchtigen. Schweigen, schamhafte Zurückhaltung und Unterwürfigkeit galten als die idealen Eigenschaften einer Ehefrau. Das persönliche Eigentum, das sie entweder mit in die Ehe gebracht oder später, z. B. durch Erbschaft, erworben hatte, stand zusammen mit dem gesamten familiären Besitz unter der alleinigen Verfügungsgewalt des Mannes. Alleinstehende Frauen galten normalerweise nicht als geschäftsfähig: Unverheiratete Töchter blieben zeitlebens unter der Vormundschaft des Vaters und Witwen konnten über ihr ererbtes Vermögen nur im Einvernehmen mit einem männlichen Vormund verfügen.

Frauenarbeit

Frauen waren nie nur Hausfrau und Mutter. Sie mussten immer auch außerhalb des Haushalts arbeiten. Auf dem Land hätte eine Bauernfamilie ohne die Mitarbeit der Frauen, Töchter und Mägde auf dem Feld, beim Hüten des Viehs oder bei der Verarbeitung der Produkte (Butter, Käse usw.) und der Herstellung der Kleidung (Spinnen, Weben) gar nicht existieren können. Auch adlige Frauen arbeiteten mit, allerdings vor allem als Verwalterinnen und Wirtschafterinnen auf dem Gutshof ihres Ehemanns. Ähnliches galt für die Frauen in größeren und wohlhabenderen Stadthaushalten. Dort organisierten sie die Arbeit der Bediensteten, kümmerten sich um die Vorräte und sorgten für die Pflege und Instandhaltung von Haus und Hausrat.

Das machte aber nur einen Teil der Pflichten einer städtischen Handwerker- oder Kaufmannsfrau aus. Viele betätigten sich darüber hinaus auch noch gewerblich. Vor allem die Textilproduktion und -verarbeitung bildete traditionell eine Domäne der Frauen. In vielen Städten waren sie im Mittelalter Mitglieder der Zünfte und konnten den Meistertitel erlangen. Oder sie übernahmen als Witwe eines Meisters den Betrieb ihres verstorbenen Mannes. Mancherorts spielten die Frauen auch eine prominente Rolle im Geldgewerbe oder als Bierbrauerinnen und Gastwirte. Sogar eine nicht unerhebliche Zahl von Ärztinnen arbeitete – vor allem bei der Geburtshilfe – in den mittelalterlichen Städten. Neben diesen „gehobeneren" Formen der Frauenarbeit gab es die vielen mühevollen, schmutzigen und gering entlohnten Arbeiten, mit denen sich eine große Zahl von Tagelöhnerinnen und Lohnarbeiterinnen mühsam über Wasser hielt oder das kärgliche Haushaltseinkommen etwas aufzubessern versuchte. In der Regel erhielten diese für die gleiche Tätigkeit deutlich weniger Geld als Männer. Unverheiratete Frauen aus der Unterschicht arbeiteten oft lebenslang als Dienstboten, Zofen oder Kindermädchen gegen Kost, primitive Unterkunft und geringen Lohn in den Haushalten der Reichen.

65 „Die Goldwägerin", Ölgemälde (44 x 31 cm) von Jan Sanders van Hemessen, um 1530

Im Verlauf des 15. und 16. Jahrhunderts wurden die wirtschaftlichen Freiräume der Frauen mehr und mehr eingeschränkt. Immer mehr Zünfte und Kaufmannsgilden erschwerten oder verwehrten den Frauen den Zugang. Diese verloren nun viele Freiheiten und Rechte, die sie noch im Mittelalter genossen hatten, und wurden in die gering qualifizierten und wenig lukrativen Arbeitsbereiche abgedrängt: meist Spinnen oder Weben in Heimarbeit. Auch die Fähigkeiten von Ärztinnen begann man im 15. und 16. Jahrhundert infrage zu stellen. Männer mit einer Universitätsausbildung verdrängten allmählich die Frauen aus ihren traditionellen Domänen der Frauenheilkunde und Geburtshilfe. Oft diskriminierte man sie als Kräuterweiber oder gar als Hexen.

Frauen im Kloster

Ein nicht unerheblicher Anteil der Frauen aus der Oberschicht lebte damals in Frauenklöstern. Dort konnten sie in der Gemeinschaft mit gleich gesinnten Frauen unbehelligt von der Männerwelt ein zwar streng geregeltes, aber in gewissem Maße auch selbst bestimmtes Leben führen und eine gute Bildung erlangen. Oder sie konnten sich in der Krankenpflege oder Armenfürsorge engagieren.

Für andere Frauen dagegen stellte das Kloster ein Gefängnis dar, in das sie gegen ihren Willen von ihren Vätern oder männlichen Verwandten abgeschoben wurden, sodass sie ihren eigentlichen Interessen entsagen mussten. Es war eine weit verbreitete Praxis, dass Väter überzählige Töchter oft schon im jugendlichen Alter gegen eine Geldeinlage in einem Kloster unterbrachten, um sie nicht auf Dauer versorgen zu müssen. Ob die Mädchen damit einverstanden waren, war unerheblich.

Die in der Renaissance zutage tretende Tendenz, eigenständige Aktivitäten der Frauen einzudämmen, zeigt sich auch im klösterlichen Bereich. Viele Frauenklöster wurden nun bischöflicher Oberaufsicht unterstellt. Vor allem aber untersagte man den Nonnen nun den Klosterbereich zu verlassen, um sich um Arme, Kranke und Schwache zu kümmern oder Mädchen Lesen und Schreiben beizubringen.

Ähnlich erging es den damals in großer Zahl entstehenden religiösen Frauenge-

66 Nonnen als Malerin und Bildhauerin. Holzschnitt aus Boccaccios „Buch von berühmten Frauen", 1475

meinschaften, die ohne kirchliche Aufsicht in der freiwilligen Nachfolge Christi ein geistliches Leben führen wollten. Typisch war die Bewegung der so genannten Beginen, die gemeinsam lebten und arbeiteten, ihren Besitz in die Gruppe einbrachten, sich zu Keuschheit und Armut verpflichteten und sich der tätigen Nächstenliebe widmeten. Die Bischöfe und Priester beobachteten diese selbst bestimmten Gemeinschaften mit Argusaugen. Oft wurden diese Frauen durch kirchliche Verordnungen dazu gebracht, sich Klosterregeln zu unterwerfen, Ordenskleidung zu tragen, auf produktive Arbeit zu verzichten und sich statt auf Sozialarbeit auf religiöse Betrachtungen und Gebete zu konzentrieren.

Frauen in der Reformation

Die Reformation schränkte die Möglichkeiten von Frauen deutlich ein. Die Hochschätzung der Ehe und der christlichen Familie durch die Reformatoren entzog den Frauen die Alternative des Klosters und unterwarf sie einem starken „Heiratsdruck". Als „Normalzustand" einer Frau galt ihr Status als Ehefrau und Mutter. Als solche stand sie jetzt auch in religiöser Hinsicht unter der Aufsicht des Familienvaters.

Bessere Möglichkeiten hatten die Frauen in den im Gefolge der Reformation entstehenden radikalen und schwärmerischen Gruppen wie z. B. bei den Wiedertäufern. Da diese Bewegungen größeren Wert auf persönliche spirituelle Erleuchtung, unmittelbare göttliche Visionen und aktives Glaubensleben als auf orthodoxe Buchstabengläubigkeit legten, hatten in ihnen die Frauen eine deutlich bessere Stellung. Sie konnten genauso wie die Männer vom göttlichen Geist durchdrungen sein und spirituelle Autorität ausstrahlen. Daher übten diese reformatorischen Sonderbewegungen eine beträchtliche Anziehungskraft auf Frauen aus.

Frauenbildung und gebildete Frauen

Die Ausbildung der Mädchen konzentrierte sich in der Regel darauf, die notwendigen Kenntnisse und Fertigkeiten zur Haushaltsführung zu vermitteln und diejenigen Wesensmerkmale herauszubilden, die man zur Einordnung in den patriarchalischen Haushalt für notwendig hielt: Gehorsam, Bescheidenheit, Sittlichkeit, Fleiß usw. Großen Wert auf die Mädchenbildung legten auch die Reformatoren, war doch das Lesen der Bibel ein Grundmerkmal eines gläubigen Christen. Und manche Humanisten entwarfen Bildungsprogramme für Mädchen, damit sie neben der Bibel und theologischen Schriften auch die nützlichen Werke der klassischen Antike studieren konnten.

Ganz vereinzelt gab es auch Frauen, die sich eine eigenständige humanistische Bildung erwarben und gelehrte Studien betrieben. So wurde die aus dem venezianischen Bürgertum stammende Cassandra Fedele humanistisch erzogen und hatte bereits im Alter von zwölf Jahren Latein und Griechisch studiert sowie Rhetorik, Geschichte, etwas Philosophie und natürlich die Texte der Kirchenväter. In noch jungen Jahren trat sie an der Universität von Padua und vor der venezianischen Stadtregierung auf.

Hexenverfolgung und Hexenwahn

Die weit verbreitete negative Einstellung zum weiblichen Geschlecht trug ab dem 15. Jahrhundert zu den blutigen Exzessen des Hexenwahns bei, dem im Verlauf von etwa 300 Jahren Zehntausende von Frauen zum Opfer fielen. Jahrhundertelang hatte die Kirche den altgermanischen Glauben an weise Frauen mit Zauberkräften nur als heidnischen Irrtum verurteilt. Als ihre Autorität gegen Ende des Mittelalters jedoch immer mehr von Kritikern und alternativen religiösen Bewegungen infrage gestellt wurde, griff sie zu schärferen Maßnahmen. Sie versuchte die Abweichler und Ketzer, zu denen sie jetzt auch die angeblich mit dem Teufel im Bunde stehenden Frauen, die Hexen, zählte, mit Feuer und Schwert auszurotten. Dieses Vorgehen fiel in den spätmittelalterlichen Krisenzeiten auf fruchtbaren Boden. Viele Menschen litten unter Existenzängsten und suchten nach einem Schuldigen. Und hier konnte man – neben den Juden – die angeblich im Bund mit dem Teufel stehenden Frauen für Seuchen, Krankheit und Not verantwortlich machen und bestrafen.

67 Feuriger Aberglaube. Titelblatt eines Berichts über die Verbrennung von angeblichen Hexen in Derneburg (bei Hildesheim), 1555

Hexenbulle und Hexenhammer

Im Jahre 1484 legte Papst Innozenz VIII. in seiner so genannten Hexenbulle die Grundlagen des Vorgehens gegen die Hexen fest. Mit dieser Vorgabe verfassten die beiden Dominikanermönche Heinrich Institoris und Jakob Sprenger das maßgebende Handbuch der Hexenverfolgung, den „Hexenhammer". Es beschrieb die angeblichen Merkmale der Hexen und legte genaue Regeln für ihre Verfolgung und Verurteilung fest. Unzählige Frauen gerieten nun in die Fänge ihrer Häscher. In der Regel drohten ihnen ein Ketzerprozess und – zur Erzwingung eines Geständnisses – die Anwendung der Folter. Fast immer stand am Ende der Feuertod.

Ende des Hexenwahns

Erst im 18. Jahrhundert, als sich im Zeitalter der Aufklärung die Grundsätze der Vernunft – zumindest unter den Gebildeten – immer mehr durchsetzten, endete der Hexenwahn allmählich. Einen ersten wichtigen Schritt dazu hatte der Jesuitenpater Friedrich von Spee gemacht. In seiner Eigenschaft als Geistlicher hatte er mit vielen der Hexerei angeklagten Frauen und ihren Richtern gesprochen und war zu der Überzeugung gelangt, dass vor allem die grausamen Folterqualen für die zahlreichen Geständnisse und Verurteilungen angeblicher Hexen verantwortlich waren. Folgerichtig forderte er 1631 in seiner anonym veröffentlichten Schrift „Cautio criminalis" die sofortige Abschaffung der Folter als Beweismittel und das Ende der Hexenprozesse.

Wiedertäufer: Die Bewegung der Wiedertäufer entstand im Gefolge der Reformation etwa zur gleichen Zeit in der Schweiz, den Niederlanden und Deutschland. Sie orientierte sich radikal an der Bibel, und zwar vor allem am Neuen Testament. Da dort die Kindertaufe nicht bekannt war, befürworteten die Wiedertäufer den (erneuten) Taufakt bei Erwachsenen, die sich damit bewusst zum christlichen Glauben bekennen konnten. Die Wiedertäufer zeichneten sich durch ein moralisch strenges und aktives Glaubens- und Gemeinschaftsleben aus. Dabei übten sie einen starken Anreiz auf die unteren Schichten und einfachen Leute aus. Die Wiedertäufer wurden wegen angeblicher Irrlehren und Unmoral sowohl von den katholischen als auch von den protestantischen Obrigkeiten zum Teil brutal verfolgt.

68 „Gute" und „böse" Frauen

a) In seiner an seinen Sohn gerichteten Autobiografie stellt der Züricher Reformator Konrad Pellikan (1478–1556) die vorbildlichen Eigenschaften seiner verstorbenen Frau Anna Fries heraus:

Oh, sie hatte viele gute Eigenschaften, denen nachzueifern dir ziemlich ist! In Armut und Arbeit war sie aufgewachsen und deshalb barmherzig gegen die Armen, bescheiden, zugänglich, liebenswürdig, friedsam, verschwiegen, freundlich mit den Nachbarn, nicht im mindesten geschwätzig, treu und hilfebereit für Bedürftige, keusch und ohne alle Hoffart des Herzens und der Sitten und dabei eine so treffliche Hausfrau, dass ich mich niemals um die häuslichen Dinge zu kümmern brauchte. Gern hätte sie wohl sparsamer gewirtschaftet, aber weil uns so viele Gäste und Tischgänger zuströmten, trachtete sie nur darnach, diese anständig zu versorgen und ohne Klage gehen zu sehen, was ihr auch jederzeit gelungen ist. So war sie denn mehr darauf bedacht, das Ganze treu zusammenzuhalten, als reich zu werden. Niemals hatte sie Misshelligkeiten mit einem Tischgenossen, und jede Art von Beargwöhnung war von vornherein ausgeschlossen.

Allen Nachbarn war sie lieb und wert; sie freuten sich ihres Umgangs und genossen ihre Gefälligkeit. [...] Und was soll ich von ihr und meinen Studien sagen? Zehn Jahre war sie mein Weib, und ich wage nicht zu behaupten, dass sie mich während dieser ganzen Zeit auch nur eine Stunde in meinen gelehrten Arbeiten, die doch recht zahlreich waren, gestört hat! Recht wie eine geschäftige Martha[1] schaltete sie um mich und versorgte mich gewissenhaftest mit allem Notwendigen. Hochmut war ihr von jeher zuwider; denn sie gedachte ihrer bescheidenen Herkunft und der Armut der Ihrigen, aber ohne deshalb zu erröten; vielmehr fand sie immer die gute Seite daran heraus und blieb Gott von Herzen dankbar. Gerne stärkte sie sich an einem guten Glase Wein, aber nie überschritt sie dabei die Grenzen des Schicklichen, dass sie etwa redselig geworden wäre oder eine Verkehrtheit begangen hätte. Überhaupt habe ich dergleichen niemals bei ihr wahrgenommen.

1 Frauengestalt aus der Bibel, die Jesus umsorgt hat (Lukas 10,38 ff)

Zit. nach: Anne Conrad/Kerstin Michalik (Hrsg.): Quellen zur Geschichte der Frauen. Band 3, Neuzeit. Stuttgart 1999. S. 101 f.

b) Der Straßburger Prediger Johann Geiler von Kaysersberg (1445–1510) über die „bösen und zornigen Weiber und ihre Sitten", 1498:

1. Die erste Schell[1] der bösen Weiber ist die Begierigkeit und der Geiz: Es ist der bösen Weiber Art und Natur, dass sie ganz begierig sind auf den Gewinn; denn ein böses Weib ist ein giftig und gefräßiges Tier, das ist, sie ist dem Geiz ganz und gar ergeben. [...]
2. Die andere Schell der bösen Weiber ist die Unersättlichkeit der Wollust. Denn es sind etliche dermaßen auf die Geilheit und Unkeuschheit geneigt, dass wenn sie drei oder vier Männer hätten, möchten sie ihr Begierde und Unersättlichkeit nicht erfüllen. [...]
3. Die dritte Schell der bösen Weiber ist Neid und Hass. Es sind die Weiber von Natur geneigt auf Neid und Hass. [...]
4. Die viert Schell der bösen Weiber ist die Nichtigkeit und Unnutzbarkeit. Wie heftig solches Laster unter den Weibern umgeht, vornehmlich in der Nichtigkeit der Kleider, ist nicht von Nöten, dass wir hier viel davon sagen. Denn sie suchen eine solche Nichtigkeit und Vergeblichkeit in den Kleidern, dass nicht genug davon zu sagen ist, und trachten der Hoffart also heftig nach, dass sie dadurch Gott höchlich erzürnen, ihre frommen und ehrlichen Männer mit Hoffart der Kleider verderben und den Kindern oder Jungen böse Exempel geben ihnen auf gleiche Weise nachzufolgen. [...]
5. Die fünft Schell der bösen Weiber ist die Widerspenstigkeit und Halsstarrigkeit. Es dünkt mich, dass solche Widerspenstigkeit allein aus ihrer Unvollkommenheit entspringt, welche sie mit der Widerspenstigkeit wollen verdecken. Aber solches ist zwar kein Wunder an den Weibern; denn gleich wie sie aus einer krummen Rippe [...] gemacht sind, also sind sie in allen Dingen krummen Sinns und widerspenstigen Gemüts. [...]
6. Die sechst Schell der bösen Weiber ist Lügen, Betrügen und Klappern. Es können die Weiber von Natur wohl lügen. Die Männer können nicht also kunstreich lügen, gleich wie die Weiber, die brauchen keine alten Lügen zu verbessern, sondern sie wissen immer eine neue und frische, denn es wachsen den Weibern die Lügen unter der Hand, gleich wie den Männern die guten Räte. [...]
7. Die siebent Schell der bösen Weiber ist die Unversöhnlichkeit und Zornmütigkeit der Weiber. Was soll ich hier viel sagen? Es weiß jedermann, dass kein grausamer noch schrecklicher Tier auf der Welt ist als ein bös und zornig Weib.

1 Narrenschelle: Kennzeichen des Narren

Zit. nach: Peter Ketsch: Frauen im Mittelalter. Bd. 2: Frauenbild und Frauenrechte in Kirche und Gesellschaft. Quellen und Materialien, hrsg. v. Annette Kuhn. Düsseldorf 1984. S. 83 f. (sprachlich dem heutigen Deutsch angepasst)

a) Charakterisieren Sie die beiden hier wiedergegebenen Textsorten.
b) Welche Frauenbilder haben die beiden Autoren vor Augen?
c) Lassen sich zeitüberdauernde männliche Sichtweisen erkennen?

69 Frauenarbeit in den Städten

a) Beschwerde der Straßburger Weber über das Tuchweben der Frauen, Ende 15. Jh.:

Verständige, strenge, beständige, weise, liebe Herren! Zum ersten so ist unsere Meinung, dass fortan keine Frauen, es seien Beginen geistliche oder weltliche, sie seien wer sie wollen, etwas anderes weben dürfen als Trauerschleier und Schleier. Und sie sollen kein Halbtuch oder Meisterwerk mehr weben, denn das Halbtuch ist das Haupterzeugnis, von dem sich die meisten Weber ernähren müssen. Auch ist es unsere Meinung, wenn solche Frauen, die Trauerschleier und Schleier weben, dabei Lehrtöchter anstellen wollen, so sollen sie diese Lehrtöchter vor das Gericht der Meisterschaft bringen, wo der Lehrvertrag vorgenommen und verzeichnet werden soll, damit sie wissen, was man sie lehren soll, andernfalls lernen sie gar Halbtuch, Mitteltuch und Meisterwerk zu machen, können aber nicht, was sie können sollten oder was ihnen gebührt. Außerdem schicken sie sie des Öfteren mal hierhin und mal dorthin, weshalb sie nichts Rechtes lernen und es ist dann niemand, der sich ihrer annimmt oder dem sie es klagen können.

Zit. nach: Peter Ketsch: Frauen im Mittelalter. Bd. 2: Frauenbild und Frauenrechte in Kirche und Gesellschaft. Quellen und Materialien, hrsg. v. Annette Kuhn. Düsseldorf 1984. S. 182.

b) Ratschläge des Straßburger Arztes Dr. Johann Widman zur Verbesserung des Medizinalwesens und zur Einschränkung der Kurpfuscherei von 1483:

Zum ersten, ob es auch gut und nützlich ist, dass man jedermann gestattet und erlaubt, sich der Arznei anzunehmen, sie zu geben und andere Dinge, die dem Doktor der Arznei zugehören, zuzulassen, wie getauften Juden, Scherern, alten und sonstigen törichten Frauen, Landfahrern, die auf Latein alle Empiriker genannt werden, und schließlich sogar dem Henker, wie es hier in Straßburg geschieht, was mir glaubhaft versichert worden ist. [...]
Obgleich es hier jedem freisteht, die Arznei zu treiben, [...] so sollte sie doch niemand anders als allein dem Doktor der Arznei gestattet werden und sonst keinem Empiriker, denn diese verursachen große Schäden. [...] So ist es vorgekommen, dass man keine Kinder mehr empfangen kann und die Kindlein verdirbt und abtreibt, sowohl mit Vorsatz als auch aus Unwissenheit, denn sie kennen nicht die Art und Natur der Dinge, die sie den Leuten geben. [...]
Außerdem scheint es mir wegen der schwangeren Frauen außerordentlich wichtig, sich besser mit Hebammen zu versorgen und zu versehen, als das bisher geschehen zu sein scheint: Denn etliche verletzen die schwangeren Frauen bei der Geburt, etliche sind bei armen Frauen untätig und unwillig, etliche sind unerfahren, etliche auch Hexen und Zauberinnen. Und dieselben erwürgen viele Kinder bei der Geburt, um die es vorher gut stand, wie ich erfahren habe. Und es ist eine allgemeine, unglückselige Regel, dass alle diejenigen, die viele Kinder bei den Frauen tot (zur Welt) bringen, um die es vorher gut stand, und alle diejenigen, die unerfahren und nicht approbiert oder ohne Ausbildung die Arznei ausüben, alle Zauberinnen sind. Anderswo in großen Städten hat man geschworene Hebammen, die dem Doktor der Arznei schwören müssen, getreu und rechtschaffen alles das auszuführen, was sie können und wissen, und wenn sie etwas nicht wissen, bei anderen verständigen Frauen oder bei dem Arzt um Rat nachzusuchen. Man prüft sie auch durch Ärzte und weise, erfahrene Frauen.

Zit. nach: Peter Ketsch: Frauen im Mittelalter. Bd. 2: Frauenbild und Frauenrechte in Kirche und Gesellschaft. Quellen und Materialien, hrsg. v. Annette Kuhn. Düsseldorf 1984. S. 279 f.

c) Erläuterung zur Überlinger Apothekerordnung vom 4. Mai 1558:

Und zum dritten sei solcher Ordnung auch hinzugefügt, dass sie, die Herren Apotheker, hinfort bei ihrem genannten Eid, mitnichten weder ihre Ehefrau noch irgendeine andere Frau in der Apotheke mit denjenigen Gegenständen und Dingen, die der Arznei angehören und zuzuzählen sind, umgehen lassen sollen. [...] Dasselbe einzuhalten, sollte und wird ihnen auch nicht allzu schwer fallen, vor allem bei Berücksichtigung dessen, dass er der Frauen halber den Zeitaufwand und andere Unbill ihrethalben nicht jedes Mal zu erleiden braucht. Auch in anderen Orten, vornehmlich in den bedeutenden Städten, ist es nicht gebräuchlich und üblich, dass es den Frauen gestattet und zugelassen wird, mit diesen Gegenständen und der Arznei umzugehen. Doch Spezereien und Gewürze, ganz oder gestoßen, unmittelbar aufzuwiegen, wegzugeben und zu verkaufen, soll durch

diesen Artikel weder ausgeschlossen noch abgestellt werden, sondern den Ehefrauen der genannten Herren Apotheker soll weiterhin wie bisher damit zu handeln und zu verkaufen zugestanden und erlaubt sein.

Zit. nach: Peter Ketsch: Frauen im Mittelalter. Bd. 2: Frauenbild und Frauenrechte in Kirche und Gesellschaft. Quellen und Materialien, hrsg. v. Annette Kuhn. Düsseldorf 1984. S. 294.

d) Italienische Apotheke im 14. Jahrhundert. Nachdem Frauen im Laufe des Mittelalters eine immer stärkere Stellung im Bereich der Heilkunde eingenommen hatten, wurden sie in der Frühen Neuzeit aus diesem Betätigungsfeld durch männlichen Konkurrenzdruck wieder verdrängt.

70 Frauenbildung

Der spanische Humanist Juan Luis Vives schreibt 1523 in seinem Buch über die „Unterweisung der christlichen Frau":

Vielen sind gelehrte Frauen verdächtig. Sie meinen, es komme bei solchen zur natürlichen bösen Anlage noch das Hilfsmittel der Bildung hinzu, um sie raffiniert zu machen. Sie bedenken nicht, dass aus demselben Grunde auch für den Mann die Bildung bedenklich ist, wenn sie einer bösen Anlage als Mittel zu Lug und List dient. Die Bildung jedoch, die ich dem ganzen Menschengeschlecht zuteil werden lassen möchte, ist nüchtern und züchtig; sie belehrt und macht die Menschen besser und ist eine ganz andere als die Bildung, welche den Menschen zu unlautern Dingen reizt und rüstet. Wie sie aber immer sein mögen, ich rede von Lebensregeln und Beispielen tugendhaften Lebens für das weibliche Geschlecht. Wenn solche Kenntnis schädlich ist, dann sehe ich nicht ein, wie die Unkenntnis von Nutzen sein kann. [...]

Welche Bücher kann und soll man denn lesen, wird man nun fragen. Über einige gibt es keinen Zweifel, so über die Evangelien des Herrn, die Taten der Apostel und ihre Briefe, die geschichtlichen und moralischen Erzählungen des Alten Testaments [und eine Reihe von berühmten Kirchenlehrern sowie antiken Klassikern]. Über einige muss man verständige und gelehrte Männer um Rat fragen. Die Frau darf nicht leichtsinnig dem eigenen Urteile folgen und infolge ihrer geringen Vertrautheit mit den Wissenschaften und der Literatur Falsches für wahr, Verderbliches für heilsam, Törichtes für wertvoll halten. Sie muss überhaupt wissbegierig sein, um besser zu leben. Im Urteil aber soll sie vorsichtig sein und sich nicht über Zweifel äußern, sondern das festhalten, was die Kirche mit ihrer Autorität billigt oder das übereinstimmende Urteil der Besten. Sie soll stets bedenken und sich erinnern, dass es nicht ohne Grund ist, wenn Paulus den Frauen das Amt des Redens und Lehrens in der Kirche vorenthalten hat, sondern will, dass sie den Männern untertan seien und schweigend lernen, was ihnen Not tut.

Zit. nach: August Buck: Humanismus. Seine europäische Entwicklung in Dokumenten und Darstellungen. Freiburg/München 1987. S. 172 f.

Kennzeichnen Sie das Frauenbild, das dem Textauszug des spanischen Humanisten Vives zugrunde liegt.

71 Haben Frauen Vernunft?

Die italienisch-französische Schriftstellerin Christine de Pizan erörtert um 1400 das Problem in ihrem Buch „Stadt der Frauen" in einem fiktiven Dialog zwischen der Autorin und der „Frau Vernunft":

Nachdem ich mir dies alles angehört hatte, erwiderte ich der edlen Frau, deren Worte ohne Falsch waren: „Herrin, Gott hat wahrhaftig Erstaunliches über die Kraft jener Frauen, von denen Ihr erzählt, offenbart. Aber ich bitte Euch, klärt mich auch in einer anderen Hinsicht auf: Hat es eigentlich jenem Gott, der den Frauen so zahlreiche Begünstigungen gewährte, auch gefallen, einige von ihnen mit überlegener Intelligenz und großer Gelehrsamkeit auszuzeichnen? Außerdem: Sind sie überhaupt genügend intelligent für solche Dinge? Dies interessiert mich ganz besonders, behaupten doch die Männer mit großer Beharrlichkeit, der weibliche Verstand sei von nur geringem Auffassungsvermögen." Antwort: „Tochter, du [sollst] erkennen, dass das genaue Gegenteil dieser ihrer Meinung zutrifft. [...] Wenn es üblich wäre, die kleinen Mädchen eine Schule besuchen und sie im Anschluss daran, genau wie die Söhne, die Wissenschaften erlernen zu lassen, dann würden sie genauso gut lernen und die letzten Feinheiten aller Künste und Wissenschaften ebenso mühelos begreifen wie jene. Zudem gibt es ja solche Frauen. [Es] verhält sich folgendermaßen: Je stärker die Frauen den Männern an Körperkraft unterlegen, je schwächer und je weniger geschickt sie zu gewissen Dingen sind, desto größere Klugheit und desto mehr Scharfsinn entfalten sie überall dort, wo sie sich wirklich ins Zeug legen." „Was sagt Ihr da, hohe Frau? [...] Dieser strittige Punkt wird für die Männer niemals entschieden sein, es sei denn, es läge überzeugendes Material vor; denn sie würden mit dem Argument kommen, man beobachte doch allenthalben, wie unendlich überlegen die Männer den Frauen hinsichtlich ihres Wissens seien." Antwort: „Weißt du denn, weshalb Frauen weniger wissen?" „Nein, edle Frau, sagt es mir bitte." „Ganz offensichtlich ist dies darauf zurückzuführen, dass Frauen sich nicht mit so vielen verschiedenen Dingen beschäftigen können, sondern sich in ihren Häusern aufhalten und sich damit begnügen, ihren Haushalt zu versehen. Nichts aber schult vernunftbegabte Wesen so sehr wie die Praxis, die konkrete Erfahrung auf zahlreichen und verschiedenartigen Gebieten." „Edle Herrin, wenn sie also über einen aufnahme- und lernfähigen Verstand verfügen: Weshalb lernen sie dann nicht mehr?" Antwort: „Tochter, das hängt mit der Struktur der Gesellschaft zusammen, die es nicht erfordert, dass Frauen sich um das kümmern, was, wie ich dir zuvor erklärt habe, den Männern aufgetragen wurde. Es reicht, wenn sie den gewöhnlichen Pflichten, zu denen sie erschaffen wurden, nachkommen. Und so schließt man vom bloßen Augenschein, von der Beobachtung darauf, Frauen wüssten generell weniger als Männer und verfügten über eine geringere Intelligenz."

Zit. nach: Elke Kleinau/Christine Mayer (Hrsg.): Erziehung und Bildung des weiblichen Geschlechts. Eine kommentierte Quellensammlung zur Bildungs- und Berufsbildungsgeschichte von Mädchen und Frauen, Band 1. Weinheim 1996. S. 20 f.

a) Wie erklärt die Autorin die oft anzutreffenden Bildungsmängel von Frauen?
b) Benennen Sie die Quellen, aus denen die Menschen laut Pizan ihre Bildung beziehen können.
c) Vergleichen Sie Pizans Haltung zur Frauenbildung mit der von Vives.

72 Gegen Ketzerei und Hexen

a) Aus der Hexenbulle von Papst Innozenz VIII. von 1484:

Mit sehnlichstem Verlangen wünschen wir, wie es unsere Pflicht als Hirte erfordert, dass der katholische Glaube in unseren Zeiten wachse und blühe, und dass alle ketzerische Verworfenheit weit von den Grenzen der Kirche vertrieben werde. [...] Gewisslich, es ist neulich nicht ohne große Bekümmerung zu unsern Ohren gekommen, dass in einigen Teilen Oberdeutschlandes, wie auch in den Erzbistümern, Städten, Ländern, Orten und Bistümern von Mainz, Köln, Trier, Salzburg und Bremen sehr viele Personen beiderlei Geschlechts ihre eigene Seligkeit vergessen haben und vom katholischen Glauben abgefallen sind. Sie treiben mit den Teufeln, die sich als Männer oder Weiber mit ihnen vermischen, Unzucht und töten mit ihren Bezauberungen, Liedern und Beschwörungen und anderen abscheulichen Zauber- und Hexenkünsten, mit Freveln und Verbrechen die Geburten der Weiber und die Jungen der Tiere, sie verderben die Früchte der Erden, die Weintrauben und die Baumfrüchte und quälen auch die Menschen, die Frauen, die Tiere, das Vieh und andere verschiedene Arten Tiere, außerdem richten sie die Weinberge, Obstgärten, Wiesen, Weiden, Korn und andere Erdfrüchte zugrunde und peinigen die Menschen, die Weiber, allerlei großes und kleines Vieh und Tiere mit grausamen innerlichen und äußerlichen Schmerzen und Plagen und hindern eben dieselben Menschen daran, ihre ehelichen Dienste zu leisten, die Männer, dass sie zeugen, und die Frauen, dass sie empfangen. Darüber hinaus verleugnen sie den Glauben selbst, welchen sie beim Empfang der heiligen Taufe angenommen haben, mit eidbrüchigem Munde. Und sie fürchten sich nicht, angestiftet vom Feind des menschlichen Geschlechts, überaus viele weitere Leichtfertigkeiten und Laster zu begehen. All das gefährdet ihre Seelen, beleidigt die göttliche Majestät und ist ein sehr schädliches Exempel und Ärgernis.

Zit. nach: W. G. Soldan/H. Heppe: Geschichte der Hexenprozesse. Band I, hrsg. v. Max Bauer. Hanau, o. J. S. 248–250. (Sprachlich angepasst)

b) Wie man sich Hexerei vorstellte: Hexen beim Wetterzauber. Holzschnitt, 1508

Arbeiten Sie die verschiedenen Elemente des Hexenglaubens heraus, wie sie in der päpstlichen Bulle zum Ausdruck kommen.

73 Hexenprozess gegen Katharine Kepler

a) In den Jahren 1620/21 musste sich die 74 Jahre alte Katharine Kepler, die Mutter des Astronomen Johannes Kepler, in Württemberg wegen Hexerei vor Gericht verantworten. Aus der Anklageschrift des fürstlichen Anwalts vom 4. 9. 1620:

1) Obwohl eine Witfrau einsam für sich sein sollte, habe sich beklagte Keplerin doch viele Jahre hindurch mit Hin- und Herlaufen an Orten, wo sie nichts zu tun gehabt, so verdächtig gemacht, dass sie fast alle für eine Hexe gehalten.
2) Daher wahr, dass viele Personen sie ungern in ihren Häusern gesehen, auch teils der Verhafteten unter Augen gesagt, sie nicht weiter zu belästigen.
3) Nichtsdestoweniger wahr, dass sie teils in ihrem eignen Hause, dann auch an anderen Orten verschiedene Personen mit Eingaben von Tränken, Antasten und sonsten dermaßen beschädigt, dass sie zum Teil gestorben, zum Teil noch heute elend vor Augen gesehen werden.

Zit. nach: Ludwig Günther: Ein Hexenprozess: Ein Kapitel aus der Geschichte des dunkelsten Aberglaubens. Gießen 1906. Nachdruck Augsburg 1998. S. 90.

b) Johannes Kepler besorgte seiner Mutter einen Advokaten als Rechtsbeistand. Dieser setzte sich in einer Verteidigungsschrift vom 7. 5. 1621 mit den Vorwürfen gegen seine Mandantin auseinander:

Zur Hauptsache übergehend, so hat dieselbe [Katharine Kepler] daher ihren Anfang genommen, dass die Reinboldin vor zehn Jahren in eine große Krankheit geraten, in welcher sie schlecht fundierte Ärzte und allerhand unordentliche Mittel gebraucht, wodurch die Beschwerlichkeiten so zugenommen haben, dass ihr fast das Herz abgestoßen und ihr die Augen zum Kopfe herausgetreten. Wie nun solche Empiriker im Brauch haben, dasjenige, was sie verpfuscht, oder nicht kurieren können, auf Zauberei zu deuten, so ist es auch hier geschehen. Die Reinboldin, die kurz vorher mit der Keplerin und dem Zinngießersohn in Zank und Feindschaft geraten war, schiebt nun die Schuld dem Haustrank der Keplerin zu, ohne zu bedenken, dass ihre Krankheit aus natürlichen Ursachen entstanden, durch untaugliche Medikamente vermehrt und ihr von dem Allmächtigen zur Strafe begangener Sünden geschickt worden. […]

[Der fürstliche] Anwalt [bringt vor], dass peinlich Beklagte sich durch Hin- und Herlaufen in die Häuser verdächtig gemacht habe, so dass sie fast jeder für eine Hex' gehalten. Zur Beweisung eines so gemeinen Rufes, weswegen übrigens niemand zur Tortur verdammt werden kann, ist notwendig, dass solcher Leumund öffentlich und vom größten Teil des Volkes gehört wurde, von ehrlichen, glaubwürdigen und angesehenen Personen her seinen Anfang nahm, und nicht von Leuten, welche einen Nutzen darauf zu hoffen haben; oder gar aus Verschreiungen entsprungen ist, die erst nach Streitigkeiten entstanden sind. Nun ist aber im ersten Zeugenverhör von vielen Zeugen bekundet, dass von der Keplerin vor ihrer Feindschaft nichts Unrechtes gehört wurde, ja es finden sich ehrliche Leute zu Leonberg, welche sie für unschuldig und für eine brave Frau halten. [So ist] dergleichen Reden unter dem Pöbel entstanden und durch die Reinboldin unter die Leute gebracht wurden, indem sie ihre Schmerzen männiglich klagte; dass sie diejenigen, mit welchen sie Gemeinschaft hatte, anwies, dieses weiter zu verbreiten, und dass ihr Anhang, sobald einem oder dem anderen ein böser Zustand begegnete, solchen sogleich der Keplerin zuschrieb, auch wenn dieselbe nur an einer solchen Person vorübergegangen war. […]

Betreffend das Hin- und Herlaufen in Häusern, wo sie nichts zu tun hatte, so mag das wohl für den Beginn einer weiblichen Blödigkeit, aber nie und nimmer für eine Anzeige des Unholdenwerks gehalten werden. Alte, blöde Weiber sieht man nicht gern im Haus; aber wenn man sie gleich als Unholdinnen ausschreien wollte, so würden alle alten, geschwätzigen oder sonst unbequemen Weiber von dergleichen bösem Argwohn nimmermehr befreit bleiben.

In dem dritten Klag-Artikel behauptet F. Anwalt, dass peinlich Beklagte Menschen und Vieh beschädigt habe und macht in den folgenden Artikeln 11 unterschiedliche vermeinte Hexenstücke namhaft, unter welchen aber nur zwei sind, wegen welcher bei der Obrigkeit Kläger erschienen [sind].

[Trotz der Androhung der Folter blieb Katharine Kepler standhaft und beteuerte ihre Unschuld. Daraufhin wurde sie schließlich freigesprochen und aus der Haft entlassen.]

Zit. nach: Ludwig Günther: Ein Hexenprozess: Ein Kapitel aus der Geschichte des dunkelsten Aberglaubens. Gießen 1906. Nachdruck Augsburg 1998. S. 95–99.

a) Arbeiten Sie aus den Textmaterialien die Ursachen heraus, die Aufschluss darüber geben, weshalb Frauen in den Verdacht der Hexerei geraten konnten.
b) Stellen Sie die Argumente der Anklage und der Verteidigung übersichtlich zusammen.
c) Bestimmen Sie die grundsätzliche Haltung zur Existenz von Hexen in den beiden Schriften.
d) Charakterisieren Sie die Frauenbilder in den vorliegenden Dokumenten.

74 Die Folgen der Folter

Der Jesuitenpater Friedrich von Spee (1591–1635) schreibt in seinem 1631 anonym veröffentlichten Buch „Cautio criminalis" über die Ausbreitung des Hexenwahns:

Nun möchte ich – weiß Gott! – gerne wissen, weil sowohl die, die nicht bekennt, als auch welche bekennt, Hexen sein und sterben müssen, wie doch ein Mensch, er sei so unschuldig, wie er immer wolle, sich allhier retten könne? O du Elende, worauf hast du doch gehofft? Warum hast du nicht, sobald du das Gefängnis betreten, gesagt, du wärest des Lasters schuldig? O du törichtes Weib! Warum willst du so oft sterben, da du anfangs mit einem Tode hättest bezahlen können? Folge meinem Rat und sage stracks zu, du seiest eine Hexe, und stirb; denn vergebens hoffst du los zu werden, solches lässt der Eifer der Gerechtigkeit bei uns Deutschen nicht zu.

So nun eine ein falsches Geständnis ablegt, weil sie die Marter nicht ertragen kann, so geht das Elend erst los, denn hier gibt es überhaupt kein Mittel frei zu kommen, sondern die Beschuldigte muss andere, auch wenn sie von ihnen nichts Böses weiß, anzeigen und oftmals die, welche ihr von den Inquisitoren oder Schergen in den Mund gegeben werden, oder von denen sie wissen, dass sie einen schlechten Ruf haben, oder früher beschuldigt oder im Gefängnis gewesen und wiederum entlassen seien. Werden dann diese auch gefoltert, so müssen sie wieder andere benennen und die wieder andere, und ist hier also kein Ende oder Aufhören. Und auf solche Manier kann es so weit kommen, dass die Richter entweder den Prozess abbrechen […] oder aber ihre Angehörigen, ja sich selbst und alle Leute verbrennen müssen. Denn da fehlet's nicht, die falschen Beschuldigungen werden sie endlich alle miteinander treffen, und werden sie auch, wann's nur zum Foltern mit ihnen kommt, alle schuldig machen. [...] Doch tun sich nunmehr etliche Verständigere und Gelehrtere hervor, die, gleichsam aus tiefem Schlafe erwachend, ihre Augen auftun, über die Dinge besser nachdenken und nicht so unbesonnen ins Tausendste hinein toben.

Zit. nach: W. G. Soldan/H. Heppe: Geschichte der Hexenprozesse. Band II, hrsg. v. Max Bauer. Hanau, o. J. S. 198–200. (Sprachlich angepasst)

a) Fassen Sie die Argumente Spees, die sich mit der Folterpraxis befassen, thesenartig zusammen.

b) Setzen Sie sich mit der Problematik auseinander, ob Spee lediglich Korrekturen in der Folterpraxis anmahnt oder in seinem Textauszug das Grundproblem der Folter anspricht.

III. Die Herausbildung des modernen Staates

1. Prototyp des modernen Staates – Florenz

Florenz, die Metropole der Toskana, gilt nicht nur als hoch bedeutendes kulturelles Zentrum der Renaissance. Auch in der politischen Organisation der Stadt und ihren wirtschaftlichen und gesellschaftlichen Grundlagen betraten die Florentiner Neuland. Sie durchbrachen die feudalen Ordnungen, die jahrhundertelang das Leben der Menschen bestimmt hatten, und nahmen ihr politisches Geschick selbst in die Hand. Und sie schufen die dazu nötigen Institutionen und Organisationsformen. Daher bezeichnen manche Historiker Florenz als den ersten modernen Staat der Welt. Was ist das Moderne an diesem Staatswesen und wie hat es sich entwickelt?

1293	Die Zünfte, in denen sich das große und mittlere Bürgertum organisiert hat, schließen den Adel von allen politischen Ämtern aus.
1378	Die Wollarbeiter („Ciompi“) erheben sich und übernehmen für kurze Zeit die Stadtregierung.
1434	Die Familie der Medici übernimmt die Macht in Florenz.
1494	Die Medici werden aus der Stadt vertrieben. Der Dominikanermönch Girolamo Savonarola (1452–1498) errichtet einen Gottesstaat.
1532	Nach langjährigen bürgerkriegsähnlichen Kämpfen in Florenz können die Medici ihre Herrschaft über die Stadt erneuern.

Aufstieg der italienischen Stadtstaaten

Im Verlauf des Mittelalters bildete sich in Nord- und Mittelitalien eine Reihe von expandierenden Stadtkommunen heraus, die vom Fernhandel profitierten und sich eigene politische Organisationsformen gaben. Das konnten sie, weil Kaiser und Papst nach dem Investiturstreit geschwächt waren und ihre Pflichten und Rechte als Zentralgewalten kaum noch ausüben konnten. Im Zusammenhang mit den Kreuzzügen hatte der Warenaustausch mit dem Orient stark zugenommen und in erster Linie den Hafenstädten Venedig und Genua war es gelungen, diesen gewinnträchtigen Seehandel unter ihre Kontrolle zu bringen. Der Geldverkehr weitete sich aus und Handel und Gewerbe florierten. Auch die Bevölkerungszahlen wuchsen.

Florenz und das Textilgewerbe

Dass auch Florenz einen raschen Aufstieg erlebte und seine Bevölkerung deutlich zunahm, lag vor allem an der Wollindustrie. Deren treibende Kraft waren die Verlagskaufleute, die zur Blütezeit der Stadt rund 200 Wollmanufakturen unterhielten. Sie sorgten für den Einkauf der Rohwolle aus England, Flandern oder Spanien, stellten die Werkstatt und die Arbeitsgeräte für einen Teil des vielstufigen Arbeitsprozesses zur Verfügung, beschäftigten Wollarbeiter und organisierten den weiteren Verarbeitungsvorgang in Spezialbetrieben in der Stadt oder dem Umland. Anschließend exportierten sie die fertigen Wolltuche nach ganz Europa und ins Mittelmeergebiet. Schon früh schlossen sich die Wollhändler in einer eigenen Zunft zusammen, die bald zu einer der mächtigsten Zünfte der Stadt heranwuchs. Sie überwachte die Qualität der Produkte, sorgte für die Beschaffung von für die Tuchherstellung notwendigen Rohmaterialien wie Alaun, Öl und Farbstoffen, unterhielt eigene Waschanlagen und Trockenhallen, regelte die Geschäftsbeziehungen ihrer Mitglieder untereinander und ahndete Verstöße gegen die Zunftordnung. Außerdem kontrollierte sie die Wollarbeiter, denen jede eigenständige Organisation oder gar ein Streik streng verboten waren. Wer gegen die Arbeitsregeln verstieß, wurde hart bestraft. Gelegentlich versuchten die Arbeiter die straffe Zunftherrschaft abzu-

75 „Die Erweiterung von Florenz“ Ölgemälde von Giorgio Vasari, 1565

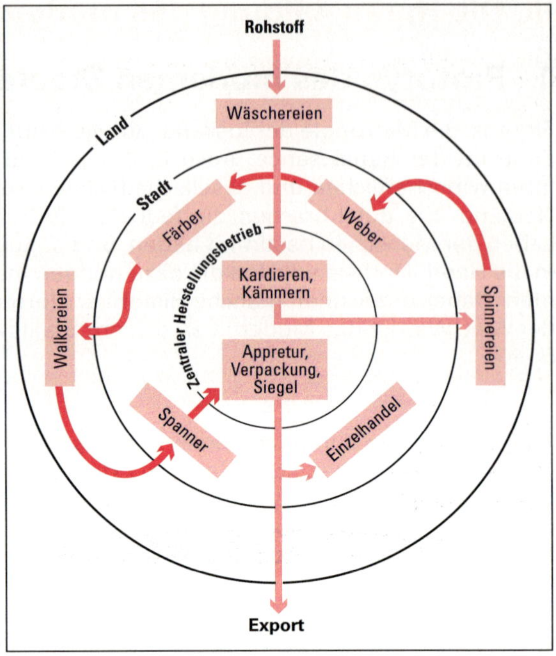

76 Grafik der verschiedenen Arbeitsvorgänge bei der Wollherstellung, der Arbeitsorganisation und der Aufteilung zwischen Stadt und Land

schütteln. Im Jahre 1378 gelang es ihnen sogar für kurze Zeit das Stadtregiment zu übernehmen. Doch letztlich blieb die Herrschaft der „Arte della Lana“, wie sich die Zunft der Wollhersteller nannte, unangetastet.

Große Handels- und Bankgesellschaften

Die Handelshäuser der im Wollgewerbe tätigen Verlagskaufleute unterhielten oft Filialen in ganz Europa und beschränkten sich selten nur auf das Wollgewerbe. Eine wichtige Einnahmequelle – so zeigen die Geschäftsbücher – bildete auch der Handel mit Nahrungsmitteln wie Getreide, Öl und Vieh. Dazu kamen Geldgeschäfte. Schon um 1300 hatten Florentiner Kaufleute die Grundlagen des modernen Bankwesens sowie des bargeldlosen Zahlungsverkehrs mit Kredit- und Wechselgeschäften entwickelt. Vor Risiken schützten sie sich durch Fracht- und Transportversicherungen; und die von ihnen erfundene doppelte Buchführung machte die Geschäftsvorgänge transparent und stellte sie auf eine rationale Grundlage.

Herrschaft der großen Familien

Diese aufstrebende Kaufmannselite übernahm im Verlauf des 13. Jahrhunderts auch die politische Macht in der Stadt. Nach langjährigen Kämpfen verdrängte sie den bis dahin dominierenden Stadtadel und errichtete 1283 ein von den hohen (u. a. Wollhersteller, Wechsler, Ärzte, Notare) und mittleren Zünften (u. a. Zimmerer, Schmiede, Schlachter) gelenktes Stadtregiment. Die niedrigen Zünfte (z. B. Bäcker, Schlosser, Gerber), der alte Stadtadel und erst recht das niedere Volk der Wollarbeiter, Tagelöhner, Knechte, Fuhrleute usw. blieben von politischer Mitwirkung ausgeschlossen. Diese Form der Stadtregierung sollte die Freiheit und Selbstbestimmung der Stadt und der sie beherrschenden Eliten sichern und spiegelte das Selbstbewusstsein und den Stolz der Bürger.
In der ersten Hälfte des 14. Jahrhunderts war Florenz in Kämpfe mit Nachbarstädten verwickelt und es gelang nach und nach, die Kontrolle über das Hinterland in der

77 Ein Olivenhändler auf dem Markt und in seiner Bottega. Miniatur aus dem Codex „Il Biadaiolo", 14. Jahrhundert

Toskana auszuweiten. Schwere Rückschläge erlitt die Stadt dagegen durch mehrere Pestepidemien, denen ein erheblicher Teil der Bevölkerung zum Opfer fiel, und durch Finanzkrisen, als die beiden größten Bankhäuser zusammenbrachen. In dieser Zeit (1343) fand die politische Verfassung von Florenz ihre für längere Zeit gültige Form. Sie fixierte die Herrschaft der Zünfte und hatte eine relativ breite Basis, da jetzt auch die unteren Zünfte beteiligt waren. Von einer Demokratie konnte man trotzdem nicht sprechen, da alle Zunftlosen, d. h. vor allem Tausende von Wollarbeitern, und auch die alten Adelsfamilien von der Regierungsgewalt ausgeschlossen blieben.

Verfassung von Florenz

In Florenz herrschte vielmehr faktisch eine Oligarchie der wichtigsten patrizischen Familien. An der Spitze der Stadtrepublik stand die aus neun Mitgliedern bestehende und mit Exekutivgewalt ausgestattete „Signoria" (der „Bannerträger der Gerechtigkeit" als Stadtoberhaupt und acht Prioren). Die diesem Regierungsorgan zunächst eingeräumte Amtszeit von zwei Monaten wurde später auf zwei Jahre erhöht. Der Stadtregierung standen zwei weitere Gremien beratend zur Seite, die zwölf „Buonomini" und die 16 „Bannerträger"; außerdem gab es noch zwei Versammlungen mit legislativen Rechten, den „Rat des Volkes" und den „Rat der Kommune". Deren rund 500 Mitglieder spielten allerdings eine eher passive Rolle, da sie nur über von der Stadtregierung vorgelegte Gesetzesvorhaben entscheiden konnten. Das Wahlverfahren für die wichtigsten Ämter stellte sicher, dass – trotz der relativ vielen Wahlberechtigten aus den Reihen der Zünfte – nur die wenigen mächtigen Familien der Wollhändler, Bankiers und Großkaufleute die politische Herrschaft ausübten. Tatsächlich hatten nur rund 350 Familien Zugang zu höheren Ämtern: In einer Vorauswahl wurden nur bestimmte Bürger für wählbar erklärt. Deren Namen kamen auf Zettel in einen Lederbeutel, aus dem dann die Amtsträger wie in einer Lotterie gezogen wurden. Dabei gab es vielerlei Möglichkeiten der Manipulation, zumal sich in der Stadt verschiedene Gruppierungen und Parteiungen herauskristallisierten, die sich zeitweise heftig befehdeten.

Tradition und Veränderung

Die herrschende Elite der Stadtbürger war durchaus traditionsbewusst und gründete ihren Führungsanspruch auf die republikanischen Institutionen und Freiheiten, die sie im Jahrhundert davor in langwierigen Kämpfen hatte durchsetzen können. Und doch erstarrten oder verkrusteten diese Traditionen nicht, sondern blieben offen für Veränderungen und Anpassungen an gewandelte Verhältnisse. Zu dieser Flexibilität trug auch bei, dass die führenden Patrizier keine homogene Schicht bildeten, sondern durch persönliche Feindschaften und Parteikonflikte gespalten waren. So blieb die Florentiner Gesellschaft sozial und ökonomisch mobil; d. h. Mitglieder der Stadtoligarchie konnten durchaus ins soziale Abseits stürzen, wie z. B. die führenden Familien Bardi und Peruzzi nach ihrem Bankrott im Jahre 1346. Andere Familien dagegen konnten im Laufe der Zeit durch Energie und unternehmerisches Geschick zur Spitze vorstoßen und die alten Cliquen verdrängen. Das beste Beispiel dafür war die Familie Medici.

Herrschaft der Medici

Um 1380 war Giovanni Bicci di Medici (1360–1429) noch ein kleiner Geldverleiher; kurz vor seinem Tod konnte er das zweitgrößte Vermögen von Florenz vorweisen. Es stammte vornehmlich aus der römischen Filiale seiner Bank, die das Privileg besaß die Finanzgeschäfte des Vatikans abzuwickeln. Sein Sohn Cosimo di Medici baute nicht nur die väterliche Bank aus, sondern übernahm ab 1434 faktisch auch die politische Führung in seiner Heimatstadt. Dieser Aufstieg gelang ihm, weil er sich auf seine Popularität bei den einfachen Leuten stützen konnte. Er versprach nämlich mehr Steuergerechtigkeit zugunsten der Armen und zu Lasten der Reichen.

78 Lorenzo di Medici, genannt „der Prächtige", verherrlicht als vergötterter Herrscher, der von seinen Freunden, Bittstellern und Verehrern umringt und von Vertretern aller Erdteile gepriesen wird. Ölgemälde von Giorgio Vasari, 2. Hälfte des 16. Jahrhunderts

Cosimo war ein geschickter Herrscher. Er beseitigte die Institutionen der Republik nicht, sondern kontrollierte und beeinflusste die Besetzung der öffentlichen Ämter in seinem Sinne durch raffinierte Wahlmechanismen und durch die Gewährung von „Gefälligkeiten" an seine Gefolgsleute. Dadurch erhielten seine Anhänger immer die Mehrheit in den Gremien der Stadtregierung. Seine Gegner schwächte er durch hohe Steuern. Einige mussten sogar ins Exil, solange sie ihm gefährlich werden konnten.

Cosimos Enkel Lorenzo, genannt „der Prächtige", führte die Medici-Herrschaft ab 1469 auf ihren Gipfel. Nach einem erfolglosen Mordanschlag seiner Gegner auf ihn, bei dem sein jüngerer Bruder Giuliano erstochen wurde (1478), sicherte er seine Herrschaft durch eine Verfassungsänderung: In Zukunft bestimmte ein von ihm kontrollierter „Rat der Siebzig" die Politik. Lorenzo übte das Regiment in der Stadt ähnlich geschickt wie sein Großvater aus; und seine Förderung der Künste und seine Kontakte mit Humanisten machten ihn weit über die Stadtgrenzen bekannt und berühmt. Außerdem erwies er sich als gewiefter Diplomat in den zahlreichen Konflikten auf der italienischen Halbinsel, in die auch der Papst verwickelt war.

Savonarola und das Ende der Medici

Gegen Ende seines Lebens büßte Lorenzos Herrschaft etwas an Glanz ein, da sein Bankhaus in geschäftliche Schwierigkeiten geriet. Und auch sonst stand es um die Florentiner Wirtschaft nicht zum Besten. So lebte nach dem Tode Lorenzos der alte republikanische Geist in Florenz wieder auf. Den Anstoß dazu gab der Dominikanermönch Girolamo Savonarola, der 1491 als Prior des Klosters San Marco nach Florenz gekommen war. Er predigte eine politische und soziale Reform und fand für seine feurigen Reden vor allem bei den niederen Volksschichten Gehör. Das Ende der Medici-Herrschaft nahte, als 1494 französische Truppen auf ihrem Weg nach Neapel die Toskana besetzten und Lorenzos Sohn Piero (1472–1503) ihnen Teile des Florentiner Territoriums abtrat. Die empörte Bevölkerung erhob sich, plünderte den Medici-Palast und jagte Piero davon.

79 Die Verbrennung Savonarolas. Ölgemälde (Ausschnitt), Museum di San Marco.

Unter der Führung Savonarolas entstand nun die Republik neu. Der fromme und sittlich strenge Mönch errichtete eine Art Gottesstaat, der sich an radikal-christlichen Idealen und an den alten republikanischen Traditionen der Kommune orientierte. Daraus entwickelte sich allerdings schnell eine theokratische Diktatur, als Savonarola und seine Anhänger ein strenges Sittenregiment errichteten und alle weltlichen Vergnügen verboten: christliche Tugenden, Buße, Gebete und Gottesdienst statt Festen, Spielen und Luxus. Höhepunkt war ein „Fegefeuer der Eitelkeiten", bei dem „sündhafte" Gegenstände aller Art öffentlich verbrannt wurden. Sogar vor einer Kritik an der verweltlichten Kirche und an dem prunkvollen Papst Alexander VI. (1431–1503) schreckte der fanatische Mönch nicht zurück.

Schon bald formierten sich die Gegner: Papst und Geistlichkeit, denen Savonarolas Auftreten zu weit ging, Anhänger der Medici und die führenden Familien der Stadt, die sich eine andere Art von Republik vorstellten und deren Geschäfte unter dem Konflikt mit Rom litten. Nach einer Pestepidemie und einer Hungersnot gewann die Opposition die Oberhand. Savonarola und seinen wichtigsten Anhängern wurde der Ketzerprozess gemacht. Im Mai 1498 endeten sie auf dem Scheiterhaufen. Die Republik wurde mit einer neuen Verfassung wiederhergestellt.

Erneuerung der Medici-Herrschaft

Diese zerbrach jedoch bald am Widerstand der Konservativen und der franzosenfreundlichen Außenpolitik der Regierung. Eine antifranzösische Koalition unter Führung des Papstes machte der Republik ein Ende und setzte die Medici wieder ein. Der Kaiser erhob sie zu Herzögen und später zu Großherzögen der Toskana. Während seiner fast vierzigjährigen Regierungszeit formte Cosimo di Medici (1519–1574) aus Florenz und seinem Umland den geschlossenen Territorialstaat Toskana. Die Fraktionskämpfe und Aufstandsversuche nahmen ein Ende und die Bewohner gewöhnten sich an die Medici-Herrschaft, die ihnen ein sorgloses Leben garantierte. Aus der Stadtrepublik am Arno war ein absolutistisch regiertes Territorialfürstentum geworden.

Republik: Der Begriff leitet sich von dem lateinischen „res publica" („öffentliche Angelegenheit") ab und wurde ursprünglich von den Römern zur Bezeichnung ihres Staatswesens vor der Kaiserzeit verwendet. Heute versteht man darunter einen Staat, der nicht von einem König oder Fürsten gelenkt wird (Monarchie), sondern in dem das Volk als Ganzes (Demokratie) oder Teile desselben (Oligarchie, Aristokratie) die souveräne Macht innehaben. Im späten Mittelalter und in der Frühen Neuzeit bildeten sich in Europa zunächst einige wenige Republiken heraus, die von einer adligen oder bürgerlich-patrizischen Minderheit regiert wurden, z. B. eine Reihe italienischer und deutscher Stadtstaaten, die im 15. Jahrhundert entstandenen Kantone der Schweizer Eidgenossenschaft oder die 1587 proklamierten Generalstaaten der Niederlande. Seit der Französischen Revolution haben sich in Europa nach und nach parlamentarische Republiken durchgesetzt, in denen das Staatsvolk durch im Parlament vertretene gewählte Repräsentanten die Macht ausübt.

80 Der Aufstand der Ciompi

a) Die Wollfabrik. Ölgemälde (127 x 91 cm) von Mirabello Cavalori im Arbeitszimmer von Francesco I. im Palazzo Vecchio (Florenz), 1570–1572

b) Im Jahre 1378 gab es eine geheime Verschwörung der Florentiner Wollarbeiter, die allerdings von der Stadtregierung aufgedeckt wurde. Einer der Verschwörer namens Simoncino wurde verhört:

Der Vorsitzende fragte Simoncino: „Sieh da, das Volk erhob sich. Und was will es von der *Signoria*?" Der antwortete, dass die Wollkratzer, Wollkämmer, Wollklopfer, Färber, Gerber, Wollkrempler, Wäscher und die übrigen Arbeiter, die der *Arte della Lana* unterstellt waren, ihr nicht länger unterworfen sein wollten. Sodann wollten sie alle, dass es keinen *ufficiale forestiere*[1] mehr gebe und dass sie nichts mehr mit ihm zu schaffen hätten. Denn es sind viele schlecht behandelt worden sowohl von dem *ufficiale*, der uns wegen jeder Kleinigkeit peinigt, als auch von den Tuchherren, die einen sehr schlechten Lohn zahlen. Wegen der Dinge, die sie berichten, wollen sie in Zukunft eigene Konsuln und nichts zu tun haben mit den *lanaioli* [Wollhersteller] oder dem *ufficiale*. Sie sagen auch, dass sie Anteil an der Regierung der Stadt haben wollen. Und sie forderten, dass alle Plünderungen und Brände für alle Zeiten vergessen sind. [...]
Die Kollegien kamen zu dem Schluss, dass diese Angelegenheit den Zünften bekannt gemacht werden sollte. Sofort wurde nach den Konsuln und Delegierten der Zünfte geschickt. Ebenso schnell kamen diese zu den Prioren und der Vorsitzende der *Signoria* kon-

frontierte sie mit dem, was Simoncino gesagt hatte. Alle zusammen beschlossen daraufhin, dass dieser Simoncino in die Gewalt des *Capitano* übergeben und solange gewürgt werden solle, bis er die Wahrheit über diese Verabredung sage, und so geschah es.

[Nach diesem harten Vorgehen der Stadtregierung brach ein Aufstand der Unterschichten los, denen es sogar gelang, für einige Wochen die Herrschaft in der Stadt zu übernehmen.]

1 „Ausländischer Beamter“: Von der Zunft der Wollhersteller bestimmter Arbeitsaufseher und Arbeitsrichter, der auch Körper- und Haftstrafen verhängen konnte.

Zit. nach: Ernst Piper: Der Aufstand der Ciompi. Über den „Tumult“ der Wollarbeiter im Florenz der Frührenaissance. Zürich/München 2000. S. 73 f.

a) Benennen Sie die zentralen Forderungen der Aufständischen.
b) Kennzeichnen Sie das Verhältnis zwischen Wollarbeitern und Wollfabrikanten.
c) Welche Schlüsse lassen sich hieraus auf die Herrschaftsverhältnisse in der Stadt ziehen?

81 Die Staatsordnung von Florenz

Der berühmte Humanist Leonardo Bruni (1370–1444) war von 1427 bis zu seinem Tode Staatskanzler von Florenz. Er erläutert (vermutlich griechischen Geistlichen und Gelehrten, die 1438 in Florenz weilten) die Eigenarten der Verfassung der Stadt:

Weil Sie über die Verfassung unserer Stadt, ihren Charakter und ihre Struktur unterrichtet sein wollen, werde ich sie so klar beschreiben, wie ich kann. Die Verfassung von Florenz ist weder vollständig aristokratisch noch demokratisch, sondern eine Mischung beider Prinzipien. Das geht klar aus der Tatsache hervor, dass adlige Familien, deren Angehörige an Zahl und Macht herausragen, keine wichtigen Ämter in der Stadt bekleiden dürfen. Das richtet sich gegen die Aristokratie. Andererseits nehmen einfache Handwerker und Angehörige der untersten Bevölkerungsschichten nicht am politischen Leben der Republik teil und das scheint antidemokratisch zu sein. Auf diese Weise vermeidet man die Extreme, und die Stadt setzt auf Männer der „Mitte“, das heißt auf diejenigen von respektabler Herkunft und von angemessenem Vermögen, sofern sie nicht zu mächtig sind. [...]

Volksversammlungen finden in unserer Stadt nur sehr selten statt, weil man versucht, alles im Vorfeld sorgfältig zu regeln. Deshalb besitzen die Inhaber der höchsten Ämter und die Ratskollegien große Kompetenzen und man braucht die Volksversammlung nur zur Entscheidung von Fragen grundsätzlicher Bedeutung. In solchen Fällen wird die Volksversammlung einberufen und in der Tat ist das Volk dann souverän und die Volksversammlung das wichtigste Verfassungsorgan. Aber das geschieht, wie gesagt, äußerst selten. [...]

Da die Republik eine Mischverfassung hat, können wir einige ihrer Charakteristika als demokratisch oder als aristokratisch definieren. Zu den demokratischen Grundzügen gehört die kurze Amtsdauer. Das höchste Amt – die Mitgliedschaft im Gremium der neun Ratsherren (d. h. der Signoria) – darf jemand nur zwei Monate innehaben und die Amtszeit in den anderen Gremien (der Buonomini und der Standartenträger) dauert drei oder vier Monate. Kurze Amtsperioden sind demokratisch und fördern die Gleichheit. Demokratisch ist auch die Tatsache, dass wir Freiheit in Wort und Tat hoch achten – dies ist nämlich Zweck und Sinn der Verfassung. Auch die Besetzung der Ämter durch Losentscheid und nicht nach Vermögenshöhe ist ein demokratischer Grundzug.

Andererseits gibt es auch Merkmale aristokratischer Herrschaftsform. Sie zeigen sich meiner Meinung nach darin, dass wichtige Fragen von den Gremien diskutiert und gebilligt sein müssen, bevor sie dem Volk vorgelegt werden müssen, und auch darin, dass die Volksversammlung eine Vorlage nicht mehr umformulieren darf, sondern sie als Ganzes annehmen oder ablehnen muss.

Zit. nach: Hans-Georg Hofacker (Hrsg.): Europa und die Welt um 1500. Berlin 2001. S. 112 f.

a) Stellen Sie aus dem Blickwinkel Brunis die demokratischen und die aristokratischen Elemente der Florentiner Stadtverfassung zusammen.
b) Welche Bedeutung spielt Ihrer Meinung nach die Volksversammlung im Verfasungskonzept von Florenz?
c) Erörtern Sie die Vorstellung von „Freiheit in Wort und Tat“ als Grundzug der Stadtverfassung.
d) Prüfen Sie, ob in Brunis Darstellung auch dessen eigene Wertungen erkennbar sind.

82 Einführung einer Vermögenssteuer

Ein häufiges Streitthema der Florentiner Politik war die gerechte Verteilung der Steuerlasten. Im Jahre 1427 wurde eine Vermögenssteuer eingeführt. Auch Giovanni di Medici mischte sich in die Diskussion um die neue Steuer ein:

Dieser Krieg [mit dem Herzogtum Mailand] hatte von 1422 bis 1427 gewährt. Der bisherigen Abgaben müde, kamen die Florentiner überein, eine neue Anordnung zu treffen. In der Absicht, die Abgaben in richtiges Verhältnis zu den Vermögensumständen zu bringen, wurde verordnet, dass der Besitz damit belastet werden, und wer für hundert Gulden Eigentum habe, einen halben Gulden zahlen sollte. Da nun die Verteilung Sache des Gesetzes, nicht der Menschen war, so kam auf die Schultern der mächtigen Bürger eine schwere Last. Auch waren sie dem Gesetze schon abhold, ehe es beraten wurde. Nur Giovanni di Medici pries es offen, so dass es durchgesetzt ward. Und weil bei der Verteilung die Güter eines jeden summiert wurden, was die Florentiner accatastare nennen, so hieß man diese Vermögenssteuer Catasto. Dies Verfahren legte zum Teil dem tyrannischen Walten der Mächtigen Zügel an, weil sie nicht wie früher die Geringeren bedrücken und dann durch ihre Drohungen in den Ratsversammlungen zum Schweigen bringen konnten. So war diese Auflage nach dem Sinn der Menge, während die Mächtigen sich ihr sehr ungern fügten. Wie es aber geschieht, dass die Menschen nimmer zufrieden zu stellen sind, und, sobald sie eine Sache erlangt, eine andere begehren: so verlangte das Volk, nicht sich begnügend mit der durch das Gesetz bewirkten Gleichheit der Steuer, man solle die früheren Jahre durchgehen um zu sehn, was die Vornehmen, nach dem Verhältnis des Katasters, damals weniger gezahlt; es verlangte sodann, dass diese nach dem Maßstabe solcher zahlen sollten, welche, mit ungesetzlich hoher Steuer belastet, ihre Besitzungen zu veräußern sich genötigt gesehen hatten. Mehr noch als der Kataster setzte dies Begehren die Vornehmen in Angst: um sich also dagegen zu schützen, hörten sie nicht auf gegen den Kataster selbst zu reden, indem sie behaupteten, er sei durchaus ungerecht, weil dabei auch die beweglichen Güter in Betracht gezogen seien, die man heute besitze, morgen verliere. Überdies gebe es viele Leute, die verborgen Geld besitzen, welches beim Veranschlagen nicht aufgefunden werden könne. […]

Giovanni di Medici beschwichtigte diese Aufregung, indem er zeigte, dass es nichts fromme, der Vergangenheit nachzuspüren, und man wohl tue, sein Augenmerk auf die Zukunft zu richten; wären die Auflagen in früheren Jahren ungerecht verteilt gewesen, so müsse man Gott dafür danken, dass man ein Mittel gefunden, diesem abzuhelfen. Dies müsse die Stadt zur Eintracht bewegen, nicht aber sie in Zwietracht stürzen, wie die Untersuchung der ehemaligen Steuern und ihre Gleichstellung mit den jetzigen tun würde. Wer mit einem halben Siege sich begnüge, sei immer der Klügste; wer den Sieg zu weit verfolgen wolle, verliere oft. Mit solchen Worten beruhigte er die erregten Gemüter, und von Gleichstellung war ferner nicht die Rede.

Niccolo Machiavelli: Geschichte von Florenz. Übers. v. Alfred Reumont. Wien 1934. S. 206–208.

a) Beschreiben Sie die Besteuerungsprinzipien des „Catasto".
b) Erläutern Sie das vom Volk geäußerte Verlangen einer rückwirkenden Besteuerung. Nehmen Sie dazu Stellung.
c) Erklären Sie das Verhalten von Giovanni di Medici, der damals immerhin zu den reichsten Männern der Stadt gehörte.

83 Lorenzo di Medici – Tyrann oder Wohltäter?

Bereits in jungem Alter schrieb der florentinische Diplomat Francesco Guicciardini (1483–1540) eine „Florentinische Geschichte von 1378–1509", in der er auch die Regierungszeit von Lorenzo di Medici würdigt:

Lorenzo di Medici war 43 Jahre alt, als er starb, und hatte 23 Jahre an der Spitze der Regierung gestanden. […] Und weil die Größe dieses Mannes einzigartig war und Florenz niemals einen Bürger gehabt hat, der ihm gleich gewesen wäre, auch sein Ruhm nach seinem Tode wie Zeit seines Lebens weit verbreitet war, scheint es mir nicht unangebracht, seine Art und seinen Charakter näher zu kennzeichnen. […]

Er genoss so großes Ansehen, dass man wohl sagen kann, dass die Stadt zu seiner Zeit zwar nicht frei, aber überreich an allem Ruhm und Glück war, die eine Stadt überhaupt haben kann. Dem Namen nach war sie frei, in Wirklichkeit aber stand sie unter der Alleinherrschaft eines ihrer Bürger. [...] Keiner von seinen Gegnern, auch von denen, die ihn herabzusetzen pflegten, hat je geleugnet, dass in ihm ein überragender und einzigartiger Geist wohnte. Jeder hat bezeugen müssen, dass in den dreiundzwanzig Jahren seiner Herrschaft über die Stadt ihre Macht und ihr Ruhm ständig zugenommen haben, so dass nur ein Tor dies bestreiten könnte, und das in einer Stadt, wo größte Redefreiheit herrscht und wo es von kritischen und unruhigen Geistern nur so wimmelt. [...] Er verlangte nach Ruhm und Ansehen mehr als irgendein anderer. Man könnte ihn tadeln, dass er sich von diesem Wunsch selbst in den kleinsten Dingen in übertriebener Weise beherrschen ließ. Er duldete nicht, dass irgendein Mitbürger ihn in Versen, Lustspielen oder Aufsätzen parodierte oder imitierte, und war sehr aufgebracht, wenn dagegen verstoßen wurde. Ebenso auch in großen Dingen; wollte er doch in jeder Hinsicht mit allen Fürsten Italiens wetteifern und ihnen gleichstehen. [...] Trotzdem war diese Ruhmsucht, aufs Ganze gesehen, lobenswert, bestand doch eine der Ursachen, warum sein Name und Ruhm allerorten, auch außerhalb Italiens, gefeiert wurden, in seinem Bestreben, Florenz an Künsten und Fähigkeiten über jede andere Stadt Italiens zu erheben. [...] Dies umso mehr, als er selbst bei seiner universalen Begabung durchaus zu urteilen verstand und die Menschen zu unterscheiden wusste, so dass alle wetteiferten, seinen Beifall zu erregen. Dazu kam seine unerschöpfliche Freigebigkeit, mit der er den Tüchtigen reichlich Unterhalt gewährte und sie mit allem notwendigen Handwerkszeug für ihre Kunstausübung versah. [...]

Was seinen Charakter mehr als alles andere belastete, war sein Misstrauen. Das entsprang wohl weniger seiner Natur als dem Bewusstsein, eine freie Stadt zu beherrschen, in der die Geschäfte von den Regierenden gemäß den Gesetzen des Staates und unter dem Schein und in den Formen der Freiheit geführt werden mussten. Deshalb bemühte er sich anfangs, als er gerade Fuß zu fassen begann, so viel wie möglich solcher Bürger heranzuziehen, von denen er wusste, dass sie wegen ihrer vornehmen Abkunft, ihres Reichtums, ihrer Macht oder ihres Rufes allgemein geachtet seien. Diesen wurden, wenn sie aus solchen Häusern und Familien stammten, die dem herrschenden System zuverlässig ergeben waren, die Gesandtschaften, Sonderaufträge und ähnliche Ehrenämter übertragen; gleichwohl traute er ihnen nicht, sondern ergänzte die Signoria mit Hilfe von Wahlen und Ämterkauf. Die geheimsten Sachen vertraute er nur solchen an, die ihm ihr Ansehen verdankten, damit sie ohne seine Unterstützung auf keinen Anhang zählen könnten. [...] Es kam schließlich dahin, dass keine irgend bedeutsame Familienverbindung ohne seine Mitwirkung und Erlaubnis geschlossen werden konnte. Dieses Misstrauen veranlasste ihn auch, zur Kontrolle der Botschafter in Rom, Neapel und Mailand auf Staatskosten ständige Beamte zu unterhalten, die den dort residierenden Botschaftern zur Dienstleistung zur Verfügung standen, mit denen er aber besondere Verbindungen unterhielt, um von allen Vorfällen unterrichtet zu sein. Ich will es ihm nicht geradezu als Misstrauen anrechnen, dass er sich eine große Zahl bewaffneter Diener hielt, [...] denn daran war wohl die Verschwörung der Pazzi [1478] schuld. Immerhin erweckte das alles nicht den Anschein eines Freistaates und eines Privatmannes und Bürgers, sondern eines Tyrannen und einer unterjochten Stadt. Fasst man alles zusammen, so muss man abschließend sagen, dass unter ihm die Stadt ihre Freiheit verloren hat, wenngleich man keinen besseren und angenehmeren Tyrannen hätte finden können.

Francesco Guicciardini: Florentinische Geschichte, Kap. 9. In: Geschichte in Quellen. Bd. III, hrsg. v. Fritz Dickmann. München 1966. S. 15–17.

a) Zeichnen Sie ein Charakterbild von Lorenzo di Medici. Stellen Sie dabei die von Guicciardini genannten positiven und negativen Eigenschaften gegenüber.
b) Erläutern Sie die Herrschaftstechnik Lorenzos di Medici.
c) Stellen Sie die Gründe zusammen, die Guicciardini zu seinem abschließenden Urteil kommen lassen.

2. Wege zum Staat

„Europa hat den Staat erfunden" (Wolfgang Reinhard) und seine Erfindung so erfolgreich in alle Welt exportiert, dass seither politisches Denken und Handeln ohne den Bezugspunkt „Staat" unmöglich erscheinen. Aber was meint überhaupt die Rede vom „Staat", was macht den „frühneuzeitlichen" Staat aus und was an ihm gilt als „modern"? Portugal, Spanien, Frankreich, England, Böhmen und Polen, schließlich die Schweiz und die Niederlande beschreiten in der Frühen Neuzeit verschiedene, teils gegensätzliche und in ihrem Ergebnis höchst unterschiedliche Wege der Staatsbildung.

2.1 Monarchische Verdichtung: Portugal, Spanien und Frankreich

1339–1453	Im so genannten Hundertjährigen Krieg mit England steht die französische Monarchie phasenweise vor ihrer dynastischen Auslöschung. Schließlich verliert jedoch England alle Besitzungen auf dem Kontinent.
1461–1483	Ludwig XI. gelingt die Konsolidierung des französischen Königtums.
1479	Die Heirat Ferdinands von Aragón und Isabellas von Kastilien stellt die spanischen Reiche auf eine dauerhafte territoriale Grundlage.
1492	Mit der Eroberung des Emirates von Granada ist die Reconquista gegen die maurisch-islamischen Reiche auf der Iberischen Halbinsel abgeschlossen. Die Juden werden aus Spanien vertrieben. Christoph Kolumbus „entdeckt" Amerika. Spanien-Portugal baut sein überseeisches Kolonialreich auf.
1515–1547	Unter Franz I. wird die Stellung des Monarchen in Frankreich weiter gestärkt.
1589/98–1610	Nach ihrer inneren und äußeren Erschütterung durch Hugenottenkriege und Adelsopposition kann die französische Monarchie durch Heinrich IV. von Navarra abermals konsolidiert werden.
1609–1614	Die nach der Reconquista in Spanien zurückgebliebene maurische Bevölkerung wird aus dem Land vertrieben.
1661	Ludwig XIV. übernimmt nach dem Tod Kardinal Mazarins selbst die Regierung und herrscht bis 1715 in absolutistischer Weise über Frankreich.

Die Reconquista als Voraussetzung der Staatsbildung

Die Erfahrung der Reconquista stand in mehrfacher Hinsicht an der Wiege der spanisch-portugiesischen Staatsbildung. Denn die Befreiung der Iberischen Halbinsel aus der Herrschaft der Moslems seit dem 9. Jahrhundert, die ihren Abschluss 1492 in der Eroberung des Emirates von Granada fand, ließ aus dem Bewusstsein der religiösen und politischen Abgrenzung eine (Vor-)Form gemeinsamer nationaler Identität wachsen.
Die Reconquista stärkte dabei unmittelbar die monarchischen Gewalten, denn die Könige waren es, die zum Krieg aufriefen, rüsteten und die Beute verteilten. Die Stärke der monarchischen Position zeigt sich nirgends augenfälliger als beim Herrscherwechsel: Die Herrschaft eines Königs begann überall mit dem Tod seines Vorgängers und in allen spanischen Reichen trat bis zum 15. Jahrhundert die Selbstkrönung des Monarchen an die Stelle von Salbung und Krönung.

Eigenständige Traditionen und politische Einigung

Auf der anderen Seite war die Iberische Halbinsel, auch wegen der langen Dauer der Reconquista, keineswegs ein politisch, kulturell oder wirtschaftlich einheitliches Reich. Im Wesentlichen hatten sich drei verschiedene Einheiten herausgebildet: Portugal im Westen, Kastilien in der Mitte und Aragón im Osten. Jedes dieser Reiche wies eigene Traditionen in Herrschaftsorganisation, Rechtspflege, Kultur und auch Sprache auf, die sich im Innern der Länder noch weiter ausdifferenzierten. Am weitesten vorangeschritten war die Einebnung der Unterschiede in Kastilien. Politische Einigung hieß vor diesem Hintergrund in erster Linie Bildung monarchischer Personalunionen. Verbunden waren auf diese Weise bereits seit 1319 die Königreiche der Balearen und Valencias mit Aragón. Zentrale Bedeutung gewann schließlich die Heirat Ferdinands von Aragón und Isabellas von Kastilien, durch die seit 1479 eine dauernde Vereinigung der beiden Reiche geschaffen war. Hinzukam 1580 (bis 1640) die Personalunion der Krone Portugals mit Spanien.

84 „Die Übergabe von Granada". Ölgemälde (350 x 452 cm) von Francisco Pradilla y Ortiz, 1882. Mit der Kapitulation Sultans Mohammed XII. und der Übergabe Granadas an Isabella von Kastilien und Ferdinand von Aragón am 2. Januar 1492 fiel nach über siebenhundert Jahren die letzte muslimische Bastion auf der Iberischen Halbinsel.

Politik der Krone: frühmoderne Machtmittel

Die Stärke der Monarchie konnte nicht verhindern, dass es gerade auch durch die Reconquista zur Anhäufung von Macht und Reichtum in den Händen der Großen des Landes, der Granden, gekommen war. In Kastilien beherrschte um die Mitte des 15. Jahrhunderts der Hochadel das Land; die königliche Macht sah sich der feudalen Anarchie gegenüber nahezu chancenlos. Erst die Personalunion von 1479 brachte den Umschwung, weil die Krone nun mit einer soliden territorialen Basis ausgestattet war, die sie auszunutzen verstand, um die feudalen Kräfte zu schwächen: Die Abschaffung des Fehdewesens beraubte den Adel seiner Privatarmeen und verwies auch ihn fortan zum Austrag seiner Streitigkeiten an die königlichen Gerichte (königliche Prärogative). Auch Bürgerliche konnten nunmehr als Juristen Karriere machen. Bürgerliche Milizen und königliche Söldnertruppen sicherten die königliche Autorität im Land. Niederer Adel und Bürgertum erwiesen sich als Stützen des Kampfes gegen die Granden, die im Ergebnis zwar ihre politische Vormachtstellung im Land verloren, ihre soziale Position jedoch behaupten konnten.

Inquisition im Dienst der Staatsbildung

Auch die (Wieder-)Errichtung der Inquisition unter Regie des Königs – 1478 für Kastilien, 1481 für das ganze Land – wirkte mit bei der Herausbildung eines einheitlichen spanischen Staatswesens. Die „richtige" Religion sollte gegen ketzerische

Abweichler ebenso wie gegen Juden und Moriskos – die Nachkommen der spanischen Araber – durchgesetzt werden und so die innere nationale Einheit sichern helfen. Zugleich war damit ein Machtmittel gefunden, durch das die königliche Zentralgewalt jeden einzelnen Untertanen erreichen konnte. All dies allerdings zu einem hohen Preis; denn die Vertreibung der Juden 1492 und der Moriskos 1609 aus Spanien bedeutete für das Land den Verlust eines großen Teils der wohlhabenden und gewerblich, technisch ebenso wie bildungsmäßig qualifizierten Bevölkerung.

Der König ernannte die Mitglieder der Inquisitionsbehörde und den Großinquisitor, wie er überhaupt die Bischöfe der spanischen Bistümer selbst einsetzte. Päpstliche Einflussnahme drängte er so weitgehend zurück, dass bisweilen geradezu von einer spanischen Nationalkirche gesprochen wird. Bis ans Ende des 16. Jahrhunderts führte der Monarch den Titel einer „Sacra Católica Real Majestad".

Früher Absolutismus?

Die Stärke des Monarchen nach innen und außen – Spanien galt im 16. Jahrhundert als die europäische Vormacht –, insbesondere aber die königliche Prärogative stellten für die ältere Forschung zumeist Kennzeichen eines „frühabsolutistischen" Staates dar. Der spanische König galt als Beispiel des „princeps legibus solutus" (Bodin), des außerhalb der Gesetze stehenden Fürsten.

Gleichwohl war auch er, wenn er Gesetze erließ und Entscheidungen fällte, an das bereits vorhandene Recht gebunden. Seine Berater hatten dies zu prüfen und nahmen für sich in Anspruch, einen Gesetzestext gegebenenfalls dem König wieder vorzulegen (Remonstrationsrecht). „Gehorchen, aber nicht ausführen" war die Formel, mit der das Recht des Königs zwar dem Wortlaut nach unangefochten blieb, aber gleichwohl einer Überprüfung unterzogen wurde. Auch in Kastilien bedurfte der König wenigstens für die Erhebung neuer Steuerarten der Zustimmung der Stände, während die Ständemacht in den Ländern der Krone Aragón ohnehin stärker ausgeprägt war und blieb: Hier bewilligten die Stände nicht nur die Steuern, sondern wirkten auch an deren Erhebung mit und kontrollierten die Staatsausgaben. Einem eigenen, allerdings vom König ernannten Oberrichter („Justicia") oblag es, die Rechte Aragóns gegenüber der Krone zu wahren.

Frankreich – monarchische Staatsbildung am Rande des Untergangs

Zwar hatte sich bereits am Ende des 12. Jahrhunderts auch in Frankreich mit der Herrscherbezeichnung „Rex Franciae" anstelle des älteren „Rex Francorum" die Vorstellung eines territorial definierten Königtums gegen personale Vorstellungen durchgesetzt; für eine Umsetzung dieses Anspruchs und den Ausbau der Königsmacht gab jedoch erst die krisenhafte Erfahrung des Hundertjährigen Krieges mit England (1339–1453) den entscheidenden Impuls.

Hausgesetze und Hausmacht, Steuer und Recht

Zum einen festigten und erweiterten die Könige dynastische Kontinuität und Hausmacht durch den Erlass von Hausgesetzen, die eine weibliche Thronfolge ausschlossen, die Volljährigkeit des Herrschers auf 13 Jahre festlegten und die Unveräußerlichkeit von Krondomäne und Kronrechten bestimmten. Zum anderen gelang es den Königen, die Herrschaft über Land und Leute auszubauen: Die Krondomäne – Ländereien im Grundbesitz des Königs selbst – erfuhr bis zum Ende des 15. Jahrhunderts durch Erbschaften und Heiraten eine entscheidende Vergrößerung, nur die Lehen der Herzöge von Orleans und Bourbon und der Grafen von Foix hatten noch für einige Zeit Bestand; ein königliches Besetzungsrecht für höhere kirchliche Ämter im Land verhinderte die Einflussnahme des Papstes und eine zu große Eigenständigkeit des Klerus; Steuererhebungen auch ohne Zustimmung der Stände wurden zur Gewohnheit; ein Netz von königlichen Verwaltungs- und Justizbehörden – die „Parlamente" – überzog nach und nach das ganze Land. Diese Parlamente hatten auch das Recht, Einwände („Remonstrances") gegen Gesetze und Verordnungen des Königs vorzubringen; seine unumschränkte

Gesetzgebungs- und Rechtsprechungsbefugnis blieb davon aber unberührt. Das entsprach der sakralen Würde seines Amtes. Sie fand im Titel „Allerchristlichster König“ („Rex christianissimus“) ebenso wie in der Anrede als „Votre (Sacré) Majesté“ ihren Ausdruck.

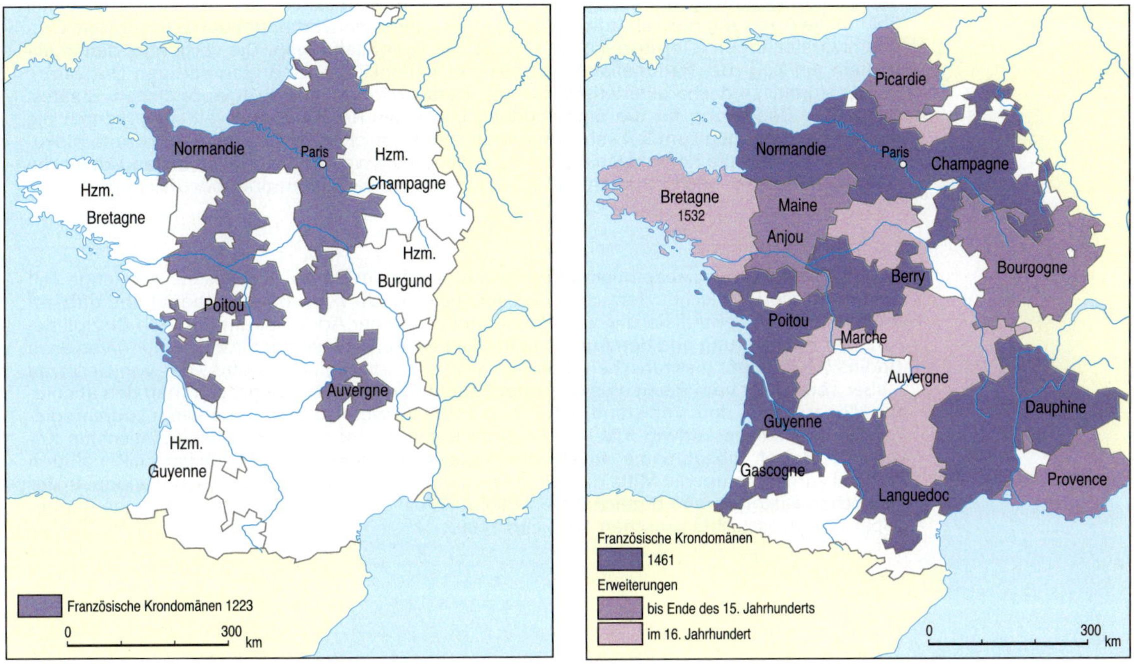

85 Die Ausdehnung der Krondomäne
Karte links: 11.–13. Jahrhundert; Karte rechts: 14.–16. Jahrhundert

Weitere Steigerung der Machtmittel im 17. Jahrhundert

Dennoch erlebte die französische Monarchie im 16. Jahrhundert herbe Rückschläge. Unter drei schwachen, teilweise minderjährigen Herrschern durchlitt Frankreich in der Zeit der konfessionellen Auseinandersetzungen blutige Bürgerkriege. Eine starke Adelsopposition und die Einflussnahme des mächtigen spanischen Nachbarn schwächten die königliche Zentralgewalt und führten zur Desorganisation des Staatswesens. Auch die außenpolitischen Niederlagen gegen die Habsburger waren Folge dieser Zustände (vgl. Kap. IV. 2).

Dem Bourbonen Heinrich IV. von Navarra (1589/98–1610) gelang es jedoch, nach seinem Übertritt zum Katholizismus und durch eine Politik der religiösen Toleranz, Rückhalt im ganzen Land zu finden und die Kräfte für die Auseinandersetzung mit dem habsburgischen Rivalen zu bündeln. Seine Nachfolger gingen aus dieser Auseinandersetzung schließlich siegreich hervor (vgl. Kap. VI. 3). Das im Dreißigjährigen Krieg „stehen gebliebene“ Heer, also eine einheitliche königliche Armee, ein gestrafftes Verwaltungs- und Justizsystem, aktive Wirtschafts- und Finanzpolitik („Merkantilismus“) und schließlich die Kontrolle des Adels am Hof Ludwigs XIV. (1643/61–1715) waren die Mittel für diese im Europa des 17. Jahrhunderts einzigartige Machtsteigerung.

Staatsbildung: Aufbau einer sachkundigen Verwaltungsbürokratie anstelle der bis dahin persönlich mit dem jeweiligen Herrscher vertrauten adligen Helfer, Einrichtung eines kontinuierlichen Steuerwesens anstelle fallbezogener Sonderabgaben, Entwicklung der Diplomatie als Instrument zwischenstaatlicher Beziehungen, Errichtung eines stehendes Heeres anstelle des im Bedarfsfall ausgehobenen Heerbannes und Ausbau der Justiz zu einer Institution mit festen Verfahrensregeln – dies sind Entwicklungstendenzen, die seit dem Ende des 15. Jahrhunderts einen Grundzug der europäischen Geschichte ausmachen. Kennzeichnend ist dabei überall die Ablösung mittelalterlicher personaler („Personenverband") durch territoriale Ordnungsvorstellungen („Territorialstaat") mit klaren Grenzziehungen. Die Vorgänge, denen allgemein ein Zug zur „Rationalisierung", also zur gedanklichen und planmäßigen Durchdringung, eignet, sind charakteristisch für die Herausbildung des frühneuzeitlichen Staates. Besondere Bedeutung für die Staatsbildung besaß die Reformation, weil sich dadurch die weltliche Gewalt den zum Teil sehr umfangreichen kirchlichen Besitz aneignen konnte (Säkularisierung), bzw. die Konfessionalisierung, weil nun die weltliche Obrigkeit bislang kirchliche Aufgaben (Armen- und Krankenfürsorge, Schulwesen) wahrnahm oder beaufsichtigte.

Absolutismus: Unter „Absolutismus" verstand man in der Geschichtswissenschaft lange Zeit eine Form monarchischer Herrschaft, die staatliche Macht konsequent, rational und effizient entfaltete durch Zentralisierung und Vereinheitlichung der Administration, durch Disziplinierung der Bevölkerung und den Aufbau stehender Heere. In einseitiger Interpretation von Jean Bodins (1530–1596) theoretischem Entwurf des „princeps legibus solutus", des von Gesetzen – aber eben nicht vom Recht an sich – unabhängig handelnden Königs, sah man den absoluten Monarchen in dem von ständischer Mitsprache im Wesentlichen unbehelligt „durchregierenden" Herrscher. Ludwig XIV. von Frankreich galt als Idealbild des absolut(istisch)en Königs. Der Begriff „absolutisme" taucht allerdings erst im Umfeld der Französischen Revolution auf und wird dann um die Mitte des 19. Jahrhunderts häufiger gebraucht. Insbesondere in der deutschen Historiografie bezeichnete „Absolutismus" schließlich eine ganze Epoche der europäischen Geschichte zwischen 1648 und 1789.

86 Spanien auf dem Höhepunkt monarchischer Macht?

a) Über die Person und Regierungsweise Philipps II. schrieb der florentinische Gesandte am spanischen Königshof 1587:

Mit den Untertanen ist er in dieser Weise verfahren, dass er, wohl wissend, dass die Königreiche von Kastilien die Grundlage seiner Macht seien, hier seine Residenz errichtet hat. Daher ist es gekommen, dass diese Provinz, gewohnt, den König mehr zum Kameraden als zum absoluten Herrn zu haben, den Nacken gebeugt hat und ihm wirklich unterwürfig und treu geworden ist, was zum Anfang nicht war, als ein Kondestable[1] von Kastilien es wagte, sich Kaiser Karl [V.] zu widersetzen. Aber was jener durch die Beschäftigung in den Kriegen nicht gekonnt hat, das hat der Sohn getan, indem er, Stück für Stück, den Großen die Autorität abnahm, dadurch, dass er sie ganz den Gesetzen der anderen unterwarf[2] und Vergehen bei ihnen ebenso bestrafte wie bei Niedrigen, sodass die Wildesten, durch diese Schläge zu Boden geworfen, und weil sie nicht in wichtigen Angelegenheiten verwandt wurden[3], weder Gedanken noch Einfluss hatten, im Augenblick einen Aufstand zu machen. Und die Gegenwart des Königs, begleitet von Streitkräften der anderen Königreiche, ließ auch der Einbildungskraft keinen Raum, an Umsturz zu denken. [...] Und die Erzbischöfe, so reich, dass sie früher mit dem König zu wetteifern wagten, heute von ihm ernannt und ausgewählt nicht mehr aus den Vornehmsten und Mächtigsten, sondern aus den Gebildetsten, Ruhigsten und Zuverlässigsten, sie sind diejenigen, die vor allen anderen seine Größe lieben und unterstützen. [...]

Dieser König ist wenig den Leidenschaften unterworfen, sei es von Natur, sei es durch Gewöhnung; weder Freude noch Schmerz werden an ihm in unmittelbarer Regung sichtbar, und man erlebt es nie, dass er in irgendeinem Falle ein unrechtes Wort zu irgendeinem seiner Diener sagt. Immer erscheint er in Miene und Haltung gleich. Dies hat, wenn man die Unglücksfälle bedenkt, die ihm widerfahren sind: den Tod seiner Kinder und Frauen, zu dem Glauben geführt, dass er grausam sei, aber wer auf der anderen Seite gesehen hat, dass er Beleidigungen nicht mit jener Schärfe des Hasses verfolgt hat, wie es sonst geschieht, außer bei demjenigen, der ihm noch einmal hätte schaden können, der meint, dass dies überlegene Verhalten allem Unglück gegenüber das Zeichen der Seelenbeherrschung ist.

1 Titel eines (hochadligen) Heerführers („Marschall“)

2 Erst mit Beginn der Neuzeit traten in Europa allgemeine, mit Fachjuristen besetzte Gerichtshöfe an die Stelle der mittelalterlichen Standesgerichte.

3 Auch bei der Besetzung von Leitungsfunktionen in der Innen- und Außenpolitik trat die Bedeutung adliger Herkunft gegenüber der fachlichen Qualifikation zurück.

Zit. nach: Detlef Albers: Der europäische Absolutismus. Stuttgart 1966. S. 3 f.

b) Forderung der Ständeversammlung (Cortes) von Kastilien an Philipp II., 1570:

Von den ruhmreichen Vorgängern Eurer Majestät im Königtum ist angeordnet und befohlen worden durch Gesetze, die in den Cortes[1] gemacht wurden, dass weder neue Abgaben und Steuern [...] noch andere besondere oder allgemeine Auflagen eingeführt oder erhoben werden dürfen ohne die Versammlung des Königreichs in den Cortes und ohne die Bewilligung seiner Prokuratoren, wie es festgesetzt ist in dem Verfassungsgesetz des Herren Königs Don Alfonso[2] und anderen Gesetzen. [...] Laut diesem Gesetz erscheinen nicht nur der Rat und die Meinungsäußerung des Königreiches für die Einführung der genannten neuen Abgaben erforderlich, sondern auch seine Zustimmung. So bitten wir Eure Majestät [...], es möchten keine neuen Abgaben oder Steuern auferlegt oder aufgetragen werden, ohne dass das Königreich zusammengerufen und versammelt ist in den Cortes und ohne seine Zustimmung, [...] und dass die Abgaben und neuen Auflagen, die gegen den Sinn des genannten Gesetzes auferlegt worden sind, aufgehoben werden [...], denn es werden sich andere Mittel finden, wie Eurer Majestät geholfen werden kann ohne solchen Schaden dieser Königreiche.

[Philipp II. antwortete hierauf, dass die Notlage und die Verpflichtungen, die früher bestanden und ihn gezwungen hätten, so zu verfahren, noch größer geworden seien, und so könne er es leider nicht vermeiden, diese Mittel anzuwenden, zu denen er gezwungen sei.]

1 Die Cortes (Stände) entstanden im 12. Jahrhundert aus dem von weltlichen und geistlichen Großen gebildeten königlichen Hofrat (Curtis Regia) durch Teilnahme städtischer Vertreter. Die Cortes bewilligten die Steuern und erlangten zeitweise großen Einfluss auf die Gesetzgebung und die Politik, bis sie im 16. Jahrhundert dem absoluten Königtum unterlagen.

2 Das König Alfons X. (1252–84) abgerungene Generalprivilegium von Saragossa (1283) schränkte die königliche Gewalt deutlich zugunsten des Adels ein.

Lafuente: Historia General de España, Bd. 14. Madrid 1854. S. 395 f. Zit. nach: Ricardo Krebs: Der europäische Absolutismus. 4. Aufl. Stuttgart 1979. S. 80 f.

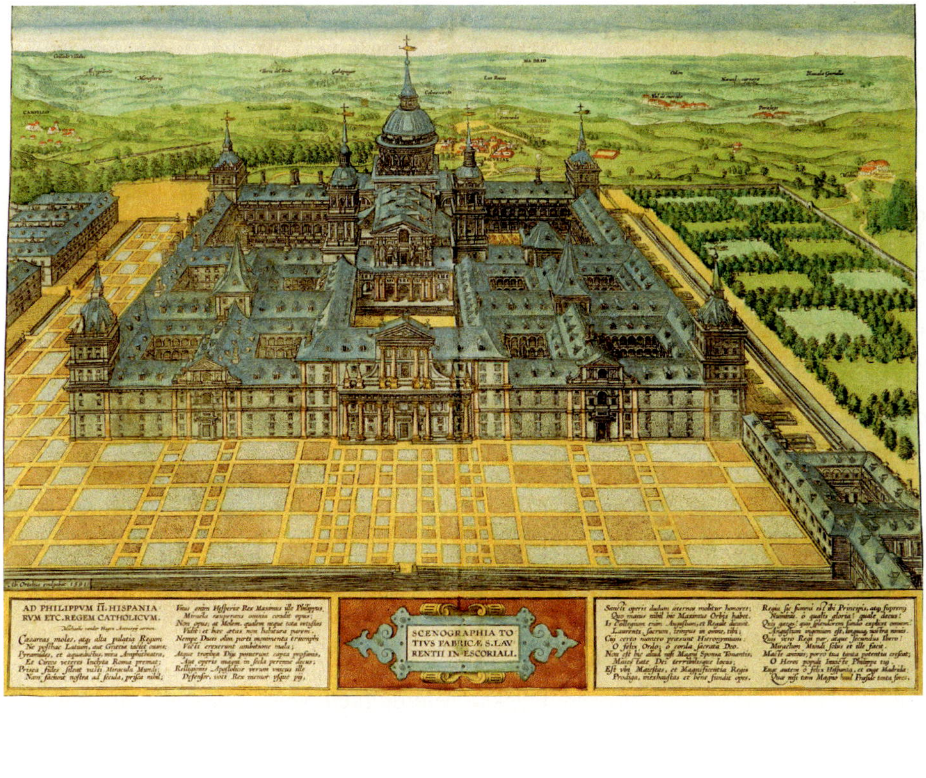

c) Der Escorial, erbaut 1563–1584 auf einer einsam gelegenen Hochebene nordwestlich von Madrid, diente zugleich als Residenz, Kloster und Grabstätte Philipps II. Kolorierter Stich (37 x 48 cm) aus Abraham Ortelius' „Theatro del Mondo", Antwerpen 1612.

a) Erarbeiten Sie aus den beiden Quellentexten die Entwicklung der Machtverhältnisse, die sich im 16. Jahrhundert in Spanien vollzog.

b) Charakterisieren Sie auf der Grundlage beider Texte Herrschaftsauffassung und Regierungsstil Philipps II. Bewerten Sie beides unter den Aspekten „Zentralisierung" und „Effektivität".

c) Zeigen Sie auf, welche Auffassung vom Herrscheramt sich in Lage und architektonischer Gestaltung des Palastes (Mat. 86c) widerspiegelt.

87 Reorganisation der französischen Krongewalt nach dem Hundertjährigen Krieg

a) Philippe de Commynes (1447–1511), der als einer der engsten Mitarbeiter der französischen Könige Ludwig XI. und Karl VIII. die innen- und außenpolitische Entwicklung Frankreichs in der zweiten Hälfte des 15. Jahrhunderts selbst mitgestaltete, vergleicht in seinen Memoiren die Macht Karls VII. mit der von dessen Nachfolger Ludwig XI., um 1490:

König Karl VII. war der erste gewesen, der es erreichte, seinem Land Steuern nach seiner Willkür ohne Bewilligung der Stände seines Reiches aufzuerlegen. [Dabei haben ihn mehrere Ritter unterstützt, die ihm bei der Eroberung der Normandie und der Guyenne geholfen hatten, zweier Gebiete, die die Engländer besetzt hielten.] Damals war es eine große Sache, da sowohl die eroberten Länder gesichert, als auch die Söldnertruppen verteilt werden mussten, die das Königreich plünderten. Hiermit erklärten sich die Herren [Adligen] Frankreichs um gewisser Pensionen [jährliche Geldzahlungen] einverstanden, die man ihnen für die Steuern, die man ihren Ländern auferlegte, versprochen hatte. [...]

Zur Stunde seines Todes [1461] erhob König Karl VII. eine Million achthunderttausend Franken insgesamt in seinem Königreich und hielt ungefähr siebzehnhundert Ordonanzreisige [ständige königliche Truppe] [...] und hatte sie in guter Zucht zum Schutze seiner Provinzen und seines Reiches, [...] was eine große Beruhigung für das Volk war. Als der König, unser Herr [Ludwig XI.], starb [1483], erhob er vier Millionen siebenhunderttausend Franken, hatte einige vier- bis fünftausend [ständige] Reisige und mehr als fünfundzwanzigtausend für [...] die Reservekompanien. So darf man sich nicht wundern, wenn er sich viele Gedanken machte und sich manches einbildete und glaubte, man gönne ihm nichts Gutes, obgleich er unter denen, die er ernährt hatte und die von ihm Wohltaten empfangen hatten, eine große Zahl hätte finden können, die selbst im Tode ihm nichts Schlechtes hätten antun mögen.

Philippe de Commynes: Memoiren. Übers. v. Fritz Ernst. Stuttgart 1952. S. 260.

b) de Commynes in seinen Memoiren über das Verhalten der Stände nach dem Tod Ludwigs XI:

In der Zeit, von der ich spreche, hielt jeder das Königreich für sehr kostspielig, sowohl die Großen wie der Mittelstand als auch die kleinen Leute, da sie zwanzig Jahre hindurch und länger unter großen und schrecklichen Steuern gelitten hatten. Und sicherlich musste man Mitleid haben, wenn man die Armut des Volkes sah und erkannte; doch ein Gutes hatte unser Herr an sich: Er legte nichts in den Schatz, nahm alles und gab alles aus. Er errichtete mehr als andere Könige vor ihm große Bauwerke zur Stärkung und Verteidigung der Städte und festen Plätze des Reiches. Den Kirchen gab er viel. [...]

Erhob sich nun etwa in diesem so sehr in vieler Art gequälten Reich nach dem Tode des Königs ein Aufruhr gegen den, der regiert? Griffen die Fürsten und Untertanen gegen ihren jungen König zu den Waffen? Wollten sie einen anderen? Wollten sie ihm seine Macht fortnehmen? Wollten sie ihn darin beschränken, sein Amt als König auszuüben und zu herrschen? Nein! Wenn es auch genug Ruhmsüchtige gegeben hat, die „ja" sagten, so ist es doch nicht so gewesen. Sie taten das Gegenteil von dem, was ich fragte; denn alle kamen zu ihm, sowohl die Fürsten als auch die Herren und die Bürger der guten Städte; alle erkannten ihn als König an und leisteten ihm den Huldigungseid; Fürsten und Herren brachten demütig, das Knie zur Erde geneigt, ihre Bitten vor und überreichten durch eine Bittschrift, was sie forderten; sie errichteten einen Rat von Zwölfen, die dort ernannt wurden. Seitdem befahl der König, der erst dreizehn Jahre alt war, nach dem Bericht dieses Rates. Auf dieser genannten Ständeversammlung wurden einige Forderungen und Vorhaltungen in großer Demut für das Wohl des Reiches vorgebracht, indem man immer alles dem Belieben des Königs und seines Rates anheim stellte; ihm bewilligten sie, was man von ihnen fordern wollte und ihnen geschrieben zeigte, was für die Sache des Königs notwendig sei, ohne etwas zu entgegnen. Es war die Summe von zwei Millionen fünfhunderttausend Franken gefordert, die völlig ausreichte, die Wünsche zu befriedigen, und eher zu viel als zu wenig war, ohne andere Erfordernisse. Die Stände baten, nach Ablauf von zwei Jahren wieder einberufen zu werden; wenn der König nicht genügend Geld hätte, würden sie es ihm nach seinem Wunsche geben, und wenn er Krieg hätte oder einer ihn beleidigen wolle, würden sie sich und ihr Gut einsetzen, ohne etwas zu verweigern, was er nötig hätte.

Philippe de Commynes: Memoiren. Übers. v. Fritz Ernst. Stuttgart 1952. S. 227 f.

a) Untersuchen Sie, wie das Verhältnis zwischen König und Ständen charakterisiert ist.
b) Inwiefern kann Ludwig XI. zu Recht als Begründer des „modernen" Königtums in Frankreich gelten?

88 Die Souveränitätsdebatte vor dem Hintergrund der französischen Bürgerkriege

a) Der französische Philosoph und Staatstheoretiker Jean Bodin schreibt in seinem Hauptwerk „Six livres de la république" über das Machtverhältnis zwischen Monarchen und Ständen, 1576:

Darin zeigt sich ja gerade die Größe und Majestät eines wirklich souveränen Herrschers, dass die Stände des ganzen Volkes, wenn sie versammelt sind und in aller Untertänigkeit dem Herrscher ihre Anträge und Bitten vortragen, keinerlei Befugnis zum Anordnen und Beschließen, ja nicht einmal eine beratende Stimme haben, sondern was der König nach seinem Gutdünken annimmt oder verwirft, befiehlt oder verbietet, gilt als Gesetz, Edikt, Befehl. In diesem Punkte haben sich die Verfasser der Schriften über die Pflichten der Amtsträger [des Volkes] und anderer ähnlicher Bücher geirrt mit ihrer Meinung, die Stände [als Vertreter] des Volkes stünden über dem Fürsten. Das heißt, die wahren Untertanen abwendig machen von dem Gehorsam, den sie ihrem souveränen Herrscher schulden, und ist eine unvernünftige und unbegründete Meinung, außer wenn der König gefangen oder geisteskrank oder ein Kind ist. Ist der souveräne Herrscher den Ständen unterworfen, so ist er weder Herrscher noch souverän und der Staat weder ein Königreich noch eine Monarchie, sondern eine reine Aristokratie mit mehreren, an Macht gleichen Herren, wo die Mehrheit über die Minderheit im Allgemeinen und über jeden Einzelnen im Besonderen zu bestimmen pflegt. In dem Fall müssten eigentlich die Edikte und Gesetze im Namen der Stände verkündet und von den Ständen beschlossen werden.

Zit. nach: Geschichte in Quellen. Bd. III: Renaissance, Glaubenskämpfe, Absolutismus. Hrsg. v. W. Lautemann und M. Schlenke, bearb. v. F. Dickmann. 3. Aufl. München 1982. S. 260.

b) Anonyme Schrift aus hugenottischem Umkreis gegen das Königtum, 1580:

Wir haben behauptet, dass bei Einsetzung des Königs ein doppeltes Bündnis eingegangen werde: einmal zwischen Gott, dem König und dem Volk, was früher besprochen wurde; sodann zwischen dem Könige und dem Volke. [...] Denn das Volk machte den König, nicht der König das Volk. Daher ist kein Zweifel, dass das Volk sich angeloben ließ, der König aber versprechen musste. [...]

Wenn der König von Frankreich gekrönt wird, fragen zuerst die Bischöfe von Laon und Beauvais das anwesende Volk, ob es diesen zum Könige wolle und begehre, eine Formel, die als die Erwählung durch das Volk bezeichnet wird. Nachdem das Volk eingewilligt zu haben scheint, schwört er, Frankreichs Gesetze und Freiheiten und überhaupt alle Rechte zu schützen, das Krongut nicht zu veräußern usw. [...] Und erst, nachdem das Volk es gutgeheißen, wird er mit dem Schwerte umgürtet, gesalbt und gekrönt, empfängt von den Pairs [...] das Szepter und die Rute der Gerechtigkeit und wird zum König ausgerufen. Und endlich dann erst, nachdem er selbst Treue und die Bewahrung der Gesetze angelobt, schwören auch ihm alle Pairs. [...]

[...] Was hat es aber für einen Sinn, dass dem Kontrakte eine Bedingung beigefügt wird? Doch wohl den, dass er bei deren Nichterfüllung von Rechts wegen ungültig sei? Wenn aber der Kontrakt aus Mangel der erfüllten Bedingung ungültig wird, wer kann das Volk meineidig nennen, das dem Könige, welcher die Bedingung erfüllen sollte und konnte, sie aber nicht erfüllte und das von ihm beschworene Gesetz verletzte, den Gehorsam verweigert?

Zit. nach: Geschichte in Quellen. Bd. III: Renaissance, Glaubenskämpfe, Absolutismus. Hrsg. v. W. Lautemann und M. Schlenke, bearb. v. F. Dickmann. 3. Aufl. München 1982. S. 262 f.

c) Jacques Béninge Bossuet, Bischof von Meaux und Erzieher Ludwigs XV., urteilt in seiner Schrift „Politique tirée des propres paroles de l'Ecriture Sainte" (Politik, abgeleitet unmittelbar aus den Worten der Heiligen Schrift) über die „bedingungslose Autorität" des Königs, 1682:

Die Monarchie ist die älteste und naturgemäßeste Staatsform, denn sie ist aus der väterlichen Gewalt

hervorgegangen. Alle Menschen werden als Untertanen geboren, und schon die Herrschaft des Vaters, in dessen Gehorsam sie aufwachsen, gewöhnt sie, nur ein Oberhaupt zu verehren. [Daraus folgt:]
1. Satz: Der Fürst ist niemand Rechenschaft schuldig von dem, was er anordnet. Ohne diese bedingungslose Autorität kann er das Gute nicht tun und das Böse nicht beseitigen. Seine Gewalt muss so groß sein, dass niemand sich ihr entziehen kann. Die einzige Zuflucht des Bürgers vor der öffentlichen Gewalt ist seine Unschuld.
2. Satz: Hat der Fürst gesprochen, so gibt es kein anderes Urteil. Man muss dem Fürsten gleichwie der Gerechtigkeit selbst gehorchen, sonst kann Ordnung und ein Ende der Streitigkeiten nicht entstehen. Denn er ist von Gott und sozusagen ein Stück der göttlichen Unabhängigkeit. Gott allein kann über seine Entscheidungen befinden und seine Person richten. Wer daher dem Fürsten den Gehorsam verweigert, hat gar keinen Anspruch, einem anderen Richter zugeführt zu werden, vielmehr wird er ohne Gnade zum Tode verdammt als ein Friedensstörer und Feind der menschlichen Gesellschaft.
3. Satz: Es gibt keine Gewaltausübung gegen den Fürsten. Gewaltausübung bedeutet eine Macht, die rechtmäßig ergangene Befehle vollstreckt. Rechtmäßige Befehle aber vermag nur der Fürst zu geben. Somit gebührt ihm allein die Gewaltausübung. Ihm allein obliegt die allgemeine Volkswohlfahrt. Und aus dieser wichtigen Befugnis folgt alles Übrige: Er teilt die öffentlichen Arbeiten aus, er verfügt über Ämter und Waffen, er vollzieht Erlasse und Befehle, er bestimmt Ehrungen. Wo Macht erscheint, hängt sie von ihm ab, und so ist auch keine Versammlung ohne seinen Vorsitz.
4. Satz: Das bedeutet aber nicht, der Fürst wäre von den Gesetzen befreit. Er ist gleich allen anderen Recht und Gesetz unterworfen, ja er vor allen anderen soll gerecht sein und seinem Volk ein Beispiel in Erfüllung der Gesetze geben. Aber den Strafen der Gesetze ist er nicht unterworfen.

Jacques-Bénigne Bossuet: Ouevres complètes. La Politique tirée des propres paroles de l'Ecriture Sainte, Bd. 23 u. 24. Paris 1682. Zit. nach: Ricardo Krebs: Der europäische Absolutismus. 4. Aufl. Stuttgart 1979. S. 25 f.

a) Inwiefern zeigen die unterschiedlichen Positionen der Quellentexte a) und b) die Offenheit der historischen Entwicklung an?
b) Vergleichen Sie damit die Ausführungen Bossuets. Interpretieren Sie die Unterschiede vor dem Hintergrund der geschichtlichen Entwicklung.

89 Politik des französischen Königs gegenüber den Ständen

a) Colbert, Minister Ludwigs XIV., im Briefwechsel mit Grignan, dem Intendanten der Provence, sowie dem Bischof von Marseille wegen einer Versammlung der Stände in der Provence 1671:
(Colbert an Grignan, 27. November 1671:) Ich zweifle nicht, dass Seine Majestät sich freuen wird zu hören, dass alle Deputierten der Stände gekommen sind, um sie ihres Eifers und ihres Gehorsams für alle Wünsche Seiner Majestät zu versichern. Man muss sie verpflichten, diese schönen Worte in die Tat umzusetzen, und dann die Ständeversammlung, die der Provinz sehr zur Last fällt, schnellstens zu beenden. – Was die Summe angeht, die Seine Majestät von ihnen fordert, so kann ich Ihnen versichern, dass es [...] unmöglich ist, sich mit weniger als 500 000 Livres zu begnügen. [...] Es gibt viele überzeugende Gründe, die die Deputierten veranlassen müssen, den König schnellstens zufrieden zu stellen. [...]
(Colbert an Grignan, 4. Dezember 1671:) Ich kann Ihnen versichern, dass Seine Majestät des Verhaltens der Deputierten Ihrer Ständeversammlung allmählich überdrüssig wird und mir befohlen hat, Ihnen mitzuteilen, er könne nicht länger ruhig mit ansehen, wie Jahr für Jahr Ständeversammlungen von drei Monaten und mehr zu Lasten der Provinz abgehalten würden, um eine so bescheidene Summe, wie er sie fordert, herauszuschlagen. Wenn die Deputierten weiter ein so schlechtes Betragen zeigen, [...] dann werden sie seine Majestät zu einem Entschluss zwingen, der nicht dazu angetan sein dürfte, ihren Namen im Lande einen guten Klang zu verschaffen. Kurz und gut, der König wünscht, dass Sie [...] ihnen deutlich sagen, wenn Ihr Antwortbrief auf diesen meinen Erlass Seiner Majestät nichts Zufriedenstellendes von Ihnen bringt, der König seine Befehle schicken wird, um die Versammlung aufzulösen [...] und den Anteil, den die Provinz an den Lasten des Staates zu tragen hat, auf andere Weise hereinzubekommen als durch die Bewilligung ihrer Deputierten. [...]
(Colbert an Grignan, 25. Dezember 1671:) Ich habe dem König über das fortgesetzt schlechte Betragen der Ständeversammlung der Provence berichtet, und

da Seine Majestät nicht länger geneigt ist, dies zu dulden, hat er die nötigen Befehle gegeben, sie nach Hause zu schicken, und zugleich zehn Lettres de cachet [Verhaftungsbefehle] zu erlassen, um die zehn am übelsten Gesinnten unter den Deputierten nach Grandville, Cherbourg, St. Malo, Morlaix und Concarneau zu verschicken. [...]

(Colbert an den Bischof von Marseille, 31. Dezember 1671:) Der König nimmt die 450000 Livres, die die Ständeversammlung der Provence ihm als don gratuit [freiwillige Abgabe] dargebracht hat, an. [...] Die Provinz wird leicht erkennen, wie sehr sie sich selbst geschadet hat mit der Wahl von Abgeordneten, die so wenig für ihr wahres Interesse übrig hatten, aber ich fürchte, diese Klagen werden nichts mehr nützen, denn Seine Majestät dürfte kaum geneigt sein, in Zukunft noch irgendeine Ständeversammlung in der Provence zu gestatten.

Zit. nach: Geschichte in Quellen. Bd. III: Renaissance, Glaubenskämpfe, Absolutismus. Hrsg. v. W. Lautemann und M. Schlenke, bearb. v. F. Dickmann. 3. Aufl. München 1982. S. 433 ff.

b) Die 1614 einberufene Versammlung der Generalstände. Zeitgenössischer Kupferstich

a) Arbeiten Sie aus den Schreiben die rhetorische und argumentative Strategie der königlichen Regierung heraus.
b) Warum setzt sich der Wille des Herrschers durch?
c) Beschreiben Sie die Darstellung (Material b). Welchen Eindruck vom Machtverhältnis zwischen König und Ständen vermittelt der Künstler?

2.2 Der „König-im-Parlament“: England

1215	Die „Magna Charta Libertatum“ schränkt die königliche Macht zugunsten adliger Freiheiten ein. Das englische „Parlament“ entsteht und entwickelt sich im Laufe des 14. Jahrhunderts zur Zweikammern-Vertretung von Lords und Commons.
1339–1453	Der Hundertjährige Krieg verfestigt den Einfluss des Parlaments, das über die Bewilligung von Finanzmitteln entscheidet.
1534	Die „Suprematsakte“ bestimmt König Heinrich VIII. Tudor zum kirchlichen Oberhaupt und stärkt damit die königliche Macht.
1628	Die „Petition of Right“ sichert dem Parlament die alleinige Verfügung über neue Steuern und Abgaben.
1649	Die „Puritanische Revolution“ unter Führung Oliver Cromwells führt zur Errichtung einer Republik und zur Hinrichtung König Karls I.
1653–1658	Cromwell schwingt sich als Lord-Protector zum Militärdiktator auf.
1660–1688	Die Restaurationsversuche der Stuart-Dynastie scheitern endgültig mit der „Glorious Revolution“. Das Parlament bestimmt einen neuen Herrscher aus der niederländischen Oranier-Dynastie. Als „King in Parliament“ kann er nur zusammen mit dem Parlament regieren.

Machtstellung der normannischen Eroberer

Die Eroberung Englands 1066 durch den Normannenherzog Wilhelm prägte die Strukturen für das neue Königtum vor. Zwar übernahmen die neuen Herren die überkommene Gliederung des Landes in Grafschaften („Shire“, „County“), zudem das wichtige Recht zur allgemeinen Besteuerung der Untertanen und die Praxis, mithilfe knapper schriftlicher Weisungen („Writs“) zu regieren. Entscheidend für die mächtige Position der künftigen englischen Könige war jedoch, dass alles Land durch die Eroberung Land des Königs, also Krongut geworden war. Dieser gab es zwar zum großen Teil als erbliche Lehen weiter, achtete aber darauf, das Entstehen geschlossener Adelsherrschaften zu verhindern. Auch wer als Untervasall Land empfing, bekundete seine Treue gegenüber dem obersten Lehnsherrn, dem König, wie überhaupt alle Untertanen einen Treueid auf ihren Herrscher ablegten. Verwalten ließen die neuen Herren die Grafschaften durch zuverlässige Kronvasallen, die „Sheriffs“, deren Amt nicht erblich war. Zusammen mit ihnen und zwölf Geschworenen wirkte jeweils ein königlicher Reiserichter bei der Rechtsprechung vor Ort mit. Nach und nach entstanden jedoch zentrale Gerichtshöfe in London. Dabei kam allein dem König die Hochgerichtsbarkeit zu, nur er allein besaß also die Befugnis, Kapitalverbrechen zu ahnden.

Der Krieg – „Vater“ des Parlamentarismus?

Dieser straff organisierten königlichen Macht stand mit dem Adel allerdings auch eine antizentralistische Interessengruppe gegenüber, die den König 1215 erstmals zur Festschreibung ihrer Rechte zwang („Magna Charta Libertatum“). Ein Urteil über Adlige sollten fortan nur noch Standesgenossen sprechen dürfen, außerordentliche Abgaben sollten sie nur noch mit ihrer Zustimmung leisten müssen. Damit bahnte sich eine Mitregierung der Großen des Landes an. Ort der gemeinsamen Beratung, des Gesprächs („Parlamentum“) über Recht und Gnade, Steuer und Politik, wurde der erweiterte königliche Rat. Ihm gehörten – seit dem 14. Jahrhundert in zwei unterschiedlichen Häusern gruppiert – „Lords“ und „Commons“ (Vertreter der Städte und Märkte, der Kirche, des Niederadels und der Universitäten) an. Sie erließen erstmals 1236 ein Gesetz aus eigener Machtvollkommenheit („statute“). Doch waren solche „statutes“ ohne die Billigung des Königs vorerst nicht durchsetzbar.

Erst der Hundertjährige Krieg gegen Frankreich (1339–1453) steigerte die Bedeu-

90 Sitzordnung der feierlichen Eröffnung des englischen Parlaments im April 1523 in Anwesenheit von König Heinrich VIII.

tung des Parlaments entscheidend, denn der vermehrte königliche Finanzbedarf machte die regelmäßige jährliche Einberufung des Parlamentes zum Zweck der Steuerbewilligung erforderlich. Das englische Parlament wurde so zu einer Institution, an der der König nicht mehr vorbeikam.

Staatsausbau durch Stärkung der Königsmacht: die „Tudor-Revolution"

Dem Tudor-König Heinrich VII. (1485–1509) und seinem Nachfolger Heinrich VIII. (1509–1547) gelang es schließlich, dynastische Konkurrenz und feudale Opposition auszuschalten und den inneren Ausbau der englischen Monarchie voranzutreiben. Behördenorganisation und Rechtswesen wurden gestrafft, die Einflussnahme des Papstes auf die Kirche durch die Errichtung einer englischen Nationalkirche mit dem König an der Spitze beendet; Klosterauflösungen kamen neben dem König selbst insbesondere der Gentry zugute.

Revolution und Bürgerkrieg

Von einer Umformung im Sinne einer absoluten Monarchie kann dennoch nicht die Rede sein, weil weder Heinrich VII. selbst noch seine Nachfolger den Einfluss des Parlamentes nachhaltig ausschließen konnten. Zur Eskalation im Verhältnis zwischen Königtum und Parlament kam es allerdings erst seit dem Herrschaftsantritt Karls I. (1625–1649), der durch seinen wenig konzilianten Stil rasch das Unterhaus gegen sich aufbrachte. Die Verweigerung von Zöllen und Abgaben und andere, gegen den König und seine engsten Vertrauten gerichtete Initiativen beantwortete Karl immer wieder durch die Auflösung des Parlaments. Stets aber, wenn der König durch Geldnot gezwungen war, das Unterhaus doch wieder einzuberufen, erreichte der Machtkampf eine neue Ebene und erlitt die Position des Königtums eine weitere, nachhaltige Schwächung: 1628 trotzte das Parlament dem König eine Unterschrift unter die „Petition of Right" ab, in der unter anderem willkürliche Verhaftung und Besteuerung verurteilt wurden; 1641 zwang das von den Puritanern unter John Pym (1584–1643) dominierte und von den Londoner Unterschichten unterstützte Parlament den König zu einer Reihe einschneidender Zugeständnisse: zur Auflösung der königlichen Gerichtshöfe, zum Verzicht auf Zölle und Steuern sowie zur regelmäßigen, mindestens einmal in drei Jahren erfolgenden Einberufung des Parlaments („Triennial Act").
Im Sommer 1642 eskalierte der Konflikt zum Bürgerkrieg. Das Parlament forderte in „Nineteen Propositions" unter anderem die umfassende Beteiligung an der Regierung, die Mitwirkung bei der Auswahl der königlichen Ratgeber, der Prinzenerzieher, der Richter, der Offiziere sowie die Kontrolle der staatlichen Ausgaben. Gegen eine derartige Neuverteilung hergebrachter Rechte von König, Ober- und Un-

terhaus formierte sich jetzt breiterer Widerstand. Das Unterhaus spaltete sich in königstreue „Royalisten“ oder „Kavaliere“ auf der einen und „Roundheads“, wie sie wegen ihrer vorherrschenden Haartracht genannt wurden, auf der anderen Seite. In mehreren Schlachten, zuletzt 1648 bei Preston, erwiesen sich die Roundheads als überlegen.

Republik und Protektorat

Als ihr fähigster militärischer Führer hatte sich Oliver Cromwell (1599–1658) erwiesen. Gestützt auf die Armee, gelang es ihm, zum Führer der „Revolution“ aufzusteigen. Ende 1648 gewann das Heer die Kontrolle über das Parlament, aus dem es einen Teil der Abgeordneten verdrängt hatte. Dieses „Rumpfparlament“ konnte von Cromwell schließlich dazu bewegt werden, König Karl I. zum Tode zu verurteilen. Am 30. Januar 1649 wurde das Urteil öffentlich vollstreckt, Monarchie und Oberhaus alsbald abgeschafft und England zum „Commonwealth and Free State“ erklärt. An der sozialen Struktur und damit auch am Wahlrecht änderte sich indes nichts: Wählen durfte weiterhin nur, wer über ein hohes Einkommen verfügte. Das Rumpfparlament übte fortan alle staatlichen Funktionen aus; als kollektives Staatsoberhaupt und eigentliches Zentrum der Macht fungierte ein 40-köpfiger „Staatsrat“ aus Mitgliedern der Armee.

91 Auf der Karikatur von 1656 sind links Cromwell auf einer Glückskugel, in der Mitte Cromwells Leute beim Fällen der „königlichen Eiche“ sowie rechts das Volk als Helfer dargestellt. *Deuten Sie die Aussage des Bildes. Wie steht der Künstler zu Cromwells Politik?*

Seit 1653 herrschte Cromwell dabei als „Lord Protector“, dessen weit über die vormals königlichen Rechte hinaus gesteigerten Befugnisse ein „Instrument of Government“ festlegte: Er erhielt einen festen Etat, der an parlamentarische Zustimmung im Einzelnen nicht mehr gebunden war, durfte Gesetze erlassen und auch in Friedenszeiten ein stehendes Heer und eine Flotte unterhalten – wie überhaupt zu Cromwells Regierungszeit die Militärausgaben bald mehr als die Hälfte der Staatseinnahmen ausmachten.

Letztlich fehlte dem Protektorat jedoch der Rückhalt in der Bevölkerung und so erwies sich eine Regierung ohne König als nicht tragfähig: Nach Cromwells Tod und dem Rücktritt seines unfähigen Sohnes Richard (1659) verständigten sich die gemäßigten Republikaner und der im holländischen Exil lebende Karl II. (1660–

1685) rasch. Er akzeptierte die Parlamentsforderungen von 1641 und zog 1660 als neuer Monarch in London ein.

92 Wilhelm von Oranien und seine Gattin Maria empfangen von Vertretern des Ober- und Unterhauses die englischen Königskronen. Kupferstich (1790) nach einem Gemälde von J. Northcote (1746–1831)
Beschreiben und deuten Sie den dargestellten Vorgang. Erläutern Sie die historischen Hintergründe und die vorangegangene Entwicklung im Verhältnis zwischen Krone und Parlament.

Restauration und „Glorious Revolution"

Hatte sich Karl II. auch im weiteren Umgang mit dem Parlament als kompromissbereit erwiesen, stieß sein Sohn und Nachfolger Jakob II. (1685–1688) auf wachsende Ablehnung, nicht zuletzt weil der König die Diskriminierung der Katholiken beenden wollte, die im „Test Act" (1673) von allen öffentlichen Ämtern ausgeschlossen worden waren. In dieser Situation knüpfte das Parlament Kontakt zu Wilhelm von Oranien (1688–1702), Generalstatthalter der Niederlande und Enkel Karls I., der Ende 1688 mit einer kleinen Streitmacht in England landete. Jakob floh nach Frankreich, das Parlament erklärte ihn für abgesetzt und übertrug 1689 die Königswürde auf Wilhelm und dessen Gemahlin Maria gemeinsam. Das Ergebnis dieser unblutigen „Glorious Revolution" formuliert die „Declaration of Rights".

„König-im-Parlament"

Als Souverän galt der „King in Parliament" – eine Formel, die den eigentümlichen Kompromiss zwischen Verfassungstheorie und Verfassungswirklichkeit beschreibt. Denn einerseits hatte das Parlament das Königtum wie ein gewöhnliches Staatsamt aus eigener Machtvollkommenheit vergeben und besaß weitgehende Mitwirkungsrechte, so die Zustimmung zur Führung eines Krieges und nicht zuletzt das Budgetrecht, auf dessen Grundlage Steuern, statt wie bisher pauschal, nunmehr zweckgebunden bewilligt wurden. Andererseits waren Prärogative, Einberufung und Auflösung des Parlaments, Bestellung der Richter, Ernennung der Minister, Oberbefehl über das – allerdings nur in Kriegszeiten bewilligte – Heer und hohe Politik, insbesondere Außenpolitik, alleinige Rechte des Königs, der zudem Oberhaupt der High Church blieb. Von seinem Vetorecht gegen Gesetze, die das Parlament beschlossen hatte, machte der König indes seit 1708 keinen Gebrauch mehr.

Parlament: Der Begriff ist zur Bezeichnung einer Versammlung von Ständen seit dem 13. Jahrhundert in England gebräuchlich. Das Zusammentreten der Ständeversammlung hängt zunächst vom Wunsch des Herrschers nach Hilfe und Rat („auxilium et consilium") durch die Großen seines Landes ab, zu denen Adel, Klerus und Städte zählen und die sich am königlichen Hof, der „curia regis" versammeln. In England entwickelt sich bis zum 14. Jahrhundert ein Zweikammern-Parlament, mit einem House of Lords (Oberhaus), dem hoher Adel und hoher Klerus, und einem House of Commons (Unterhaus), dem niederer Adel und Stadtpatriziat angehören. In Frankreich bilden die „états généraux", die Generalstände, mit den drei Kurien von Adel, Geistlichkeit und drittem Stand die vergleichbare Einrichtung. Im Deutschen Reich werden gelegentlich Reichs- oder Landtage mit drei oder zwei Kammern als „Parlament" bezeichnet. Meist jedoch wird hier von „Landschaft" gesprochen. – Parlamente heute verfügen in der Regel über drei grundlegende Zuständigkeiten: die Repräsentation des Wahlvolkes, das Gesetzgebungsrecht, die Bestellung und Kontrolle der Regierung.

93 Streit um die Mitwirkungsrechte des Parlaments

a) „Protestation" des Unterhauses, 18. Dezember 1621:

Die im Parlament versammelten Gemeinen […] erheben die folgende Protestation: Dass die Freiheiten, Gerechtsame, Privilegien und Jurisdiktionen des Parlaments das alte, unzweifelhafte Geburts- und Erbrecht der Untertanen von England sind, und dass die wichtigen und dringenden Angelegenheiten, die den König, den Staat, die Verteidigung des Königreiches und der Kirche von England, die Beobachtung der Gesetze und die Gesetzgebung, die Abstellung der täglich im Königreich vorkommenden Missgriffe und Beschwerden zu den eigentlichen Gegenständen und Angelegenheiten der Beratung und Diskussion im Parlament gehören, und dass bei Behandlung und Beratung dieser Angelegenheiten jedes Mitglied des Parlamentes von Rechts wegen Freiheit der Rede, Antragstellung, Verhandlung, Begründung und Beschlussfassung hat; dass die Gemeinen im Parlament die gleiche Freiheit und Befugnis haben, diese Angelegenheiten in der ihnen am geeignetsten erscheinenden Weise zu behandeln, und dass jedes Mitglied des genannten Hauses in gleicher Weise Sicherheit vor Anklage, Verhaftung und Behelligung […] genießt hinsichtlich dessen, was er sagt, begründet oder erklärt bei Beratung der Gegenstände der Parlamentsverhandlungen.

J. R. Tanner: Constitutional Documents of the Reign of James I. A. D. 1603–1625. 2. Aufl. London 1952. S. 288 f. Zit. nach: Geschichte in Quellen. Bd. III: Renaissance, Glaubenskämpfe, Absolutismus. Hrsg. v. W. Lautemann und M. Schlenke, bearb. v. F. Dickmann. München 1966. S. 362 f.

b) Annullierung der Protestation durch den König, 30. Dezember 1621:

Seine erhabene Majestät kam heute in den Rat. […] Der Sekretär des Unterhauses wurde hereingerufen und ihm befohlen, sein Journal vorzulegen, worin Notizen und Einträge über die meisten Vorgänge im Unterhaus gemacht waren. Darin war unter anderen Dingen auch die Formel einer Protestation über verschiedene Freiheiten, Privilegien und Gerechtsame des Parlaments eingetragen, durch welche Protestation Seine Majestät sich mit Recht beleidigt fühlte. Nichtsdestoweniger brachte Seine Majestät in sehr gnädiger Form zum Ausdruck, dass er niemals dem Unterhause irgendwelche gesetzmäßigen Privilegien, deren es sich seit jeher erfreut habe, streitig machen wolle. Solche Privilegien oder Freiheiten, die sie nach Gewohnheit oder nach unvordenklichem und gesetzlichem Herkommen hätten, wolle er sorgsam bewahren, aber diese Protestation des Unterhauses, so wie sie entworfen und ausgeführt war, hielt Seine Majestät für wert, aus allen Akten getilgt und vollständig annulliert zu werden, sowohl wegen der Art, wie sie verfasst sei, als auch wegen ihres Inhalts. […] In Erwägung dieser Umstände erklärte Seine Majestät am heutigen Tage vor seinem vollständig versammelten Rat und in Gegenwart der Richter die genannte Protestation für ungültig, nichtig und unwirksam und riss sodann manu sua propria (mit eigener Hand) die besagte Protestation aus dem Journal des Sekretärs des Unterhauses heraus.

Edward R. Turner: The Privy Council of England in the 17th and 18th centuries 1603–1784. Band 1. Baltimore 1927. S. 204 f. Zit. nach: Geschichte in Quellen. Bd. III: Renaissance, Glaubenskämpfe, Absolutismus. Hrsg. v. W. Lautemann und M. Schlenke, bearb. v. F. Dickmann. München 1966. S. 363.

c) Aus der „Petition of Right", die am 2. Juni 1628 im Unterhaus beschlossen und am 7. Juni von König Karl I. bestätigt wurde:

So legen wir hiermit Eurer Durchlauchtigsten Majestät untertänig die Bitte vor, dass niemand in Zukunft gezwungen werden soll, eine Gabe (gift), ein Darlehen (loan), eine Spende (benevolence), eine Steuer (taxe) oder eine ähnliche Abgabe herzugeben oder darzubringen, ohne die gemeinschaftliche Zustimmung durch einen Parlamentsbeschluss, und dass niemand wegen einer derartigen Forderung oder der Verweigerung derselben aufgefordert werden soll, sich darüber zu rechtfertigen oder sich persönlich zu stellen, und dass niemand deswegen verhaftet oder auf andere Weise belästigt und beunruhigt werden soll. Und dass kein freier Mann in irgendsolcher Weise, als vorher erwähnt ist, verhaftet und ins Gefängnis gesetzt werden soll. Und dass es Eurer Majestät gefallen möge, die besagten Soldaten und Seeleute zu entfernen[1], und dass Euer Volk in Zukunft nicht mehr so überbürdet werden möge. Und dass die vorher genannten Beauftragungen von Personen zur Rechtsprechung nach dem Kriegsrecht zurückgenommen und aufgehoben werden. Und dass in Zukunft keine ähnlichen Beauftragungen von Personen zum Verfahren in der vorerwähnten Weise erfolgen sollen, damit nicht unter dem Vorwande dieser Beauftragungen einige von Eurer Majestät Untertanen zugrunde gerichtet oder mit dem Tode bestraft werden, ganz gegen die Gesetze und die Freiheiten des Landes.

1 Hatte es zuvor eine durch „Schiffsgeld" – einer von den Küstengebieten erhobenen Steuer – finanzierte Flotte nur zu Kriegszeiten gegeben, so war Karl I. dazu übergegangen, eine Flotte auch in Friedenszeiten beibehalten und unterhalten zu wollen.

Ivor W. Jennings/Gerhard A. Ritter: Das britische Regierungssystem. Köln/Opladen 1970. S. 125.

d) Widerstand und Auflösung des Parlaments, 2. bis 16. März 1629. Nach einem Vertagungsbefehl König Karls I. kam es zu Unruhen und zur Auflösung des Parlaments, das erst elf Jahre später wieder einberufen wurde. Die am Tumult beteiligten Abgeordneten ließ der König verhaften.

Der Speaker [...] verlas eine Botschaft des Königs, die ihm befahl, „das Haus bis kommenden Dienstag [10. März] 7 Uhr abends zu vertagen". Dem hielten mehrere Mitglieder des Hauses entgegen, es gehöre nicht zu den Pflichten des Speakers, ihnen einen solchen Befehl bekannt zu geben, die Vertagung des Hauses sei ihr eigenes Recht. [...]

Sir John Elliot [...] brachte daraufhin eine Remonstranz [einen schriftlichen Einspruch gegen das Tonnen- und Pfundgeld] vor. Da aber Speaker und Sekretär sich beide weigerten, sie zu verlesen, wurde sie ihm zurückgegeben und darauf von ihm selber vorgelesen. [...] Sie sollte dann zur Abstimmung gestellt werden, aber der Speaker erklärte, er habe einen anderen Befehl vom König. [Der Speaker wird am Verlassen des Hauses gehindert; die Versammlung berät weiter.]

[...] Inzwischen hatte der König gehört, dass das Haus trotz seines Vertagungsbefehls weiter getagt hatte. Er sandte einen Boten, um den Serjeant mit seinem Szepter rufen zu lassen; wenn dieses nämlich vom Tisch des Hauses weggenommen ist, kann nicht weiter verhandelt werden. Aber der Serjeant wurde von dem Hause festgehalten. [...] Der König entsandte Mr. Maxwell mit seinem schwarzen Stabe [Black Rod = Dienstabzeichen des obersten Beamten des Oberhauses]; als er aber hören musste, dass weder diese noch seine Botschaft vom Hause angenommen wurden, wurde er rasend vor Zorn und schickte nach dem Kapitän der Leibwache, um die Tür mit Gewalt aufbrechen zu lassen; aber der gerade jetzt erfolgende Aufbruch des Hauses und seine Vertagung bis zum 10. März verhinderten die bösen Folgen, die sich daraus hätten ergeben können.

Am 10. März kam der König ins Oberhaus. Er sprach wie folgt: „Meine Lords! Niemals bin ich aus so unerfreulichem Anlass hier gewesen wie heute, nämlich zur Auflösung des Parlamentes. [...] Ich hielt es für nötig, heute selber hierher zu kommen und Ihnen, meine Lords, wie auch der ganzen Welt zu erklären, dass es einzig und allein das aufrührerische Benehmen des Unterhauses war, was die Auflösung zu diesem Zeitpunkt veranlasst hat. [...] Ich weiß, dass es nur einige Schlangen unter Ihnen gewesen sind, die diesen Dunst von Zwietracht vor den Augen der anderen erzeugt haben. [...] Diese übelgesinnten Leute werden ihren Lohn empfangen, während Sie, die hier anwesenden Mitglieder des Oberhauses, berechtigten Anspruch auf den Schutz und die Gnade haben, die ein rechter König seinen loyalen und getreuen Untertanen schuldet. – Und nun, Herr Großsiegelbewahrer, tun Sie, was ich Ihnen befohlen habe!" Daraufhin sagte der Lordsiegelbewahrer: „Meine Lords, meine Herren vom Unterhaus; Seine Majestät der König löst hiermit dieses Parlament auf!"[1]

1 Erst elf Jahre nach dieser Auflösung auf königlichen Befehl trat das Parlament erstmals wieder zusammen.

Zit. nach: Geschichte in Quellen. Bd. III: Renaissance, Glaubenskämpfe, Absolutismus. Hrsg. v. W. Lautemann und M. Schlenke, bearb. v. F. Dickmann. 3. Aufl. München 1982. S. 367 ff.

e) Die Enthauptung König Karls I. vor dem königlichen Palast Whitehall. Die von Cromwell erwirkte Hinrichtung des Monarchen am 30. Januar 1649 stieß in weiten Bevölkerungskreisen auf Ablehnung. Als der Kopf des Königs fiel, herrschte unter den Zuschauern beklommenes Schweigen.

a) Fassen Sie die Forderungen des Unterhauses in dem Quellentext a) zusammen.
b) Welche Haltung nimmt in Quellentext b) König Jakob ein? Wie begründet er sie?
c) Untersuchen Sie Inhalt und Form von Quellentext c). Was hat sich gegenüber der Protestation von 1621 verändert?
d) Gliedern Sie die Reaktionen des Königs nach formalen und inhaltlichen Gesichtspunkten.

94 Schutz der Religion, Rechte und Freiheiten

Aus der „Bill of Rights", wie die „Declaration of Rights" in ihrer fixierten Gesetzesform tituliert wurde, 1689:

Und indem hierauf die genannten geistlichen und weltlichen Lords und die Commons [...] sich nun zu einer vollen und freien Repräsentation dieses Volkes versammelt haben [...], geben sie zuvörderst [wie ihre Vorfahren in gleichen Fällen gewöhnlich getan haben] zur Aufrechterhaltung und Zusicherung ihrer alten Rechte und Freiheiten die Erklärung ab:

Dass die angemaßte Gewalt, durch königliche Autorität Gesetze oder die Ausführung der Gesetze ohne Zustimmung des Parlaments aufzuheben, ungesetzlich ist.

Dass die angemaßte Gewalt, durch königliche Autorität Dispensation von den Gesetzen oder deren Ausführung zu erteilen, wie dies in der letzten Zeit unternommen und ausgeübt worden ist, ungesetzlich ist. [...]

Dass die Erhebung von Geld für und zum Gebrauch der Krone unter dem Vorwande prärogativer Rechte des Monarchen ohne Bewilligung des Parlaments für längere Zeit oder in anderer Weise, als dieselbe gewährt ist oder gewährt werden sollte, ungesetzlich ist.

Dass es ein Recht der Untertanen ist, Petitionen an den König zu richten, und dass alle Verhaftungen und gerichtlichen Verfolgungen wegen solcher Petitionen ungesetzlich sind. [...]

Dass die Wahl zu Mitgliedern des Parlaments frei sein muss.

Dass die Freiheit der Rede und der Debatten oder Verhandlungen im Parlament nicht angefochten oder zum Gegenstand von Untersuchungen in irgendeinem Gerichtshof [...] gemacht werden dürfen.

Dass weder eine übertriebene Bürgschaftssumme gefordert noch zu große Geldstrafen auferlegt noch grausame oder ungewöhnliche Bestrafungen verfügt werden dürfen. [...]

Und dass zur Abstellung aller Beschwerden und zur Verbesserung, Stärkung und Aufrechterhaltung der Gesetze häufig Parlamente abgehalten werden sollen. [...]

Indem sie daher voll darauf vertrauen, dass Seine Hoheit der Prinz von Oranien die Befreiung vollenden wird, die von ihm schon so weit gefördert ist, und dass er sie immer schützen wird gegen die Verletzung ihrer Rechte, die sie hier in Anspruch genommen haben, und gegen alle anderen Angriffe auf ihre Religion, Rechte und Freiheiten: Fassen die genannten geistlichen und weltlichen Lords und die Commons, hier zu Westminster versammelt, den Beschluss, dass Wilhelm und Maria, Prinz und Prinzessin von Oranien, König und Königin von England, Frankreich und Irland und den dazugehörenden Besitzungen sein sollen und als solche erklärt sind.

Ivor W. Jennings/Gerhard A. Ritter: Das britische Regierungssystem. Köln/Opladen 1970. S. 130 f.

a) Zeigen Sie auf, inwiefern zahlreiche dieser Bestimmungen auf vorangegangene Rechtsverstöße und Missbräuche bezogen sind.
b) Erläutern Sie das durch die Bill of Rights begründete neue Verhältnis zwischen Parlament und Krone.

2.3 Staatsbildung zwischen Adel und König: Böhmen und Polen

In den mittel- bzw. osteuropäischen Ländern Böhmen und Polen konnte sich bis ins 14. Jahrhundert hinein eine königliche Zentralgewalt mit mehr oder minder stark ausgeprägter monarchischer Prärogative durchsetzen. Beide Kronen erlebten jedoch in der Folgezeit im Wesentlichen aufgrund dynastischer Nachfolgekrisen eine entscheidende Schwächung zugunsten des Adels bzw. der Stände. In beiden Ländern entstand so eine monarchisch-aristokratische Mischverfassung mit einer charakteristischen und für die weitere staatliche Entwicklung bedeutenden Vormachtstellung des Adels.

um 1400	In Böhmen und Polen herrschen Könige, ausgestattet mit dem Recht der Gesetzgebung und Rechtsprechung, relativ eigenständig über ihre Länder.
bis 1600	In beiden Reichen gewinnen die Stände an Macht und Einfluss.
1493	Der erste polnische Reichstag (Sejm) tritt zusammen.
1526	Aufgrund von Erbvereinbarungen kommen die Habsburger in den Besitz Böhmens.
1623	Im Verlauf des Dreißigjährigen Krieges gelingt den Habsburgern die Zerschlagung der böhmischen Adelsmacht.
1652	Das „Liberum Veto“ gibt jedem Mitglied des polnischen Sejms die Möglichkeit, verbindliche Beschlüsse zu verhindern.
1772/93/95	Nach drei „Teilungen“ zwischen Preußen, Russland und Österreich endet die staatliche Eigenständigkeit Polens.

Konfession und Nation

95 Feuertod des Jan Hus in Konstanz (1451). Federzeichnung aus Ulrich von Richenthals „Chronik des Konstanzer Konzils“, um 1450

Das ganze 15. Jahrhundert über blieben die Wirkungen spürbar, die von dem Theologen an der Prager Universität Jan Hus (um 1370–1415) ausgingen. Hus nahm mit seinen Gedanken zur Verwendung der Volkssprache im Gottesdienst, zur Kommunion unter beiderlei Gestalt (Utraquismus) und in der Forderung nach ungehinderter Predigt des Evangeliums in vielen Punkten die reformatorischen Ideen Luthers vorweg. 1415 wurde er vom Konstanzer Konzil verurteilt und als Ketzer verbrannt.

Hus wurde damit zum Märtyrer und zur Identifikationsfigur einer national-tschechischen Partei, die sich gegen die deutschen Könige von Böhmen auflehnte. Hier verbanden sich ständische, nationale und religiöse Opposition.

Wahl- oder Erbkönigtum?

Die Spannungen entluden sich in den „Hussitenkriegen" (1419–1434) und in einer Reihe weiterer Aufstände des böhmischen Adels, der den Gedanken des Wahlkönigtums gegen die Vorstellungen einer erblichen Krone immer neu durchzusetzen versuchte und dem für kurze Zeit die Errichtung eines böhmischen Nationalkönigtums unter dem Hussiten Georg von Podiebrad gelang (1458–1471). Nach dessen Tod wählten die Stände den Jagiellonen Wladislaw II. (1471–1516, zugleich König von Ungarn), der ihnen in der böhmischen Landordnung (1500) weitergehende Rechte – Gesetzgebungsbefugnis, Kontrolle der königlichen Finanzen, Leibeigenschaft der Bauern – zuerkennen musste. Nach dem Tod seines Nachfolgers Stefan (1516–1526) in der Schlacht von Mohács gegen die Türken ging aufgrund einer Erbvereinbarung die böhmische (ebenso wie die ungarische) Krone auf das Haus Habsburg über.
Nahezu ein weiteres Jahrhundert lang konnten die Stände unter Ausnutzung innerhabsburgischer Konflikte ihre Macht ausbauen. 1618, am Vorabend des Dreißigjährigen Krieges, stand Böhmen vor dem Schritt zum ständisch verfassten Staatswesen. Doch der Verlauf des böhmisch-pfälzischen Krieges (1618–1623) brachte die radikale Umkehr im Verhältnis zwischen Krone und Ständen (vgl. Kap. VI.2).

Polen – Zwischen dynastischer Kontinuität und Wahlkönigtum

Am Ende des 14. Jahrhunderts war es in Polen zu bedeutenden Veränderungen gekommen. Die Tochter des letzten polnischen Piasten-Königs, Hedwig, hatte 1386 Erbfürst Jagiello von Litauen geheiratet. Für nahezu zwei Jahrhunderte herrschten Könige aus dem Jagiellonenhaus über Polen, deren Wahl durch den Adel des Landes jedoch stets erst nach beträchtlichen Zugeständnissen erfolgte. So sollte seit 1454 eine Einberufung des Landesaufgebotes nur noch mit der Zustimmung der regionalen adligen Landtage, der Sejmiki, erfolgen. Diese entschieden von nun an sowohl über kriegerische Unternehmen als auch über die Bewilligung der Steuern für den König. Seit 1493 wirkten sie zusammen mit einem vom König bestimmten Rat (Senat) an der Gesetzgebung mit. Diese bedurfte freilich in jedem Falle der königlichen Zustimmung.

Vom Wahlkönigtum zum Ständestaat

Das Aussterben der Jagiellonen 1572 beschleunigte den Machtverfall der Monarchie und den Machtgewinn der Aristokratie. Denn von nun an wählten alle persönlich anwesenden Adligen den König unter den europäischen Bewerbern – aus Frankreich, Ungarn, Schweden, Polen, Sachsen – frei und ohne Rücksicht auf die bislang beachtete dynastische Erbfolge aus. Seine Stellung festigte der Adel in Wahlkapitulationen, die ihm das Recht auf Widerstand gegen die königliche Politik einräumten. Mit dem „Liberum Veto" schwächten sich seit 1652 die Stände jedoch selber,

96 Die Teilungen Polens im 18. Jahrhundert.
Untersuchen Sie die geo-strategischen Gesichtspunkte, die bei der Aufteilung Polens eine Rolle gespielt haben könnten.

weil nun die Stimme eines einzelnen Adligen genügte, um einen Beschluss des Reichstages zu „verbieten". Man sprach deshalb in der Forschung nicht nur von der polnischen „Adelsdemokratie", sondern schließlich auch von „feudaler Anarchie".

Auflösung eines Staates

Hatte Polen mit dem Sieg über den Deutschordensstaat im Frieden von Thorn (1466) noch einmal territorialen Zuwachs erhalten, so nahm seit dem 16. Jahrhundert die äußere Bedrohung des Landes zu. Es wurde in immer neue Kämpfe mit den Rivalen Moskau, Habsburg, Schweden und dem Osmanischen Reich verwickelt und erlitt seit der Mitte des 17. Jahrhunderts katastrophale Niederlagen. Im Ersten Nordischen Krieg (1655–1660) war das Land zeitweise fast vollständig von fremden Truppen besetzt. In gemeinsamen Vorgehen eigneten sich die drei Großmächte Russland, Preußen und Österreich Stück für Stück des polnischen Territoriums an, womit sie zugleich ihre rivalisierenden machtpolitischen Interessen untereinander ausglichen: Polen wurde so in drei Teilungen (1772, 1793, 1795) bis zur völligen Auflösung des Staates auch ein Opfer der europäischen Gleichgewichtspolitik.

97 „Kuttenberger Dekret"

Der 1400 als deutscher König abgesetzte, gleichwohl weiterhin als König von Böhmen fungierende Wenzel IV. verfügt im „Kuttenberger Dekret" (1409):

Obwohl jeder Mensch verpflichtet ist, jeden Menschen zu lieben, ist es doch notwendig, dass dieses Lieben aus einer geordneten Liebe hervorgehe. Daher ist es nicht richtig, einem Fremdling vor einem Einheimischen den Vorzug zu geben. Denn die richtige Liebe beginnt immer bei sich selbst und erweitert sich dann im Zuge der natürlichen Freundschaft auf Fremde.

Weil uns eine zuverlässige Nachricht zukommt, dass sich das deutsche Volk, das in diesem Königreich Böhmen kein Wohnrecht hat, in allen die Prager Universität betreffenden Angelegenheiten drei Stimmen angeeignet hat, während das tschechische Volk, der echte Erbe dieses Landes, dagegen nur über eine Stimme verfügt, halten Wir es für ungerecht und ungebührlich, dass die Vorteile der Landesbewohner fremde, weit hergekommene Menschen in reichem Maße genießen sollten. Wir verordnen kraft dieses Schreibens fest und bestimmt und wollen es so haben, dass Ihr von nun an das tschechische Volk bei allen Beratungen, Gerichten, Prüfungen, Wahlen, bei allen möglichen Stiftungen und Gründungen […] mit drei Stimmen mit allen Mitteln zulasst und dass Ihr ihm für künftige, ewige Zeiten dieses Privilegium in Ruhe und ohne Hindernisse belasset.

Zit. nach: St. Hafner u.a. (Hrsg.): Slavische Geisteswelt. Bd. II. Baden-Baden 1959. S. 50.

a) Setzen Sie sich mit den Argumenten auseinander, die König Wenzel anführt, um die Stimmenverhältnisse an der Prager Universität zu ändern.
b) Erörtern Sie, inwiefern vom „Kuttenberger Dekret" eine „Initialzündung" für das aufkommende böhmisch-tschechische Nationalbewusstsein ausgehen konnte.

98 Die böhmischen Stände: Fortschreiten und Scheitern auf dem Weg zur Staatsbildung

a) In einem jahrelangen innerhabsburgischen Machtkampf zwischen den Brüdern Kaiser Rudolf II. und Erzherzog Matthias, dem so genannten Bruderzwist im Hause Habsburg, suchten beide Herrscher Rückhalt bei den Ständen ihres jeweiligen Machtbereiches. In dieser Situation konnten die mehrheitlich protestantischen böhmischen Stände Kaiser Rudolf – als König von Böhmen war er zugleich Landesherr – im „Majestätsbrief" weitgehende Zugeständnisse in der Religionsfrage abringen. Aus dem „Böhmischen Majestätsbrief", 9. Juli 1609:

Da Wir denn nun wollen, dass in diesem Königreiche unter allen drei Ständen [Herren, Ritter und Städte], wie der katholischen Partei so auch der oft genannten utraquistischen[1], zwischen Unsern sämtlichen lieben getreuen Untertanen jetzt und auf künftige Zeiten alle Liebe und Eintracht, Friede und gutes Vernehmen zur Auferbauung und Erhaltung des allgemeinen Besten und Friedens bestehe, dass jede Partei ihre Religion, bei welcher sie ihre Seligkeit hofft, frei und ungehindert und ohne Bedrängnis ausüben könne [...]: So haben wir aus allen diesen und vielen andern Ursachen nach eigener reifer Erwägung mit Unserm ernstlichen Wissen und Willen kraft Unserer königlichen Gewalt in Böhmen mit der Zustimmung der obersten Landbeamten, Landrichter und Räte diesen Artikel, die Religion betreffend, bei dem gegenwärtigen allgemeinen Landtage am Prager Schlosse mit allen drei Ständen dieses Königreichs folgendermaßen anordnen, beschließen, und sie, die utraquistischen Stände, mit diesem Unsern Majestätsbriefe versehen wollen, und versehen sie damit ausdrücklich.

[...] so erlauben, ermächtigen und berechtigen wir, damit eine völlige Gleichheit eintrete, dass [...] überhaupt alle, samt und sonders, so zur [...] böhmischen Konfession, welche dem Kaiser Maximilian [...] auf dem Landtage vom Jahr 1575 und gegenwärtig Uns aufs Neue überreicht worden, [...] sich bekannt haben und bekennen, keinen ausgenommen, ihre christliche Religion [...] frei und nach Gefallen überall ausüben können, bei ihrem Glauben und ihrer Religion, wie auch ihrer Geistlichkeit und Kirchenordnung, welche bei ihnen sich vorfindet oder von ihnen eingeführt wird, ruhig gelassen werden mögen, und zwar bis zur christlichen vollkommenen allgemeinen Vergleichung über die Religion im Heiligen Römischen Reiche. [...]

Ferner wollen wir den utraquistischen Ständen die besondere Gnade erweisen und das untere Prager Konsistorium[2] in ihre Gewalt und Defension wieder übergeben. [...] Nicht minder übergeben Wir die von alters her den Utraquisten gehörige Prager Universität mit allem Zubehör der Gewalt. [...]

Ferner, wenn jemand von den utraquistischen Ständen dieses Königreichs, außer den Kirchen und Gotteshäusern, welche sie jetzt besitzen [...], noch mehrere Gotteshäuser oder Kirchen zum Gottesdienst, oder auch Schulen zur Bildung der Jugend wollte oder wollten erbauen lassen; so sollen dieses [...] alle gemeinschaftlich und jeder insbesondere ohne Hindernis von Seite irgendeines Menschen auf alle beliebige Weise jederzeit frei und offen tun können. [...]

Vom heutigen Tage an soll niemand, weder die höhern freien Landstände noch die Bewohner untertäniger Städte und Flecke, noch die Bauern von ihren Obrigkeiten oder irgendjemand, sei es von geistlichen oder weltlichen Personen, von ihrer Religion abgedrängt und zu einer andern Religion durch Ge-

b) Flugblatt zur Wahl und Krönung Kurfürst Friedrichs V. von der Pfalz zum böhmischen König, 1619 walt oder auf irgendeine ersonnene Art gezwungen werden.

Weil alles, was eben bestimmt worden, von Uns um Aufrechterhaltung der Liebe und Eintracht willen redlich gemeint und verordnet worden ist; deshalb versprechen und geloben wir bei Unserm königlichen Worte, dass alle diese zur böhmischen Konfession sich bekennenden drei Stände Unseres Königreichs Böhmen, ihre gegenwärtigen und künftigen Nachkommen, bei dem allen, was oben schriftlich geordnet worden, von Uns, Unsern Erben und zukünftigen Königen in Böhmen allenthalben vollkommen und unverletzt sollen gelassen und beschützt werden.

1 „Utraquisten" werden die Anhänger der Reformation in Böhmen genannt, weil sie auch für Laien die Kommunion „sub utraque specie", also unter beiden Gestalten von Brot und Wein, verlangen. Die Forderung, die dem katholischen Brauch widersprach, die Kelchkommunion den Priestern vorzubehalten, war bereits von den deshalb ebenso als „Utraquisten" bezeichneten Hussiten erhoben worden.

2 Das untere Prager Konsistorium war höchste geistliche Behörde für die nichtkatholischen Glaubensgemeinschaften in Böhmen. Sie wurde ursprünglich von den Ständen, seit 1555 vom König verwaltet.

Deutsche Geschichte in Quellen und Darstellung. Bd. 4: Gegenreformation und Dreißigjähriger Krieg 1555–1648. Hrsg. v. Bernd Roeck. Stuttgart 1996. S. 147 ff.

c) Aus der Böhmischen Konföderationsakte, 31. Juli 1619:

Der König, sofern er Privilegia, Majestätsbriefe, Concessiones und diese Confoederationsartikel in gnädigster Obacht hält und darnach sein Regiment einstellt, auch in Religions- und Justitiae Sachen allen Landen ohne Unterschied der Religion gleichmäßigen Schutz hält. […] 3. Der König soll mit keinen Jesuiten, ausländischen Botschaftern noch Räten in Sachen, die Länder betreffend, nicht Rat halten. […] 16. In Böhmen sollen die [folgenden] Ämter mit evangelischen Personen inskünftig besetzt werden: Der oberste Burggraf, oberste Kanzler, beide Burggrafen zum Karlstein [Kommandanten der Burg, die die Kroninsignien und das Königliche Archiv enthielt], der oberste Landschreiber. […] [Es folgen weitere solche Ämter in Böhmen, Mähren, Schlesien und den Lausitzen.] 17. Und damit qualifizierte Personen zu obgedachten hohen Landesämtern gebraucht werden mögen, soll allenthalben die Denomination gewisser Personen in jedem Lande den Ständen, die Confirmation aber dem Könige zustehen. […] 22. und weil diese Länder Böhmen, Mähren, Schlesien, Ober- und Niederlausitz keine Erbländer sind, sondern auf freier Wahl bestehen […], so soll kein König sich unterstehen, etwas in praejudicium hiervon zu disponieren. 23. So soll auch inskünftig bei Lebenszeit eines regierenden Königs kein anderer designiert, viel weniger zum König erwählt oder gekrönt werden, es sei denn, dass es die unierten Lande [d.h. die Stände] selbst für eine Notdurft erachten und begehren würden. […] 31. Es soll aber auch der König nicht befugt sein, ohne der Länder Einwilligung einen Krieg anzufangen. […] 32. Ferner soll auch der König nicht Macht haben, in einigem unierten Land Kastelle oder Festungen ohne der Länder [Stände] Konsens oder Einwilligung zu bauen. 33. Ingleichsam soll der König auch auf kein uniertes Land fürder und zu ewigen Zeiten ohne derselben Einwilligung einige Schuld machen, und die Stände und Städte zu keiner Bürgschaft dringen.

Zit. nach: Geschichte in Quellen. Bd. III: Renaissance, Glaubenskämpfe, Absolutismus. Hrsg. v. W. Lautemann und M. Schlenke, bearb. v. F. Dickmann. 3. Aufl. München 1982. S. 305ff.

d) Nach seinem Sieg im böhmisch-pfälzischen Krieg (vgl. Kap. VI.2) stand Kaiser Ferdinand II. auf dem Höhepunkt seiner Macht: Böhmen erfuhr eine grundlegende Neuordnung. Präambel der „Verneuerten Landesordnung" Kaiser Ferdinands II. für Böhmen, 10. Mai 1627:

Wir Ferdinand der Ander, von Gottes Gnaden Erwölter Römischer Kayser […], Fügen hiemit männiglichen zu wissen: Nachdem Wir durch Hülff und Beystand der göttlichen Allmacht, Unser Erb-Königreich Böhaimb wiederumb mit dem Schwerd unter Unsere Gewalt und Gehorsamb gebracht; Als haben Wir Uns nichts höhers angelegen seyn lassen, als wie in obgedachtem Unserm Erb-Königreich die Ehre Gottes des Allmächtigen fortgepflantzt, die Justitz wider die, so sich wider Uns, als ihrer von GOtt vorgesetzten ordentlichen Obrigkeit, auffgelähnet, und sich der vorgangenen hochabscheülichen Rebellion […] theilhafftig gemacht, nach Verdienst und Beschaffenheit dergleichen unerhörten Beginnens, andern zum Exempel und zu Verhüttung hochschädlicher Nachfolge, so nicht allein Uns, sondern allen andern Potentaten darauß entstehen könte, gebührlichen, jedoch nicht ohne Einwendung Unserer angebohrnen Milde und Moderation des jenigen, so die Schärffe des Rechtens mit sich bracht, administrirt; hingegen diejenigen Personen, so ihre Trew und Beständigkeit bey wehrender Rebellion gegen Uns erwisen, und ungeacht Unser Erb-Königreich in forma universitatis [in seiner Gesamtheit] rebelliret, nichts destoweniger dieselben Personen, eine jede vor sich selbst, alles andern hindangesetzt, lieber ihr Vaterland verlassen, als Uns zuwider sein wollen, an Ehren, Würden und Güttern in Gnaden belohnet würden.

Demnach nunmehr solches alles bißhero erfolget, So seind Wir nicht unbillich auß Königlicher Vätterlicher Fürsorge darauff bedacht, wie obgedachtes durch Unsere kostbahre Kriegs-Rüstungen erobertes Königreich, wiederumb in eine solche Verfassung gebracht werde, daß der Respect und Gehorsamb der Unterthanen gegen Uns und Unsern Erben, Nachkommenden Königen, als ihren Eintzigen Rechten Natürlichen Erb-Herren, erhalten, die Unterthanen mit einander unterm Schutz eines gleichdurchgehenden Rechtens und einträchtiger Religion, in Fried, Ruhe und Einigkeit gehandhabt, und alles, was deme zuwider, abgeschafft werde.

Deutsche Geschichte in Quellen und Darstellung. Bd. 4: Gegenreformation und Dreißigjähriger Krieg 1555–1648. Hrsg. v. Bernd Roeck. Stuttgart 1996. S. 258 ff.

a) Erabeiten Sie die Rechte und Freiheiten, die den böhmischen Ständen im Majestätsbrief von 1609 zuerkannt werden.
b) Welche Gestaltungsspielräume sind damit verbunden bzw. könnten sich daraus entwickelt haben, wenn Rudolfs Nachfolger tatsächlich „beim königlichen Worte" geblieben wären?
c) Interpretieren Sie die einzelnen Elemente der Darstellung in Mat. 98b. Welches Verständnis vom Königtum bzw. vom Staat wird darin deutlich?
d) Formulieren Sie die Hauptgegenstände der Konföderationsakte.
e) Arbeiten Sie heraus, wie das Verhältnis zwischen Ständen und König gestaltet werden soll.
f) Erörtern Sie, ob und inwiefern die religiösen Regelungen auf konfessionelle Gleichberechtigung, Religionsfreiheit oder Toleranz hinauslaufen.

99 Zwischen „anarchischer" Aristokratie und „absoluter" Monarchie: Polens Weg in die Demokratie?

a) König Alexander von Polen-Litauen verfügt in der Konstitution „Nihil Novi" (1505):

Da die allgemein verbindlichen Gesetze und öffentlichen Beschlüsse nicht einen Einzelnen, sondern das gesamte Volk betreffen, haben Wir also in dieser Radomer Konvention mit den Prälaten, Räten, Baronen und Landboten Unseres ganzen Königreichs es für billig befunden und auch festgesetzt, dass von nun an für alle Zukunft nichts Neues von Uns und Unseren Nachfolgern dekretiert werden soll ohne allgemeine Zustimmung der Räte (Senatoren) und Landboten, nichts, was als Präjudiz [vorgreifende Entscheidung] dienen und den Staat belasten könnte oder was zum privaten Schaden und Nachteil irgendjemandes gereichen würde oder was eine Änderung des allgemeinverbindlichen Rechtes oder der allgemeinen Freiheit bewirken könnte.

Zit. nach: St. Hafner u.a. (Hrsg.): Slavische Geisteswelt. Bd. II. Baden-Baden 1959. S. 74.

b) Als erste schriftlich niedergelegte Verfassung Europas entstand noch vor der zweiten Teilung des Landes 1792 die polnische Verfassung. Tiefgreifende soziale und politische Reformen sollten das Land nach der ersten Teilung 1772 aus der Handlungsunfähigkeit herausführen. Aus der polnischen Verfassung vom 3. Mai 1791:

In Anerkennung der Tatsache, dass das Schicksal von uns allen einzig und allein von der Gründung und Vervollkommnung der National-Verfassung abhängt, ferner aufgrund der Erfahrung der altbekannten Mängel unserer Regierung, […] beschließen wir […] zur Begründung der Freiheit, zur Rettung unseres Vaterlandes und seiner Grenzen, mit größter Entschlossenheit die vorliegende Verfassung und erklären sie gänzlich für heilig und unverbrüchlich, solange das Volk nicht irgendwann, aufgrund schriftlich niedergelegten Rechtes, durch seinen eindeutigen Willen das Bedürfnis erkennen lässt zur Veränderung irgendeines Artikels von ihr. […]

II. Der Adel, die Landbesitzer

Im Respekt vor der Erinnerung an unsere Vorväter als Gründern der freien Regierung sichern wir dem Adelsstand alle Freiheiten, Prärogativen, Vorrechte im privaten und öffentlichen Leben aufs feierlichste zu. […]

Wir verbürgen feierlich, dass wir keine Veränderung oder Rechtsverletzung des Privateigentums zulassen werden. […] Wir erkennen den Adelsstand als ersten Verteidiger der Freiheit und der vorliegenden Verfassung an. […]

V. Die Regierung, das heißt die Bestimmung der Gewalten des Staates

Alle Macht in der menschlichen Gesellschaft nimmt ihren Anfang aus dem Willen des Volkes. Damit also die Unantastbarkeit unseres Gebietes, die Freiheit der Bürger und die Ordnung der Gemeinschaft gleichermaßen für immer im Gleichgewicht bleiben, muss die Regierung des polnischen Volkes drei Gewalten einrichten, und kraft der vorliegenden Verfassung werden sie für immer errichtet werden; das ist die gesetzgebende Gewalt bei der Ständeversammlung, die höchste ausführende Gewalt beim König und bei der Wache der Gesetze und die richterliche Gewalt in den Rechtssprechungsorganen, die zu diesem Zweck eingesetzt sind, oder die noch einzusetzen sind.

VI. Der Sejm, das heißt die gesetzgebende Gewalt

Der Sejm, das heißt die Ständeversammlung, wird sich in zwei Kammern teilen:

In die Kammer der Abgeordneten und in die Kammer der Senatoren unter dem Vorsitz des Königs. Die Kammer der Abgeordneten [...] wird das Heiligtum der Gesetzgebung sein. Folglich werden in der Kammer der Abgeordneten alle Projekte zuerst entschieden werden. [...]

VII. Der König, die ausführende Gewalt

Keine noch so vollkommene Regierung kann ohne eine Exekutive Bestand haben. Das Glück der Völker hängt von gerechten Gesetzen, von Rechtsfolgen, die nach ihnen ausgeführt wurden, ab. Die Erfahrung hat gelehrt, dass die Vernachlässigung dieses Teiles der Regierung Polen völlig unglücklich gemacht hat. [...] Die höchste Gewalt der Ausführung der Gesetze übertragen wir dem König mit seinem Rat, der sich als „Wache der Gesetze" bezeichnen wird. [...] Die ausführende Gewalt wird weder Recht setzen noch auslegen dürfen, Steuern und Bezüge in irgendjemandes Namen erheben, Staatsschulden aufnehmen [...], Kriege erklären, Friedens- oder andere diplomatische Verträge definitive abschließen. [...]

Er [der König] darf nicht Alleinherrscher sein, sondern soll Vater und Haupt des Volkes sein und als solchen anerkennt und erklärt ihn die vorliegende Verfassung. [...] Beim König wird der Oberbefehlshaber über die Verteidigungskräfte des Landes im Kriegsfalle und die Ernennung der Befehlshaber der Armee liegen. [...]

VIII. Die richterliche Gewalt

Die richterliche Gewalt darf weder ausgeübt werden von der gesetzgebenden Gewalt noch vom König, sondern nur von Gerichten, die zu diesem Zweck eingerichtet und gewählt wurden. [...]

Wir ordnen an, dass ein neuer Kodex des Zivil- und des Strafrechts durch von diesem Sejm zu benennende Personen verfasst wird.

Internetpublikationen der Landeszentrale für politische Bildung Baden-Württemberg, www.lpb.bwue/aktuell/due/37_98/due37i.htm

c) „Verabschiedung der ersten modernen Konstitution Europas, der Mai-Verfassung vom 3. Mai 1791". Ölgemälde (247 x 446 cm) von Jan Matejko, 1891. Hinter König Stanislaus II. August (links) ziehen die Sejmabgeordneten in die Johanneskathedrale in Warschau ein, wo sie ihren Treueid auf die Mai-Verfassung schwören werden.

a) Analysieren Sie den Verfassungstext unter den Aspekten Souveränität, Machtverteilung und Staatsform. Worin bestehen die demokratischen und aufklärerischen Innovationen der polnischen Verfassung? Wo können Sie Inkonsequenzen und Defizite erkennen?

b) Versuchen Sie die Verfassungsentwicklung, deren vorläufigen Endpunkt die Maiverfassung darstellt, historisch zu erklären. Aus welchen innen- und außenpolitischen Ursachen blieb die polnische Verfassung Episode?

100 Polen im Urteil Friedrichs II.

König Friedrich II. von Preußen in seinem „Politischen Testament" von 1768:

Polen kann sich kaum zu den europäischen Mächten zählen. Die Bevölkerung, an der es in diesem Königreich fehlt, weil die Grundherren ihre Untertanen als Sklaven behandeln, ist eine Schwäche dieser Republik. Es gibt noch viele andere, die zur Entwertung des Staates beitragen, wie schlechte Verwaltung der Finanzen, ein Korps von 13 000 Mann, unterhalten, um die Armee darzustellen. Endlich sind alle Sünden des alten Feudalsystems bis in unsere Tage erhalten geblieben: die Wahlen ihrer Könige, begleitet von Bürgerkriegen, stürmische Reichstage, von denen keiner fortbesteht, keine Gesetzgebung, keine Rechtsprechung. Es ist die Regierung einer Anarchie. […] Polen, durch Parteiungen zerrissen, ist immer schwach; solange seine jetzige Verfassung besteht, wird es seinen Feinden wenig bedrohlich und seinen Verbündeten eine Last sein. Der Adel ist hochfahrend, ja arrogant, solange es ihm gut geht, im Unglück feige, gierig nach Bestechungsgeldern und ebenso unfähig, herzhafte Entschlüsse zu fassen wie sie auszuführen.

Zit. nach: Richard Dietrich (Hrsg.): Politische Testamente der Hohenzollern. München 1981. S. 355 f.

a) In welchen Punkten trifft der preußische König Kernprobleme des polnischen Staates, in welchen dominiert Polemik?

b) Prüfen Sie, ob in der polnischen Verfassung vom Mai 1791 die von Friedrich II. beklagten staatspolitischen Mängel Polens behoben werden.

2.4 Republikanische Alternativen? – Die Niederlande und die Eidgenossenschaft

An den „Rändern" des Reiches, an der Nordsee und in den Alpen, bildeten sich Formen von Staatlichkeit aus, die aus dem Konflikt von Adel und Volk mit Monarchen und Fürsten geboren wurden und sich von den Staatswesen im übrigen Europa unterschieden – sowohl in ihrem Verständnis von „Staat" als auch in der praktischen Organisation politischer Mitsprache.

1291	Die drei Waldstätte Uri, Schwyz und Unterwalden schließen einen Landfriedensbund als Vorstufe ihrer Unabhängigkeit.
1315, 1386	Nach Auseinandersetzungen mit den herrschenden Habsburgern erringen sie in den Schlachten von Morgarten und Sempach wichtige Siege. Die Innerschweiz geht für die Habsburger verloren.
1477	Das „Große Privileg" Marias von Burgund sichert den niederländischen Städten und Herrschaften umfangreiche Privilegien zu. Im Erbgang gelangen die Niederlande bis 1543 zum größten Teil an das Haus Habsburg. König Philipp II. (1556–1598) versucht die königliche Zentralgewalt zu stärken.
1499	Nach dem siegreichen „Schwabenkrieg" („Schweizerkrieg") wird den Eidgenossen im „Frieden von Basel" der Rhein als Nordgrenze bestätigt. Die Schweiz scheidet aus dem Reichsverband aus, der Westfälische Friede besiegelt 1648 die endgültige völkerrechtliche Anerkennung der „Confoederatio Helvetica".
1568–1648	Die (nördlichen) Niederlande kämpfen erfolgreich um ihre Unabhängigkeit von Spanien-Habsburg.
1579	Die „Union von Arras" vereint die südlichen, katholischen Niederlande wieder mit dem spanischen Mutterland; die nördlichen, calvinistischen Provinzen schließen sich in der „Union von Utrecht" zu den Generalstaaten zusammen und erklären ihre Unabhängigkeit.

Konfessionelle Triebkräfte und der Weg in die Unabhängigkeit

Maria von Burgund hatte 1477 im „Großen Privileg" den niederländischen Städten und Herrschaften ihre Privilegien garantieren müssen. Die Politik König Philipps II. (1556–1598) war dagegen auf eine Zurückdrängung dieser Autonomie und die Stärkung der Zentralverwaltung gerichtet (vgl. Kap. VI.1). Hinzu kam ein unüberwindlicher konfessioneller Zwiespalt. Denn während sich die Habsburger und insbesondere König Philipp als Vormacht des Alten Glaubens empfanden, hatte die Reformation schon früh Sympathien insbesondere in den Städten und beim niederen Adel der nördlichen Provinzen geweckt, der sich nahezu vollständig dem Calvinismus anschloss. Im „Geusenbund" versuchte er die gemeinsame Konfession gegen die Rekatholisierungspolitik Philipps zu verteidigen. Unruhen, auch ein Bildersturm brachen aus, derer der König durch die Entsendung Herzog Albas als Generalstatthalter Herr zu werden suchte.

101 „Bildersturm" radikaler Calvinisten im Sommer 1566. Radierung aus einem historisch-topografischen Handbuch des 16. Jahrhunderts

Der „Eiserne Herzog" führte ein autoritäres und blutiges Regiment. Zunehmend wirkungsvoller formierte sich dagegen Widerstand unter Führung der eingesessenen Adligen Egmont und Hoorne (1568 hingerichtet) und Wilhelm von Oranien (1533–1584). Dieser organisierte den Widerstand, auch als Seekrieg gegen die spanische Flotte. Dagegen konnte Habsburg die katholischen Südprovinzen in der „Union von Arras" (1579) wieder dauerhaft an Spanien binden. Die im selben Jahr gegründete „Union von Utrecht" der nördlichen Provinzen besiegelte die Spaltung der Niederlande. Die „Generalstaaten" im Norden gaben sich nun eine eigene Verfassung und sagten sich 1582 vom spanischen König los. Nach wechselvollen Auseinandersetzungen und zwölfjährigem Waffenstillstand wurden 1621 die Kämpfe wieder aufgenommen. Im Westfälischen Frieden 1648 mussten Spanien ebenso wie Kaiser und Reich schließlich die Unabhängigkeit der „Generalstaaten" anerkennen.

Die Verfassung der „Vereinigten Niederlande"

Die „auf ewige Zeiten" geschlossene „Union von Utrecht" verpflichtete ihre Mitglieder, die „Bondgenoten", auf Ständetagen die gemeinsame Kriegführung zu koordinieren, deren Finanzierung zu regeln und die Religionspolitik abzustimmen. Wichtige Entscheidungen mussten einstimmig getroffen werden, denn die Souve-

102 Die Beschwörung der Ratifikation des spanisch-niederländischen Friedens im Rathaussaal zu Münster am 15. Mai 1648. Ölgemälde (45,4 x 58,5 cm) von Gerard Ter Borch, 1648

ränität lag nicht etwa bei den „Generalstaaten", sondern bei den einzelnen Provinzen. Hier aber hatten im Grunde nicht die Vertreter des Adels, sondern die Städte und/oder – wie in Friesland und Groningen – die der Bauern das Sagen.
Daneben befehligte ein „Statthalter" Heer und Flotte. Dem Buchstaben nach handelte es sich dabei um ein Wahlamt; tatsächlich aber wurde es immer an einen Oranier vererbt. Dieser residierte wie ein Monarch in Den Haag und knüpfte dynastische Verbindungen zum englischen und preußischen Herrscherhaus. Aber es dauerte bis 1815, ehe der oranische „Statthalter" auch förmlich den Königstitel erlangte.

Schweizer Eidgenossenschaft

Der erste datierbare Landfriedensbund innerhalb der Schweiz einigte 1291 die Talschaften (reichsunmittelbare Genossenschaften freier Bauern) der drei Waldstätte Uri, Schwyz und Unterwalden. Der Bund übernahm in den ungewissen Jahren nach dem Tod König Rudolfs II. von Habsburg (1273–1291) wie zahlreiche andere Bünde in dieser Zeit vor allem die Aufgabe, gemeinsam den Landfrieden in der Innerschweiz zu sichern. Bald kam es jedoch zum bewaffneten Konflikt mit den Habsburgern selbst, die wegen Klosterplünderungen die Reichsacht gegen die drei Waldstädte verhängt hatten.

Von der Friedenssicherung zur Offensive

In der Schlacht von Morgarten unterlag 1315 das habsburgische Ritterheer den bäuerlichen Truppen der Schweizer. Und auch in der Folgezeit gelang es den Habsburgern nicht, den widerspenstigen Schweizer Bauern und Bürgern ihren Willen aufzuzwingen. Der „Basler Frieden" von 1499 legte als Grenze zwischen Eidgenossen und Habsburg den Rhein fest, die Schweiz schied faktisch aus dem Reichsverband aus, dem sie formal aber noch bis 1648 angehörte.

Kein Bund, sondern ein kompliziertes Bundesgeflecht

Um diese Zeit bestand die Eidgenossenschaft aus dreizehn Orten, den acht „alten" (Zürich, Bern, Luzern, Uri, Schwyz, Unterwalden, Zug, Glarus) und den fünf „neuen" (Freiburg, Solothurn, Basel, Schaffhausen, Appenzell). Daneben waren so genannte Zugewandte Orte (darunter St. Gallen, Mülhausen und Rottweil) in unterschiedlichen Verträgen mit den 13 Orten verbunden.

Zwar bezeichneten sich die Eidgenossen bereits seit dem 14. Jahrhundert als „Confoederatio Helvetica" und brachten so ihre Zusammengehörigkeit zum Ausdruck, andererseits führten sie kein gemeinsames Siegel, traten also nicht als eigene Rechtsperson auf. Souverän waren allein die einzelnen Kantone, in den Stadtkantonen also die Bürger, in den Landkantonen die Landsgemeinde, der alle waffenfähigen Männer angehörten. Örtliche Honoratioren übten überall den entscheidenden Einfluss aus.

Auf ihren regelmäßigen „Tagsatzungen", zu denen die dreizehn „alten" Orte jeweils zwei und die Zugewandten jeweils einen Delegierten entsandten, formulierten die Schweizer ihre gemeinsame Politik und legten nach „Eidgenössischem Recht" ihre Streitigkeiten bei. Entschieden wurde nach dem Mehrheitsprinzip, gegebenenfalls im Umlaufverfahren. Die zwischenzeitliche Führung der Geschäfte besorgte der Vorort Zürich. Dieses System hatte bis 1798 Bestand.

103 Titelseite der „Topographia Helvetiae" von Matthäus Merian, 1654. Um den Titel sind die Wappen der XIII alten Orte der Eidgenossenschaft zu einer Kette gereiht, die den Bund symbolisiert. Links und rechts auf den zwei Säulen die Wappen der Zugewandten Orte. Unten Allegorien auf die militärische Stärke der Schweizer Eidgenossenschaft und auf den Reichtum der ihr angehörenden Städte.

104 Die Staatsvorstellungen in den Niederlanden

a) Aus der Unabhängigkeitserklärung der niederländischen Generalstände vom Juli 1581:

Ein Volk ist nicht wegen des Fürsten, sondern ein Fürst um des Volkes willen geschaffen, denn ohne das Volk wäre ja kein Fürst. Er ist dazu vorhanden, dass er seine Untertanen nach Recht und Billigkeit regiere und sie liebe, wie ein Vater seine Kinder, dass er treu walte, wie ein Hirt über seine Herde. Behandelt er sie aber nicht so, sondern bloß wie Sklaven, dann hört er auf, ein Fürst zu sein, und ist ein Tyrann. Die Untertanen aber haben das Recht, nach gesetzlichem Beschluss ihrer Vertreter, der Stände, wenn kein anderes Mittel mehr übrig ist, wenn sie durch keine Vorstellung ihrer Not irgendeine Versicherung der Freiheit für Leib und Gut, für Weib und Kind von dem Tyrannen erwerben können, diesen zu verlassen. Dies ist der Fall in den Niederlanden. Seit uralten Zeiten wurden sie nach beschworenen Bedingungen regiert, deren Bruch den Fürsten der Herrschaft verlustig machte. Unter dem Vorwand der Religion hat der König von Spanien hier eine Tyrannei einzurichten versucht und, ohne auf irgendeine Vorstellung des Landes zu achten, dessen Privilegien verletzt, den Eid gebrochen, den er auf deren Erhaltung geschworen. Und so erklären denn die Gemeinstände [allgemeine Ständeversammlung] jetzt den König von Spanien verlustig jeden Anspruchs auf die Herrschaft in den Niederlanden, sie erkennen ihn von nun an nicht mehr als Landesherrn an, sie entbinden hiermit alle Amtleute, Obrigkeiten, Herren, Vasallen und Einwohner von dem einst Philipp dem Zweiten von Spanien geleisteten Eid des Gehorsams und der Treue.

Georg Weber: Allgemeine Weltgeschichte. Bd. XI. 2. Aufl. Leipzig 1886. S. 630.

b) Simon van Slingelandt, hoher Beamter des Staatsrates, in seinem „Discours over de defecten in de Jeegenwoordige Constitutie", 1716:

Nur *das* Volk und *die* Regierung sind frei, wo die Macht, Gesetze zu erlassen, Steuern festzusetzen, Kriege zu erklären und Frieden zu schließen oder die Regierungsform zu ändern, in den Händen des Volkes oder der Stände liegt, die das Volk vertreten. Dagegen liegt die Freiheit nicht dort, wo jedes Mitglied [des Staates] dem Volk oder den Ständen die Hände binden und die dringlichen und nützlichen Beschlüsse verhindern kann.

Zweitens sind nur *das* Volk und *die* Regierung frei, wo Gesetze und Verordnungen über die Steuererhebung ohne Ansehen der Person ausgeführt werden und wo nur das Volk oder die Stände die Macht haben, sich oder andere davon zu eximieren [auszunehmen]. Dagegen sind Volk und Regierung nicht frei, wo jedes Mitglied [des Staates] die Absichten der Verordnungen und Erlasse nach eigenem Gutdünken interpretiert für den Teil des Volkes, den es vertritt. [...]

Schließlich sind nur *das* Volk und *die* Regierung frei, wo derjenige, dem die Ausführung der Gesetze und Verordnungen übertragen ist, einerseits die nötige Macht und Autorität besitzt, um diese Durchführung in vollem Umfang und ohne Ansehen der Person zu garantieren und Gesetzesbrecher zu strafen, andererseits diese Macht und Autorität nicht zur Unterdrückung des Volkes missbrauchen kann. Dagegen liegt die Freiheit nicht dort, wo der Grund, dass Missbrauch nicht zu fürchten ist, einfach der ist, dass der Exekutive die erforderliche Macht fehlt, sodass weder guter noch schlechter Gebrauch davon gemacht werden kann.

Alle Regierungsprinzipien, die nicht diese drei Merkmale enthalten, zielen nicht auf freie Regierung oder fördern die Anarchie.

Horst Lademacher: Geschichte der Niederlande. Politik, Verfassung, Wirtschaft. Darmstadt 1983. S. 169 f.

a) Vergleichen Sie die Vorstellungen von einem guten Staatswesen in den beiden Quellentexten.

b) Welche Entwicklung können Sie erkennen? Versuchen Sie mögliche Ursachen dafür zu benennen.

105 Die „Ostindische Kompanie" – ein Staat im Staate?

a) Patent für die Niederländisch-Ostindische Kompanie, 20. März 1602:

[...] 10. Alle Bürger dieser Länder [der Niederlande] können Teilhaber dieser Kompanie werden, mit so wenig oder viel Kapital als ihnen beliebt. [...] 34. Und damit das Unternehmen dieser Kompanie mit umso besserem Erfolg zum Wohlstand der Vereinigten Provinzen, zur Erhaltung und Mehrung der Geschäfte wie auch zum Vorteil der Kompanie ausgeführt werde, haben Wir der genannten Kompanie verbrieft und bewilligt, verbriefen und bewilligen ihr auch hiermit, dass niemand, welchen Standes und Berufes er auch sei, in den nächsten 21 Jahren, von diesem Jahr 1602 an gerechnet und dasselbe eingeschlossen, außer den Mitgliedern der genannten Kompanie von den Vereinigten Niederlanden aus über das Kap der Guten Hoffnung hinaus nach Osten oder durch die Magellanstraße fahren darf, bei Strafe des Verlustes von Schiffen und Gütern. [...] 35. Ferner verbriefen und bewilligen Wir, dass die von der genannten Kompanie ostwärts des Kaps der Guten Hoffnung wie auch jenseits der Magellanstraße das Recht haben sollen, mit Fürsten und Potentaten Bündnisse und Verträge im Namen der Generalstaaten der Vereinigten Niederlande kraft deren Souveränität zu schließen, dort Festungen und feste Stützpunkte anzulegen, Gouverneure, Kriegsvolk und Beamte zur Wahrnehmung der Justiz und anderer nötiger Dienste, zur Erhaltung der Festungen und zur Aufrechterhaltung von Ordnung, Sicherheit und Polizei und Rechtspflege, zur Sicherung von Forderungen und Verträgen zu bestellen, unter dem Vorbehalt, dass die genannten Gouverneure, Beamten, Justizpersonal und Kriegsvolk den Generalstaaten und ihrer Oberhoheit sowie auch der Kompanie (was die Geschäfte und den Handel betrifft) den Treueid leisten sollen. [...] 39. Schiffe, Geschütze und Munition der Kompanie dürfen nur mit ihrer Zustimmung für den Dienst des Staates in Anspruch genommen werden.

Zit. nach: Geschichte in Quellen. Bd. III: Renaissance, Glaubenskämpfe, Absolutismus. Hrsg. v. W. Lautemann und M. Schlenke, bearb. v. F. Dickmann. 3. Aufl. München 1982. S. 403ff.

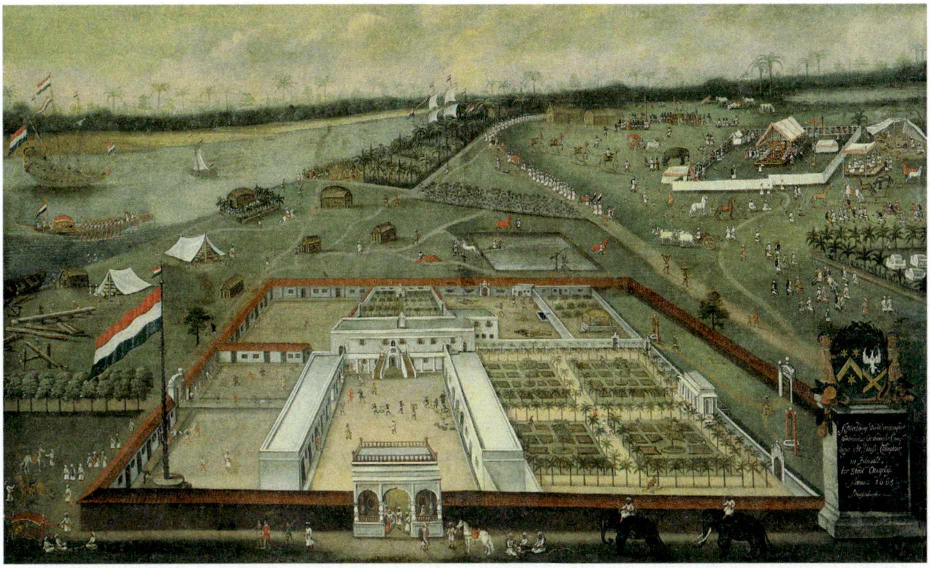

b) Das Hauptkontor der niederländischen Vereinigten Ostindischen Compagnie (VOC) am Golf von Bengalen. Ölgemälde (203 x 316 cm) von Hendrik van Schuylenburgh, 1665

Die Ostindische Kompanie wird bisweilen auch als „Staat im Staate" bezeichnet. Welche Formen von frühneuzeitlicher „Staatlichkeit" und ihrer spezifischen Verwirklichung in den Vereinigten Niederlanden lassen sich erkennen?

106 Die Schweizer Eidgenossenschaft

a) Der so genannte Rütlischwur, der 1291 angeblich auf dem Rütli geschlossene Landfriedensbund von Uri, Schwyz und Unterwalden. Holzschnitt aus der „Kronica von der loblichen Eydtgenoschaft" des Petermann Etterlin, 1507

b) Der Bundesbrief vom 1. August 1291:

Im Namen Gottes Amen. Man sorgt für Ehrbarkeit und ist auf das öffentliche Wohl bedacht, wenn man Bündnisse zu gebührendem Bestand der Ruhe und des Friedens bekräftigt.

1. Es mögen also alle wissen, dass die Leute des Tales Uri und Landsgemeinde des Tales von Schwyz und die Gemeinde der Waldleute des unteren Tales in Anbetracht der Arglist der Zeit, um sich und das Ihre eher zu verteidigen und besser in gebührendem Stand zu bewahren, in guten Treuen versprochen haben, sich gegenseitig beizustehen mit Hilfe, Rat und Förderung jeder Art, mit Leib und Gut, innerhalb und außerhalb der Täler, mit aller Macht und aller Anstrengung, gegen alle und jeden, die ihnen oder einem von ihnen irgendwelche Gewalttat, Beschwerde oder Beleidigung zufügen und gegen ihr Leib und Gut irgend etwas Böses im Schild führen. Und für jeden Fall hat jede Gemeinde der anderen gelobt, ihr, wenn Hilfe not-

wendig, beizuspringen und, soweit erforderlich, auf eigene Kosten dem Angriff Böswilliger zu widerstehen und Beleidigungen zu rächen.

2. Sie haben hierüber einen leiblichen Eid geleistet, dies ohne Hintergedanken zu halten und den alten eidlich bekräftigten Inhalt des Bundes durch Gegenwärtiges zu erneuern.
3. Doch soll jedermann nach seinem Stande gehalten sein, seinem Herrn nach Gebühr untertan zu sein und zu dienen.
4. Wir haben auch in gemeinsamem Ratschlag und mit einhelligem Beifall einander gelobt, beschlossen und verordnet, dass wir in den genannten Tälern keinen Richter, der dies Amt um irgendeinen Preis oder irgendwie um Geld erkauft hätte oder der nicht unser Landsmann wäre, irgendwie annehmen oder anerkennen wollen.
5. Wenn aber zwischen irgendwelchen Eidgenossen Streit entstünde, sollen die Einsichtigsten unter den Eidgenossen herzutreten, um die Zwietracht zwischen den Parteien zu schlichten, wie es ihnen füglich scheint. Dem Teil, der diesen Entscheid verschmäht, sollen die anderen Eidgenossen entgegentreten.

Zit. nach: Jürgen Brand/Christian Hattenhauer (Hrsg.): Der Europäische Rechtsstaat. 200 Zeugnisse seiner Geschichte. Heidelberg 1994. S. 26 f.

a) Welche Intentionen führen die „Leute“ von Uri, Schwyz und Unterwalden dazu, miteinander ein Bündnis einzugehen? Wie sollen die Ziele erreicht werden?

b) Der Bundesbrief von 1291 wurde und wird zum Teil noch heute als „Gründungsurkunde“ der Eidgenossenschaft verstanden, obwohl seit langem bekannt ist, dass solche „Einungen“ in Zeiten politischer Wirren, insbesondere im Spätmittelalter, nichts Außergewöhnliches im Reich waren. Welche Argumente aus dem Quellentext selbst sprechen gegen die These von der „Gründungsurkunde“?

c) Erläutern Sie den in Material 106b dargestellten Vorgang. Inwieweit stellt der Holzschnitt zusammen mit dem Text eine möglicherweise fragwürdige Interpretation des Ereignisses dar?

Zur Diskussion

Was ist der „frühmoderne Staat“?

„Der Staat“ scheint uns heute eine vertraute Größe zu sein. Auf die Frage, was einen Staat als einen solchen ausmacht, geben Philosophen, Politologen, Staatsrechtler oder Geografen freilich durchaus verschiedenartige Antworten. Die Geschichtswissenschaft sucht nach einem Verständnis im Blick auf die Genese des Phänomens, sie befasst sich mit der Entstehung des Staates. Damit wird der Staat „historisiert“. Bei ihrer Ursachenforschung und Begriffsbestimmung kommen Historiker gerade im Umfeld der „frühmoderne Staatsbildung“ zu unterschiedlichen Einschätzungen.

a) Der deutsche Historiker Richard van Dülmen, 1982:

An der Entstehung des frühmodernen Staates waren nicht nur fürstliche Machtinteressen beteiligt, in gleicher Weise spielten auch die politische Praxis einer sich bildenden gesellschaftlichen Elite wie die Libertätsinteressen der das Land mit konstituierenden politischen Stände, vor allem des Adels, eine Rolle. Der frühmoderne Staat war nicht ausschließlich ein Fürsten-, Beamten- oder Adels-(Stände-)Staat. Mit ihrem Interesse an zentraler Machtstellung und politischer Unabhängigkeit nach innen und außen förderten die Fürsten den Ausbau des frühmodernen Staates auf der Grundlage eines Verwaltungs- und Steuersystems sowie einer Integration der mediaten Gewalten von Adel und Kirche, die ihm allein die Sicherung seiner Herrschaft zu garantieren bzw. die Durchsetzung seiner hegemonialen Stellung zu ermöglichen schien. […] Die Idee der Staatssouveränität war ein Produkt juristisch und humanistisch gebildeter Staatsdiener. Schließlich entstand der frühmoderne Staat nicht ohne Mithilfe der Stände, vor allem des Adels, die durch Teilhabe an der Macht im Staate sowohl die Vereinheitlichung des Landes und seine Friedenssicherung förderten, wie auch die Finanzierung des Staates und das Funktionieren der lokalen

Verwaltung sicherstellten. Was sich bei den durchaus differenten Interessen jeweils als „Staat“ herauskristallisierte, hing allgemein ab von den besonderen sozialen, politischen und ökonomischen Gegebenheiten der einzelnen Länder in Europa, insbesondere aber vom Interessenzusammenhang der fürstlichen, adligen und beamtischen Ansprüche. Die Dominanz eines bestimmten Interesses war nicht vorgegeben. Jedenfalls bildete das absolutistische Modell, das lange als das Muster des frühmodernen Staates galt, unter diesen Bedingungen nicht mehr als eine der Möglichkeiten der Formierung frühmoderner Staatlichkeit. Es war zwar die konsequenteste Erscheinung, sofern hier am stärksten mediate Gewalten ausgeschaltet waren, was aber noch nicht heißt, dass selbst der Absolutismus bereits auf alle ständische Unterstützung verzichten konnte. Auch dem englischen Herrschaftssystem kommt nicht minder die Qualität eines frühmodernen Staates zu, da auch hier sich eine Monopolisierung herrschaftlicher Gewalt vollzog, der „staatliche“ Mittelpunkt sich aber langsam vom Hof zum Parlament verschob. […]

Der frühmoderne Staat war kein einheitlich strukturierter Staat, mit überall gleichen Institutionen. Es reicht nicht aus, ihn ausschließlich von der Ausschaltung und Entmachtung politischer (autonomer) Stände, von der Schaffung zentraler Verwaltungen, eines Gerichtsmonopols und einer Finanzhoheit und nicht zuletzt von der Entstehung eines von den Ständen unabhängigen stehenden Heeres zu definieren.

Richard van Dülmen: Entstehung des frühneuzeitlichen Europa 1550–1648. (Fischer Weltgeschichte 24). Frankfurt/M. 1982, S. 323 f.

b) Der deutsche Historiker Wolfgang Reinhard, 1999:

„Status“, „stato“, „estat“, „estado“, „estate“, „stat“ bezeichnete zunächst ein Landgut und im Zusammenhang damit im Plural entweder die Besitzungen eines Fürsten oder die Landstände, weiter den Zustand des Gemeinwesens im Sinne seiner Verfassung, dann den Hofstaat eines Fürsten, dessen Regime und die Sphäre seiner Politik, bis schließlich ein Synonym von „Res publica“ („Gemeinwesen“) daraus wurde, in Italien bereits um 1500, in Frankreich im Laufe des 16. Jahrhunderts, in England und sehr verhalten auch in Deutschland im siebzehnten. Während in Frankreich schon im 17. Jahrhundert von „état souverain“ die Rede ist, gibt es den Begriff des modernen souveränen Staates in Deutschland erst im neunzehnten. Freilich beherrscht er dort seither die politische Sprache, während er in Frankreich und vor allem in England neben „république“, „nation“, „country“ und dergleichen eher eine sekundäre Rolle spielt.

Deutsche Juristen haben die Staatslehre vervollkommnet, 1837 den Staat zur Rechtsperson erklärt und schließlich seine maßgebende Definition entwickelt. Danach kennzeichnen folgende Merkmale oder Ansprüche den modernen Staat: 1. ein Staatsgebiet als ausschließlicher Herrschaftsbereich, 2. ein Staatsvolk als sesshafter Personenverband mit dauernder Mitgliedschaft, 3. eine souveräne Staatsgewalt, was (a) nach innen das Monopol der legitimen Anwendung physischer Gewalt bedeutet, (b) nach außen die rechtliche Unabhängigkeit von anderen Instanzen. Strikte Einheitlichkeit von Gebiet, Volk und Gewalt stellt eine Art von gemeinsamem Nenner dar. Es gibt nur eine Staatsgewalt, und das Staatsvolk aus rechtlich einheitlichen Individuen spricht jeweils nur eine Sprache.

Die juristische Definition ist hilfreich, wird aber der historischen Entwicklung nicht gerecht. Dieser moderne Staat existierte nämlich nur vom ausgehenden 18. bis zum zweiten Drittel des 20. Jahrhunderts. Der Historiker tut schon deswegen gut daran, statt des zeitlos abstrakten Staates die jeweilige Staatsgewalt mit ihren historisch konkreten Personen und Institutionen in den Mittelpunkt zu stellen, denn dort fanden die Machtbildungsprozesse statt, deren institutionalisierte Endstufe „Staat“ heißt.

Wolfgang Reinhard: Geschichte der Staatsgewalt. Eine vergleichende Verfassungsgeschichte Europas von den Anfängen bis zur Gegenwart. 2., durchges. Aufl. München 2000. S. 15 f.

a) Fassen Sie die wesentlichen Aussagen der beiden Autoren zum Begriff „Staat“ thesenartig zusammen.

b) Überprüfen Sie diese Thesen exemplarisch anhand der im Kap. III und IV dargestellten Vorgänge von Staatsbildung.

3. Staatstheorien und politische Utopien

Mit Beginn der Neuzeit lösten sich die überkommenen feudalen Herrschaftsmethoden allmählich auf. An deren Stelle traten in unserem Sinne „modernere" Gemeinwesen: vom Bürgertum dominierte Stadtrepubliken oder von Fürsten regierte territoriale Flächenstaaten. Dieser Vorgang gab den Anstoß zu einer intensiven theoretischen Beschäftigung mit dem Wesen und der idealen Gestalt eines Staates. Bis heute berühmt und umstritten ist der Florentiner Diplomat Niccolò Machiavelli, der von vielen als theoretischer Begründer eines skrupellosen Machtstaats angesehen wird. Ein halbes Jahrhundert nach ihm entwickelte der französische Staatsdenker Jean Bodin die Idee der Staatssouveränität. Aus dem 16. und 17. Jahrhundert stammt auch eine Reihe von Gegenmodellen zu den herrschenden gesellschaftlichen und politischen Verhältnissen. Prägend wurde die Schrift „Utopia" des Engländers Thomas Morus.

1513	Der Florentiner Staatssekretär Niccolò Machiavelli (1469–1527) verfasst im politischen Exil seine Schrift „Der Fürst".
1516	Der englische Humanist und Politiker Thomas Morus (1477–1535) veröffentlicht in Löwen sein Werk „Utopia".
1576	Der französische Jurist und Politiker Jean Bodin (1530–1596) entwickelt mit seinen „Six livres de la République" die Idee des souveränen Staats und begründet den Absolutismus.
1602	Während einer langjährigen Kerkerhaft, die er wegen angeblicher Ketzerei und aufrührerischer Umtriebe erdulden musste, entwirft der italienische Mönch Tommaso Campanella (1568–1639) seinen „Sonnenstaat"; die Schrift wird später aus dem Gefängnis geschmuggelt und erscheint 1623 in Frankfurt.
1619	Der Theologe Johann Valentin Andreä (1586–1654) beschreibt in seinem Buch „Christianopolis" ein christlich-vollkommenes Staatswesen.
1624	Der englische Politiker und Philosoph Francis Bacon (1561–1626) entwickelt seine Vorstellung von einem idealen Staat in seinem Buch „New Atlantis".

Machiavelli und „Der Fürst"

Es gibt nur wenige Handbücher der Staatsführung, die so umstritten sind wie die schmale Schrift des Florentiner Diplomaten Niccolò Machiavelli, die unter dem Titel „Der Fürst" weltberühmt geworden ist. Schlägt man in einem Wörterbuch den Begriff „Machiavellismus" nach, so findet man dort die Erläuterung „rücksichtslose Machtpolitik". Diesen bedenklichen politischen Grundsatz kann ein oberflächlicher Leser sicherlich aus Machiavellis Werk herauslesen, betont doch der Autor, dass die Macht eines Staates über alles gehe und dass ein Staatsführer zur Sicherung dieser Macht keine moralischen Skrupel haben dürfe. Aber das ist nicht die ganze Wahrheit. Machiavellis Forderung nach einem starken Staat wurzelt in den Erfahrungen, die er in den Krisenjahren der Republik Florenz gemacht hat, als die Stadt oft ein ohnmächtiger Spielball im Konflikt zwischen Frankreich und dem Hause Habsburg war. Sein Hauptanliegen war, seine Heimatstadt wieder stark und unabhängig zu machen. Diesem Zweck sollten seine politischen Rezepte dienen, die er als Frucht seiner langjährigen Erfahrungen im diplomatischen Dienst in ganz Europa gesammelt hatte.

Machiavellis politische Theorie

Machiavelli vertrat eine durchaus pessimistische Sicht der Geschichte: Nicht Fortschritt und Höherentwicklung bestimmten den Lauf der Zeit, sondern Verfall und Niedergang. In solchen Krisenzeiten sei es die Aufgabe eines Herrschers, den Ab-

stieg des Staates mit allen Mitteln zu bremsen – ohne Rücksicht auf moralische Skrupel und nur der Sicherung und Stärkung des Gemeinwesens verpflichtet. Nur so könne die Krise überwunden werden. Danach müsse der Machthaber allerdings für die Wiederherstellung der Republik sorgen. Denn nur diese Regierungsform sei langfristig geeignet die Stabilität eines Staates mit der politischen Freiheit seiner Bürger zu verbinden.
Ein weiteres Argument für Machiavellis Konzept staatlicher Machtpolitik war seine Überzeugung von der prinzipiellen Schlechtigkeit des menschlichen Charakters, der nur durch Gewalt gebändigt werden könne. Dabei bezog sich Machiavelli nicht auf die christliche Vorstellung von der Erbsünde, sondern auf das allen Menschen eigene Gewinn- und Genussstreben sowie die Machtbegierden und den Ehrgeiz, wie er sie in der Welt des Florentiner Handelskapitalismus und der Parteikämpfe kennen gelernt hatte. Diese negativen Eigenschaften hätten die ursprünglichen Tugenden der Selbstbeschränkung und Selbstkontrolle verdrängt. Darum sei die disziplinierende Kraft des Staates nötig, der seine Untertanen zu sittlichem Verhalten zwinge, zu dem sie aus eigener Kraft nur selten in der Lage seien.

107 Porträt von Niccolo Machiavelli (1469–1527). Ölgemälde von Santi di Tito, 16. Jahrhundert

Jean Bodin und der Begriff der Souveränität

Ähnlich wie Machiavelli formulierte auch der Franzose Jean Bodin seine Staatstheorie in einer Zeit der Krise. Frankreich wurde in der zweiten Hälfte des 16. Jahrhunderts von konfessionellen Kämpfen zwischen Katholiken und Hugenotten erschüttert, das Herrschergeschlecht der Valois war geschwächt, verschiedene Adelsparteien bekämpften sich, das aufstrebende und finanzstarke Bürgertum bedrohte die Stellung des Adels und eine Geldentwertung untergrub die Wirtschaft des Landes. Der unmittelbare Anlass für Bodins Überlegungen war das Blutbad der „Bartholomäusnacht“ im Jahre 1572, als Tausende von protestantischen Hugenotten ihren katholischen Gegnern zum Opfer fielen. Das einzige Mittel gegen solche Exzesse war für Bodin eine starke und ungeteilte staatliche Zentralgewalt. Ausgehend von empirischen und historischen Untersuchungen, entwarf er eine umfassende Theorie der Souveränität, die für ihn das entscheidende Merkmal eines Staates darstellte. Das bedeutete konkret: Nur der Souverän besitzt die Herrschaftsgewalt und das Gewaltmonopol gegenüber seinen Bürgern. Nur er hat das Recht Gesetze zu erlassen, steht aber selbst über den Gesetzen. Nur so können seiner Meinung nach Rechtssicherheit und innerer Frieden gewahrt und Bürgerkriege verhindert werden. Diese souveräne Gewalt bedeutet jedoch nicht Willkür, sie ist vielmehr eingebettet in die allgemeinen Grundsätze des Völkerrechts, des göttlichen Rechts und des Naturrechts. So soll z. B. im Normalfall das natürliche Recht auf Eigentum unangetastet bleiben.
Die souveräne Gewalt war für Bodin nicht zwingend an eine bestimmte Staatsform gebunden. Er unterschied drei mögliche Systeme, je nachdem, wer die Souveränitätsrechte innehatte: In der Monarchie liegen sie beim Fürsten, in der Demokratie beim Volk und in der Aristokratie bei einem herausgehobenen Teil des Volkes. Bodin selbst favorisierte angesichts der Situation in Frankreich eindeutig die erste Variante, die königlich-monarchische Souveränität.
Mit seinen Überlegungen führte Bodin für den Territorialstaat fort, was Machiavelli

108 Porträt von Jean Bodin (1530–1596). Holzschnitt, 16. Jahrhundert

109 Porträt von Thomas Morus (1478–1535). Ölgemälde (74,2 x 59 cm) von Hans Holbein d. J., 1527

für die Stadtrepublik vorgedacht hatte. Dabei entwickelten beide wesentliche Elemente der politischen Theorie der Neuzeit. Der Staat war nun nicht mehr ein Teil der göttlichen Schöpfungsordnung, sondern ging aus dem autonomen Willen seiner Bürger hervor. Zweckorientierung und nüchternes Kalkül wurden wichtiger als ethische Normen.

Utopien als kritische Gegenmodelle

Als Reaktion auf Mängel in Staat und Gesellschaft und als Kritik an bestehenden Zuständen sind auch die utopischen Schriften des 16. und 17. Jahrhunderts zu verstehen. Ihren Namen erhielten sie von dem ersten Buch dieser Art, das der englische Humanist Thomas Morus verfasste.
„Utopia" („ein Ort, den es nicht gibt") war der Name einer fiktiven Insel. Auf dieser isolierten Welt im Kleinen siedelte Morus nach seinen Vorstellungen eine ideale Gesellschaft an, deren Staatswesen optimal geregelt war und in der niemand Mangel leiden musste. Auch Campanellas, Andreäs und Bacons Idealwelten lagen auf abgelegenen Inseln.
Allen Utopien gemeinsam war der offene oder verdeckte Protest gegen profitgierige Ausbeuter im Wirtschaftsleben und gegen skrupellose, nur an ihrer persönlichen Macht interessierte Herrscher, die einseitig Partei für die Reichen ergriffen und den „gemeinen Mann" nicht zu seinem Recht kommen ließen. Außerdem beklagten sie den allgemeinen Verfall der Sitten sowie die nach der konfessionellen Spaltung beginnenden blutigen Religionskriege. Diesem Bild der Zerrüttung stellten die Utopisten ihre Auffassungen von einem idealen Gemeinwesen gegenüber. In diesem verwirklichte sich nicht das Eigeninteresse des Einzelnen, das nur Zwietracht und Zerstörung hervorrief, sondern eine überindividuelle und am Gemeinwohl und dem Prinzip der Gerechtigkeit ausgerichtete Ordnung. Die gesellschaftlichen Unterschiede waren aufgehoben und alle Bürger waren gleich bis hin zu geregelten Tagesabläufen und festen Kleiderordnungen.

Die Wirtschaft in Utopia

Ein derartiges Zusammenleben – darin waren sich alle Utopisten einig – war nur möglich, wenn das Prinzip des Gemeineigentums im Bereich von Produktion und Verteilung der Waren verwirklicht würde. Der Sinn des Wirtschaftens bestand für sie primär in der Bedürfnisbefriedigung durch die Erzeugnisse der Landwirtschaft und des Handwerks. Luxusgüter waren verpönt, stattdessen propagierten sie ein mäßiges Leben. Geldwirtschaft und Lohnarbeit sollten entfallen. Trotzdem war die breite Masse der Bevölkerung zu regelmäßiger Arbeit verpflichtet, die zeitlich genau eingeteilt wurde. Denn den moralischen Wert der Arbeit schätzten die Utopisten sehr hoch ein.

110 Porträt von Tommaso Campanella (1568–1639). Kupferstich von Nicolas de Larmessin, um 1655

Die politische Ordnung in Utopia

Die politischen Systeme, die den utopischen Denkern vorschwebten, waren recht unterschiedlich. Sie reichten von einer autokratischen Ordnung bei Campanella bis zu dem von Morus und Andreä entwickelten Modell verschiedener untereinander ausbalancierter Gewalten. Gemeinsam war ihnen jedoch das Streben nach einer starken Zentralgewalt, die den Mitwirkungsmöglichkeiten der Bürger nur wenig Raum ließ. Der Staat sollte nicht nur die Wirtschaftsprozesse und das Arbeitsleben regulieren, sondern auch in das Privatleben seiner Bürger ordnend eingreifen.

Die Utopisten orientierten sich dabei an der patriarchalischen Familie und übertrugen deren Strukturen auf den Staat. Das ging zum Teil so weit, dass sogar die geschlechtlichen Beziehungen beaufsichtigt wurden: In Campanellas Sonnenstaat z. B. kontrollierten Ärzte und Astrologen die Fortpflanzung, damit möglichst hochwertiger Nachwuchs erzeugt würde.

Insgesamt wurden alle privaten Freiräume stark eingeengt. Das galt vor allen Dingen für die Erziehung, der die Utopisten größte Bedeutung beimaßen. In staatlichen Institutionen sollten neue Menschen herangezogen werden, die ihren Idealen entsprachen: arbeitsam, sittsam, gebildet und auf das Leben in der Gemeinschaft ausgerichtet.

Die eigentliche Herrschaft in den utopischen Staaten lag meist in der Hand einer moralisch und geistig hochwertigen Elite, sei es bei einer Gruppe von Priestern oder einem ausgewählten Gremium staatlicher Funktionäre. Die große Masse der arbeitenden Bevölkerung dagegen hatte kaum politischen Einfluss. Im Gegenteil: Sie unterlag ständiger staatlicher Kontrolle, die durch Nachrichtendienste, Zensur und eine strenge Justiz aufrechterhalten wurde.

Wahrscheinlich haben die Verfasser der Utopien nicht an die unmittelbare Umsetzbarkeit ihrer Modelle geglaubt. Ihre utopischen Konstruktionen waren vielmehr Gedankenexperimente, mit denen sie ihrer Zeit den Spiegel vorhalten wollten.

Staatsräson: Der Begriff „Staatsräson" geht auf Machiavelli zurück. In seinem Gefolge versteht man darunter die „Staatsvernunft" bzw. das gesamtstaatliche Interesse. Dieses steht über der einzelmenschlichen Vernunft bzw. den Interessen der einzelnen Staatsbürger. Demnach muss sich das Handeln des Staates und seiner Organe am Gesamtwohl orientieren und darauf ausgerichtet sein, sein Bestehen um jeden Preis zu sichern. Die moralischen Prinzipien und Regeln, die für den Einzelmenschen gelten, gelten für den Staat nur bedingt. Wenn es um die Wahrung seiner Existenz und das Allgemeinwohl geht, können sich die Regierenden unter Umständen über allgemein gültige ethische Normen hinwegsetzen. Die absolutistischen Machthaber des 17. und 18. Jahrhunderts griffen die Lehre von der Staatsräson auf und nutzten sie zur Legitimation ihrer Herrschaft. Die Staatsräson ist bis in die Gegenwart ein wichtiges Motiv staatlichen Handelns geblieben.

111 Wie soll sich ein Fürst verhalten?

Niccolò Machiavelli erörtert in seiner um 1513 entstandenen Schrift „Der Fürst", wie ein Herrscher handeln müsse:

Einen Fürsten darf es daher nicht kümmern, der Grausamkeit bezichtigt zu werden, wenn er dadurch bei seinen Untertanen Einigkeit und Ergebenheit aufrechterhält; er erweist sich als milder, wenn er nur ganz wenige Exempel statuiert, als diejenigen, die aus zu großer Milde Missstände einreißen lassen, woraus Mord und Raub entstehen; denn hierdurch wird gewöhnlich einem ganzen Gemeinwesen Gewalt angetan, während die Exekutionen auf Befehl des Fürsten nur gegen Einzelne Gewalt üben. [...]

Daraus ergibt sich die Streitfrage, ob es besser ist, geliebt als gefürchtet zu werden oder umgekehrt. Die Antwort ist, dass man das eine wie das andere sein sollte; da es aber schwer fällt, beides zu vereinigen, ist es viel sicherer, gefürchtet als geliebt zu werden, wenn man schon den Mangel an einem von beiden in Kauf nehmen muss. Denn man kann von den Menschen im Allgemeinen sagen, dass sie undankbar, wankelmütig, unaufrichtig, heuchlerisch, furchtsam und habgierig sind; und solange du ihnen Gutes erweist, sind sie dir völlig ergeben: Sie bieten dir ihr Blut, ihre Habe, ihr Leben und ihre Kinder, wenn [...] die Not fern ist; kommt diese dir aber näher, so begehren sie auf. Ein Fürst, der sich völlig auf ihre Versprechungen verlassen hat, ohne andere Vorbereitungen zu treffen, ist dann verloren; denn Freundschaften, die man durch Geld und nicht durch Großmut und Seelenadel erwirbt, hat man zwar bezahlt, aber man besitzt sie nicht und kann sie in Zeiten der Not nicht in Anspruch nehmen. Auch scheuen sich die Menschen weniger, einen zu verletzen, der sich beliebt macht, als einen, den sie fürchten; denn die Liebe wird durch das Band der Dankbarkeit aufrechterhalten, das, weil die Menschen schlecht sind, von ihnen bei jeder Gelegenheit des eigenen Vorteils wegen zerrissen wird; die Furcht aber wird durch die Angst vor Strafe aufrechterhalten, welche dich niemals verlässt.

Gleichwohl darf ein Fürst nur so viel Furcht verbreiten, dass er, wenn er dadurch schon keine Liebe gewinnt, doch keinen Hass auf sich zieht; denn er kann sehr wohl gefürchtet werden, ohne verhasst zu sein; dies wird ihm stets gelingen, wenn er das Eigentum seiner Bürger und Untertanen sowie ihre Frauen respektiert. Und wäre er auch gezwungen, einen hinrichten zu lassen, so tue er dies, wenn dafür eine entsprechende Rechtfertigung und ein offensichtlicher Grund bestehen; vor allem aber muss er das Eigentum anderer achten; denn die Menschen vergessen schneller den Tod ihres Vaters als den Verlust ihres Erbes.

Niccolò Machiavelli: Il Principe/Der Fürst. Hrsg. v. Philipp Rippel. Stuttgart 1986. S. 129; 131.

a) Analysieren Sie das Menschenbild, das Machiavellis Überlegungen zugrunde liegt.
b) Wie rechtfertigt Machiavelli seine Handlungsanweisungen für einen Fürsten?
c) Erörtern Sie die politischen Rezepte Machiavellis kritisch.

112 Die Staatssouveränität

a) Der französische Staatstheoretiker Jean Bodin entwickelt 1576 erstmals ein umfassendes Konzept der staatlichen Souveränität:

Der Begriff Souveränität beinhaltet die absolute und dauernde Gewalt eines Staates, die im Lateinischen *majestas* heißt. [...] Souveränität bedeutet höchste Befehlsgewalt. [...] Und da wir zuvor den Staat definiert haben als die dem Recht gemäß gehandhabte

Lenkung mehrerer Familien und der ihnen gemeinsamen Dinge mit souveräner Gewalt, so ist zu erläutern, was unter dieser souveränen Gewalt zu verstehen ist. Ich sagte, dass es sich um eine *dauernde Gewalt* handelt. Es kann nämlich sein, dass absolute Gewalt auf einen Einzelnen oder mehrere für begrenzte Zeit übertragen wird, nach deren Ablauf sie wieder einfache Untertanen sind. Darum können sie, auch solange sie an der Macht sind, nicht als souveräne Herrscher betrachtet werden. Sie sind nur Treuhänder und Hüter dieser Gewalt, bis es dem Volk oder dem Fürsten gefällt, diesen Zustand zu widerrufen. Der wirkliche Souverän bleibt stets im Besitz der Staatsgewalt. [...]

Wenden wir uns nun dem anderen Bestandteil unserer Definition zu und erläutern wir, was die Worte *absolute Gewalt* bedeuten. Das Volk oder die Großen eines Staates können die souveräne und dauernde Gewalt an jemanden in der Weise übertragen, dass er über Güter, Personen und den ganzen Staat nach seinem Belieben verfügt und ihn später übertragen kann, an wen er will. Dies entspricht der uneingeschränkten und aus keinem anderen Grund als aus Freigebigkeit erfolgenden Schenkung, die allein den Charakter einer wahren Schenkung besitzt. Daran sind keine Bedingungen mehr geknüpft. So wie alle anderen Schenkungsakte, die Auflagen und Bedingungen beinhalten, keine wirklichen Schenkungen sind, so ist auch die Souveränität, die einem Fürsten unter Auflagen und Bedingungen übertragen wird, keine Souveränität im strengen Sinn und keine absolute Gewalt, es sei denn, die bei der Thronerhebung auferlegten Bedingungen entstammen dem Gesetz Gottes oder der Natur. [...] Die Staatsgewalt ist dann absolut und souverän, wenn sie nur dem göttlichen Gebot und dem Naturrecht unterworfen ist. [...]

Die wahren Attribute der Souveränität sind nur dem souveränen Fürsten eigen. Wenn sie auf Untertanen übertragbar sind, kann man nicht länger von Souveränität sprechen. Eine zerbrochene Krone kann nicht mehr als Krone bezeichnet werden. Ebenso verliert die souveräne Majestät ihre Größe, wenn man ihre Rechte irgendwie beschneidet. [...] Wenn ein Fürst Souveränitätsrechte auf einen Untertan überträgt, so verwandelt er den Diener in einen Partner. Dadurch aber hört er auf, souverän zu sein. [...]

Das hervorragendste Merkmal der fürstlichen Souveränität besteht in der Machtvollkommenheit, Gesetze für alle und für jeden Einzelnen zu erlassen, und zwar, wie ergänzend hinzuzufügen ist, ohne dass irgendjemand – sei er nun höhergestellt, ebenbürtig oder von niederem Rang – zustimmen müsste. [...] Diese Gewalt, Gesetze zu machen oder aufzuheben, umfasst zugleich alle anderen Rechte und Kennzeichen der Souveränität, so dass es streng genommen nur dieses eine Merkmal der Souveränität gibt. Alle anderen Souveränitätsrechte sind darunter subsumierbar: die Entscheidung über Krieg und Frieden, das Recht der letzten Instanz, das Ernennungs- und Absetzungsrecht für die obersten Beamten, das Besteuerungsrecht, das Begnadigungsrecht, das Münzrecht und die Festsetzung des Geldwerts, das Recht auf Treueide der Untertanen und Vasallen. Dies sind die wahren Kennzeichen der Souveränität, die zusammengefasst sind in der Gesetzgebungsgewalt gegenüber allen Untertanen insgesamt und einzelnen von ihnen. Diese Gewalt ist nur von Gott empfangen.

Jean Bodin: Über den Staat. Hrsg. v. Gottfried Niedhart. Stuttgart 1982. S. 19; 22; 41–44.

LES
SIX LIVRES
DE LA REPVBLIQVE DE I. BOdin Angeuin.
A MONSEIGNEVR DV FAVR SEIgneur de Pibrac, Conseiller du Roy en son Conseil priué.
A PARIS,
Chez Iacques du Puys, Libraire Iuré, à la Samaritaine.
1577.
Auec priuilege du Roy.

b) Titelblatt der französischen Originalausgabe von Bodins „Six Livres de la République"

a) Erklären Sie, was Bodin unter Staatssouveränität versteht. Erläutern Sie seine Argumentation.
b) Zeigen Sie auf, worin für Bodin das entscheidende Merkmal der Souveränität besteht.
c) Überlegen Sie, ob sich Bodins Konzept auch auf demokratische Staaten anwenden lässt. Erörtern Sie mögliche Konsequenzen.

113 Leben in Utopia

a) Karte der Insel „Utopia" und das Alphabet der Utopier. Doppelseite aus der Erstausgabe von Thomas Morus' „Utopia" aus dem Jahr 1516. Der in utopischer Sprache und in Latein abgedruckte untere Vierzeiler lautet übersetzt: „Herzog Utopus machte mich Nichtinsel zur Insel. Ich als einziges Land habe ohne Philosophie den Menschen einen philosophischen Staat geschaffen. Gerne gebe ich das Meinige, noch lieber nehme ich Besseres an."

b) In seiner Schrift „Utopia" beschreibt der englische Politiker und Humanist Thomas Morus, wie er sich ideale Lebens-, Wirtschafts- und Arbeitsverhältnisse vorstellt:

Die Gewerbe

Ein einziges Gewerbe üben alle Männer und Frauen gemeinsam aus: den Ackerbau. Von ihm ist keiner befreit; in ihm werden alle von Kindheit an unterwiesen, teils durch theoretischen Unterricht in der Schule, teils praktisch, indem die Kinder auf die der Stadt benachbarten Äcker, gleich wie zum Spiel, geführt werden, wo sie nicht nur zuschauen, sondern zur Übung der Körperkräfte auch zupacken.

Außer der Landwirtschaft, die, wie gesagt, alle gemeinsam ausüben, erlernt jeder noch irgendein besonderes Handwerk; das ist in der Regel die Tuchmacherei, die Leineweberei oder das Maurer-, Schmiede-, Schlosser- oder Zimmermannsgewerbe. Es gibt nämlich sonst kein anderes Handwerk, das dort eine nennenswerte Anzahl von Menschen beschäftigte. Denn die Kleider haben über die ganze Insel hin denselben Schnitt, abgesehen davon, dass sich die Geschlechter untereinander und die Ledigen von den Verheirateten durch ihre Kleidung unterscheiden; sie sind für alle Altersstufen gleich, gefällig anzusehen und den Bewegungen des Körpers angepasst, zudem für Kälte und für Hitze berechnet. Diese Kleider fertigt sich, wohlgemerkt, jede Familie selber an.

Von den anderen Handwerken aber lernt jeder eins, und zwar nicht nur die Männer, sondern auch die Frauen; diese betreiben jedoch als die Schwächeren nur leichtere Gewerbe: gewöhnlich spinnen sie Wolle und weben Leinen; den Männern werden die übrigen, mühsameren Tätigkeiten überlassen. […]

Versorgung der Bevölkerung

Der Älteste steht, wie ich sagte, an der Spitze der Familie. Die Frauen sind den Männern, die Kinder den Eltern und überhaupt die Jüngeren den Älteren unterstellt. Die ganze Stadt ist in vier gleich große Bezirke eingeteilt; in der Mitte jedes Bezirkes liegt der

Markt für Waren aller Art. Dort werden in bestimmte Gebäude die Erzeugnisse aller Familien zusammengebracht, und die einzelnen Warengattungen werden gesondert auf die Speicher verteilt. Aus diesen wieder fordert jeder Familienälteste an, was er selbst und die Seinigen brauchen, und erhält ohne Bezahlung, überhaupt ohne jegliche Gegenleistung, alles, was er verlangt. Warum nämlich sollte man ihm etwas verweigern, da doch alles im Überfluss vorhanden ist und keinerlei Befürchtung besteht, es könne einer mehr fordern, als er braucht? Denn wie sollte man annehmen, es könne einer Überflüssiges verlangen, der die Gewissheit hat, dass ihm niemals etwas fehlen wird? Begierig und räuberisch macht ja alle Lebewesen nur die Furcht vor Entbehrung oder aber den Menschen allein noch der Hochmut, der es für rühmlich hält, andere durch das Prunken mit überflüssigen Dingen zu übertrumpfen. Diese Untugend hat bei den Einrichtungen der Utopier überhaupt keinen Platz.

Zit. nach: Der utopische Staat. Hrsg. v. Klaus J. Heinisch. Reinbek 1960. S. 54; 59 f.; 80.

a) Charakterisieren Sie das Idealbild von Wirtschaft und Arbeit, wie es Morus vorschwebt.
b) Vergleichen Sie dieses Idealbild mit der wirtschaftlichen Situation zur Zeit der Abfassung der Schrift.
c) Erläutern Sie die gesellschaftlichen Verhältnisse in Utopia.
d) Diskutieren Sie, welche der von Thomas Morus entwickelten idealen Vorstellungen in einem Staatswesen auch verwirklicht werden können.

114 Eine ideale Gemeinschaft?

In seiner Utopie vom „Sonnenstaat" setzt sich Tommaso Campanella mit dem Problem des Privateigentums auseinander und entwirft ein umfassendes Erziehungsprogramm für die Jugend:

Gemeinbesitz und Brüderlichkeit

Die Menschen [des Sonnenstaats] sind von Indien in jenes Land gekommen. Sie flohen vor der Geißel der Zauberer, Räuber und Tyrannen, die dort hausten, und beschlossen, gemeinsam ein philosophisches Leben zu führen. Wenn es nun auch bei den übrigen Einwohnern des Landes keinen gemeinsamen Besitz der Frauen gibt, so ist er bei ihnen doch gebräuchlich, und zwar aus folgendem Grunde: Alles bei ihnen ist Gemeinbesitz. Die Verteilung aber liegt in den Händen der Behörden. Die Wissenschaften jedoch, die Ehrungen und Vergnügungen sind so Gemeinbesitz, dass sich keiner etwas davon vorbehalten kann.

Sie behaupten, dass der Eigentumsbegriff daher komme, dass wir unsere eigenen Wohnungen und eigene Kinder und Frauen haben. Daraus entsteht die Selbstsucht. Denn um den Sohn zu Reichtum und Würden zu bringen und als Erben eines großen Vermögens zu hinterlassen, werden wir alle zu Räubern an dem Gemeinwesen, insofern wir, infolge unserer Herkunft und durch Reichtum mächtig, jegliche Rücksicht und Scheu ablegen oder aber, gering an Kräften, Vermögen und Herkommen, geizig, hinterhältig und heuchlerisch werden. Wenn wir aber die Selbstsucht aufgeben, so bleibt bloß noch die Liebe zur Gemeinschaft übrig. [...]

Erziehung und Unterricht

Zunächst muss man wissen, dass Männer und Frauen fast dieselbe Bekleidung haben, die auch für den Kriegsdienst geeignet ist, wenn auch die Frauen das Gewand bis unter die Knie, die Männer aber nur bis an die Knie tragen. Alle werden gemeinsam in sämtlichen Künsten und Fertigkeiten ausgebildet. Nach Vollendung des ersten und noch vor dem dritten Lebensjahre lernen die Kinder die Sprache und, umherspazierend, das Alphabet an den Mauerwänden, wobei sie vier Abteilungen bilden und die vier bewährtesten von allen alten gelehrten Männern ihre Führer sind. Bald darauf werden sie im Turnen, im Wettlaufen und im Wurfscheibenschleudern geübt, sowie auch in anderen Spielen, durch die alle Gliedmaßen gleichmäßig gekräftigt werden. Dabei sind sie aber stets barfüßig und barhäuptig bis zum siebten Jahre. Zur gleichen Zeit führt man sie auch in die Werkstätten der Handwerker: in die Schusterei, in die Küche, in die Schmiede, in die Schreinerei, zu den Malern usw., damit sich ihre Begabung für ein bestimmtes Handwerk frühzeitig kundtut.

Nach dem siebten Lebensjahre kommen sie nach entsprechender Einweihung in die mathematischen Grundbegriffe mittels der Wandzeichnungen zum Unterricht in allen Naturwissenschaften. [...] Später beschäftigen sie sich mit der höheren Mathematik, der Medizin und den anderen Wissenschaften. Dauernd findet unter ihnen gelehrte Unterhaltung und Disputation statt. Und diejenigen, die sich in jenen Wissenschaften oder mechanischen Künsten besön-

ders hervortun, werden später Beamte des betreffenden Gebietes, und alle anderen folgen ihnen als ihrem Vorbild und Richter.
Sie gehen auch auf das Land hinaus zur Feldarbeit und zur Besichtigung der Viehzucht, um dabei zu lernen.
Jenen aber halten sie für besonders vorzüglich und edel, der mehrere Handwerke erlernt hat und sie verständig auszuüben weiß. Deshalb verlachen sie uns auch, weil wir die Handwerker für niedrig erachten und diejenigen edel nennen, die kein Handwerk erlernen, untätig daherleben und eine Menge Sklaven zu ihrer Muße und zu ihrem Vergnügen halten; daraus gehen dann auch wie aus einer Schule des Lasters Scharen von Taugenichtsen und Übeltätern zum Verderben des Staatswesens hervor.

Zit. nach: Der utopische Staat. Hrsg. v. Klaus J. Heinisch. Reinbek 1960. S. 123; 125 f.

a) Untersuchen Sie die von Campanella aufgestellten Thesen über das Privateigentum auf ihre Stichhaltigkeit.
b) Zeigen Sie auf, welche Ziele mit dem Erziehungsprogramm im „Sonnenstaat" erreicht werden sollen.
c) Charakterisieren Sie das gesellschaftliche Idealbild Campanellas. Setzen Sie sich kritisch mit seinen Vorstellungen auseinander.

115 Selbstbestimmtes Leben

In seinem satirischen Roman „Gargantua und Pantagruel" (1532) beschreibt François Rabelais die Gründung der Abtei „Thélème" [Willen] durch seinen Titelhelden Gargantua. Dieses Kloster sollte die Heimstatt einer Gruppe von Intellektuellen sein, die dort unbehelligt einen völlig eigenen Lebensstil pflegten:

Eine bestimmte Lebensweise war ihnen durch Gesetze, Statuten oder Regeln nicht vorgeschrieben, sie ordneten sie ganz nach ihrem Willen und Belieben: standen auf, wann sie wollten, aßen und tranken, wann sie Appetit hatten, und arbeiteten oder schliefen, je nachdem sie die Lust dazu ankam. Niemals weckte sie jemand, ebenso wenig wie jemand sie zum Essen oder Trinken oder sonst wozu nötigte. So hatte Gargantua es bestimmt. Ihre ganze Ordensregel bestand aus einem einzigen Paragraphen, der lautete: TU, WAS DIR GEFÄLLT!
Denn freie Menschen von edler Geburt, guten Kenntnissen und in achtbarer Gesellschaft aufgewachsen, tragen von Natur einen Trieb und Stachel in sich, tugendhaft zu handeln und das Laster zu fliehen, welchen Trieb man Ehre nennt; wenn aber Gewalt und Zwang sie niederdrücken und knechten, so wird dieser freie und edle Hang zur Tugend in die Begierde verwandelt werden, das Joch der Dienstbarkeit abzuschütteln und zu zerbrechen. Denn immer treibt es uns, das Verbotene zu tun, und wir streben nach dem, was uns vorenthalten wird. […]
Alle waren so wohlerzogen, dass es nicht einen unter ihnen gab, der nicht zu lesen, zu schreiben, zu singen, einige Musikinstrumente zu spielen, fünf oder sechs Sprachen zu sprechen und darin etwas Zierliches in Prosa oder Versen aufzusetzen verstanden hätte. Nie gab es tapferere, galantere, zu Fuß und Ross gerechtere, kräftigere, feurigere, waffenfähigere Kavaliere; nie züchtigere, liebenswürdigere, weniger launenhafte, in allen Handarbeiten geübtere, zu allen Beschäftigungen, die ehrbaren und freien Frauen anstehen, geschicktere Damen als die, welche hier versammelt waren.

François Rabelais: Gargantua und Pantagruel. Band 1. Frankfurt/M. 1974. S. 180 f.

a) Kennzeichnen Sie das Menschenbild, das diesem Text zugrunde liegt.
b) Erörtern Sie mögliche Einwände gegen Rabelais' Konzept.

IV. Heiliges Römisches Reich Deutscher Nation: Struktur und politische Geschichte

1. Das Reich und seine Institutionen

Schon die Bezeichnung für das Gebilde in der Mitte Europas verwirrt: Weder besaß das „Heilige Römische Reich Deutscher Nation", wie es 1486 erstmals genannt wurde, den geografischen Zuschnitt des einstigen Römischen Reiches – selbst die Stadt Rom gehörte nicht dazu; noch waren seine Bewohner ausschließlich Angehörige einer deutschen Nation oder Sprachgemeinschaft. Und worin schließlich sollte die „Heiligkeit" dieses Gebildes bestehen? Vergleicht man das Reich mit seinen Nachbarn, mit Frankreich, England oder Polen, fällt auf, dass es sich nicht „Königreich", sondern einfach nur „Reich" nannte, dass es anders als die benachbarten Länder keine echte Hauptstadt besaß und dass es vor allem sehr viel kleiner gegliedert erscheint: Zahlreiche Herrschaftsgebiete von Kurfürsten, Fürsten, Grafen, Rittern, Bischöfen, Prälaten und Städten fügen sich zu einem bunten Bild auf der Karte. Was hielt dieses Reich dann aber bis 1806 zusammen? Wie konnte das Regieren hier überhaupt funktionieren? Ja, war dieses Reich überhaupt ein Staat?

1493–1519	Maximilian I. (1459–1519), bereits seit 1486 erwählter römischer König, tritt 1493 die Nachfolge seines Vaters Friedrich III. an.
1495	In der Auseinandersetzung mit den ständischen Interessen kommt es seit dem Wormser Reichstag 1495 zu Reformmaßnahmen mit zum Teil nachhaltigem Erfolg („Reichsreform").
1519–1559	Maximilians Enkel wird Erbe eines europäischen und überseeischen Großreiches. Als Kaiser Karl V. verfolgt er eine universalmonarchische Vorstellung von Herrschaft, scheitert jedoch an entgegengesetzten Interessen der europäischen Mächte und der ständischen Opposition im Reich. Die religiöse Einheit kann er nicht bewahren.
1521	Die „Wormser Reichsmatrikel" legt erstmals die Zahl der Reichsstände genau fest.

Das Kaisertum – höchstes Amt im Reich

So locker die Vielzahl der Herrschaftsgebiete im Reich auch gefügt scheint, so gab es doch Klammern, die sie zusammenhielten: das Kaisertum als höchstes Amt des Reiches, die Reichsstandschaft, durch welche die Herrschaftsträger in das Reich eingebunden waren, und die gemeinsamen Institutionen des Reiches: Reichstag, Reichskreise und Reichskammergericht.

Das Heilige Römische Reich war eine Wahlmonarchie. Drei geistliche (von Mainz, Trier und Köln) und vier weltliche (von Böhmen, Pfalz, Sachsen und Brandenburg) Kurfürsten „kürten" durch Wahl das Reichsoberhaupt. So hatte es die „Goldene Bulle" Kaiser Karls IV. (1356) festgeschrieben. Seit 1508 genügte diese Kür zum „Erwählten Römischen Kaiser", sodass die Päpste, die jahrhundertelang bei der Verleihung der Kaiserwürde mitgewirkt hatten, fortan von jeglicher Mitsprache ausgeschlossen waren. Noch zu Lebzeiten des jeweiligen Kaisers wurde schließlich seit 1531 fast immer ein „Römischer König" gewählt und damit zum künftigen Nachfolger des Reichsoberhauptes bestimmt. Dies kam insbesondere der Dynastie der Habsburger zugute. Denn bis auf eine Ausnahme gelang es ihnen zwischen 1452 und 1806 stets, die Kaiser des Heiligen Römischen Reiches zu stellen. Andererseits versuchten die Kurfürsten seit der Wahl Karls V. (1519) regelmäßig verbindliche Zusagen („Wahlkapitulationen") des Kandidaten zu erhalten, die ihre Stellung gegenüber dem Gewählten sichern und stärken sollten.

Der Kaiser lud zu Reichstagen, veröffentlichte Reichstagsbeschlüsse in seinem Namen, erklärte Krieg und Frieden und sprach Recht. Als oberster Lehnsherr verfügte er über die Vergabe von Reichsland und königlichen Rechten (Regalien). Aus dem Kaisertitel leitete er zudem Recht und Verpflichtung zum Schutz der Kirche wie auch eine Vorrangstellung gegenüber anderen Monarchen ab.

Fürsten und Herren als Reichsstände

Die Belange des Reiches als Ganzem unterlagen aber nicht allein der Machtbefugnis (Regierungsgewalt) des Kaisers. Denn viele Landesherren in größerem und auch kleinstem Format waren zugleich auch „Stände des Reiches" mit Sitz und Stimme auf dem Reichstag. Die weitreichende politische Autonomie eines Landesherrn in seinem Territorium wurde erst durch die Reichsstandschaft verfassungsmäßig bestätigt, war aber ohne gleichzeitige Pflichten nicht zu haben. Wie in der „Wormser Reichsmatrikel" von 1521 festgelegt, mussten alle reichsständischen Herren, Grafen, Fürsten, Städte, Bischöfe und Äbte regelmäßig Reichssteuern entrichten. Darüber hinaus beteiligten sich die Reichsstände auch an den gemeinsamen politischen, administrativen und juristischen Aufgaben im Reich durch ihre Mitwirkung auf Reichstagen, in den Reichskreisen und im Reichskammergericht. Einerseits sicherte das den einzelnen Ständen Mitsprache, Einfluss und Macht, andererseits wurden sie gerade durch die „alltägliche" Arbeit in diesen Gremien in das Reich integriert.

116 „Das hailig Römisch reich mit seinen gelidern". Holzschnitt von Hans Burgkmair d. Ä., 1510. Diese Darstellung der Reichshierarchie steht in der Nachfolge von mittelalterlichen Abbildungen der „Heerschild"-Ordnung, d.h. einer genau geregelten Rangfolge hoher und niederer Territorialfürsten: Hier stehen in der obersten Reihe die Wappen der Kurfürsten, darunter (in Auswahl) die der Herzöge, Markgrafen, Landgrafen, Burggrafen, Grafen, Bannerherren, Freiherren, Ritter, Städte und Dörfer.

Reichstag

Der Reichstag der Frühen Neuzeit entstand aus den mittelalterlichen Hoftagen des Herrschers, der nach eigener Auswahl und bei Bedarf Getreue und Große seines Reiches zu gemeinsamen Beratungen und Beschlüssen um sich versammelte. Andererseits pflegten auch die Kurfürsten auf Kurfürstentagen sich ohne den Kaiser zu beraten. Erst durch die Verstetigung und die Ausweitung des Kreises der Berechtigten entstand der „Reichstag", wie erstmals die Versammlung zu Worms 1495 bezeichnet wurde.

Diese Körperschaft – 1521 gab es 384 so genannte Reichsstände – versammelte sich auf den Reichstagen, die in unterschiedlichen Reichsstädten abgehalten wurden, in drei verschiedenen Gruppierungen. Innerhalb dieser so genannten Kurien berieten sie über eine Vorlage des Kaisers („Proposition"), um dann mit den anderen Kurien – weniger durch Mehrheitsentscheid als vielmehr durch Vereinbarung – zu einem gemeinsamen Beschluss zu kommen. Sollte dieses „Reichsgutachten" Gültigkeit erlangen, musste ihm schließlich der Kaiser beitreten („Reichsschluss" und „Reichsabschied").

Die erste Kurie bildeten die drei geistlichen und vier bzw. drei weltlichen Kurfürsten (Böhmen beteiligte sich nur an der Königswahl). Zur zweiten Kurie, dem Fürstenrat, zählten sowohl mächtigere geistliche und weltliche Fürsten als auch mindermächtige Prälaten, Äbtissinnen, Grafen und Herren. Der Fürstenrat untergliederte sich in eine geistliche und eine weltliche und nach geografischer Zuordnung in eine rheinische und eine schwäbische Bank. Kurfürsten und mächtigere Fürsten besaßen eine persönliche Stimme („Virilstimme"), Prälaten bzw. Grafen stimmten jeweils kollektiv ab („Kuriatstimmen"). Die Reichsstädte führten gemeinsam eine weniger gewichtete Stimme. Gar nicht im Reichstag vertreten war die Reichsritterschaft, die sich in den 40er Jahren des 16. Jahrhunderts zu einer „Einung" zusammenschloss. Dank dieser organisatorischen Verfestigung und ihrer Bereitschaft zur Zahlung einer Art Reichssteuer („Subsidia charitativa") konnten sie sich aber ebenfalls die Reichsunmittelbarkeit sichern.

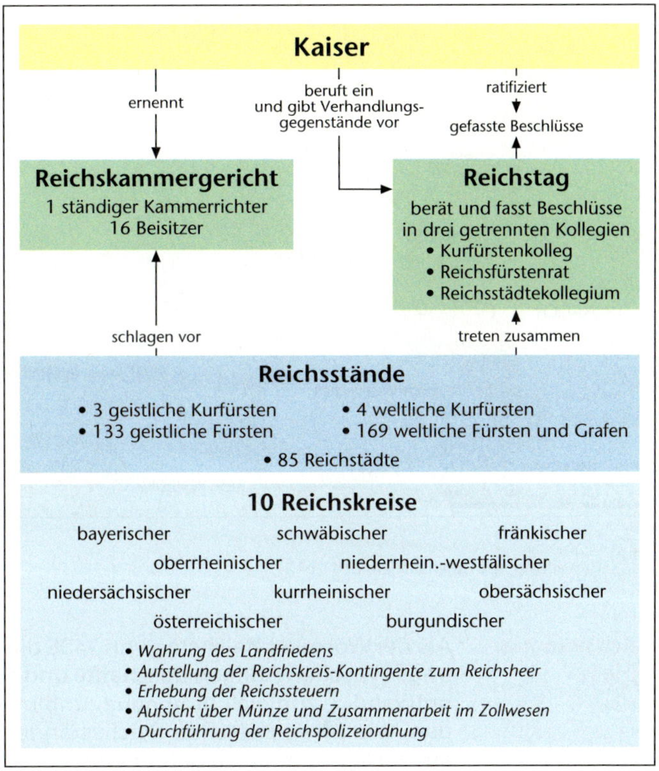

117 Die politische Struktur des Reiches in der Frühen Neuzeit

Das Reich als „Steuerstaat"

Die 1495 beschlossene „Handhabung Friedens und Rechts" wies dem Reichstag die Entscheidung über Krieg und Frieden, über Bündnisse und die Bewilligung von Steuern zu. Insbesondere die Türkenkriegsreichstage, die in der zweiten Hälfte des 16. Jahrhunderts wegen der fortdauernden Bedrohung des Reiches durch das Osmanische Reich abgehalten wurden, führten zu einer Erhöhung des Steueraufkommens – und zwar um das Sechsfache im Laufe des 16. Jahrhunderts – und zur Verfestigung der Steuerorganisation: Man spricht geradezu von einer Entwicklung hin zum „Steuerstaat". Insgesamt brachten die Reichsstände eine Summe von 30 Millionen Gulden zur Verteidigung des Reiches auf – der Jahreshaushalt eines größeren Territoriums im Reich betrug zum Vergleich etwa 100 000 Gulden. Mit nahezu 90 % Zahlungsquoten am Ende des Jahrhunderts bewiesen die Reichsstände dabei auch eine beeindruckende Zahlungsmoral.

Reichskreise

Für die Einbringung von Steuern und die Stellung von Truppenkontingenten bedeutsam war eine Institution, die lange Zeit von der Forschung vernachlässigt wurde: der Reichskreis. Zehn solcher Reichskreise – der fränkische, schwäbische,

118 Einteilung der Reichskreise um 1512

bayerische, nieder- und oberrheinische, nieder- und obersächsische, kurrheinische, österreichische und burgundische – wurden ab 1500 bzw. 1512 eingerichtet und deckten im Wesentlichen das Gebiet des Reiches ab. Jeder dieser Kreise fasste alle Reichsstände – die Reichsritterschaft blieb wieder außen vor – in einem bestimmten geografischen Umkreis zusammen. Insbesondere auf jenen Feldern, die eine Kooperation von einzelnen Ständen erforderten, leisteten die Reichskreise unspektakulär bedeutsame Arbeit: Neben der Steuerverwaltung lag es an ihnen, Urteile des Reichskammergerichtes umzusetzen, den Landfrieden zu sichern (bis hin zu Errichtung und Betrieb gemeinsamer Gefängnisse), Münzsorten zu kontrollieren und Ordnungen für Handel und Gewerbe aufzurichten.

Reichskammergericht

Als der Wormser Reichstag von 1495 die Fehde als legitimes Mittel des Konfliktaustrags zwischen Adligen abschaffte und einen „Ewigen Landfrieden“ ausrief, war es notwendig, zugleich eine neue, unblutige und allgemein akzeptierte Form zu finden, wie Streit zwischen Reichsständen untereinander und mit ihren Untertanen ausgetragen oder beigelegt werden könnte. Ein „Kaiserliches Reichskammergericht“ wurde eingerichtet, das bis 1693 seinen festen Sitz in Speyer, seitdem in Wetzlar hatte. Besetzt war es mit einem kaiserlichen Kammerrichter, der zwar den Vorsitz des Gerichtes führte, jedoch von schließlich 24 reichsständischen Beisitzern (auch „Urteilern“ oder „Assessoren“) dominiert wurde.
Zuständig war das Reichskammergericht in erster Instanz für Konflikte zwischen Reichsständen – in der Anfangszeit bedeutete das vor allem die Ahndung von Landfriedensbrüchen – und für Streitigkeiten zwischen Reichsunmittelbaren und ihren Untertanen. Darüber hinaus war es Berufungsinstanz für Urteile reichsständischer Gerichte. Die territoriale Rechtsprechung fand damit an der übergeordneten Rechtsprechung des Reiches grundsätzlich Grenzen, die in der Praxis allerdings nicht immer respektiert wurden. So erkennt man heute in den die Schwächeren schützenden Urteilen der so genannten Bauernprozesse, die Untertanen gegen die willkürliche Belastung oder Bedrückung durch ihre Herren anstrengten, eine besondere Leistung des Reichskammergerichts. Auch das Verdienst des Gerichtes bei der Eindämmung von Hexenprozessen – gelangten sie vor das Reichskammergericht als Berufungsinstanz, endeten sie häufig mit einem Freispruch – wird heute hervorgehoben.

Reichshofrat

Mit dem Wiener Reichshofrat, dem er 1559 eine neue Ordnung gab, belebte Ferdinand I. (1556–1564) auch die kaiserliche Rechtsprechung, die in der Tradition

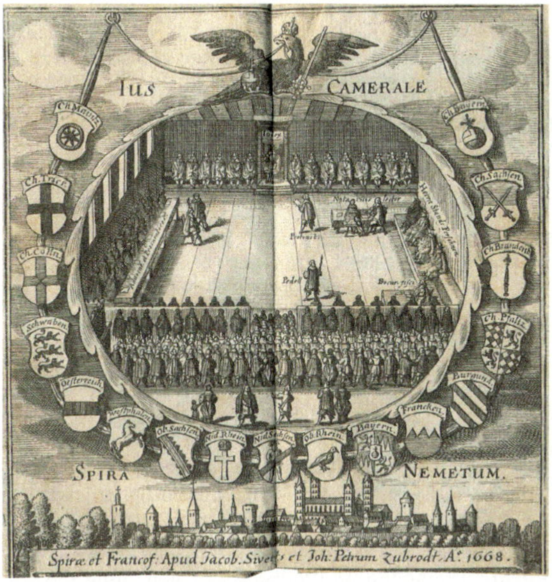

119 „Audienz des Kammergerichts in Speyer". Kupferstich, 1668

des Kaiseramtes als oberstem Richteramt stand. Auch der Reichshofrat fungierte als Erstinstanz zwischen reichsständischen Konfliktparteien und als Berufungsinstanz für Urteile landesherrlicher Gerichte. Sachlich und räumlich waren also die Zuständigkeitsbereiche der beiden Obergerichte nicht grundsätzlich gegeneinander abgegrenzt. In der Regel einigten sich die Konfliktparteien auf eines der beiden Gerichte, sodass beispielsweise das von den Ständen dominierte und konfessionell eher ausgewogene Reichskammergericht insbesondere in den zahlreichen konfessionellen Konfliktfällen angerufen wurde, der Reichshofrat besonders im „kaisernahen" Süden als Entscheidungsinstanz attraktiv war.

Reichsrecht, „Gute Policey" und „Gemeiner Nutz"

Die Gesetzbücher der Frühen Neuzeit regelten aber nicht nur die Verfolgung von Straftaten: Von Festessen und Trinkexzessen bis zu Brandschutz und Kleiderordnung, von Fluchen und Waffentragen bis zu Zinsnehmen und Armenfürsorge versuchten so genannte Landes- und Reichspoliceyordnungen wirtschaftliches Leben und Alltag der Menschen zu reglementieren („Gute Policey"). Die Reichspoliceyordnung von 1577 und ihre zahlreichen Vorstufen besaßen dabei wichtige Vorbildfunktion für entsprechende Regelungen in den einzelnen Territorien. Orientiert waren solche Ordnungsvorstellungen zum einen am Gemeinwohl der Untertanen („Gemeiner Nutz"), zum anderen am Willen der Obrigkeiten, auf eine sittliche Besserung ihrer Untertanen hinzuwirken, für die sie sich vor Gott verantwortlich fühlten.

Reich: Mit dem Begriff wird der über 850 Jahre bestehende Herrschaftsbereich der römisch-deutschen Kaiser bezeichnet, der sich im 10. Jahrhundert unter dem Herrschergeschlecht der Ottonen aus dem Ostfrankenreich entwickelte. Dessen offizieller Reichstitel lautete seit Mitte des 13. Jahrhunderts *Sacrum Romanum Imperium* (Heiliges Römisches Reich), worin sich der gegenüber der Kirche (*Sancta Romana Ecclesia*) erhobene kaiserliche Anspruch auf eigene sakrale Würde als Wahrer und Beschützer der Christenheit mit dem imperialen Selbstverständnis verband, in der Nachfolge des antiken Römischen Reiches zu stehen. Mit dem Ende des 15. Jahrhunderts eingeführten Zusatz *Nationis Germanicae* (... Deutscher Nation) hob man die deutschen Territorien gegenüber den in Italien und Burgund liegenden Teilen des Reichsgebiets hervor. Da sich die kaiserliche Zentralgewalt seit Beginn der Frühen Neuzeit zunehmend weniger gegen die Eigeninteressen der Reichsstände durchsetzen konnte, blieb das Reich bis zu seiner Auflösung 1806 ein zwar monarchisch regiertes, jedoch territorial disparates sowie ständisch geprägtes Gebilde aus Kaiser und Reichsständen mit nur wenigen gemeinsamen Reichsinstitutionen, dessen staatlicher Werdegang auf einem vor- und übernationalen Entwicklungsstand verharrte.

Reichsstände: „Stände" im politischen Sinn waren nach dem Verständnis der Menschen im Mittelalter und in der Frühen Neuzeit Obrigkeiten, die Herrenrechte ausübten und dadurch zu „Rat und Tat" – vor allem militärischer und finanzieller Hilfe – befähigt und zur Mitsprache berechtigt waren. Zu den traditionell mitstimmungsberechtigten Gruppen des geistlichen und weltlichen Adels traten im Spätmittelalter die Vertreter von Städten. Bezogen auf das Reich, wurde die gemeinsame Beratung von König und Ständen im Spätmittelalter in den Reichstagen institutionalisiert; reichtagsfähige Stände wurden ausdrücklich von anderen Herrschaftsträgern – etwa den zwar reichsunmittelbaren, jedoch zu den Reichstagen nicht zugelassenen Reichsrittern – unterschieden.
Verbunden mit der Reichsstandschaft war der Korporationsgedanke, d.h. die Reichsstände bildeten Gruppen auf der Grundlage gleicher sozialer Stellung, die auch als Korporation berieten und abstimmten (Kurfürstenkolleg; Reichsfürstenrat; Reichsstädtekollegium).

120 „Grundgesetze" der Reichsverfassung

a) Festlegung der Modalitäten der deutschen Königswahl in der „Goldenen Bulle", 1356:

II. Von der Wahl eines römischen Königs

1. Nachdem aber die mehrgenannten Kurfürsten [die Erzbischöfe von Mainz, Köln und Trier; der König von Böhmen; der Pfalzgraf bei Rhein; der Herzog von Sachsen; der Markgraf von Brandenburg] oder ihre Gesandten in die Stadt Frankfurt eingezogen sind, sollen sie [...] einen gerechten, redlichen und tüchtigen Mann zum römischen König und künftigen Kaiser [...] wählen zum Heil der Christenheit. [...]

2. [Die Eidformel:] „Ich [...] schwöre [...], dass ich gemäß der Treue, zu der ich gegen Gott und das Heilige Römische Reich verpflichtet bin, nach all meinem Verstand und meiner Einsicht mit Gottes Beistand der Christenheit ein weltliches Oberhaupt wählen will, das heißt einen römischen König und künftigen Kaiser, der hiezu geeignet ist, so wie mein Verstand und meine Einsicht mich leiten und gemäß der obbesagten Treue, und dass ich meine Stimme und meinen Wahlentscheid abgeben werde ohne alle Verabredung, Belohnung, Entgelt oder Versprechen oder wie immer dergleichen genannt werden mag – so wahr mir Gott helfe und alle Heiligen."

[...]

4. Nachdem aber sie oder die Mehrzahl von ihnen an diesem Ort gewählt haben, muss eine solche Wahl gleich gehalten und geachtet werden, wie wenn sie von ihnen allen ohne Gegenstimme einhellig vollzogen wäre. [...]

Und weil Nachfolgendes nach alter anerkannter und löblicher Gewohnheit bisher stets unverbrüchlich beobachtet worden ist, bestimmen auch wir und verordnen aus kaiserlicher Machtvollkommenheit, dass wer besagtermaßen zum römischen König gewählt worden ist, sogleich nach vollzogener Wahl, bevor er in irgendwelchen Angelegenheiten oder Geschäften aus Vollmacht des Heiligen Reiches seine Tätigkeit beginnt, allen und jeden geistlichen und weltlichen Kurfürsten, die bekanntlich die nächsten Glieder des Heiligen Reiches sind, alle ihre Privilegien, Briefe, Rechte, Freiheiten und Vergünstigungen, alten Gewohnheiten und auch Würden und alles, was sie vom Reich bis zum Tag seiner Wahl empfangen und besessen haben, ohne Verzug und Widerspruch durch seine Briefe und Siegel bestätigen und bekräftigen soll; und alles Vorerwähnte soll er ihnen erneuern, nachdem er mit den kaiserlichen Infeln[1] gekrönt worden ist. Diese Bestätigung aber wird der Gewählte einem jeden Kurfürsten besonders erstlich als König ausstellen und darnach als Kaiser erneuern; und er soll gehalten sein, alle Kurfürsten insgesamt und einen jeden von ihnen im Besondern dabei keineswegs zu benachteiligen, sondern im Gegenteil huldreich fördern.

1 Hoheitszeichen wie vor allem die Kaiserkrone

Die Goldene Bulle Kaiser Karls IV. vom Jahre 1356. Übers. v. Wolfgang Dietrich Fritz. Zit. nach: Deutsche Geschichte in Quellen und Darstellung. Band 2: Spätmittelalter 1250–1495. Hrsg. v. Jean-Marie Moeglin u. Rainer A. Müller. Stuttgart 2000. S. 199 ff.

b) Aus den Bestimmungen der von Maximilian I. auf dem Reichstag in Worms eingeleiteten Reichsreform, 1495:

„Handhabung des Friedens und des Rechts"

Wir Maximilian von Gottes Gnaden Römischer König etc. bekennen öffentlich und tun jedermann kund: Als Wir aus offenkundiger dringender Not zum allgemeinen Nutzen und Förderung der Christenheit, des Reiches und aller Stände einen allgemeinen Frieden [verkündet] und auch Unser Kammergericht laut der [Reichskammergerichts]ordnung aufgerichtet und verbrieft haben, [geschah dies] – da alle Ordnungen, Gebote und Rechtsvorschriften unwirksam sind, wenn sie nicht durch nachdrückliche Handhabung bekräftigt und durchgeführt werden – mit ausdrücklichem Rat und Willen der ehrwürdigen, Unserer hochgeborenen lieben Neffen, Kurfürsten, Fürsten und anderen Stände des Heiligen Reichs dieser Versammlung[1] und haben Wir uns mit ihnen als Römischer König – damit das Heilige Reich und seine Stände und Untertanen sich solchen Friedens und Rechts sowie deren Handhabung umso getroster versichert sehen und erfreuen mögen – des Reichs und [...] Unserer Erblande wegen verständigt, vereint und verpflichtet, und bestätigen dies nochmals in und kraft dieses Briefes, den verkündeten Frieden und das Recht mit Ernst und allem Nachdruck zur Umsetzung zu verhelfen. [...]

§1. Und wenn es geschehen sollte, dass [a)] diejenigen, die Unseren verordneten Frieden missachten und brechen, oder auch [b)] diejenigen, die sich den verkündeten Urteilen und Geboten Unseres Kammergerichts oder der einberufenen Schiedsgerichte frevelnd und ungehorsam widersetzen, einen sicheren Zufluchtsort, Unterstützung oder Hilfe bei ihrem Frevel erhalten, oder wenn [c)] jemand, der unter diese Friedensbestimmungen fällt, von welchem Stand er auch sei, ob geistlich oder weltlich, von jemanden, der diese Friedensbedingungen nicht einhält, angegriffen, bekriegt oder geschädigt wird, oder auch [d)] die Täter und Rechtsbrecher in sicheren Unterschlupf aufgenommen, unterhalten und mit Hilfe und Unterstützung versehen werden, [...] so ordnen Wir an, setzen Wir fest und wollen Wir, dass [...] Wir und Unsere Kurfürsten, Fürsten, Prälaten, Grafen, Freiherrn und Reichsstände persönlich nach Frankfurt kommen, [...] um dort zu beratschlagen, zu verhandeln und endlich Mittel und Wege zu beschließen, durch die die Friedensbrecher bestraft und zur Wiedergutmachung der Schäden gezwungen werden. [...]

§5. Ferner sollen und wollen Wir alle Register, Lehnsbücher, Briefe und Urkunden, die für das Reich bedeutsame Streitfälle und Gerichtsurteile betreffen – mögen sich [diese Dokumente] in Unserem Gewahrsam oder bei anderen befinden oder gefunden werden –, zusammenführen und diese zusammen mit allen in Zukunft ausgestellten [gleichermaßen offiziellen] Dokumenten in zweifacher Ausführung aufbewahren – und zwar zum einen bei dem von Uns eingerichteten Reichskammergericht in Frankfurt zur getreulichen Verwahrung und [gesetzlichen] Verfügung für das Heilige Reich und zum anderen in Unserer Römischen [königlichen] Kanzlei.

1 des 1495 in Worms abgehaltenen Reichstags

Zit. nach: Deutsche Geschichte in Quellen und Darstellung. Band 2: Spätmittelalter 1250–1495. Hrsg. v. Jean-Marie Moeglin u. Rainer A. Müller. Stuttgart 2000. S. 482 ff. [Übertragung Jörg Hartmann]

a) Erläutern Sie, wie das Verhältnis von kaiserlicher zu fürstlicher Macht in der „Goldenen Bulle" von 1356 geregelt wird.

b) Zeigen Sie auf, inwiefern die von Maximilian I. erlassenen Bestimmungen zum Schutz des Landfriedens eine Verbesserung der Reichsgerichtsbarkeit bedeuteten.

121 Gescheiterter Versuch: Das Reichsregiment

Aus der „Ordnung des Reichsregiments", 21. Mai 1526:

§ 8. Und Unser Regiment soll nach Nürnberg gelegt und dort die ersten anderthalb Jahre gehalten werden; und nach dem Ende der anderthalb Jahre sollen Statthalter und Regiment, falls Wir nicht im Reich sind, befugt sein, den genannten Tagungsort den Umständen und Verhandlungspunkten entsprechend zu ändern, wenn sie es alle oder in der Mehrheit für notwendig halten. Auch wenn es wegen ausbrechender Seuchen oder anderer höherer Gewalt notwendig ist, dürfen sie das Regiment verlegen, wie oben gesagt. [...]

§ 11. Für die Beständigkeit dieses Vorhabens wird es auch für notwendig erachtet, dass jeder Kurfürst ein Vierteljahr lang, das zu dreizehn Wochen gerechnet werden soll, persönlich bei gedachtem Statthalter und Regiment sei und Ehre, Nutzen und Bedürfnisse des Heiligen Reichs beraten und betrachten helfe, und dass es so immer von einem Vierteljahr zum anderen unter den Kurfürsten wechseln und gehalten werden soll. Wenn aber einer aus guten Gründen, die er mit seinem offenen Brief und Siegel belegen soll, nicht persönlich kommen kann, dass er dann einen anderen Kurfürsten bitten soll, ihn dieses Mal zu vertreten, oder, wenn er keinen Kurfürsten haben kann, einen anderen Fürsten an seiner Stelle dorthin schicken soll, ein geistlicher einen geistlichen und ein weltlicher einen weltlichen.

Zit. nach: Esther-Beate Körber: Habsburgs europäische Herrschaft. Von Karl V. bis zum Ende des 16. Jahrhunderts. Darmstadt 2002, S. 49.

Das schon in seiner Wahlkapitulation zugestandene Reichsregiment (s. Mat. 128) sollte Kaiser Karl V. ab 1526 an der Seite des Kaiserbruders und Regenten Ferdinand im Reich vertreten. Dennoch entfaltete es kaum Wirksamkeit und scheiterte 1530 endgültig.

a) Beschreiben Sie die Organisation des Reichsregiments.

b) Was könnten die politischen, aber auch praktischen Ursachen für das Scheitern des Reformprojekts gewesen sein?

122 Auf dem Weg zum Rechtsstaat?

a) Aus der „Peinlichen Gerichtsordnung Kaiser Karls V. (Carolina)" von 1532, die von den deutschen Territorien weithin übernommen oder inhaltlich adaptiert wurde:

[…] 7. Hegen die Urteiler Zweifel, ob der bestehende Verdacht für die Durchführung der peinlichen Befragung [also unter der Folter] ausreichend begründet sei, sollen sie Rat einholen bei der Obrigkeit […] und sie über alle Einzelheiten schriftlich informieren. […]

22. Es ist auch zu berücksichtigen, dass niemand allein aufgrund irgendeiner Anzeige, eines Argwohns oder Verdachts zu peinlicher Strafe verurteilt werden soll. Lediglich eine peinliche Befragung darf erfolgen, wenn die Anzeige […] ausreichend begründet ist. Denn wenn jemand zu einer peinlichen Strafe verurteilt werden soll, muss dies aufgrund eines Geständnisses oder durch Beweis […] geschehen, jedoch nicht wegen einer Vermutung oder Anzeige.[…]

56. […] Der Gefangene soll auch frühestens einen Tag oder mehrere Tage nach der Folter und seinem Geständnis […] vor den Richter und zwei weitere Gerichtspersonen geführt werden. Der Gerichtsschreiber soll ihm sein Geständnis vorlesen, ihn fragen, ob es der Wahrheit entspreche, und seine Aussagen protokollieren. […]

58. Die peinliche Befragung soll entsprechend den Verdachtsmomenten häufig oder selten, hart oder eher zurückhaltend, ganz nach Ermessen eines guten, vernünftigen Richters vorgenommen werden. Die Aussage des Befragten soll, solange er unter der Folter ist, nicht aufgeschrieben werden. Vielmehr soll er seine Aussage nach Beendigung der Folter machen. […]

67. Falls ein Verbrechen von wenigstens zwei oder drei glaubwürdigen, guten Zeugen, die gesichertes Wissen besitzen, bewiesen wird, soll […] eine peinliche Verurteilung erfolgen. […]

107. Wer vor dem Richter oder dem Gericht einen […] Meineid schwört, […] soll alle Ehre verlieren, und man soll ihm, wie es im Heiligen Reich Brauch ist, die beiden Schwurfinger abhauen. […]

125. Überführte Brandstifter sollen mit dem Feuer vom Leben zum Tod gerichtet werden. […]

137. […] Zwar werden in einigen Gegenden üblicherweise vorsätzliche Mörder und Totschläger gleichermaßen mit dem Rad hingerichtet [durch Zertrümmern der Knochen], doch soll man hierin den Unterschied machen, dass ein vorsätzlicher, mutwilliger Mörder mit dem Rad, aber einer, der jäh und im Zorn einen Totschlag verübt hat, mit dem Schwert vom Leben zum Tod gestraft werden soll. Wenn vorsätzlicher Mord an hohen Personen, am eigenen Herrn, zwischen Eheleuten oder nahen Verwandten verübt wird, kann die Strafe um der größeren Abschreckung willen durch zusätzliche Leibesstrafen, z. B. Reißen mit Zangen oder Schleifen zum Richtplatz, vergrößert werden.

Die Peinliche Gerichtsordnung Kaiser Karls V. von 1532 (Carolina). Hrsg. u. erl. v. Gustav Radbruch. Hrsg. v. Arthur Kaufmann. 6., durchges. Aufl. Stuttgart 1984. (Übertragung D. Schiersner)

b) Titelblatt der „Constitutio Criminalis Carolina", der Peinlichen Gerichtsordnung Kaiser Karls V. von 1532

a) Fassen Sie die Prinzipien der „Carolina" bei Urteilsfindung und Bestrafung zusammen.
b) Überlegen Sie, inwieweit unter der Folter gemachte Geständnisse zuverlässig sein können.

123 Das Reich – ein Monstrum?

Der deutsche Staats- und Völkerrechtslehrer Samuel von Pufendorf (1632–1694) in seiner (in Latein verfassten) Abhandlung „Über die Staatsform des Deutschen Reiches" (1667):

Es bleibt also nichts anderes übrig, als dass wir sagen, Deutschland sei, wenn man es nach den Regeln der Staatslehre einordnen will, ein unregelmäßiges Gebilde und einem Monstrum ähnlich (monstro simile), das im Laufe der Zeit durch den fahrlässigen Leichtsinn der Kaiser, durch den Ehrgeiz der Fürsten und die Unruhe der Geistlichen aus einem normalen Königreich in eine so wenig kunstgerechte Form umgewandelt worden ist, dass es weder eine auch nur beschränkte Monarchie ist ... noch, genau genommen, irgendeine Körperschaft oder ein System von mehreren, durch ein Bündnis verknüpften Staaten darstellt, sondern eher ein Mittelding zwischen beiden. Dies erzeugt einen steten Zündstoff durch zehrende Krankheit und innere Umwälzungen, indem einerseits der Kaiser danach trachtet, die Herrschaft wieder an sich zu reißen, andererseits die Stände nach der unbeschränkten Libertät streben. [...] So kann Deutschland nicht anders als durch größte Bewegungen und eine gänzliche Umwandlung aller Verhältnisse wieder in eine richtige Monarchie umgestaltet werden; überdies neigt es nach der entgegengesetzten Seite, nämlich zu einer Art Föderativsystem. Sieht man von jenem gegenseitigen Widerstand zwischen Kaiser und Ständen ab, so ist Deutschland in Wahrheit schon jetzt eine Körperschaft oder ein System von Bundesgenossen, die durch einen ungleichen Bund verknüpft sind, weil nämlich die besagten Stände verpflichtet sind, den Kaiser zu ehren und ihm Reverenz zu erweisen. [...] Wir können also die Verfassung Deutschlands am richtigsten bezeichnen, wenn wir sagen, dass sie einem System mehrerer Staaten nahe kommt, von denen einer mit monarchischem Schein ausgestattet ist und als Fürst und Bundesoberhaupt hervorragt, dass aber diese Bundes-Körperschaft von schweren Krankheiten heimgesucht ist.

Zit. nach: E. Büssem/M. Neher (Hrsg.): Arbeitsbuch Geschichte. Neuzeit 1. Quellen. München 1977. S. 283 u. 285.

a) Was mag der Verfasser mit dem „Leichtsinn der Kaiser", dem „Ehrgeiz der Fürsten" und der „Unruhe der Geistlichen" gemeint haben?
b) Ermitteln Sie den Standpunkt Pufendorfs: Wie stellt er sich die ideale Reichsverfassung vor?
c) Was meint Pufendorf mit der Bezeichnung „Monstrum"?

124 Monarchie und Staatsgewalt?

Der Historiker Wolfgang Reinhard skizziert und begründet die Besonderheiten der kaiserlichen Monarchie:

Ein Grundproblem der deutschen Geschichte ist, warum deutsche Könige anders als westeuropäische keinen nationalen Machtstaat zustande gebracht haben. Auch wenn heute das vergleichsweise schwache Reich des Spätmittelalters und der Frühneuzeit gerne als alternative politische Lebensform zum Machtstaat angepriesen wird, bleibt Erklärungsbedarf für diesen „Sonderweg". Bestimmte, seit den Anfängen des Reiches vorgegebene Strukturen erwiesen sich im Zusammenspiel mit kontingenten [zufälligen] Faktoren wie dem Aussterben von Dynastien als Wettbewerbsnachteile deutscher Monarchen. Sie lassen sich zu fünf Problemen bündeln (Karl-Friedrich Krieger):

1) Während in Westeuropa außer Spanien der König als oberster (Lehens-) Herr von Grund und Boden galt, war in Deutschland das Eigengut des Adels (Allod) und damit kronunabhängige Adelsherrschaft weit verbreitet. Zwar war es möglich, solche Herrschaft in Lehensbeziehungen einzubinden, aber das wirkte nur unter starken Königen integrierend. Der viel berufene „Leihezwang" für heimgefallene Lehen hat sich allerdings inzwischen als Legende erwiesen. Die Könige verfügten einfach über keine Beamten zur direkten Verwaltung, aber stets über zuverlässige Lehensnehmer. [...]

2) Das Reich war für straffe Kontrolle einfach zu groß, so dass sich „königsnahe“ Zonen (Schwaben, Franken, Obersachsen) von wenigstens noch „königsoffenen“ (Rheinland) und ausgesprochen „königsfernen“ (Norden, Westalpen) unterscheiden lassen. Erst im Spätmittelalter kam es zu einer „Verdichtung“ der bis dahin ziemlich „offenen“ Ordnung des Reiches (Peter Moraw), die bezeichnenderweise mit der Ausbildung eines deutschen Nationalgefühls Hand in Hand ging.
3) Der Versuch der planmäßigen Reichsgutspolitik mit Verwaltung durch Königsdienstmannen (Ministerialen) scheiterte an den dynastischen Kontinuitätsbrüchen. Das Reichsgut ging verloren, und die Ministerialen verschmolzen mit dem Adel. Die Lösung, die königliche Gewalt planmäßig in Teile zu zerlegen und als Lehen an den Adel zu vergeben, bedeutete bei Schwäche der Krone ihren Verlust. Der König sollte nie mehr eine Reichsverwaltung zustande bringen, und Machtentfaltung war ihm nur noch auf der brüchigen Grundlage von Konsens oder kraft eines Hausguts als Territorialherr möglich.
4) [...]
5) Lange vor dem Aufkommen des österreichisch-preußischen Gegensatzes war das Reich schon durch dualistische Spannungen geprägt: Kaiser – Papst, Reich – Hausmacht, König – Kurfürsten, König – Stände. Das Kurfürstenkollegium beanspruchte neben der Königswahl und besonderen Privilegien für die Kurlande immer wieder die Mitregierung neben dem König. Das Kollegium der übrigen reichsunmittelbaren Fürsten kam hinzu, als der König Ende des 15. Jahrhunderts dringend Geld brauchte, dazu in untergeordneter Rolle die Reichsstädte. An die Stelle des Hoftags trat der Reichstag. [...]
In Deutschland hat sich der moderne Staat im Gegensatz zu allen anderen Ländern Europas auf der Ebene der Territorien durchgesetzt. Die Würfel dafür sind endgültig aber erst 1648 gefallen.

Wolfgang Reinhard: Geschichte der Staatsgewalt. Eine vergleichende Verfassungsgeschichte Europas von den Anfängen bis zur Gegenwart. 2., durchges. Aufl. München 2000, S. 53 ff.

a) Fassen Sie die von Wolfgang Reinhard in „Problembündeln“ dargestellten Eigenheiten des deutschen „Sonderweges“ thesenartig zusammen.
b) Welche Einwände könnten gegen diese Sichtweise vorgebracht werden?

2. Das Kaisertum Karls V.

Beispielhaft zeigt das Kaisertum Karls von Habsburg (1500–1558), wo die Möglichkeiten und Grenzen eines Herrschers zu Beginn der Frühen Neuzeit lagen. Wesentliche Grundprobleme des 16. und 17. Jahrhunderts werden in der Regierungszeit Karls deutlich: das Verhältnis der europäischen Großmächte zueinander, die Machtbalance zwischen Reichsoberhaupt und Reichsständen bzw. Fürsten, die konfessionellen Auseinandersetzungen der Zeit, aber auch die Perspektiven ihrer Lösung.

Das Erbe Karls

Sein Reich sei so groß, dass in ihm die Sonne niemals untergehe, hieß es vom Herrschaftsbereich Karls V. Tatsächlich verfügte der älteste Enkel des Habsburger-Kaisers Maximilian I. (1459–1519) bereits über ein ausgedehntes Erbe, als er sich 1519 auch noch um die Wahl zum Oberhaupt des Heiligen Römischen Reiches bemühte: Neben dem habsburgischen Hausbesitz – das Erzherzogtum Österreich, die Herzogtümer Kärnten, Krain und Steiermark und die Grafschaft Tirol bildeten ein geschlossenes Territorium, Streubesitz in den „Vorderen Landen“ von Schwaben bis in den Breisgau kam hinzu – gebot er über das „Burgundische Erbe“ (mit den Niederlanden) aus der Ehe seines Großvaters Maximilian mit Maria von Burgund. Seit dem Tode seines Großvaters mütterlicherseits, Ferdinand von Kastilien, Leon und Aragon, war Karl zudem Universalerbe des spanischen Reiches (1516), zu dem neben dem iberischen Kernland auch Sardinien, Neapel, Sizilien und schließlich die überseeischen spanischen Kolonien gehörten. Im Erbgang fielen dann 1526 auch die Gebiete der polnischen Jagellonen an Habsburg: Des Kaisers

125 Porträt von Karl V., drei Jahre vor seiner Wahl zum deutschen König. Ölgemälde von Bernaert van Orley, 1516

126 Allegorie Karls V. als Weltherrscher. Ölgemälde (161,5 x 137,5 cm) von Peter Paul Rubens nach dem Gemälde von Parmigianino, um 1604

Bruder und Nachfolger Ferdinand I. herrschte fortan über Böhmen, Schlesien, die Nieder- und Oberlausitz und über Ungarn, das zu seinem größten Teil jedoch bis zum Ende des 17. Jahrhunderts von den Osmanen besetzt blieb.

Der Territorialbesitz Habsburgs, im Laufe eines halben Jahrhunderts um ein Vielfaches vergrößert, stellte damit an Umfang und Wirtschaftskraft für lange Zeit den aller anderen europäischen Fürstenhöfe in den Schatten. Allerdings eröffneten sich Karl und der Habsburger-Dynastie dadurch auch eine Reihe schwerwiegender Probleme: eine Verschärfung des angespannten Verhältnisses zu Frankreich, die Last der Verteidigung gegen die expandierenden Osmanen und der zunehmende Widerstand partikularer Gewalten – der spanischen Comuneros, der ungarischen Magnaten und der niederländischen und böhmischen Stände.

Die Wahl Karls V.

Dem Erben einer solchen Machtfülle traten insbesondere die mächtigeren Fürsten des Heiligen Römischen Reiches nicht ohne Vorbehalte entgegen. So musste sich Karl nach dem Tod Maximilians I. bei den Kurfürsten gegen seine Mitbewerber um das höchste Amt im Reich, keine Geringeren als Franz I. von Frankreich und Heinrich VIII. von England, mit großzügigen „Handsalben“ empfehlen: 850 000 Gulden für Wahlgeschenke brachte er vor allem mithilfe des Augsburger Handelshauses Fugger auf, das allein zwei Drittel der Summe finanzierte. Im Gegenzug erhielt das Unternehmen Lizenzen für den Abbau von Silber und Kupfer, Münzrechte und Belehnungen mit Land.

Eine formale Neuerung der Reichsverfassung war die Wahlkapitulation, die Karl

vor seiner Wahl beschwören musste. Die mit den Kurfürsten ausgehandelte Vereinbarung sollte die Macht des Königs bzw. Kaisers begrenzen, verbot ihm jede Einschränkung des kurfürstlichen Wahlrechtes und forderte ein ständisch besetztes „Reichsregiment" zumindest für die Zeit der Abwesenheit des Kaisers vom Reich. Die Besetzung von Reichsämtern ausschließlich mit Deutschen wurde vorgeschrieben und der Einsatz fremden Kriegsvolkes ohne Zustimmung der Stände verboten.
Am 28. Juni 1519 wählten die Kurfürsten Karl in dessen Abwesenheit einstimmig zum Römischen König, im Oktober 1520 wurde er in Aachen gekrönt und führte fortan den Titel eines „Erwählten Römischen Kaisers". Die Erhebung zum Kaiser am 24. Februar 1530 durch Clemens VII. in Bologna war die letzte durch einen Papst vollzogene Kaiserkrönung.

Universalmonarchie

Karl hatte sich in der Tradition seines Großvaters Maximilian I., insbesondere angeleitet von seinem Kanzler und wichtigsten Berater, dem Piemontesen Mercurino Arborio di Gattinara (1465–1530), die Vorstellung einer universalen Monarchie zu eigen gemacht („monarchia universalis"). Ihr sollte die Herrschaft über die Welt – darunter verstand man das christliche Europa – zukommen („dominium mundi") zur Wahrung und Förderung von Friede und Recht. Gedacht war dabei nicht an eine direkte Gewalt des Monarchen über alle europäischen Königreiche und Herrschaften, doch sollte er von allen als oberster Herr anerkannt werden. Politisches Ideal war also eine hierarchische Weltordnung. Ein gleichberechtigtes Nebeneinander von Herrschern in Europa dagegen wäre nach dieser Vorstellung nichts anderes als Unordnung und Anarchie gewesen.

Regierungspraxis

Der Kaiser sah sich bei der Umsetzung der universalmonarchischen Idee in Europa zwischen Gibraltar und Glogau, zwischen Adria und Nordsee – von den überseeischen Gebieten ganz zu schweigen – vor enorme praktische Herausforderungen gestellt. Zur Bewältigung von Krisen – Aufständen in Spanien, dem Vordringen der Reformation oder der Expansion der Türken – schien immer wieder seine persönliche Anwesenheit erforderlich. Mit seinen rund 40 Reisen war Karl der „letzte große Reisekaiser". Doch keine noch so emsige Reisetätigkeit konnte Regierung und Verwaltung vor Ort ersetzen. Wichtig war es, loyale Vertreter der kaiserlichen Macht in allen Landesteilen zu wissen, die rasch reagieren konnten, dabei aber nicht zu viel Eigenständigkeit entwickelten.
Karl verließ sich dabei für die wichtigsten Länder seines Reiches auf die Dienste seiner Verwandten, der Frauen nicht weniger als der Männer: Sein Sohn Philipp vertrat ihn in Spanien, sein Bruder Ferdinand in Österreich und im Reich, seine Tante Margarethe und dann seine Schwester Maria als Statthalterin der Niederlande. In einem durchdachten System erhielten sie öffentlich zur Sicherung ihrer Autorität unbegrenzte Regierungsvollmacht übertragen, waren aber nicht-öffentlich durch Instruktionen gebunden, die in Einzelfällen Rückfragen beim Kaiser und dessen Entscheidung vorsahen.
Möglich war dies nur durch eine ausgedehnte Korrespondenz zwischen dem kaiserlichen Hof und den Landesteilen: Allein 120 000 Briefe sind erhalten, die Karl V. entweder signierte oder sogar eigenhändig schrieb.

Die osmanische Expansion

Unter Sultan Suleiman (1520–1566) erlebte das Osmanische Reich einen Höhepunkt seiner Macht, die sich expansiv nach Westen wandte und dabei auf dem Balkan in Konflikt mit Habsburg geriet. 1521 nahmen die Türken das serbische Belgrad. 1526 eroberten sie Budapest. Der ungarische Herrscher Ludwig II. fiel in der Schlacht von Mohács. Die Habsburger erbten nicht nur sein – zum größten Teil osmanisch besetztes – Reich, sondern auch die Frontstellung gegen die Türken, die erstmals 1529 Wien (erfolglos) belagerten. Erst der Friede von Szitva-Torok, der den „Langen Türkenkrieg" (1593–1606) beendete, nahm den Druck von den Grenzen im Südosten. Osmanische Vasallenstaaten in Nordafrika – Gebiete um Algier, Tunis und Tripolis – behinderten aber auch die Mittelmeerverbindungen zwischen Spanien und seinen süditalienischen Besitzungen. Trotz der Eroberung von Tunis (1535) gelang dem Kaiser kein bleibender Erfolg. Während des ganzen 16. Jahrhunderts banden so Auseinandersetzungen mit den Osmanen einen Großteil der Kräfte Habsburgs bzw. des Kaisers im westlichen Mittelmeer und auf dem Balkan.

Habsburg und Frankreich im „Duell um Europa"

Ihre Verknüpfung mit den inneren Verhältnissen in Italien, insbesondere im Norden in Mailand und im Süden in Neapel, brachte Frankreich und Spanien/Habsburg seit dem ausgehenden 15. Jahrhundert immer wieder in kriegerische Konflikte. Während Süditalien (Königreich Neapel) seit 1504 für die spanische Herrschaft gesichert blieb, wurden die Kämpfe im Norden zu einem zähen Ringen, bei dem es Habsburg strategisch darum ging, von Süden her die Verbindung zu den burgundischen und niederländischen Gebieten („Spanische Straße") offenzuhalten.
Nach dem Sieg der kaiserlichen Seite bei Pavia 1525, wo Franz I. gefangen genommen und zu Zusagen gezwungen werden konnte, die er in Freiheit sogleich wieder verwarf, blieb das kaiserliche Heer ohne geregelten Sold in Italien. Die marodierenden Truppen zogen daraufhin 1527 nach Rom, plünderten eine Woche lang die Stadt und setzten Papst Clemens VII. fest, der sich mit Frankreich verbündet hatte. Die Zerstörungen wertvoller Kunstdenkmäler durch diesen „Sacco di Roma" waren verheerend und prägten sich der Stadt und dem Heiligen Stuhl als Trauma ein. – Trotz weiterer Niederlagen hielt Frankreich ungebrochen an seiner Italienpolitik fest. In wechselnden Konstellationen fanden sich die Gegner einer habsburgischen Universalmonarchie mit Frankreich zusammen: das Papsttum, das Osmanische Reich und schließlich die deutschen Fürsten (vgl. Kapitel V.4).
Nach insgesamt fünf Kriegen zwischen 1521 und 1559 hatte sich zwar die habsburgische Vormachtstellung in Norditalien gefestigt und konnte auch für fast 200 Jahre nicht erschüttert werden. Den universalmonarchischen Anspruch des Kaisers akzeptierten die französischen Könige jedoch nicht.

127 Kampf der Landsknechte in der Schlacht von Pavia. Holzschnitt von Hans Schäuffelin, 16. Jahrhundert

Rückzug und Abdankung – Teilung der Dynastie

Die andauernde Gegnerschaft Frankreichs und später das Scheitern der Bemühungen um die Einheit des Glaubens im Reich ließen in Karl den Wunsch reifen, seine Herrscherämter niederzulegen und sich aus der Öffentlichkeit zurückzuziehen. 1555/56 übertrug er seinem Sohn Philipp die Niederlande und die spanischen Königreiche mit ihren italienischen und überseeischen Nebenländern. Sein Bruder Ferdinand, bereits seit 1521 Landesherr der österreichischen Herzogtümer und seit 1531 Römischer König, erhielt 1556/58 die Kaiserwürde übertragen. Die Teilung der habsburgischen Herrschaft in eine spanische und eine österreichische Linie wurde dadurch vollzogen und blieb für die folgenden 150 Jahre bestehen. Die Abdankung eines Kaisers war ein einmaliger Vorgang in der deutschen Geschichte, der keine Vorbilder kannte.

Karl zog sich, gesundheitlich bereits sehr geschwächt, Anfang 1557 in eine Villa beim Kloster Yuste in der spanischen Estremadura zurück. Dort starb er am 21. September 1558.

128 Königliche Zugeständnisse an die Reichsstände

Aus der Wahlkapitulation Karls V., 1519:

Wir Karl der Fünfte von Gottes Gnaden erwählter Römischer König, […] bekennen öffentlich und tun jedermann kund: […] dass Wir Uns […] aus freiem, gnädigem Willen mit […] Unseren lieben Freunden, Neffen und Kurfürsten dieser nachfolgenden Artikel verständigt und paktweise vereinigt, vertragen, diese angenommen, bewilligt und zu halten zugesagt haben, alles wissentlich in Kraft dieses Briefes.

[…]

[3] Wir sollen und wollen auch insbesondere die zu früheren Zeiten abgeschlossenen [Übereinkünfte wie] die Goldene Bulle, den Königlichen Landfrieden und andere Ordnungen und Gesetze des Heiligen Reichs bestärken, erneuern und nötigenfalls mit Rat Unserer und des Reichs Kurfürsten, Fürsten und anderer Stände verbessern, wie es die zeitlichen Umstände und die Lage des Reichs erfordern werden.

[4] Darüber hinaus [wollen Wir] ein löbliches, ehrliches Regiment mit frommen, tapfern, verständigen, redlichen Personen Deutscher Nation neben etlichen Kurfürsten und Fürsten […] aufrichten und stellen, damit die Mängel, Gebrechen und Plagen allenthalben im Heiligen Reiche abgestellt, gebessert und in gut Wesen und Ordnung gebracht werden. […]

[5] Und bei allem sollen und wollen Wir die Deutsche Nation, das Heilige Römische Reich und die Kurfürsten, als die vorrangigen Glieder desselben, [sowie] auch andere Fürsten, Grafen, Herren und Stände bei ihren höchsten Würden, Rechten und [feudalen] Nutzungsrechten, Macht und Gewalt, jeden nach seinem Stand und Wesen, belassen ohne Unsere und jedermanns Einschränkung und Behinderung.

[6] Und [Wir wollen und sollen] ihnen zudem ihre Regalien, herrschaftliche Gewalten, Freiheiten, Privilegien, Pfandschaften und Nutzungsrechte, auch die Gebräuche und guten Gewohnheiten, so wie sie bisher gepflegt oder in Übung gewesen sind, zu Wasser und zu Lande, in guter, beständiger Form ohne jede Weigerung bestärken und bestätigen, sie auch dabei als Römischer König handhaben, schützen und schirmen, doch jedermann an seinen Rechten unbeschadet lassen.

[7] Wir lassen auch zu, dass sie, die gedachten sechs[1] Kurfürsten, zu bestimmten Zeiten gemäß der Goldenen Bulle und deren das Heilige Reich betreffenden Regelungen zusammenkommen mögen, wenn von ihrer Seite das Bedürfnis besteht und so sie ein schwerwiegendes Anliegen haben, um dieses zu bedenken und zu beratschlagen, und dass Wir [diese Zusammenkunft] auch nicht verhindern noch stören und deswegen keine Ungunst noch Widerwillen gegenüber ihnen insgesamt oder einem Einzelnen schöpfen noch entfachen, sondern uns in diesem und anderem gemäß der Goldenen Bulle gnädig und ohne Tadel halten sollen und wollen.

[…]

[13] Wir sollen und wollen Uns darüber hinaus in Zeit dieser Unserer Regierung friedlich und nachbarlich gegenüber den benachbarten und christlichen Mächten verhalten, keinen Streit, keine Fehde noch Krieg in oder außerhalb des Reichs in seinem Namen anfangen oder unternehmen, noch irgendein fremdes Kriegsvolk ins Reich führen, ohne vorherige Kenntnis, Rat und Bewilligung der Reichsstände, zumindest aber der sechs Kurfürsten. Wenn wir aber des Reichs wegen oder das Heilige Reich angegriffen und bekriegt werden, alsdann dürfen wir Uns dagegen aller Hilfe bedienen.

[…]

[15] Wir sollen und wollen auch Unsere Königlichen und des Reichs Ämter am Hof und sonst im übrigen Reich mit keiner andern Nationalität außer geborenen Deutschen, die nicht niederen Standes noch Wesens sind, sondern namhafte [*bekannte/anerkannte*], redliche Leute [aus dem Stand] von Fürsten, Grafen, Herren vom Adel und sonstige Personen tapferen, guten Herkommens, besetzen und versehen, auch die oben genannten Ämter bei ihren Ehren, Würden, Gefällen, Rechten und Nutzungsrechten belassen und denselben nichts entziehen oder entziehen lassen in irgendeiner Art ohne böse Absicht.

1 Die Kurschaft Böhmens ruhte seit den Hussitenkriegen.

Zit. nach: Deutsche Geschichte in Quellen und Darstellung. Band 3: Reformationszeit 1495–1555. Hrsg. v. Ulrich Köpf. Stuttgart 2001. S. 75 ff. [Übertragung Jörgen Hartmann]

a) Fassen Sie zusammen, welche Rechte sich die Reichsstände zusichern lassen.
b) Welche Sorge scheint die Stände zu belasten? Versuchen Sie aus Ihren Kenntnissen heraus Erklärungen dafür zu formulieren.
c) Warum legen die Stände so großen Wert auf das Indigenat, die Herkunft kaiserlicher bzw. Reichsbeamter aus Deutschland (vgl. Abschnitt [4] und [15])?

129 Universalmonarchie

a) Bereits unmittelbar nach seiner Wahl zum Römischen König wurde Karl V. von seinem Großkanzler Mercurino Gattinara in einem Schreiben auf die Idee eines universalen Kaisertums verpflichtet:

Sire! Da Gott, der Schöpfer, Euch die Gnade erwiesen hat, Eure Würde über alle christlichen Könige und Fürsten zu erhöhen, indem Er Euch zum größten Kaiser und König seit der Teilung des Reiches Karls des Großen, Eures Vorgängers, machte und Euch auf den Weg der rechtmäßigen Weltherrschaft (*monarchie*) verwies, um den ganzen Erdkreis unter einem Hirten zu vereinigen, ist es recht und billig, dass Eure Kaiserliche Majestät sich vor der Sünde des Undanks hüte und den Schöpfer, den wahren Geber aller Güter, erkenne. Ihm möge Eure Majestät den gebührenden Dank sagen, Ihm das schuldige Lob darbringen und alle Ehrsucht und eitlen Ruhm dahinten lassen, durch welche der Feind der menschlichen Natur diejenigen zu täuschen und zu verderben sucht, die an Würden hoch erhoben sind. [...] Bittet Gott ohne Unterlass, von ganzem Herzen und mit Ehrfurcht, dass Er Euch mit seiner Gnade erfüllen und solcher Art erleuchten und lenken möge, dass Ihr das Euch verliehene Amt wohl verwalten und darüber Rechenschaft geben könnt, zum Dienst Seiner Göttlichen Majestät, zur Erhöhung Seines heiligen katholischen Glaubens, und zur Förderung der gesamten Christenheit (*république chrétienne*), auf dass Ihr mit Hilfe und Beistand des Heiligen Apostolischen Stuhles das Gut des allgemeinen Friedens (*paix universelle*) erlangen möget, der nicht anders als durch die Kaiserliche Herrschaft (*monarchie*) erreicht werden kann. [...]

Was die Handhabung der Gerechtigkeit betrifft, die ja die Königin aller Tugenden ist und um derentwillen die Könige und Fürsten regieren und herrschen: Da Gott Euch den Titel eines Kaisers und Gesetzgebers gegeben hat und es Euch allein zukommt, die kaiserlichen Gesetze zu erklären, zu interpretieren, zu ändern, zu wahren, so ist es wohl recht und vernünftig, dass Eure Kaiserliche Majestät den Spuren des guten Kaisers Justinian folge und zu guter Zeit die größten Rechtsgelehrten auswähle, die man finden kann, um über die Reform der erwähnten kaiserlichen Gesetze zu beraten, alle erdenklichen Mittel zur Verkürzung der Prozessverfahren anzuraten und so klare Gesetze zu machen, dass die ganze Welt sich ihrer gern bedient und man mit Recht sagen kann, man habe *einen* Kaiser und *ein* für alle gültiges Gesetz.

Zit. nach: Deutsche Geschichte in Quellen und Darstellung. Band 3: Reformationszeit 1495–1555. Hrsg. v. Ulrich Köpf. Stuttgart 2001. S. 85 f.

b) Die deutsche Historikerin Luise Schorn-Schütte zum universalen Anspruch des Kaisertums, 2000:

Seit dem Tod des Kaisers Maximilian (12. 1. 1519) verschärfte sich das Problem der inneren Machtbalance weiter. Da die Chancen des jungen Königs groß waren, die Kaiserwürde zu erhalten, stellte sich die Frage nach der Vereinbarkeit von königlicher und kaiserlicher Herrschaftsausübung. Musste nicht notwendigerweise das Interesse des spanischen Königreichs vor dem Anspruch des Kaisertums zurückstehen? Über die Möglichkeiten einer Verbindung beider Interessen entstand sogleich eine rege öffentliche Diskussion, die zwischen den Vertretern des Königshofs und den Vertretern der Stände vor allem Kastiliens geführt wurde. Sie war ein Streit um die zeitgenössische Kaiseridee. Gewichtige politische Denker der Zeit haben sich darin zu Wort gemeldet. Selbst die Ratgeber des Königs waren nicht einer Meinung. Der Kern der Frage lautete: Hat das Kaisertum einen legitimen universalen Anspruch, weil es die Einheit der Christenheit bewahren soll, oder handelt es sich um die Rechtfertigung von Expansionsbestrebungen? Geht es um das weltliche *imperium* oder um die sakrale *monarchia universalis*? Der Kaiser und sein seit dem 15. 10. 1518 amtierender Großkanzler Mercurino Gattinara (1465–1530) betonten die sakrale Bedeutung der Universalmonarchie. Demgegenüber warnten der Hofprediger des Königs Antonio de Guevara (1486–1546), sein späterer zeitweiliger Beichtvater Pedro de Soto (1495–1560), Mitglied der damals führenden spanischen Philosophenschule an der Universität Salamanca, und deren „Haupt" Francisco de Vitoria (ca. 1485–1546) vor der imperialen Verführung der universalen Kaiseridee. In ihrer Sicht ging es darum, die Grundsätze einer theologisch fundierten Herrschaftsethik zu reformulieren. [...] Vitoria betonte die Gleichwertigkeit aller politischen Bildungen innerhalb der Christenheit [und] [...] bestritt [...] jede theologische oder rechtliche Legitimation der *monarchia universalis*, sofern sie als *imperium* auftrete. [...]

[Dagegen] betonte der Kaiser, anders als Vitoria, die Legitimität der Universalmonarchie. Sie umfasse ein geistliches und weltliches Aufgabenfeld, in beiden habe der Kaiser für das Wohl aller zu sorgen. Der Universalmonarch sei *protector* und *advocatus ecclesia*, deshalb müsse er den Krieg gegen die Ungläubigen ebenso führen, wie er die Kirchenreform zu betreiben und die Ketzer zu verfolgen habe. Seine Begründungen standen in der langen Tradition alttestamentlicher Kontinuitätsvorstellungen, der Kaiser sah sich als Friedenskaiser, als *katechon*, der den Zerstörer der Welt aufhalte. Nach Gottes Gebot müsse die Vielzahl menschlicher Herrschaften unter einem Herrscher zusammengeführt werden; deshalb sei die Existenz der Monarchie gewollt, die Vielzahl der Herrscher dagegen Folge der Erbsünde.

Luise Schorn-Schütte: Karl V. Kaiser zwischen Mittelalter und Neuzeit. 2. Aufl. München 2000. S. 27ff.

a) Bewerten Sie Gattinaras Ausführungen über den „gottgegebenen" Charakter der Herrschaft Karls V.
b) Zeigen Sie auf, welche machtpolitischen Züge Gattinaras Konzeption einer Universalmonarchie bei aller theologischen Begründung aufweist.
c) Diskutieren Sie, inwieweit Karl V. seine Herrschaft durch das Spannungsverhältnis von weltlichem „imperium" und sakraler „monarchia universalis" von vornherein mit einem unlösbaren Problem belastete.

130 Väterliche Ratschläge für den Nachfolger

a) Aus einem Schreiben Kaiser Karls V. an seinen Sohn Philipp, 1543:

Mein Sohn, Ihr sollt ein Freund der Gerechtigkeit sein. Befehlt ihren Dienern, sich nicht von Neigung und Leidenschaft bewegen zu lassen, noch weniger durch Geschenke. Niemand möge auch das Gefühl haben, dass Ihr selbst aus Liebe, Ärger oder Leidenschaft etwas entscheidet, am wenigsten in der Justiz. Doch sollt Ihr der Gerechtigkeit nach dem Beispiel unseres Herrn beigesellen die Barmherzigkeit. Für Eure Person müsst Ihr ruhig und gemessen sein. Führt niemals etwas im Zorne aus. Seid zugänglich und leutselig und hütet Euch, wie vor dem Feuer, vor den Schmeichlern. [...]

Ihr müsst wissen, dass Ihr durch Eure frühe Heirat und die Berufung zur Regentschaft der Zeit und Eurer körperlichen Reife weit vorgreift. Ihr dürft nicht glauben, dass das Lernen eine Verlängerung der Kindheit sei. Im Gegenteil, es wird Euch erst recht wachsen lassen an Ehre und Ansehen. Denn das frühe Mannsein liegt nicht darin, dass man es sich denkt oder wünscht, sondern allein darin, dass man Urteil und Wissen besitzt, um Männerwerk zu vollbringen. Das geht nur mit Lernen und gutem Umgang. Wenn Ihr bedenkt, wie viele Länder Ihr zu regieren habt, in wie vielen Teilen und wie verschieden in der Sprache, und dass sie alle wünschen, Euch zu verstehen und von Euch verstanden zu werden, so werdet Ihr den Wert der Sprachen begreifen. Das unentbehrliche Hilfsmittel ist das Lateinische, gut auch das Französische. Bisher sind Eure Umgebung Knaben gewesen und Eure Vergnügungen diesen entsprechend. Von jetzt ab werdet Ihr für sie der Herr sein und die Begleitung gereifter Männer suchen müssen. Natürlich sollt Ihr Vergnügungen nicht meiden, die Eurem Alter angemessen sind, doch dürfen die Geschäfte nicht darunter leiden. Auch darin wird Euch Don Juan beraten. Denn er wird das rechte Maß halten gegenüber denjenigen, die Euch schmeicheln und sich Euch angenehm machen möchten mit

Lanzenstechen, Turnieren, Stockspiel und Jagden oder gar mit schlechteren Dingen. Es wäre gut, wenn Ihr weniger Freude hättet an den Spaßmachern.

Zit. nach: K. Brandi: Kaiser Karl V. München 1959. S. 404–406. (Bruckmann)

b) Persönliche Machtübergabe Karls V. an seinen Sohn Philipp II. anlässlich der Abdankungserklärung vor den niederländischen Generalständen, 25. 10 1555:

Wärest Du durch meinen Tod in den Besitz dieser Provinzen gelangt, so würde eine so schöne Erbschaft mir wohl einen gerechten Anspruch auf Deine Dankbarkeit gesichert haben. Jetzt aber, wo ich sie Dir freiwillig übergebe, zu Deinem Vorteil gleichsam vor der Zeit sterbe, erwarte ich, dass mich die Liebe und Sorge, die Du Deinem Volk widmest, in solchem Maße belohnen werde, wie ich es um einer solchen Gabe willen verdiene. Andere Könige schätzen sich glücklich, wenn sie in ihrer Todesstunde ihre Kronen ihren Kindern aufs Haupt setzen können; ich will dieses Glückes im Leben mich erfreuen und Dich regieren sehen. Meine Handlungsweise wird wenig Nachahmer finden, wie sie wenige Beispiele hat, aber sie wird gepriesen werden, wenn Du mein Vertrauen rechtfertigst, wenn Du in der Weisheit beharrst, welche Du seither bekundet hast, und wenn Du fortfährst, der eifrige Verteidiger des katholischen Glaubens und des Gesetzes und der Gerechtigkeit zu sein, welche die Kraft und das Bollwerk der Herrschaft sind.

Aus: William Stirling: Das Klosterleben Karls des Fünften. Dresden 1858. S. 321. Zit. nach: Gerhart Bürck/Susanne Schlösser: Weltgeschichte im Aufriss. Neuzeitliche Umgestaltung und Anfänge des modernen Machtstaats. Frankfurt/M. 1993. S. 93 f.

c) Porträt Philipps II. als Kronprinz. Ölgemälde (193 x 111 cm) von Tizian, 1551

a) Beschreiben Sie das Herrscherbild, das dem Kaiser vorschwebt. Inwieweit spiegelt sich darin sein eigenes Leben?

b) Wie sieht Karl V. das Hofleben seiner Zeit? Ziehen Sie eigene historische Kenntnisse über Fürstenhöfe (auch aus anderen Zeiten) zum Vergleich heran.

131 Herrschaftsbilanz

Aus der Ansprache, in der Karl V. vor der Deputiertenversammlung der niederländischen Generalstände am 25. 10. 1555 seine Abdankung verkündete. Es handelt sich dabei um die nachträgliche Aufzeichnung eines der Teilnehmer:

In meinem neunzehnten Jahr wagte ich es, beim Tode des Kaisers um die kaiserliche Krone mich zu bewerben, nicht um meine Besitzungen auszudehnen, sondern um nachdrücklicher für das Wohl Deutschlands und meiner anderen Königreiche […] wirksam sein zu können und in der Hoffnung, unter den christlichen Völkern den Frieden zu erhalten und ihre Streitkräfte zu vereinigen zur Verteidigung des katholischen Glaubens gegen den Türken. Ich bin teils durch den Ausbruch der deutschen Ketzerei, teils durch die Eifersucht nebenbuhlerischer Mächte behindert worden, das Ziel dieser Bestrebungen vollständig zu erreichen; aber ich habe mit Gottes Hilfe nie aufgehört, meinen Feinden zu widerstehen und mich zu bemühen, die mir gewordene Sendung zu erfüllen. […] Obgleich ich in viele Kriege verwickelt gewesen bin, so habe ich doch keinen derselben gern unternommen und indem ich von Euch Abschied nehme, ist nichts schmerzlicher für mich, als dass ich nicht im Stande gewesen bin, Euch einen festen und gesicherten Frieden zu hinterlassen. Schon vor meinem letzten Feldzuge nach Deutschland war ich infolge meines beklagenswerten Gesundheitszustands mit dem Gedanken umgegangen, mich der Bürde der Staatsgeschäfte zu entledigen, aber die Wirren, welche das Christentum beunruhigten, veranlassten mich, meinen Plan wieder aufzugeben, in der Hoffnung, den Frieden wieder herzustellen; und weil ich mich damals noch nicht so schwach fühlte wie jetzt, so hielt ich es für meine Pflicht, der Wohlfahrt meines Volkes zu opfern, was mir an Kraft und Leben noch übrig geblieben war. […] Ich habe gegen meine Feinde getan, was ich vermochte, aber der Erfolg eines Krieges liegt in der Hand Gottes, der Siege gibt oder hinwegnimmt, wie es ihm beliebt. Danken wir der Vorsehung, dass wir keinen jener großen Wechsel der Dinge zu beklagen haben, die unverlöschliche Spuren zurücklassen, sondern im Gegenteil manche Siege errungen haben, deren Angedenkens sich unsere Kinder erfreuen mögen. […] Vor allem hütet Euch vor jenen neuen Sekten, von welchen die angrenzenden Länder heimgesucht sind, und wenn die Ketzerei auch über Eure Grenzen eindringen sollte, dann zögert nicht, sie zu vertilgen, oder es wird Euch übel ergehen. Ich für meinen Teil muss bekennen, dass ich mich zu mannigfachen Irrtümern habe verleiten lassen, sei es durch jugendliche Unerfahrenheit oder durch den Stolz des reiferen Alters, oder durch eine andere Schwäche der menschlichen Natur; aber ich erkläre, dass ich niemals wissentlich und freiwillig Unrecht oder Gewalt geübt oder andere dazu veranlasst oder ermächtigt habe. Wenn trotzdem Handlungen dieser Art mit Recht mir zur Last zu legen sein mögen, so gebe ich Euch die feierliche Versicherung, dass ich sie meiner selbst unbewusst und gegen meine Absicht begangen habe, und ich bitte diejenigen, welchen ich in dieser Weise zu nahe getreten bin, […] mir zu vergeben.

Aus: William Stirling: Das Klosterleben Karls des Fünften. Dresden 1858. S. 321 f. Zit. nach: Gerhart Bürck/Susanne Schlösser: Weltgeschichte im Aufriss. Neuzeitliche Umgestaltung und Anfänge des modernen Machtstaats. Frankfurt/M. 1993. S. 93 f.

a) Wie beurteilt Karl V. rückblickend seine Regierung? Auf welche Erfolge verweist, welche Misserfolge beklagt er?

b) Bewerten Sie die Regierungsbilanz Karls V. mit Blick auf den noch zu seinen Lebzeiten 1555 geschlossenen Augsburger Religionsfrieden (s. Kap. V. 4).

3. Die Territorien des Reichs

3.1 Die Entstehung der Territorialherrschaft

Herrschaftsrechte im Alten Reich

Klöster bzw. Stifte, Adel und Städte in Mittelalter und Früher Neuzeit übten vielfältige Formen von Herrschaft aus: Gegenüber ihren bäuerlichen „Grundholden" oder „Hörigen" traten sie als Grundherren auf, denen das Obereigentum an lehnsweise übergebenem Land zustand; als Leibherren geboten sie über Leibeigene („Eigenleute") und als Gerichtsherren oblag ihnen die Verfolgung und Bestrafung von Kapitalverbrechen („Hoch-" oder „Malefizgerichtsbarkeit") oder weniger schwerwiegender Vergehen („Niedergerichtsbarkeit"). Daneben konnte ihnen der König ursprünglich ihm allein zukommende Rechte übertragen („Regalien"), wie das Geleitrecht, Münzrecht, den Judenschutz oder das Recht, Hochwild zu bejagen („Wildbann", „Forstbann").

Diese Rechte verbanden jeweils einen bestimmten Personenkreis mit einem Herrn. Dabei musste weder der Kreis der Personen räumlich zusammengehören, noch musste ein- und derselbe Herr alle genannten Rechte in seiner Hand vereinigen: Bestimmte Rechte konnte ein Herr in weit voneinander entfernt liegenden Dörfern ausüben und innerhalb eines Dorfes – ja sogar für die Bewohner eines einzigen Hofes – konnten sehr verschiedene Herren ihre jeweiligen Rechte wahrnehmen (so genannte vielherrische Dörfer).

Vom Personenverband zum Flächenstaat

Zu Beginn des 16. Jahrhunderts setzten nun verstärkt Bestrebungen der mächtigeren Herren ein, zum einen die Fülle unterschiedlicher Herrschaftsrechte über einen bestimmten Personenkreis zu monopolisieren, also möglichst viele der genannten Rechte in ihre Hand zu bringen, zum anderen diese Rechte innerhalb eines zusammenhängenden, geschlossenen Gebietes („territorium clausum") auszuüben. Nicht mehr die persönliche Bindung zwischen Herrschendem und Beherrschtem begründete den Herrschaftsverband, sondern ihr gemeinsamer Bezug auf ein „Territorium" („Territorialisierung"). Aus dem „Personenverband" des Mittelalters wurde so nach und nach der „Flächenstaat" der Neuzeit. Die „Landesherrschaft" als Herrschaft über das Land („dominium terrae") entstand.
Solche Bestrebungen hatten prinzipiell zwei Stoßrichtungen: gegen die Untertanen, die in ein möglichst einheitliches Rechtsverhältnis zur Herrschaft gebracht werden sollten, sowie gegen jene Herrschaftsträger, die einer Arrondierung der Territorialherrschaft im Weg standen. Auf dem Rechtsweg, durch Kauf oder Tausch war eine Einigung möglich. Wo dies nicht gelang, musste sich einer der Herrschaftsträger bzw. ein bestimmtes Herrschaftsrecht gegenüber anderen durchsetzen. Häufig war das die Hochgerichtsbarkeit, sodass etwa über unterschiedlichen Grund- und Niedergerichtsherren ohne hochgerichtliche Rechte ein Landesherr stehen konnte.

132 Die wichtigsten Territorien des Heiligen Römischen Reichs Deutscher Nation um 1550

Wichtig für die Durchsetzung der „transpersonalen Staatsvorstellung" wurde aber zugleich, dass die Unteilbarkeit des Herrschaftsgebietes nach und nach in Hausverträge der Dynastien Eingang fand. Langsam setzte sich das ungeteilte Erbrecht des Ältesten („Primogenitur") auch außerhalb des Kurfürstenkreises durch, etwa 1495 in Württemberg oder – nach insgesamt zehn Teilungen in bis zu vier Teilherzogtümer – 1506 in Bayern.

Landesherrschaft im Reich

Landesherrschaft gründete nicht allein auf einer Reihe wichtiger Herrschaftsrechte gegenüber Untertanen, sondern sie bedurfte auch der königlichen (bzw. kaiserlichen) Anerkennung. Übersetzt in die Reichsverfassung, ist Landesherrschaft Reichsstandschaft. Wer Landesherr war, kannte außer dem König keinen über sich, war also unmittelbar oder „immediat" zum Reich, und besaß Sitz und Stimme auf dem Reichstag (vgl. Kapitel IV.1).
Tatsächlich übten nicht allein Fürsten („Landesfürsten") Landesherrschaft aus, sondern auch Klöster und Stifte und auch Städte geboten über zum Teil beträchtliche Territorien. Zum Landgebiet der Reichsstadt Nürnberg etwa gehörten zahlreiche Dörfer, Märkte und sechs Städte. Auch die Reichsritter konnten innerhalb zumeist winziger Territorien landesherrliche Rechte durchsetzen, galten aber nicht als „Landesherren".

Regierung und Verwaltung

Der territorialen „Modernisierung" entsprach eine Steigerung der Effizienz von Regierung und Verwaltung. Vorbild waren dabei ursprünglich die Reichsstädte, die unter dem Einfluss am römischen Recht geschulter Juristen bereits früh einen hohen Organisationsgrad in Politik und Verwaltung entwickelt hatten (Bildung eigener Ressorts mit Zuständigkeiten für Finanzen, Wirtschaftsleben, Spitäler, Schulen, kirchliche Stiftungen, für Rechtspflege und Wehrwesen, für die Verwaltung der städtischen Gebäude und des Territoriums).

133 Porträt Herzog Albrechts IV. von Bayern, genannt der Weise, der 1506 das Hausgesetz über die Unteilbarkeit des bayerischen Herzogtums erließ und die Erstgeburtsordnung (Primogenitur) einführte. Ölgemälde (71 x 97 cm) von Barthel Beham, 1535.

Das Beispiel Bayern

In den Herzogtümern Nieder- und Oberbayern hatte sich seit der zweiten Hälfte des 15. Jahrhunderts der Kreis fürstlicher Berater im „Hofrat" institutionalisiert, der regelmäßig und an festem Ort zu Sitzungen zusammenkam. Der Herzog blieb zwar in seinen Entscheidungen frei, hielt sich jedoch in der Regel an die Mehrheitsbeschlüsse des Rates. Als einzige Zentralbehörde besaß der Hofrat zunächst eine umfassende Kompetenz, was bald zur Überlastung des Gremiums führte und die Arbeitsteilung erst in Ausschüssen

und schließlich in eigenen und gleichrangigen Behörden mit eigener Kanzlei nötig machte. Seit der Mitte des 16. Jahrhunderts entstanden so die Hofkammer (1550/72) zur Finanzverwaltung, der Geistliche Rat (1570) für kirchliche Aufgaben und der Kriegsrat (1583). Die Zuständigkeit des Hofrates beschränkte sich fortan im Wesentlichen auf die Rechtspflege (Oberstes Landesgericht). Seine Rolle als übergeordnete, koordinierende Behörde, die zugleich mit den wichtigsten und außerordentlichen Fragen befasst war, übernahm jetzt (seit den 1580er Jahren) der „Geheime Rat". Eine ähnliche Entwicklung der fürstlichen Zentralverwaltung lässt sich auch bei anderen deutschen Territorien beobachten.
Diesen Zentralbehörden waren vier Rentmeisterämter (in München, Landshut, Straubing und Burghausen) als Mittelbehörden untergeordnet, denen jeweils ein eigener Rentmeister vorstand. Vor allem in den jährlichen „Rentmeisterumritten" übte er seine Aufsichtsfunktion über die gesamte herzogliche Justiz und Verwaltung seines Bezirkes aus.

Vom „Domänenstaat" zum „Steuerstaat"

Der Ausbau und die Intensivierung staatlicher Aufgaben („Staatsbildung"), aber auch „traditionelle" Belastungen, etwa durch Kriegführung, steigerten den Finanzbedarf der Landesfürsten im 16. Jahrhundert erheblich. Bestehende Einnahmequellen – aus Gerichtsrechten oder Zöllen, vor allem aber aus fürstlichem Eigenbesitz (Domänen) – reichten nicht mehr aus. Überall versuchten Landesherren flächendeckend auf die Untertanen zuzugreifen und sie zu besteuern. Das war aber nicht möglich ohne die Mitwirkung der Mächtigen im Land: Der Weg vom Domänenstaat zum Steuerstaat konnte nur zusammen mit den „Landständen" eingeschlagen werden.

134 Territorialität und Reichsjustiz

Das Reichskammergericht erklärt in einem Prozess zwischen dem Abt von Ottobeuren und dem Bischof von Augsburg das Kloster Ottobeuren für reichsunmittelbar, 1624:

In der Streitsache des Herrn Abtes Alexander, jetzt Herrn Abtes Gregor, zusammen mit Prior und Konvent des Klosters Ottobeuren (Kläger) gegen Herrn Bischof Heinrich, Dompropst, Dekan und Kapitel des Domstiftes Augsburg (Beklagte), betreffend die Superiorität in temporalibus [= in weltlicher Hinsicht] allgemein und insbesondere die Steuerbarkeit über genanntes Kloster, [...] wird Folgendes entschieden: Das Kloster [...] samt Land und Leuten ist der Römischen Kaiserlichen Majestät und dem Heiligen Reich ohne Mittel zugewandt und der weltlichen Superiorität und Hoheit der Beklagten nicht unterworfen. [...] Die Beklagten dürfen daher die Kläger nicht an ihrer unmittelbaren Freiheit, an ihren Rechten und Berechtigungen und deren Besitz belästigen und beschweren.

Peter Blickle/Renate Blickle: Schwaben von 1268 bis 1803. Dokumente zur Geschichte von Staat und Gesellschaft in Bayern, hrsg. v. Karl Bosl. Abteilung II: Franken und Schwaben vom Frühmittelalter bis 1800, Bd.4. München 1979. S. 431.

a) Erläutern Sie die wesentlichen Aspekte des vorliegenden Rechtsstreites. Welche Bedeutung besitzt offenbar gerade die „Steuerbarkeit" (das Besteuerungsrecht)?
b) Welche Funktion übernimmt das Reichskammergericht?

3.2 Der „Dualistische Ständestaat"

Landstände und Landschaft

Den siegreichen Landesherren war es im Verlauf des Territorialisierungsprozesses gelungen, die Vielzahl konkurrierender, aber mindermächtiger Herrschaftsträger in den werdenden Landesstaat einzubinden. Klöster/Stifte (Geistlichkeit), Adel und Städte übten als Grund- und Niedergerichtsherren weiterhin Herrschaft gegenüber Bauern und Bürgern aus, mussten sich aber zugleich ihrem Landesherrn unterordnen. Sie wurden „landsässig" und galten als „Landstände" und wurden in ihrer Gesamtheit auch als „Landschaft" bezeichnet.

Landtag

Die Großen seines Landes hatte auch ein Herzog im Mittelalter immer wieder um sich versammelt und auf „Landtagen" um Rat und Hilfe angegangen. Der gestiegene Finanzbedarf des frühneuzeitlichen Fürsten förderte zunächst die politische Mitbestimmung der Stände. Denn die Versammelten leiteten insbesondere aus ihrer Bereitschaft, dem Landesherrn Steuergelder (der Untertanen!) zu bewilligen, ein weitergehendes Mitwirkungsrecht her, etwa bei der Formulierung von Gesetzen, bei der Beamtenbestellung, bei der Landveräußerung oder -teilung oder in Fragen der auswärtigen Politik. In der Regel gliederten sich die Landstände in die drei Kurien Geistlichkeit, Adel und Städte („Drei-Kurien-Landtag"). In Bayern etwa verzeichnete um 1550 die „Landtafel" 88 Äbte, Pröpste und Äbtissinnen, 554 adlige Landsassengeschlechter sowie 34 Städte und 90 Märkte. Wo aber der Adel als Reichsritterschaft den Weg in die Reichsunmittelbarkeit gegangen war – etwa in Württemberg –, bestand der Landtag auch nur aus zwei Kurien. Dagegen konnte er – wie in Tirol und Vorarlberg – als weiteren Stand auch die Bauern aufnehmen.

Weitere Entwicklungen

Historiker bezeichnen diese Staatsordnung gern als „Dualistischen Ständestaat" mit einer typischen Konzentration von herrschaftlichen Befugnissen einerseits beim Landesfürsten, andererseits bei den Landständen. Das Verhältnis zwischen den beiden Polen verschob sich jedoch in den meisten Fällen im weiteren Verlauf zugunsten des Landesfürsten. Einerseits wurden nämlich die Landtage institutionell zunehmend geschwächt: Führende Landstände wurden vielfach zugleich Räte ihrer Fürsten und gerieten so in einen Interessenkonflikt; die Steuerbewilligung wurde aufgrund der Stetigkeit und Unabweisbarkeit der fürstlichen Forderungen zum Automatismus; der Landesherr favorisierte die Bildung leichter zu lenkender Ausschüsse. Andererseits gewann der frühneuzeitliche Territorialstaat noch weiter an Dynamik, denn die landesfürstliche Gesetzgebung wirkte immer stärker auf alle Bewohner des Landes ein: Mit einer Flut von Straf- und vor allem Policeygesetzen (vgl. Kapitel IV.1) überflügelten die Territorien rasch die Gesetzgebung des Reiches. Immer mehr entstand so eine einheitliche Untertanenschaft, denn die Gesetze nahmen niemanden aus und machten den Fürstenstaat nun auch auf der untersten Ebene, ohne Vermittlung lokaler Herrschaftsträger, allgegenwärtig.

Römisches Recht: Das römische Recht zeichnet sich in mehrfacher Hinsicht gegenüber dem Gewohnheitsrecht aus, wie es im mittelalterlichen Europa vor dem 11. Jahrhundert allein und noch lange darüber hinaus teilweise gültig war. Das Gewohnheitsrecht bildete kein Rechtssystem aus, sondern war eine Summe lokal begrenzter und unterschiedener Rechtspraktiken, die mit den Vorstellungen von Glauben, Sitte und Moral untrennbar verwoben und nur gelegentlich schriftlich niedergelegt waren. Die Rechtsprechung erfolgte von Laien in stark ritualisierten Formen, die Autorität bzw. „Gerechtigkeit" vermitteln sollten. Demgegenüber war das römische Recht ein am Einzelfall entwickeltes Rechtssystem, das schriftlich niedergelegt und von Experten („Juristen") gelehrt und weiterentwickelt wurde. Wichtige römisch-rechtliche Prinzipien etwa im Bereich des Strafrechtes waren die Verpflichtung zur Verfolgung von Straftaten von Amts wegen (und nicht erst nach Anzeige), die Erforschung der Wahrheit durch Augenscheinnahme, Zeugenbefragung und Geständnis des Angeklagten.

Dieses antike römische Rechtsdenken wurde in einer vom oströmischen Kaiser Justinian im 6. Jahrhundert in Auftrag gegebenen umfangreichen schriftlichen Sammlung (Corpus iuris, mit den Kaisergesetzen seit Hadrian, einer Musterfallsammlung römischer Juristen und einem amtlichen Lehrbuch) überliefert, geriet jedoch in Vergessenheit. Es wurde im 11. Jahrhundert wieder entdeckt und zunächst an der Universität Bologna wissenschaftlich ausgewertet. Über kirchliches (kanonisches) Recht fanden seine Prinzipien Eingang in die königliche Rechtsetzung, in das Lehnsrecht, das Recht der Grundherrschaft, das städtische Recht und das Handelsrecht. Ein professioneller Juristenstand und juristische Fakultäten an den Universitäten entstanden. Im 15. und 16. Jahrhundert gelangten auch in Deutschland immer mehr römisch-rechtlich geschulte Juristen in die (reichs-)städtischen und landesfürstlichen Verwaltungen und Regierungen und prägten so das Rechtsdenken, mit dem sich die Bevölkerung lange schwer tat.

135 Machtteilung in Württemberg

a) Aus dem „Tübinger Vertrag" zwischen Herzog Ulrich und den Landständen, 1514:

Zum Ersten soll die Landschaft [Vertreter der Städte und ländlichen Amtsbezirke] für sich dem genannten Herzog Ulrich fünf Jahre lang 22000 Gulden zahlen; dazu sollen ihm die Prälaten, Stifte und Klöster … so viel geben, wie sie aufbringen können. Dies alles soll … zur Tilgung von Herzog Ulrichs Schulden und zur Bezahlung der Zinsen verwendet werden. Danach … soll die Landschaft zusammen mit den Prälaten, Stiften und Klöstern … 800000 Gulden Kopfsteuer zur Ablösung der Zinsen und Schulden, mit denen das Fürstentum belastet ist, übernehmen und bezahlen. […]

Große Kriege zur Rettung von Land, Leuten und Verwandten Herzog Ulrichs sowie zur Sicherung seiner Obergewalt und Rechte … sollen mit Rat und Wissen der Landschaft geführt werden. Würde aber Herzog Ulrich aus anderen als den oben genannten Gründen einen Krieg beginnen, so soll das mit Rat, Wissen und Zustimmung der Landschaft geschehen, sofern Herzog Ulrich von ihr Hilfe erwartet. […]

Es soll auch niemand in Strafsachen, in denen es um Ehre, Leib oder Leben geht, ohne rechtmäßiges Urteil gestraft oder getötet werden, sondern jeder ist entsprechend seiner Schuld zu behandeln. … Und es soll mit Gefängnis und Verhör so verfahren werden, wie es altem Herkommen entspricht. […]

Und es sollen die oben genannten Freiheiten von Herzog Ulrich und allen späteren Herrschern jeweils bei Übernahme der Regierungsgewalt bestätigt werden, indem Brief und Siegel … der Landschaft übergeben werden; bevor dies geschieht, ist diese nicht verpflichtet, sie anzuerkennen oder ihnen Gehorsam zu leisten. Dagegen soll die Landschaft dem Herzog Ulrich und seinen Erben und Regierungsnachfolgern geloben und schwören: unserem gnädigen Fürsten und Herren, Seiner fürstlichen Gnaden Erben und Nachfolgern im Herzogtum Württemberg treu und ergeben zu sein; Seiner Gnaden und Dero Räte und Amtleute Geboten und Verboten gehorsam zu sein; für Nutz und Frommen Seiner fürstlichen Gnaden einzutreten, nach ihrem besten Vermögen Schaden abzuwenden; sich zu verhalten, wie fromme, gehorsame Untertanen sich gegenüber ihrer natürlichen Herrschaft verhalten sollen.

Zit. nach: I. Schlieper: Wurzeln der Demokratie in der deutschen Geschichte. Bonn 1967. S. 46 ff. (In heutiges Deutsch übertragen)

b) Zum Abschluss des „Tübinger Vertrags" mit den Landständen sah sich Herzog Ulrich von Württemberg angesichts der Zerrüttung der Staatsfinanzen veranlasst, die er selbst durch kostspielige Kriege und einen aufwändigen höfischen Lebensstil verursacht hatte. Schon bald nach dem zwischenzeitlichen Ausgleich versuchte jedoch der Herzog die Landstände in ihren Rechten wieder so einzuschränken, dass ihn diese 1519 mit kaiserlicher Hilfe außer Landes trieben. Danach musste Ulrich auf die Herrschaft als Herzog von Württemberg, als der er sich auf dem 1518/19 geprägten Dritteltaler machtbewusst präsentierte, für 15 Jahre verzichten.

a) Stellen Sie zusammen, was jeder der Vertragspartner nimmt und gibt.
b) Erörtern Sie die Begründungen, die für die jeweiligen Bestimmungen angeführt werden.

136 Rechtliche Ordnung des Alltags

a) „Der Streit beim Kartenspiel". Ölgemälde (90 x 119 cm) von Jan van Steen, 2. Hälfte des 17. Jahrhunderts. Solche wohl alltäglichen Streitfälle, wie sie der niederländische Maler in dieser Szene festhielt, wollte die Obrigkeit mit den im 16. und 17. Jahrhundert verstärkt um sich greifenden Landes- und Polizeiordnungen unterbinden, nach denen etwa Spielen mit Geldeinsatz, Rauferei und Trunkenheit als Ordnungswidrigkeiten bestraft werden konnten.

b) Kapitelüberschriften in der Landes- und Policeyordnung des Fürststifts Kempten von 1562 und 1641:

1562:

(1) Vom Besuch des Gottesdienstes, der Messe und der Predigt
(2) Von den Wiedertäufern
(3) Von den Fest- und Feiertagen und vom Fleischverzicht
(4) Von den Gotteslästerern
(5) Vom Zu- und Volltrinken
(6) Vom Spielen
(7) Vom Verbot, fremde Herrschaften zu Spiel, Trinkgelage und Tanz zu besuchen
(8) Von übermäßigen Gastmählern und unmäßiger Lebensführung [...]
(9) Von den Juden und dass die Untertanen keinen Handel mit ihnen treiben sollen [...]
(19) Bezahlung von Steuern, Gülten [= grundherrliche Abgaben] und Abgaben [...]
(33) Vom Totschlag
(34) Allerhand allgemeine Artikel und ihre Bestrafung

1624:

(1) Vom Besuch des Gottesdienstes, der Messe und der Predigt
(2) Vom heiligen Sakrament der Ehe
(3) Von den Wiedertäufern
(4) Von den Fest- und Feiertagen und vom Fleischverzicht
(5) Von den Gotteslästerern [...]
(12) Von Unruhen und Raufereien allgemein
(13) Totschlag
(14) Anstiftung zum Aufruhr im Volk [...]
(17) Raufen und Schlagen mit unbewaffneten Händen [...]
(19) Verwundete, gebrochene, verletzte und lahme Knochen
(20) Werfen und Schießen [...]
(30) Vom Ehebruch und vorehelichen Geschlechtsverkehr
(31) Vom gewaltsamen Raub und Diebstahl
(32) Diebstahl von Feldfrüchten [...]
(52) Vom Falschspielen
(53) Vom Verbot, fremde Herrschaften zu Spiel, Trinkgelage und Tanz zu besuchen
(54) Vom Zu- und Volltrinken [...]
(58) Von den Juden und dass die Untertanen keinen Handel mit ihnen treiben sollen [...]
(59) Von der Vormundschaft für Minderjährige, Witwen und Waisen
(60) Bezahlung von Steuern, Gülten [= grundherrli-

che Abgaben] und Abgaben […]
(94) Dass die Feuerstätten sauber gehalten und versorgt werden sollen
(95) Allerhand allgemeine Artikel, betreffend sonstige Übertretungen und deren Bestrafung, Verträge und Verschreibungen.

Peter Blickle/Renate Blickle: Schwaben von 1268 bis 1803. Dokumente zur Geschichte von Staat und Gesellschaft in Bayern, hrsg. v. Karl Bosl. Abteilung II: Franken und Schwaben vom Frühmittelalter bis 1800, Bd.4. München 1979. S. 400 u. 435. (Übertragung D. Schiersner)

a) Fassen Sie die einzelnen Vorschriften zu Sachgruppen zusammen. Formulieren Sie für diese jeweils eine passende Überschrift. Welcher Anspruch wird aus beiden Ordnungen deutlich?
b) Welcher Anspruch der Obrigkeiten gegenüber den Untertanen wird in beiden Ordnungen erhoben?
c) Formulieren Sie eine eigene Definition des frühneuzeitlichen Begriffes „Policey" bzw. „Gute Policey".

137 Obrigkeit und Handwerker

Aus der auf Betreiben des preußischen Königs Friedrich Wilhelm I. vom Reichstag erlassenen Reichshandwerksordnung, 1731:

I. Sollen im Heiligen Römischen Reich die Handwerker unter sich keine Zusammenkünffte ohne Vorwissen ihrer ordentlichen Obrigkeit […] anzustellen Macht haben, auch an keinem Ort einige Handwercks-Articul, Gebräuche und Gewohnheiten paßirt werden, sie seyen dann entweder von der Landes- oder wenigstens jedes Orts darzu berechtigten Obrigkeit (wie dann jedem Reichs-Stand ohnedem nach Gelegenheit der Zeit, der Läuffte und Umstände, krafft besitzender Regalien, alle landesherrliche Gewalt, und in Ansehung derselben die Änderung und Verbesserung der Innungs-Briefe in ihrem Gebiet allwege vorbehalten bleibet) nach vorgängiger genugsamer Erweg und Einrichtung nach der Sachen gegenwärtigem Zustand confirmiret und bekräfftiget; hingegen alle diejenigen, welche von denen Handwercks-Leuten, Meister und Geselln allein für sich, und ohne nun gedachter Obrigkeiten Erlaubnüß, Approbation und Confirmation aufgerichtet worden, oder ins künfftige aufgerichtet und eingeführet werden möchten, null, nichtig, ungültig und unkräfftig seyn. […]

V. Woferne aber, bißheriger Erfahrung nach, die Gesellen unter irgend einigem Prätext [Vorwand] sich weiter gelüsten liessen, einen Auffstand zu machen, folglich sich zusammen rottiren, und entweder … keine Arbeit mehr zu thun, oder selbst Hauffenweise auszutreten, und was dahin einschlagenden rebellischen Unfugs mehr wäre, dergleichen große Frevler oder Missethäter sollen nicht allein mit Gefängnuß, Zucht-Haus, Vestungs-Bau und Galeeren-Straff beleget, sondern auch nach Beschaffenheit der Umstände und hochgetriebener Renitenz, nicht minder würcklich verursachten Unheils am Leben gestrafft werden.

Zit. nach: E. Büssem/M. Neher (Hrsg.): Arbeitsbuch Geschichte. Neuzeit 1. Quellen. München 1977. S. 320 u. 322.

a) Wie erklären Sie die Sorge der Regierenden vor den Handwerksgesellen?
b) Diskutieren Sie mögliche Folgen, die sich bei der Umsetzung der Reichshandwerksordnung für die gesellschaftliche Entwicklung des frühmodernen Staates ergeben können.

Zur Diskussion

Fürstliches Machtmonopol oder ständische Mitsprache?

Inwieweit wirkte sich die Entwicklung vom „Dualistischen Ständestaat" hin zum eher alleinherrschaftlichen „Fürstenstaat" förderlich für die Herausbildung des frühmodernen Staates in den Territorien des Deutschen Reiches aus? Ging nur aufseiten der Fürsten die Durchsetzung eigener Interessen und Vorteile mit einer gesamtstaatlichen Perspektive einher, während die Landstände den staatlichen Entwicklungsprozess nach Kräften zu verhindern versuchten?

a) Der deutsche Historiker Richard van Dülmen, 1982:

Wollte der frühmoderne Staat alle feudalen Gewalten monopolisieren und damit einen einheitlichen Rechts- und Friedensstaat garantieren, musste er nicht nur bis zu einem gewissen Grade alle Stände und Untertanen unterwerfen und ihnen spezifische, staatlich-öffentliche Funktionen zuweisen, sondern Institutionen gründen, die dem Anspruch der Rechtsordnung Geltung verschafften. Selbstständige Aktionen mussten innerhalb eines als einheitliche, unteilbare Herrschaft begriffenen Territoriums ebenso ausgeschaltet, wie interregionale und internationale Verbindungen und Kommunikationen unter staatliche Kontrolle gestellt werden.

Zentral war die herrschaftliche Erfassung aller Untertanen, auch und insbesondere der nicht einem Fürsten unmittelbar unterstehenden Grunduntertanen der Stände: Entwaffnung, steuerliche Registrierung und rechtliche Schutzbriefe gegenüber den Grundherren stärkten den zentralstaatlichen Zugriff auf die Untertanenschaft. […]

Der Staat erhob den Anspruch auf Reglementierung der ökonomischen wie sittlichen Verhältnisse, der Ehe und Familie, des Eigentums und Bodens, des Handels und Gewerbes, des Kreditwesens wie der Prozessführung, der Berufswelt und des Arbeitswesens, des Kirchgangs und der Frömmigkeit. […] Es ging im Wesentlichen sowohl um die materielle Wohlfahrt des Landes durch Förderung von Handel und Gewerbe wie um die Erziehung der Stände und Untertanen zu christlich-nützlichen „Staatsbürgern“. Patriarchalisches Herrschaftsverständnis und rational-utilitaristisches Denken flossen hier zusammen mit der neuen Moral der Reformation bzw. der katholischen Reform.

Richard van Dülmen: Entstehung des frühneuzeitlichen Europa, 1550–1648. (Fischer Weltgeschichte Bd. 24). Frankfurt/M. 1982, S. 350 f.; S. 360.

b) Der deutsche Verfassungshistoriker Hans Boldt, 1984:

Man hat den Landständen oft vorgeworfen, sie seien nur auf ihre (Herren-) Interessen bedacht gewesen, sie hätten mit ihrer Knauserigkeit und Nörgelei die fürstliche Politik gehemmt, und es müsse das ganze ständische Wesen für die Entwicklung des modernen Staates nachteilig beurteilt werden. Daran ist sicherlich manches richtig. Häufig genug haben die Stände die Last der von ihnen bewilligten Steuern auf ihre Abhängigen, die Bauern und den gemeinen Mann in den Städten, abgewälzt; sie haben sich gegen fürstliche Projekte gesperrt und ihr imperatives Mandat gern dazu benutzt, … die Beschlussfassung mit dem Hinweis, erst Instruktionen einholen zu müssen, zu verschleppen. Auch ist der Interessenhorizont der Stände manchmal etwas eng gewesen, oft klaffte … zwischen der gesamtstaatlichen Perspektive des Fürsten und dem „Regionalismus“ der Stände eine empfindliche Lücke. […]

Dennoch ist hervorzuheben, dass die Stände durchaus auch effektiv für den Staat und das Wohl der gesamten Bevölkerung gearbeitet haben, z.B. durch die Bewilligung notwendiger Finanzmittel, durch wiederholte Übernahme fürstlicher Schulden, die Aufhellung von Missständen und die Anregung wichtiger Gesetze. Wo sie hemmend wirkten, ist das manches Mal wohltuend für das Territorium gewesen, haben es die Stände vor fürstlichen Abenteuern, unbedachten Landesteilungen und Schwächungen des Staates aus fürstlichem Privatinteresse geschützt.

Hans Boldt: Deutsche Verfassungsgeschichte. Band 1. München 1984. S. 183 f.

a) Welche Argumente sprechen für eine zentrale Staatsmacht, welche für eine Machtteilung zwischen Fürsten und Ständen?

b) Arbeiten Sie wesentliche Unterschiede zwischen frühneuzeitlichen Ständeversammlungen und modernen Parlamenten heraus.

c) Setzen Sie sich mit der Problematik auseinander, ob der Anspruch des frühneuzeitlichen Staates auf umfassende Regulierung der Verhältnisse (v. Dülmen) in demokratischen Gesellschaften fortbesteht oder abgebaut worden ist.

V. Das Jahrhundert der Reformation und die Ausbildung der Konfessionen

Die Spannung im Verhältnis von Religion und Politik, religiösem Wahrheitsanspruch und politischer, ja physischer Gewalt hat die Geschichte Europas und insbesondere die Deutschlands bis heute geprägt. Das Abendland fand durch blutige Auseinandersetzungen hindurch einen Weg, konkurrierende Absolutheitsansprüche politisch zu entschärfen und letztlich fruchtbar in eine friedliche Staats- und Gesellschaftsordnung einzubauen. Nicht erst die Aufklärung, sondern bereits die Reformation und die durch sie angestoßene Konfessionalisierung sind eine wichtige Etappe auf diesem Weg, den möglicherweise andere Kulturkreise noch vor sich haben.

1517	Der Wittenberger Professor für Bibelauslegung, Martin Luther, veröffentlicht 95 Thesen mit Kritik an der kirchlichen Bußpraxis.
1521	Der Wormser Reichstag verhängt die Reichsacht über Luther und verbietet es ohne Erfolg, dessen reformatorischen Lehren zu folgen.
1523	Der Züricher Rat folgt den Vorstellungen des Predigers und Reformators Huldrych Zwingli.
1525	In Ober- und Mitteldeutschland bricht der „Bauernkrieg“ aus. Hergebrachte Forderungen mischen sich mit reformatorischen Anliegen. Die „Revolution des gemeinen Mannes“ wird blutig niedergeschlagen.
1541	In Genf verwirklicht der Reformator Johannes Calvin seine Vorstellungen von einem christlichen Gemeinwesen.
1547	In der Schlacht bei Mühlberg an der Elbe siegt Kaiser Karl V. über den protestantischen „Schmalkaldischen Bund“. Der anschließende Augsburger Reichstag zeigt Karl auf dem Höhepunkt seiner Macht.
1549	Im „Consensus Tigurinus“ einigen sich die Anhänger Zwinglis und Calvins über theologisch strittige Fragen.
1555	Der „Augsburger Religionsfriede“ bedeutet für die Lutheraner die reichsrechtliche Anerkennung. Der Landesherr bestimmt die Konfession seiner Untertanen.
1545–1563	Papst, Bischöfe und Äbte leiten im Konzil von Trient die Reorganisation der katholischen Kirche ein.

1. Luther und die Anfänge der Reformation im Reich

Vom Hochschullehrer zum Reformator

Martin Luther (1483–1546), im thüringischen Eisleben geboren, in Mansfeld aufgewachsen, stammte aus einer bäuerlich-bergmännischen Aufsteigerfamilie. Das ermöglichte ihm nach dem Besuch von Elementar- und Lateinschule ein Jurastudium in Erfurt. In einer Lebenskrise deutete er seine Rettung aus einem Unwetter – „Blitzschlag von Stotternheim“ – als religiösen Anruf und trat in das Kloster der Augustinereremiten in Erfurt ein. Dort nahm er ein Theologiestudium auf und wurde 1507 zum Priester geweiht. Nach seiner Promotion berief man ihn 1513 als Professor für Bibelauslegung (Exegese) an die 1502 gegründete Universität Wittenberg.
Wie viele Menschen seiner Zeit litt Luther unter einem quälenden Bewusstsein seiner Sünden. Er verzweifelte deshalb daran, aus eigener Anstrengung so zu leben, dass er vor der gerechten Strafe Gottes verschont bleiben oder – mit seinen

138 Zweierlei Sicht: Martin Luther unter der Taube, Holzschnitt von Hans Baldung Grien, 1521 (links), und Teufel mit Luther als Sackpfeife, Holzschnitt von Erhard Schoen, um 1535 (rechts).
Interpretieren Sie die Elemente der beiden Darstellungen. Arbeiten Sie dabei die unterschiedliche Aussageabsicht der Künstler heraus.

Worten – „gerechtfertigt" würde. Aus dieser quälenden Hoffnungslosigkeit befreite ihn die Lektüre des Römerbriefs. Nach Paulus nämlich sei der Gläubige allein durch die Gnade Gottes („sola gratia") und nicht durch seine eigenen Leistungen und guten Werke gerechtfertigt. Allein auf diesen Glauben („sola fide") gründete Luther fortan seine Heilsgewissheit; nur das Studium der Hl. Schrift („sola scriptura") hatte ihm diese befreiende Erkenntnis vermittelt.
Seine Rechtfertigungstheologie sollte Luther schon bald in Widerspruch zur kirchlichen Lehre bringen. Denn in deren Sicht konnte der Gläubige durch Taten der Nächstenliebe, durch Gebete, aber auch durch Spenden, kurz: durch gute Werke die Zeit seiner Buße im Jenseits verkürzen. Einen solchen „Ablass" gewährte seit 1514 Papst Leo X. auch für Spenden zum Neubau der Peterskirche. Albrecht von Brandenburg, der Erzbischof von Mainz und Bischof von Magdeburg und Halberstadt, förderte den Ablassverkauf mithilfe der Dominikaner, nicht zuletzt, weil er zur Hälfte am „Gewinn" aus dem Verkauf beteiligt war. Gegen diese Praxis des kirchlichen Ablasses veröffentlichte Luther 95 Thesen, die er 1517 ins Deutsche übersetzte, mit einem „Sermon von Ablass und Gnade" ergänzte und drucken ließ. Rasch fand die Schrift Verbreitung und rasch wurde ihr Autor populär. Der Dominikanerorden erhob daraufhin in Rom Anklage gegen Luther wegen Ketzereiverdachts, doch wurde der Prozess zunächst verschleppt, weil Leo X. für die anstehende Kaiserwahl den sächsischen Kurfürsten Friedrich den Weisen – den Landesherrn Luthers – favorisierte. Der Versuch des päpstlichen Legaten Cajetan auf dem Augsburger Reichstag von 1518, Luther gütlich zum Widerruf zu bewegen, scheiterte.

139 Die rechte und die falsche Kirche. Holzschnitt von Lucas Cranach d. Jüngerem, um 1546.
Untersuchen Sie, worin der Künstler die wesentlichen Merkmale der neuen evangelischen Lehre im Vergleich zur katholischen sieht.

Luthers reformatorische Theologie

Das Streitgespräch, das Luther 1519 mit dem Ingolstädter Theologieprofessor Johannes Eck als Kontrahenten führte (Leipziger Disputation), brachte ebenso wenig eine Annäherung. Im Gegenteil: Durch Eck in die Enge getrieben, hatte Luther am Ende des Gesprächs nicht nur die Autorität des Papstes, sondern auch die der kirchlichen Tradition und die Unfehlbarkeit der Konzilien verworfen. Allein die Heilige Schrift als Quelle theologischer Erkenntnis ließ er fortan gelten. Damit war der Bruch mit Rom und der Kirche vollzogen.

In drei großen Schriften legte Luther im Folgejahr die Grundzüge seiner Theologie dar („An den christlichen Adel deutscher Nation", „Von der babylonischen Gefangenschaft der Kirche", „Von der Freiheit eines Christenmenschen"). Er vertrat darin die Auffassung eines allgemeinen Priestertums aller Gläubigen, lehnte den päpstlichen Primat ab, gestand jedem Christen die Auslegung der Bibel zu, beschränkte die Zahl der Sakramente von sieben auf die unmittelbar biblisch begründbaren zwei oder drei, nämlich Taufe, Abendmahl und Buße, und wiederholte seine Rechtfertigungslehre.

In einer scharfen publizistischen Auseinandersetzung mit dem Humanisten Erasmus von Rotterdam verwarf Luther 1524 die Auffassung, der Mensch besitze freien Willen, kraft dessen er eigenständig zwischen gut und böse wählen könne, und betonte als Voraussetzung die Zuwendung göttlicher Gnade („De servo arbitrio" – „Über den unfreien Willen").

Alles, was Luther schrieb, wurde begierig gedruckt und erreichte in bislang ungekannter Auflagenhöhe weite Bevölkerungskreise. Damit machte er sich zugleich auch zum publizistisch wirkungsvollsten Wortführer der antirömischen Opposition.

In Acht und Bann

Die Reaktion der Kirche ließ nun nicht länger auf sich warten, zumal seit der Wahl Karls V. im Oktober 1519 politische Rücksichtnahme auf Kurfürst Friedrich den Weisen nicht mehr nötig war. Der Ketzerprozess gegen Luther wurde vorangetrieben, Leo X. drohte Luther, falls er nicht widerriefe, mit der Exkommunikation. Die Androhungsbulle verbrannte Luther im Dezember 1520 zusammen mit dem Kirchenrecht und wurde daraufhin mit dem Kirchenbann belegt. Als er sich auch auf dem Wormser Reichstag von 1521 weigerte zu widerrufen, verhängte der Kaiser die Reichsacht über ihn. Das „Wormser Edikt" verdammte Luthers Lehre und befahl die Vernichtung seiner Schriften. Luthers Landesherr sollte die Acht vollziehen, ließ den Geächteten aber zum Schein entführen und auf die Wartburg in Sicherheit bringen. Hier begann Luther mit der Übersetzung des Neuen Testaments. Obwohl zuvor bereits 18 deutsche Druckfassungen veröffentlicht worden waren, sollte die „Lutherbibel" schließlich alle anderen verdrängen. Zum mediengeschichtlich einmaligen Erfolg – zu Lebzeiten Luthers wurden wohl etwa eine Million deutschsprachiger Bibeln verkauft – wurde die Übersetzung nicht allein wegen der philologischen Sorgfältigkeit, mit der Luther den Text in ein zeitgemäßes Deutsch übertrug. Entscheidend war vielmehr, dass der vorangegangene reformatorische Diskurs selbst die Heilige Schrift zur einzig legitimen Form erhoben hatte, in der Gott zu den Menschen spricht. Nicht aus Tradition und durch die Stimme der kirchlichen Hierarchie konnte Gottes Wille erkannt werden, sondern allein aus seinem Wort. Bibellektüre wurde so zur geistigen Voraussetzung von Glaubenserfahrung, deren materielle Voraussetzung es wiederum war, eine Bibel zu besitzen.

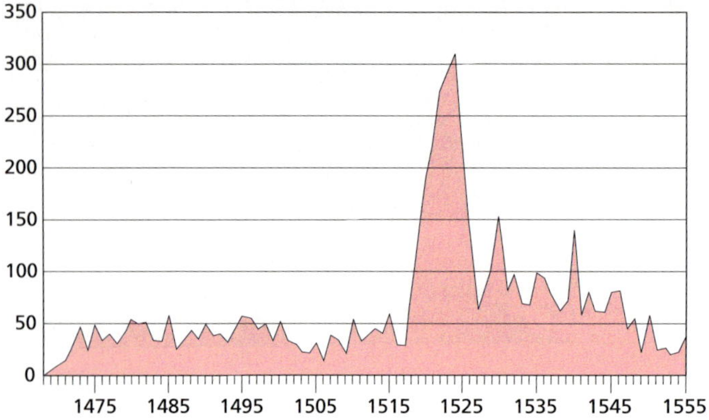

140 Anzahl der pro Jahr in Augsburg erschienenen Drucke zwischen 1470 und 1555. (Nach: Hans-Jörg Künast: „Getruckt zu Augspurg". Tübingen 1997. S. 295.)
Die Reformation wird neuerdings auch einerseits als „Medienereignis" betrachtet, andererseits als Vorgang, der zu einer „Medienrevolution" geführt habe. Erläutern Sie, inwiefern diese Einschätzung zutrifft und welche Einwände dagegen formuliert werden können.

141 Luthers theologisch-politischer Kampfaufruf an die weltliche Obrigkeit

a) Aus Luthers Schrift „An den christlichen Adel deutscher Nation", 1520:

Die Romanisten[1] *haben drei Mauern* mit großer Schlauheit *um sich gezogen*, mit denen sie sich bisher geschützt, sodass sie niemand hat können reformieren, wodurch die ganze Christenheit gräulich gefallen ist.

Zum Ersten: Wenn man sie bedrängt hat mit weltlicher Gewalt, haben sie behauptet und gesagt, weltliche Gewalt habe kein Recht über sie, sondern im Gegenteil: geistliche sei über die weltliche. *Zum Andern:* Hat man sie mit der Heiligen Schrift wollen strafen, setzen sie dagegen: Es gebühre die Schrift niemandem auszulegen denn dem Papst. *Zum Dritten:* Drohet man ihnen mit einem Konzilio, so erdichten sie, es könne niemand ein Konzilium berufen denn der Papst. […]

Nun helf' uns Gott und geb' uns der Posaunen eine, damit die Mauern Jerichos würden umgeworfen, dass wir diese strohernen und papierenen Mauern auch umblasen und die christlichen Ruten, Sünd zu strafen, losmachen, des Teufels List und Trug an den Tag zu bringen, auf dass wir durch Straf uns bessern und seine Huld wieder erlangen.

Wollen die erste Mauer am ersten angreifen.

Man hat's erfunden, dass Papst, Bischöfe, Priester, Klostervolk wird der geistliche Stand genannt, Fürsten, Herren, Handwerks- und Ackerleut der weltlich Stand, welches gar ein fein Comment [Lüge] und Gleißen ist. […] Dass aber der Papst oder Bischof salbet, Platten macht[2], ordiniert, weihet, anders denn Laien kleidet, kann einen Gleisner und Ölgötzen [gesalbten Priester] machen, macht aber nimmermehr einen Christen oder geistlichen Menschen. Demnach werden wir also allesamt durch die Taufe zu Priestern geweihet, wie Sankt Peter [Petrus] (*I. Petr. 2*) sagt: „Ihr seid ein königlich Priestertum und ein priesterlich Königreich." Und *Offenbarung 5, 10:* „Du hast uns gemacht durch dein Blut zu Priestern und Königen." [...]

[...] weil wir alle gleicherweise Priester sind, darf sich niemand selbst hervortun und sich unterwinden, ohn unser Bewilligen und Erwählen das zu tun, wozu wir alle gleiche Gewalt haben. Denn was der Gemeinde gehört, kann niemand ohne der Gemeinde Willen und Befehl an sich nehmen. [...]

So folget aus diesem, dass Laien, Priester, Fürsten, Bischöfe und wie sie sagen, Geistliche und Weltliche, wahrhaftig letztlich keinen anderen Unterschied haben denn des Amtes oder Werkes halben und nicht des Standes halben. [...]

Gleichwie nun die, so man jetzt geistlich heißt oder Priester, Bischöfe oder Päpste, sind von den anderen Christen nicht weiter noch würdiger unterschieden, denn dass sie das Wort Gottes und die Sakramente sollen wahrnehmen, das ist ihr Werk und Amt, so hat die weltliche Obrigkeit das Schwert und die Ruten in der Hand, die Bösen damit zu strafen, die Frommen zu schützen. Ein Schuster, ein Schmied, ein Bauer, ein jeglicher hat seines Handwerks Amt und Werk, und dennoch sind alle gleich geweihte Priester und Bischöfe, und ein jeglicher soll mit seinem Amt oder Werk den anderen nützlich und dienstlich sein, auf dass so vielerlei Werke alle auf eine Gemeinde gerichtet seien, Leib und Seele zu fördern, gleichwie die Gliedmaße des Körpers alle eins dem andern dienen.

[...] dieweil die weltliche Gewalt von Gott geordnet ist, die Bösen zu strafen und die Frommen zu schützen, so soll man ihr Amt lassen frei gehen ungehindert durch den ganzen Körper der Christenheit, ohne Rücksicht auf irgendjemand, sie treffe Papst, Bischof, Pfaffen, Mönche, Nonnen oder was es ist. [...]

[...] Was geistlich Recht dawider gesagt hat, ist lauter erdichtete römische Vermessenheit. Denn so sagt Sankt Paul [*Röm. 13, 1*] allen Christen: „Ein jegliche Seele (ich halte dafür, des Papstes auch) soll untertan sein der Obrigkeit, denn sie trägt nicht umsonst das Schwert; sie dienet Gott damit zur Straf der Bösen und zu Lob den Frommen." Auch Sankt Petrus [*I. Petr. 2, 13*]: „Seid untertan allen menschlichen Ordnungen um Gottes willen, der es so haben will." Er hat's [*II. Petr. 2, 10*] auch vorhergesagt, dass kommen würden solche Menschen, die die weltliche Obrigkeit würden verachten, wie denn geschehen ist durch das geistliche Recht.

[...] wie kämen wir denn dazu, dass wir sollten stillhalten und schweigen, wenn der Papst oder die Seinen teuflisch Wort oder Werk planen? Sollten wir um der Menschen willen göttliches Gebot und Wahrheit lassen zunichte machen, der wir in der Taufe geschworen haben, beizustehen mit Leib und Leben? Fürwahr, wir wären schuldig aller Seelen, die dadurch verlassen und verführet würden. Drum muss das der Hauptteufel selbst gesagt haben, was im geistlichen Recht steht: „Wenn der Papst so schädlich böse wäre, dass er gleichsam die Seelen in großen Haufen zum Teufel führte, so könnte man ihn dennoch nicht absetzen." Auf diesem verfluchten, teuflischen Grund bauen sie zu Rom und meinen, man solle eher alle Welt zum Teufel lassen fahren, denn ihrer Büberei widerstreben.

1 Die Verfechter der rechtlichen Vorrangstellung der römischen Kurie bzw. des Papstes

2 Tonsuren scheren lässt, Mönche macht

Martin Luther: An den christlichen Adel deutscher Nation – Von der Freiheit eines Christenmenschen – Sendbrief vom Dolmetschen. Hrsg. v. Ernst Kähler. Stuttgart 2005. S. 13 ff.

b) „Ego sum Papa". Gegen Papst Alexander gerichteter Holzschnitt, um 1500. Als Teufelswerk wurde das Papsttum in antiklerikalen Karikaturen bereits vor der Reformationszeit angeprangert.

a) Erklären Sie, wie Luther seinen gegen die römische Kurie und den Papst gerichteten Vorwurf der „Amtsanmaßung" begründet.
b) Erläutern Sie, welche Rolle Luther der weltlichen Obrigkeit im Kampf gegen die „Irrlehren" der römischen Kurie zuweist.
c) Luther hatte diesen Anruf insbesondere namentlich an den im Jahr zuvor zum deutschen König gewählten Karl V. gerichtet. Welcher Fehleinschätzung ist er dabei aufgesessen?

142 Recht und Grenzen der Staatsgewalt

Aus Luthers Schrift „Von weltlicher Obrigkeit", 1523:

[…] hat Gott die zwei Regiment verordnet: das geistliche, welchs Christen und fromm Leut macht durch den Heiligen Geist, unter Christo, und das weltliche, welchs den Unchristen und Bösen wehret, dass sie äußerlich müssen Fried halten. […] Wenn nun jemand wollt die Welt nach dem Evangelio regieren und alles weltlich Recht und Schwert aufheben und vorgeben, sie wären alle getauft und Christen, unter welchen das Evangelium will kein Recht noch Schwert haben, auch nicht nötig ist: Lieber, rat, was würde derselbe machen? Er würde den wilden, bösen Tieren die Band und Ketten auflösen, dass sie jedermann zerrissen und zerbissen, und daneben vorgeben, es wären feine, zahme, kirre Tierlein. Ich würde es aber an meinen Wunden wohl fühlen. Also würden die Bösen unter dem christlichen Namen der evangelischen Freiheit missbrauchen. […] Darum muss man diese beiden Regiment mit Fleiß scheiden, und beides bleiben lassen, eins, das fromm macht, das ander, das äußerlich Frieden schaffe und bösen Werken wehret. […]

Wie weit sich weltlich Obrigkeit strecke

Hie kommen wir zum Hauptstück dieses Sermons [dieser Ausführung]. Denn nachdem wir gelernet haben, dass die weltlich Obrigkeit sein muss auf Erden, […] müssen wir nun lernen, wie lang ihr Arm und wie fern ihr Hand reiche, dass sie sich nicht zu weit strecke und Gott in sein Reich und Regiment greife. […]

Aufs Erst ist zu merken, dass die zwei Teil Adams Kinder, deren eins in Gottes Reich unter Christo, das ander in der Welt Reich unter der Obrigkeit ist […], zweierlei Gesetz haben. Denn ein jeglich Reich muss seine Gesetze und Rechte haben, und ohn Gesetz kein Reich noch Regiment bestehen kann, wie das gnugsam täglich Erfahrung gibt. Das weltlich Regiment hat Gesetz, die sich nicht weiter strecken, denn über Leib und Gut und was äußerlich ist auf Erden. Denn über die Seele kann und will Gott niemand lassen regieren, denn sich selbst alleine. Darum wo weltlich Gewalt sich vermisset, der Seele Gesetze zu geben, da greift sie Gott in sein Regiment und verführet und verderbet nur die Seelen. Das wollen wir so klar machen, dass mans greifen solle, auf dass unsre Junker, die Fürsten und Bischöfe sehen, was sie für Narren sind, wenn sie die Leut mit ihren Gesetzen und Geboten zwingen wollen, so oder so zu glauben. […]

Wenn nun dein Fürst oder weltlicher Herr dir gebeut, mit dem Papst zu halten, so oder so zu glauben, oder gebeut dir, Bücher von dir zu tun, sollst du also sagen: „Es gebührt Lucifer nicht, neben Gott zu sitzen. Lieber Herr, ich bin euch schuldig zu gehorchen mit Leib und Gut, gebietet mir nach eurer Gewalt Maß auf Erden, so will ich folgen. Heißt ihr aber mich glauben und Bücher von mir zu tun, so will ich nicht gehorchen. Denn da seid ihr ein Tyrann und greift zu hoch, gebietet, da ihr weder Recht noch Macht habt usw." Nimmt er dir darüber dein Gut und straft solchen Ungehorsam: Selig bist du und danke Gott, dass du würdig bist, um göttlichen Worts willen zu leiden, lass ihn nur toben, den Narren, er wird seinen Richter wohl finden.

Zit. nach: Geschichte in Quellen. Bd. III: Renaissance, Glaubenskämpfe, Absolutismus. Hrsg. v. W. Lautemann und M. Schlenke, bearb. v. F. Dickmann. 3. Aufl. München 1982. S. 132 ff.

a) Analysieren Sie, welches Menschenbild Luthers Lehre von den „zwei Regimentern" zugrunde liegt.
b) Welche Befugnisse räumt Luther der weltlichen Obrigkeit ein, welche Grenzen setzt er ihr?

143 Gefährliche Bücher

a) Mandat Kaiser Karls V. gegen Luthers Schriften auf dem Wormser Reichstag, 10. März 1521:

Dieweil nun wir uns gemeine Versammlung des Heiligen Reiches Stände unseres gegenwärtigen Reichstages uns itzt hier vereinigt und entschlossen, keinerlei Neuigkeit und Irrsal in unserem heiligen Glauben, christlicher Lehre, Satzung und Gebrauch einführen zu lassen, sondern denselben, wie unsere Väter und Voreltern viel hundert Jahr her geglaubt und gehalten und noch glauben und halten, anzuhangen und dabei zu bleiben, und uns als Vogt, Beschirmer und Handhaber der heiligen Kirche christlichen Glaubens und des päpstlichen Stuhles sonderlich darein zu sehen gebührt, haben wir den gedachten Martin Luther hierher zu kommen erfordert [...], in Meinung ihn zu fragen und zu hören, ob er derselben Worte, Schriften und Bücher geständig sein und die widerrufen oder darauf beharren wolle oder nicht, und alsdann ferner zu handeln, was sich zu Handhabung unseres heiligen Glaubens, christlicher Lehre, Satzung und Gebrauchs, auch des päpstlichen Stuhls zu tun gebührt.

Damit dann mehr Irrsal, auch mancherlei Unrat, so aus diesem Handel zu besorgen sind, verhütet werde, so gebieten wir auch allen und euer jedem in Sonderheit bei den Pflichten, damit ihr uns und dem Heiligen Reich verwandt seid, von Römischer Kaiserlicher Macht ernstlich mit diesem Brief und wollen, dass ihr alle Bücher und Schriften, so bisher von Martin Luther und in seinem Namen obgemeldetermaßen in Latein und Deutsch ausgegangen, geschrieben und gedruckt worden [...] so viel ihr der [davon] habet, nämlich ihr die von der Obrigkeit bei euren selbst Händen behaltet, und ihr anderen in allen Schlössern, Städten, Dörfern und Flecken solche Schriften und Bücher eurer jedes Obrigkeit [...] reichet und überantwortet, und ihr von der Obrigkeit die alle zu unseren Händen verwahrt bis auf unseren weiteren Bescheid.

Zit. nach: Geschichte in Quellen. Bd. III: Renaissance, Glaubenskämpfe, Absolutismus. Hrsg. v. W. Lautemann und M. Schlenke, bearb. v. F. Dickmann. 3. Aufl. München 1982. S. 119.

b) Aus der Verteidigungsrede Luthers vor dem Wormser Reichstag, 17./18. April 1521:

Ew. Kaiserl. Majestät, Kur- und Fürstliche Gnaden wollen wohl einnehmen und bedenken, dass meine Bücher nicht alle einerlei Art sind. Denn es sind etliche, in welchen ich von christlichem Glauben und guten Werken so schlicht, einfältig und christlich gelehret habe, dass auch die Widersacher selbst müssen bekennen, sie seien nützlich, unschädlich und würdig, dass sie von christlichen Herzen gelesen werden. [...] So ich nun anfinge dieselben zu widerrufen [...], was täte ich anderes, denn dass ich allein unter allen Menschen die Wahrheit, welche beide, Freunde und Feinde, zugleich bekennen, verdammte, und allein aller einmütigen Bekenntnis widerstrebte?

Die andere Art meiner Bücher ist die, darinnen das Papsttum und der Papisten Lehre angegriffen und angetastet wird, als die, so mit ihrer falschen Lehre, bösem Leben und ärgerlichen Exempeln die Christenheit an Leib und Seele verwüstet haben. Denn niemand kann verneinen noch dissimulieren, weil es die Erfahrung bezeuget, und alle frommen Herzen darüber klagen, dass durch des Papsts Gesetze und Menschenlehre der Christgläubigen Gewissen aufs allergräulichste und jämmerlichste verstrickt, beschwert und gemartert sind. [...] So ich nun diese widerrufen würde, so würde ich nichts anderes tun, denn dass ich ihre Tyrannei stärkte und solcher großer Impietät und gottlosem Wesen nicht allein die Fenster, sondern auch Tür und Tor auftäte. [...]

Die dritte Art meiner Bücher ist die, so ich wider etliche private und einzelne Personen geschrieben habe, nämlich die sich unterstanden haben, römische Tyrannei zu schützen und zu verteidigen, und die gottselige Lehre, so von mir gelehret ist, zu fälschen und zu dämpfen. Wider dieselbigen, das bekenne ich frei, bin ich etwas heftiger und schärfer gewesen, als es nach Gelegenheit der Religion und Profession sich gebühret; denn ich mache mich nicht zu einem Heiligen, auch disputiere ich nicht von meinem Leben, sondern von der Lehre Christi. Dieselbigen Bücher aber zu widerrufen, will mir auch nicht gebühren, darum, dass es durch solch Widerrufen abermals dahin würde kommen, dass Tyrannei und allerlei gottlos Wesen mit meinem Beifallen regieren, überhand nehmen, und wider Gottes Volk viel gewaltsamer und gräulicher wüten würden, denn jemals bisher geschehen ist.

Doch weil ich ein Mensch, und nicht Gott bin, kann ich meinen Büchlein anders nicht helfen noch sie verteidigen, denn mein Herr und Heiland Jesus Christus seiner Lehre getan hat, welcher, da er vor dem Hohenpriester Hannas um seine Lehre gefragt, von des Hohenpriesters Knechte einen Backenstreich empfangen hatte, sprach: „Hab ich übel geredet, so beweise es, dass es böse sei." [...] Darum bitte ich durch die Barmherzigkeit Gottes, Ew. Kaiserl. Majestät, Kur- und Fürstliche Gnaden, oder wer es tun kann, er sei hohen oder niedrigen Standes, dass sie wollten Zeugnis geben, mich mit prophetischen und apostolischen Schriften überweisen, dass ich geirrt habe. Alsdann, so ich dessen überzeugt werde, will ich ganz willig und bereit sein, allen Irrtum zu widerrufen, und der erste sein, der meine Büchlein ins Feuer werfen will.

Aus diesem allem, meine ich, erscheint klar und öffentlich, dass ich genugsam bedacht und erwogen habe die Not und Gefahr, das Wesen und die Zwietracht, so durch Verursachung meiner Lehre soll erweckt sein. [...] Mir zwar ist's wahrlich die allergrößte Lust und Freude zu sehen, dass um Gottes Worte willen Zwietracht und Uneinigkeit entstehet. Denn das ist Gottes Wortes Art, Lauf und Glück; sintemal Christus der Herr selbst sagt: „Ich bin nicht gekommen, Frieden zu bringen, sondern das Schwert, denn ich bin gekommen, den Menschen zu erregen wider seinen Vater usw."

Zit. nach: Geschichte in Quellen. Bd. III: Renaissance, Glaubenskämpfe, Absolutismus. Hrsg. v. W. Lautemann und M. Schlenke, bearb. v. F. Dickmann. 3. Aufl. München 1982. S. 124 f.

b) „Luther verteidigt sich vor Karl V. auf dem Reichstag in Worms. Radierung aus dem 19. Jahrhundert nach einem Gemälde von Anton von Werner. Der bewusst schlicht in seiner Mönchskutte dargestellte Luther verweist vor der Versammlung der Reichsstände zur Verteidigung seiner Schriften auf die Bibel.

a) Legen Sie dar, wie der Kaiser sein Handeln begründet.
b) Zeigen Sie an der Verteidigungsrede Luthers, an welchen Textstellen der reformatorische Ansatz erkennbar ist.
c) Untersuchen Sie Luthers Argumentationsstrategie: Weshalb geht er nicht auf die Forderung ein, seine Bücher zu widerrufen?

144 Positionen auf dem Speyrer Reichstag 1529

a) Aus der Stellungnahme der katholischen Stände, wie sie unverändert in den Reichsabschied vom 22. April 1529 übernommen wurde:

Bei den [...] stenden, bei denen die andere leren entstanden und zum teil one merglich ufrur, beschwerd und geferde nit abgewendt werden mogen, soll doch hinfuro alle weitere neuerung bis zu kunftigem concilio sovil muglich und mentschlich verhut werden. Und sonderlich soll etlicher lere und secten, soviel die dem hochwirdigen sacrament des waren fronleichnams und bluts unsers herrn Jhesu Christi zugegen, bei den stenden des h. reichs teutscher nacion nit angenommen noch hinfuran zu predigen gestat oder zugelassen [werden]. Desgleichen sollen die empter der h. meß nit abgetan, auch niemants an den orten, da die andere lere entstanden und gehalten wirdet, die meß zu horen verbotten, verhindert noch darzu oder davon gedrungen werden. [...]

Es soll auch keiner von geistlichem oder weltlichem stand den andern des glaubens halber in einich wege vergweltigen dringen oder uberziehen, noch auch seiner rente, zins, zehenden und gutter entweren, desgleichen keiner des andern undertanen und verwandten des glaubens oder anderer ursachen halber in sonder schutz und schirm widder ire oberkeit nehmen.

Zit. nach: Geschichte in Quellen. Bd. III: Renaissance, Glaubenskämpfe, Absolutismus. Hrsg. v. W. Lautemann und M. Schlenke, bearb. v. F. Dickmann. 3. Aufl. München 1982. S. 159.

b) „Protestation" der evangelischen Stände vom 20. April 1529:

So sind doch dises solch sachen [...], die gottes ere und unser jedes selen haile und seligkeit angeen und betreffen, darin wir aus gottes befelch unser gewissen halben denselben unsern herrn und gott als hochsten konig und herrn aller hern in der tauf und sunst durch sein h. gotlichs wort vor allem anzusehen verpflicht und schuldig seien [...], also das sich des orts keiner auf ander minders oder merers [auf einer Minderheit oder Mehrheit] machen oder beschließen entschuldigen kann. [...]

[...] So protestirn und bezeugen wir hiemit offenlich [...], das wir fur uns, die unsern und aller meniglichs halben in alle handlung und vermeint abschied, so wider gott, sein h. wort, unser aller selen hail und gut gewissen [...], nit gehellen [zustimmen] noch willigen [...] und das wir uns nichtzdestweniger mitler weil gemelts gemainen und freien christlichen concilion oder nacionalversamlung vermittelst gottlicher hilf [...] in unsern obrigkeiten, auch bei und mit unsern undertanen und verwandten also halten, leben und regirn, wie wir das gegen dem allmechtigen gott und ro. Ksl. M., unserm allergnedigsten hern, als ainem christlichen kaiser hoffen und getrauen zu verantworten.

Zit. nach: Geschichte in Quellen. Bd. III: Renaissance, Glaubenskämpfe, Absolutismus. Hrsg. v. W. Lautemann und M. Schlenke, bearb. v. F. Dickmann. 3. Aufl. München 1982. S. 161.

Prüfen Sie, ob nach den programmatischen Erklärungen von 1529 eine Einigung der katholischen und protestantischen Stände noch möglich war.

2. Zwingli, Calvin und die Spielarten der Reformation

Zwingli und die oberdeutsche Reformation

Unter dem Eindruck der Leipziger Disputation und der Schriften Luthers stand auch Huldrych Zwingli (1484–1531), seit 1519 Geistlicher am Zürcher Großmünster. Mit einem symbolkräftigen „Wurstessen" zusammen mit Freunden in der Fastenzeit und seiner ersten Reformschrift „Vom Erkiesen und der Freiheit der Speisen" zeigte auch Zwingli, dass er nichts gelten lassen wolle, was sich biblisch nicht begründen ließ: die kirchlichen Fastengebote ebenso wenig wie Zölibat, Messe, Kultformen und kirchliche Jurisdiktion. Seine 67 „Schlussreden" zur Verteidigung gegen die Beschwerden des Konstanzer Bischofs nahm der Rat von Zürich 1523 nach einer öffentlichen Disputation an. Die Klöster in der Stadt wurden daraufhin aufgehoben, Prozessionen verboten, Orgeln, Bilder und Reliquien aus den Kirchen entfernt („Bildersturm"). Weil Zwingli Bürger- und Kirchengemeinde gleichsetzte, gewann das Zürcher Stadtregiment Merkmale einer Theokratie: Kirchenbesuch und Armenpflege unterlagen fortan der städtischen Kontrolle, ein eigenes Gericht war seit 1525/26 für Eheangelegenheiten und Fragen der Sittenzucht zuständig.
Zwinglis Reformationstheologie war gemeindenäher gedacht und setzte den grundlegenden Biblizismus konsequenter und radikaler um, als es Luthers Lehre tat. Schwerer wogen die unterschiedlichen Auffassungen vom Abendmahl, das Zwingli lediglich als Gedächtnismahl verstand, während Luther an die wirkliche Anwesenheit Christi in Brot und Wein glaubte. Das Marburger Religionsgespräch zwischen den beiden Reformatoren scheiterte an diesem „Abendmahlsstreit". 1531 fiel Zwingli im Krieg Zürichs gegen die katholischen Kantone der Innerschweiz (Luzern, Schwyz, Unterwalden, Zug) in der Schlacht bei Kappel. Auch sein Nachfolger Heinrich Bullinger (1504–1575) lehnte eine Einigung mit den Lutheranern ab, formulierte 1536 eine eigene Bekenntnisschrift („Confessio Helvetica Prima") und fand im „Consensus Tigurinus" 1549 zur weitgehenden theologischen Einigung mit dem Calvinismus.

145 „Klagrede der armen verfolgten Götzen und Tempelbilder". Kolorierter Holzschnitt von Erhard Schoen, um 1530

Die Lehre Zwinglis fand nicht nur in den städtisch-bürgerlichen Gebieten der Schweiz – in Bern, Basel, Schaffhausen oder St. Gallen – Anhänger, sondern verbreitete sich in der 1. Hälfte des 16. Jh. in vielen südwestdeutschen Reichsstädten in unterschiedlichen Abschwächungen, Abstufungen und Mischformen mit eigenen und lutherischen Komponenten, die sich hier schließlich auch durchsetzten. Die vom Straßburger Reformator Martin Bucer für den Augsburger Reichstag 1530 verfasste „Confessio Tetrapolitana" der Reichsstädte Straßburg, Konstanz, Lindau und Memmingen ist Zeugnis dieser von Zwingli beeinflussten „oberdeutschen" Richtung der Reformation.

Calvin und die Reformation in Westeuropa

Der zweiten Reformatorengeneration gehörte Johannes Calvin (1509–1564) an. Der Franzose hatte sich der evangelischen Bewegung zugewandt und war vor der Verfolgung nach Basel geflohen. Hier veröffentlichte er 1536 seine „Institutio Religionis Christianae", einen klaren, allgemeinverständlichen Abriss der reformatorischen Dogmatik von großer praktischer Wirksamkeit. Calvin war der Ansicht, Luther sei bei vielem auf halbem Wege stehen geblieben und habe zu stark an altkirchlichen Vorstellungen festgehalten. Luthers Reformation wollte Calvin daher weiter- bzw. zu ihrem Ziel führen. Seit den 1560er Jahren zählte man deshalb die Anhänger Calvins – und Zwinglis – zur „Reformierten Kirche". In der Forschung spricht man auch von der „Zweiten Reformation".

Calvins Auffassungen unterschieden sich teilweise erheblich von denen Luthers. So betonte er besonders die alttestamentliche Strenge Gottes und forderte strikt die nüchterne Einfachheit jeden Kultes; das Abendmahl stellte er sich als ein spirituelles Gemeinschaftsmahl zusammen mit Christus vor und Luthers Rechtfertigungslehre entwickelte er weiter zu einer konsequenten Prädestinationslehre. Danach habe Gott von Anbeginn beschlossen, welche Menschen er verstoßen und welche er zum Heil führen wolle („Gnadenwahl"). Es gebe aber Zeichen, die schon zu Lebzeiten auf eine Erwählung hindeuteten. Da Calvin zu solchen „signa" auch beruflichen und finanziellen Erfolg zählte, entwickelte sich auf diese Weise ein neues, religiös überhöhtes Arbeitsethos.

In Genf hatte Calvin seit 1541 Gelegenheit, die theokratischen Vorstellungen seiner „Ordonnances ecclésiastiques" (1541) in die Praxis umzusetzen. Grundlage war – ähnlich wie bei Zwingli – die Gleichsetzung von politischer und kirchlicher Gemeinde. Fünf Pastoren kam die Aufgabe von Predigt und Seelsorge zu, Doktoren vertraten die theologische Lehre, Diakone kümmerten sich um Arme und Kranke und zwölf Presbyter – Gemeindeälteste, die zugleich Mitglieder des Stadtrates waren – übten zusammen mit den Pastoren in wöchentlichen Sitzungen („Konsistorium") Kontrollfunktionen aus. Sie ahndeten mit rigoroser Härte nachlässigen Kirchenbesuch, richteten über Ehestreitigkeiten oder bestraften Fluchen, Trinken, Kartenspielen, Tanzen und Theaterbelustigung. Eine Pfarrkonferenz unter Vorsitz Calvins war über den vier

Ämtern als übergeordnete Entscheidungssynode eingerichtet. Widerständen begegnete man im Genfer „Gottesstaat“ auch durch Todesurteile – bis hin zur Ketzerverbrennung.
Seit der Mitte des 16. Jahrhunderts entstanden in ganz Europa, besonders in Frankreich („Hugenotten“), in den Niederlanden, in England und Schottland („Puritaner“ und „Presbyterianer“), aber auch in Polen und Ungarn reformierte Gemeinden. Die anglikanische Staatskirche in England nahm neben lutherischen auch calvinistische Elemente in ihr Bekenntnis auf. Durch niederländische und britische Siedler griff der Calvinismus auch nach Nordamerika über und prägte nachhaltig die Kultur des Landes. Im Reich schlossen sich unter anderem die Fürsten von Kurpfalz, Anhalt, Hessen-Kassel und Nassau dem reformierten Bekenntnis an. Sie übernahmen jedoch nicht die „presbyterial-synodale Gemeindeverfassung“ Genfs. Vielmehr führte hier der Landesherr das Kirchenregiment.

146 Calvin als Leiter des wöchentlichen Konsistoriums in Genf im Jahr 1549. Ölgemälde von Pierre-Antoine Labouchère, 19. Jahrhundert.

Täufer und Spiritualisten

Gemeinsam war allen reformatorischen Bewegungen zunächst ihre Frontstellung gegen den Klerus und gegen Dogma und Verfassung der Kirche. Gleichzeitig hatte das protestantische Schriftprinzip eine außerordentliche Stärkung der religiösen Laienbewegung bewirkt. Denn zu authentischer Auslegung der Bibel galt jeder Christ als berechtigt. Wer dabei zu einem von Luther, Zwingli oder Calvin abweichenden Schriftverständnis gelangte, sonderte sich von der neuen kirchlichen Gemeinschaft ab oder wurde ausgeschlossen und fand sich in Zirkeln und Gruppen mit Gleichgesinnten zusammen oder blieb Einzelgänger. Sie alle verband die grundsätzliche Ablehnung kirchlicher Ordnung. Die „Täufer“ lehnten die Säuglingstaufe als unbiblisch und ungültig ab und forderten die Erwachsenentaufe. Weil sie zumeist nach der Geburt schon einmal die Taufe empfangen hatten, bezeichneten ihre Gegner sie als „Wiedertäufer“.
Wichtige Identifikationsfigur des Täufertums war Thomas Müntzer (ca. 1489–1525), der nach reformatorischem Wirken in Allstedt und Mühlhausen als Anführer im thüringischen Bauernkrieg hingerichtet wurde. Seine religiösen Vorstellungen waren stark sozialkritisch geprägt und wandten sich gegen die weltlichen Obrigkeiten. Gegen sie rief er zu Empörung und Aufstand auf. Wer sich ihm anschloss, galt als Auserwählter, die Gegner aber als Gottlose. Müntzers Anhänger – Hans Hut, Hans Denck, Hans Römer, Melchior Rinck – verbreiteten diese Vorstellungen nach seinem Tod weiter. Eine apokalyptische Naherwartung prägte auch das „Täuferreich von Münster“ (1534/35), das von niederländischen Täufern in der Nachfolge Melchior Hoffmans (1495/1500–1543) regiert wurde. Nicht die revolutionäre Veränderung der politischen Verhältnisse, sondern eine strikte Trennung zwischen kirchlichen und politischen Belangen und die Absonderung von der Welt strebten dagegen die Schweizer Brüder, die Gemeinschaften Menno Simons in Norddeutschland und die von Jakob Hutter geführten Brüderhöfe an, Gemeinschaften, die in Gütergemeinschaft lebten.
Zeichneten sich die Täufer durch einen rigorosen Biblizismus aus, war es umgekehrt Grundzug des spiritualistischen Denkens, die äußeren Dinge, den Buchstaben der Schrift, Rituale und Ordnungen der Kirche für unwesentlich zu halten. Entscheidend

war für Männer wie Caspar von Schwenckfeld (1489–1561) und Sebastian Franck (1499–1542) – sie wirkten in Schlesien und Südwestdeutschland – die geistige Beziehung des Menschen zu Gott, die er in seinem Inneren herstellte. Die Spiritualisten brachten damit einen radikal individualistisch-subjektiven Zug in die Reformation ein.
Alle nonkonformistischen Reformatoren und Gemeinschaften mussten im 16. Jahrhundert und darüber hinaus zum Teil blutige Verfolgung und Unterdrückung erdulden. Viele Gemeinden lösten sich auf oder spalteten sich. Neue Gruppen entstanden, einige alte Gemeinschaften, etwa die Mennoniten, gibt es bis heute. Die meisten Täufergemeinden und Spiritualisten fanden seit dem 17. Jh. in Nordamerika Raum für ein Leben nach ihren Vorstellungen.

147 Der „König" des „Täuferreichs von Münster": Jan van Leyden. Kupferstich von Heinrich Aldegrever, 1536. Nachdem der zuvor aus der Stadt vertriebene Bischof Franz von Waldeck mit der Erstürmung Münsters im Juni 1535 die Herrschaft der Täufer beendet hatte, wurde deren Anführer Jan van Leyden, der sich im September 1535 zum König des so genannten Königreichs Zion hatte krönen lassen, im Januar 1536 hingerichtet. Die Unterschrift lautet übersetzt: „Dies war mein Antlitz, dies mein Staatsgewand, als ich das Zepter führte, ich, König der Wiedertäufer, aber nur für kurze Zeit".

148 Zwingli und Calvin über das Verhältnis von Kirche und weltlicher Obrigkeit

a) Huldrych Zwingli in seinen „67 Schlussreden", 1523:

34. Die angemaßte geistliche Gewalt hat für ihre Pracht keinen Grund in der Lehre Christi,
35. aber die weltliche Gewalt hat Vollmacht und Bestätigung in der Lehre und Tat Christi.
36. Alles, was der so genannte geistliche Staat als ihm zugehörige Rechte und ihm zustehenden Rechtsschutz ausgibt, steht den weltlichen Machthabern zu, sofern sie Christen sein wollen.
37. Ihnen sind auch alle Christen ausnahmslos zum Gehorsam verpflichtet,
38. sofern sie nichts gebieten, was wider Gott ist.

Franz Lau (Hrsg.): Der Glaube der Reformatoren. Bremen 1964. S. 262 f.

b) Johannes Calvin in seiner „Institutio" (Unterweisung), 1559:

Wer […] zwischen Leib und Seele, zwischen diesem gegenwärtigen, vergänglichen Leben und jenem kommenden, ewigen zu unterscheiden weiß, der wird auch ohne Schwierigkeiten begreifen, dass Christi geistliches Reich und die bürgerliche Ordnung zwei völlig verschiedene Dinge sind. Da es also ein jüdischer Wahn ist, Christi Reich unter den Elementen dieser Welt zu suchen und darin einzuschließen, so wollen wir vielmehr bedenken, was die Schrift deutlich lehrt, nämlich dass die Frucht, die wir aus Christi Wohltat empfangen, geistlich ist, und darauf bedacht sein, diese ganze *Freiheit*, die uns in ihm verheißen und dargeboten wird, innerhalb ihrer Grenzen zu halten.
Das bürgerliche Regiment aber hat die Aufgabe, solange wir unter den Menschen leben, die äußere Verehrung Gottes zu fördern und zu schützen, die gesunde Lehre der Frömmigkeit und den [guten] Stand der Kirche zu verteidigen, unser Leben auf die Gemeinschaft der Menschen hin zu gestalten, unsere Sitten zur bürgerlichen Gerechtigkeit heranzubilden, uns miteinander zusammenzubringen und den

gemeinen Frieden wie die öffentliche Ruhe zu erhalten. Ich gebe zu: Dies alles ist überflüssig, wenn das Reich Gottes, wie es jetzt in uns beschaffen ist, das gegenwärtige Leben auslöscht. Wenn es aber Gottes Wille ist, dass wir, während wir der wahren Heimat zustreben, auf Erden wallen, und wenn unsere Pilgrimschaft ihrem Lauf nach solcher Hilfsmittel bedarf, so gilt, dass die, die sie den Menschen wegnehmen, ihm sein *Menschsein* rauben.

Es darf auch niemand stutzig werden, dass ich die *Fürsorge für die rechte Regelung und Religion der bürgerlichen Ordnung der Menschen übertrage*, obwohl ich sie doch schon außerhalb des menschlichen Urteils gestellt zu haben scheine. Denn ich überlasse es den Menschen ebenso wenig wie zuvor, über Religion und Verehrung Gottes nach ihrem eigenen Ermessen Gesetze zu erlassen, wenn ich die bürgerliche Ordnung gutheiße, die darauf dringt, dass die wahre Religion, die in Gottes Gesetz beschlossen liegt, nicht ungestraft öffentlich und mit öffentlichem Frevel geschändet und geschmäht wird.

Johannes Calvin: Unterricht in der christlichen Religion. Übers. u. bearb. v. Otto Weber. Neukirchen 1955. S. 1033 ff.

a) *Legen Sie dar, welches Bild die beiden Autoren vom Verhältnis von Kirche bzw. Gläubigem und weltlicher Obrigkeit zeichnen.*
b) *Erläutern Sie Calvins Vorstellungen von den Aufgaben des „bürgerlichen Regiments" (des Staates).*
c) *Diskutieren Sie, welche Probleme sich aus den theologischen Ansprüchen bei ihrer praktischen Umsetzung ergeben könnten.*

149 Katholische und calvinistische Ansichten über die Ehe

a) Johannes Calvin. Holzschnitt, 1574

b) Der Kirchenlehrer Petrus Canisius, auf den die ersten katholischen Lehrbücher für den Glaubensunterricht zurückgehen, 1563:

Die christliche Ehe ist auch ein Sacrament, durch welches zwo christliche Personen, Mann und Weib, sich ordentlicher und gebürlicher Weiß zusamen verheyraten und als lang sie leben, bey einander bestendig zupleiben versprechen. Darzu empfahen sie in disem Sacrament Gottes Gnaden, das sie desto baß erbarlich leben, christliche Kinder auferziehen, auch die Sünden der Unkeuschheit und aller Unzucht fueglicher vermeyden moegen. Und ist das die Bedeutung, das durch solche Eheleut angezeigt wird die geistliche himlische Ehe, so unzertrennt und ewig bleibt zwischen Christo dem Breutigam und seiner geliebten Gespons der christlichen Kirchen.

Petrus Canisius: Catechismi Latini et Germanici. Teil 2: Catechismi Germanici. Rom/München 1936, S. 150 f. Zit. nach: Frauen in der Geschichte. Grundlagen – Anregungen – Materialien für den Unterricht. Bd. 2: Materialien. Hrsg. v. Brigitte Löhr unter Mitarbeit v. Siegfried Münchenbach und Alexander Ohgke. Tübingen 1994. S. 135.

c) Johannes Calvin, 1559:

An letzter Stelle steht [unter den angeblichen Sakramenten] der Ehestand. Dass dieser von Gott gestiftet ist, das geben alle Leute zu, aber andererseits hat bis auf die Zeit Gregors [VII.] niemand etwas davon gesehen, dass er uns als Sakrament gegeben wäre. Welchem Menschen von gesunden Sinnen sollte das auch je in den Kopf gekommen sein? Gewiss, der Ehestand ist eine gute und heilige Ordnung Gottes; aber auch der Ackerbau, das Häuserbauen, das Schuster- und Barbierhandwerk sind rechtmäßige Ordnungen Gottes und trotzdem keine Sakramente. Denn bei einem Sakrament wird nicht nur verlangt, dass es Gottes Werk sei, sondern dass es auch eine äußere Zeremonie ist, die Gott dazu aufgerichtet hat, eine Verheißung zu bekräftigen. Auch Kinder werden das Urteil gewinnen, dass bei dem Ehestand nichts dergleichen vorliegt. […] Nun wollten sie [die Papisten] aber die Kirche nicht nur in einer einzigen Frage zum Narren halten – und was für eine lange Reihe von Irrtümern, Lügen, Betrügereien und Schalkheiten haben sie deshalb an den einen Irrtum angefügt! Man möchte geradezu sagen, dass sie, indem sie aus dem Ehestand ein Sakrament machten, nichts anderes gesucht haben als einen Schlupfwinkel von Abscheulichkeiten. Sobald sie nämlich jene Lehre einmal durchgesetzt hatten, haben sie die richterliche Untersuchung der Ehesachen an sich gezogen – natürlich durfte doch die „geistliche“ Sache nicht von weltlichen Richtern angerührt werden! Alsdann haben sie Gesetze erlassen, mit denen sie ihre Tyrannei befestigten – aber zu Teil von höchster Unbilligkeit gegen die Menschen.

Johannes Calvin: Institutio Christianae Religionis (Unterricht in der christlichen Religion). Buch IV, Kapitel 19, 34. Nach der letzten Ausgabe übers. u. bearb. v. Otto Weber. Neukirchen 1955, S. 1029 ff. Zit. nach: Frauen in der Geschichte. Grundlagen – Anregungen – Materialien für den Unterricht. Bd. 2: Materialien. Hrsg. v. Brigitte Löhr unter Mitarbeit v. Siegfried Münchenbach und Alexander Ohgke. Tübingen 1994. S. 135.

a) Stellen Sie die Positionen der beiden Theologen Canisius und Calvin zum Stellenwert der Ehe einander gegenüber.
b) Mit welchen Argumenten distanziert sich Calvin von der katholischen Auffassung, die Ehe sei ein Sakrament?
c) Inwiefern zeigt sich in der Argumentation Calvins reformatorisches Denken?

150 Religion und Gewalt

Aus Thomas Müntzers „Fürstenpredigt“, Juli 1524:

Der erbärmliche Schade der heiligen Christenheit ist so groß worden, dass ihn noch zurzeit keine Zunge kann ausreden. Drum muss ein neuer Daniel[1] aufstehen und euch eure Offenbarung auslegen, und derselbe muss vorn […] an der Spitze gehen. Es wird euch ohn Zweifel verdrießen und sehr zu Herzen gehen, dass ihr also gütig gewesen seid, nachdem sie euch mit den allersüßesten Worten zu den allerschändlichsten Urteilen geleitet haben, Sapient. 6 [Weish. 6,1ff.], wider alle aufgerichtete Wahrheit. Denn sie haben euch genarret, dass ein jeder zu den Heiligen schwüre, die Fürsten sind heidnische Leute ihres Amtes halber, sie sollten nichts andres denn die bürgerliche Einigkeit erhalten. Ach, Lieber, ja, da fällt und streicht der große Stein balde drauf und schmeißt solche vernünftige Anschläge zu Boden, da er saget, Matth. im 10. [Vers 34]: „Ich bin nicht gekommen, Fried zu senden, sondern das Schwert.“ Was soll man aber mit demselbigen machen? Nichts andres denn die Bösen, die das Evangelion verhindern, wegtun und absondern, wollt ihr anders nicht Teufel, sondern Diener Gottes sein. […] Ihr braucht nicht zweifeln, Gott wird all eure Widersacher in Trümmer schlagen, die euch zu verfolgen unterstehen. […] Christus hat befohlen mit großem Ernst, Lucae 19 [Vers 27] und spricht: „Nehmet meine Feinde und würget mir sie vor meinen Augen.“ Warum? Ei, darum, dass sie Christo sein Regiment verderbet und wollen noch dazu ihre Schalkheit unter der Gestalt des Christenglaubens verteidigen. […] Drum saget Christus, unser Herr, Matth. 18 [Vers 6]: „Wer da einen aus diesen Kleinen ärgert, ihm ist besser, dass man ihm einen Mühlstein an den Hals hänge und werfe ihn in das tiefe Meer.“ Das glossiere, wer da will, hin und her. Es sind die Worte Christi.

1 Prophet im Alten Testament, der in einer seiner Visionen den Untergang aller weltlichen Reiche und das Kommen des Reichs Gottes voraussagte.

Zit. nach: Geschichte in Quellen. Bd. III: Renaissance, Glaubenskämpfe, Absolutismus. Hrsg. v. W. Lautemann und M. Schlenke, bearb. v. F. Dickmann. 3. Aufl. München 1982. S. 140 f.

a) Welche Zielsetzung verfolgt Müntzer in der Fürstenpredigt von 1524?
b) Diskutieren Sie die Frage, ob am Beispiel der vorliegenden Argumentation gezeigt werden kann, wie die Religion zur Durchsetzung bestimmter Ziele instrumentalisiert wird.

151 Glaube der Täufer und dessen Bekämpfung

a) Seit Herbst 1523 nahmen in Zürich jene Anhänger Zwinglis zu, denen die reformatorischen Veränderungen in der Fasten-, Bilder- und Abendmahlsfrage nicht weit genug gingen. Quer zur herrschenden Auffassung stand insbesondere ihr streng am Wortlaut der Bibel orientiertes Verständnis der Taufe, die ebenso wie die Gemeindezugehörigkeit der freiwillige Akt des Gläubigen sein müsse. Bei allen Unterschieden im Einzelnen blieb dies das gemeinsame Kennzeichen der „Täufer", die in der Taufe einen Bekenntnisakt sahen, der nur von Erwachsenen geleistet werden konnte. Gegenüber dem Zürcher Rat argumentierte Felix Manz 1524/25:

Auß dißen Worten wir gar klärlich sehend, was der tauff und wen[n] der tauff gebraucht sol werden, namlich so einer, bekert durchs wort gottes, sein gmüet geendert nun furhin in newerung des lebens wandelen wil, als Paulus in der epistel zum Römeren am 6. klerlich anzeigt, abgestorben ist dem alten leben, beschnitten umb sein hertz, von den lasteren gestorben mitt Christo, mitt im begraben in touff, widerumb mitt im aufferstanden in newerung des lebens etc. Welcher dingen, ietz erzelt, den kinderen zu[zu]schreiben, ohn alle und wider alle geschrifft ist. Deren spruchen nun und dergleichen ist alle geschrifft des newen testaments vol, uß welchen ich ietz klarlich erlernet hab und gwüßlich weiß, das der tauff nichts anders dan ein absterben des alten menschens und anlegen eins newen ist, Christum die glerten [die, welche unterrichtet worden sind] geheissen täuffen, die apostel niemands geteufft haben, dann allein die gelerten den Christum, und ohn eüsserlichs anzeigen und gwüsse kündtschafft oder begeren niemandt getaufft, und wer anders redt oder lert, thut, das er mitt keiner schrifft erweisen mag; wil ouch gern einen hören, der uß warer, heiterer schrifft anzeigen mög, Johannem, Christum, die apostel [dass Johannes, dass Christus, dass die Apostel] kinder getoufft haben oder sy glert getaufft ze werden. So man dann sömlichs nicht anzeigen mag, tarff es keiner red mehr, den kindertouff wider got, ein schmach Christi und ein under die füeß trettung seines einigen, waren, ewigen worts, ouch wider das beyspil Christi, der dreyssig iärig getoufft, achtägig beschnitten ist. Nun hatt uns Christus ein beyspil furgetragen, das, wie er im gethan hab, wir im ouch alßo thun söllend.

Zit. nach: Deutsche Geschichte in Quellen und Darstellung. Band 3: Reformationszeit 1495–1555. Hrsg. v. Ulrich Köpf. Stuttgart 2001. S. 282 f.

b) Philipp I. von Hessen, genannt der Großmütige. Porträt nach einem Stich von Johan Dürr

c) Auszug aus dem Ausschreiben des hessischen Landgrafen Philipp I. gegen die „Wiedertäufer", 1528:

Liebe Getreue, wir vernehmen, dass unsere Untertanen an etlichen Orten sich des Wiedertaufens, auch anderer beschwerlicher Artikel, die wir als die Obrigkeit gar nicht leiden noch dulden können, annehmen, nämlich dass sie in unsere Predigt nicht gehen, sich von unserer christlichen Gemeinde fernhalten, ihre Kinder nicht taufen lassen, dafürhalten und predigen, dass ein Christ keine Obrigkeit haben oder ertragen muss, wollen auch mit uns und unsern Untertanen in Zeiten der Not zu Felde nicht ziehen oder das Vaterland retten und beschirmen helfen. Auch sagen etliche, dass der Aufruhr, den Müntzer und seine Gesellen gemacht haben, gottgewollt gewesen sei und diejenigen, die dieselben gestraft haben, von Gott wiederum gestraft werden sollen. [...] Da wir nun hieraus nicht anders spüren und befinden, als dass aus solcher ihrer Meinung und Sektiererei eine Trennung in unserer christlichen Gemeinde und merklicher Aufruhr und Blutvergießen entstehen würden und dass es besser sei, dass beizeiten darauf geachtet würde; denn so dieser Handel weitläufig würde, dann müsste man mit Gewalt, daraus viel Blutvergießen und Schaden folgen würde, die Ruhe wiederherstellen [...] – so ist deshalb an Euch unser ernster Befehl und Meinung:

1. Wenn Ihr in Euerm Amt solche Personen, Männer oder Weiber, die die Wiedertaufe und die obgemeldeten Artikel bekennen, vernehmen werdet, dass Ihr sie alsdann vorfordert und durch den Prediger bei Euch mit allen Fleiß unterrichten lasset. Wenn sie dann auf ihrem Irrtum beharren und sich mit wahrer Schrift nicht davon weisen lassen wollen, [...] so sollt Ihr denselben [...] ernstlich ansagen und gebieten, alles dasjenige, so sie haben, Haus, Hof, Äcker [...] innerhalb vierzehen Tagen zu ihrem Besten zu verkaufen und zu veräußern und mit Weib und Kindern unter einer andern Herrschaft ihre Wohnung und ihren Aufenthalt zu suchen. [...]
2. Es soll auch den Amtsverwandten ernstlich untersagt werden, sich der Wiedertäufer, ihrer Weiber und Kinder derselben Sekten mit Herberg, Essen und Trinken und anderm Vorschub anzunehmen. [...]
3. Welche sich aber bekehren und wiederum in unsere Gemeinde treten, das Wort Gottes hören und andere christliche [Gebräuche] unserer Gemeinschaft zu Liebe und zu Leide mit uns haben und tragen wollen, die sollt Ihr gütig aufnehmen und ihnen untersagen, dass sie sich hinfort vor Schaden und Nachteil hüten.

Zit. nach: Günther Franz: Urkundliche Quellen zur hessischen Reformationsgeschichte. Band 4. Marburg 1951. S. 17 ff.

a) Zeichnen Sie die Argumentation des Autors Felix Manz nach.
b) Was ist daran typisch reformatorisch? Aus welchen Gründen mag die Argumentation bei den Reformatoren dennoch auf Ablehnung gestoßen sein?
c) Arbeiten Sie heraus, worin der hessische Landgraf Philipp I. die Hauptgefahr sah, die in seinen Augen von der Täuferbewegung ausging.

3. Der Bauernkrieg von 1525

Ursachen, Legitimation und Programmatik

Unter dem Zeichen des Bundschuhs und unter der Bezeichnung „Armer Konrad" war es bereits seit der Jahrhundertwende zu regional begrenzten und stets niedergeschlagenen Revolten auf dem Land gekommen. Die Aufständischen begründeten ihre Beschwerden gegen ihre Obrigkeiten mit dem „Alten Recht". Grund-, Gerichts- oder Leibherren hätten nämlich, so die Vorwürfe, durch Erhöhung von Abgaben, Fronen und Diensten, aber auch durch Eingriffe in die dörfliche Selbstverwaltung gegen ungeschriebenes altes Herkommen verstoßen. Im August 1524 erhoben sich in der Landschaft Stühlingen am Oberrhein und in den benachbarten Herrschaften rund 800 Bauern unter dem Landsknechtsführer Hans Müller von Bulgenbach und dem Waldshuter Reformator Balthasar Hubmaier. Nunmehr begründeten sie ihre 67 Beschwerdeartikel mit dem „Göttlichen Recht". „Göttliches Recht", „Göttliche Gerechtigkeit" oder „Evangelium" sollte für alle seit Anfang 1525 jäh ausbrechenden und nunmehr übergreifenden Aufstände in Schwaben, Franken, Thüringen, im Elsass, in Salzburg und Tirol zur bestimmenden Rechtfertigung werden. Bei ihren Forderungen beriefen sich die Bauern nun auf die Heilige Schrift.
Repräsentativität, Prägnanz der Formulierung und revolutionäre Legitimation der Beschwerden machten die im Februar/März 1525 vom Kürschnergesellen Sebastian Lotzer und dem Prediger Christoph Schappeler in Memmingen verfassten Zwölf

152 Ständebaum. Holzschnitt von Hans Weidlitz, um 1530.
Welches Selbstverständnis und welcher Anspruch der Bauern werden in dem dargestellten Holzschnitt deutlich?

Artikel zum politischen Manifest der gesamten Bauernbewegung von 1525. Weithin wurden die Artikel übernommen und an die konkreten regionalen und lokalen Anliegen angepasst. Die „Amorbacher Erklärung" der fränkischen Bauern, verfasst vom Mainzer Rentamtmann Hans Weigand, formulierte über Beschwerden hinaus auch Vorschläge für eine Reichsreform, die auf eine Vereinheitlichung von Recht, Münze, Maß und Gewicht zielten. Eine Reform Tirols strebte Michael Gaismair in seinen „Landesordnungen" an, die eine Aufhebung aller ständischen und sozialen Unterschiede forderten und so ein völlig neues gesellschaftlich-politisches Modell im Sinn hatten.

Organisation der Bauern und Verlauf des Krieges: Das Beispiel Oberschwaben

Seit Anfang 1525 hatten sich in Oberschwaben, Franken und Thüringen, im Elsass, am Oberrhein und in Tirol aufständische Bauern zu „Haufen" zusammengeschlossen. In Thüringen unter der Führung Thomas Müntzers und in Tirol unter Michael Gaismair beteiligten sich auch Bergknappen an den Aufständen. Parallel empörten sich nicht selten auch die städtischen Zunftbürger gegen ihre Räte, sodass man in der Forschung auch von einer „Revolution des gemeinen Mannes" sprach. Zum Teil fanden die einzelnen Haufen zu festeren und überterritorialen Organisationsformen zusammen.
So schlossen sich in Oberschwaben der Bodenseehaufen, der Allgäuer und der Baltringer Haufen mit jeweils etwa 10000 Mitgliedern zur „Christlichen Vereinigung" zusammen, die eine Schwurgemeinschaft bildete und sich eine eigene Bundesordnung gab. Aus jedem Haufen wurden ein Oberer und vier Räte zur Leitung der Vereinigung bestimmt. Außenstehende wurden zum Anschluss gezwungen und mussten der Vereinigung schwören; die Aufständischen setzten Pfarrer ab und nahmen sich das herrschaftliche Recht zu jagen und zu fischen.
Zunächst blieben die Haufen in Oberschwaben friedlich und suchten einen Ausgleich mit der Herrschaft durch Verhandlungen, für die sie als Schiedsrichter die Reformatoren Luther, Zwingli, Melanchthon und Osiander vorschlugen. Die geistlichen und weltlichen Herrschaften in Südwestdeutschland vertrat der 1488 gegründete „Schwäbische Bund". Bundeshauptmann Georg Truchsess von Waldburg lehnte die vorgeschlagenen Vermittler zwar ab, hielt die Aufständischen jedoch weiter hin, um Zeit für die Vergrößerung des Bundesheeres zu gewinnen. Als im März 1525 die Verhandlungen in den Augen der Aufständischen endgültig gescheitert

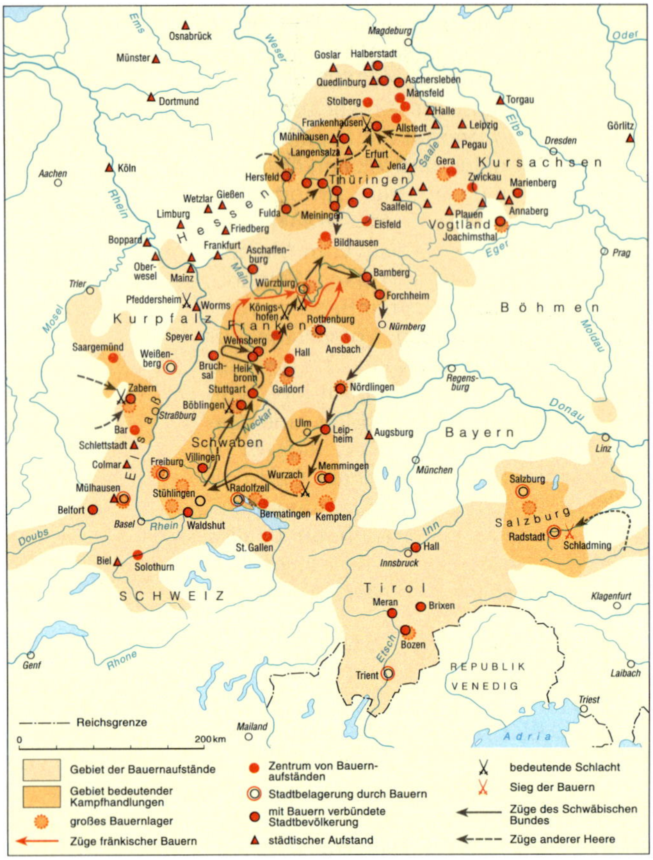

153 Der Bauernkrieg 1524–1526

waren, begann ein Sturm auf Schlösser, Burgen und Klöster. Vieles wurde verwüstet und zerstört: Bibliotheken, Archive und nicht zuletzt sakrale Gegenstände. Am 4. April rückte der Schwäbische Bund gegen die bei Leipheim an der Donau verschanzten Baltringer vor. Schlecht gerüstet, militärisch unerfahren und aus religiösen Gründen zu Gewaltanwendung nur bedingt bereit, gaben sie kampflos auf und wurden doch zu Hunderten oder gar Tausenden niedergemacht oder in die eiskalte Donau getrieben. Die Anführer wurden öffentlich enthauptet, die Bauern mussten ihren Herren erneut huldigen. Dagegen fand sich Truchsess Georg mit dem stärkeren Seehaufen wenige Tage später zu einer vertraglichen Einigung bereit, bei der sich die Bauern zumindest ansatzweise mit einigen Forderungen durchsetzen konnten („Weingartener Vertrag"). In der Folge schlossen die einzelnen Herren unterschiedliche Verträge mit ihren bäuerlichen Untertanen. Die Allgäuer sahen sich an diese Vereinbarungen nicht gebunden und entschlossen sich zur Fortsetzung des Kampfes. Der militärischen Übermacht des Schwäbischen Bundes mit Reiterei und Geschützen mussten aber auch sie sich im Sommer 1525 ergeben.

Der Aufstand in Thüringen

Äußerst brutal wurde die Bauernerhebung in Thüringen niedergeschlagen. Hier hatte der Aufruhr der Bauern unter der Führung Thomas Müntzers eine besonders radikale Zielrichtung entwickelt. Die Umsetzung der Müntzer vorschwebenden „Herrschaft Gottes" wäre auf eine Revolution hinausgelaufen. Für ihn ließ sich die soziale Not des „gemeinen Mannes" nur durch die Beseitigung der bestehenden – in seinen Augen – gottlosen Obrigkeit beheben. In Allstedt und Mühlhausen gründeten sich egalitär ausgerichtete Gemeinden. Anfangs erzielten die Bauern militärische Erfolge – doch der konzentrierte Gegenschlag des Landesfürsten blieb nicht aus. Am 15. Mai 1525 kam es bei Frankenhausen zur Entscheidungsschlacht mit den fürstlichen Truppen. Etwa 5000 Bauern wurden niedergemetzelt, Müntzer selbst wurde gefangen genommen, gefoltert und hingerichtet.

Ende des Bauernkriegs

Ein ähnlicher Verlauf – zwischen Vernichtung oder bedingungsloser Unterwerfung einerseits und Rückkehr zu friedlichen Verhandlungen andererseits – kennzeichnete auch die folgenden Gefechte im Verlauf des Jahres 1525. Mit dem Nachspiel des Salzburger Bauernaufstandes und seiner Niederschlagung im Juli 1526 endete der Bauernkrieg im Reich.

Folgen und Wirkungen

Schätzungsweise zwischen 70000 und 75000 Tote waren am Ende des Krieges zu beklagen. In unterschiedlicher Höhe forderten die Herren Straf- und Wiedergutmachungszahlungen, die ihnen Kriegskosten und Schäden durch Plünderungen und

154 „Die Schlacht bei Frankenhausen“. Ausschnitt aus dem Bauernkriegs-Panorama von Werner Tübke, 1983–1987. Bei dem Regenbogen, der die Szene überspannt, bezog sich Tübke auf einen zeitgenössischen Bericht, demzufolge am Morgen des Schlachttages ein Regenbogen am Himmel zu sehen war, den Müntzer als göttliches Zeichen für den Sieg der Bauern auslegte.

Zerstörungen der Bauern ersetzten und darüber hinaus zum Teil erheblichen Gewinn einbrachten. Zu einer nachhaltigen Schwächung der bäuerlichen Wirtschaft kam es dennoch nicht.

Das Bemühen, Herrschafts- und Besitzrechte zu wahren oder gar auszubauen, aber auch die Angst vor einer Erneuerung des Widerstandes und bisweilen auch die Einsicht in die Berechtigung der bäuerlichen Klagen bestimmte die Reaktion der Obrigkeiten. In zahlreichen Verträgen zwischen Bauern und Herren, aber auch in Landesordnungen fanden einige Forderungen der Aufständischen Berücksichtigung. Auch der Speyrer Reichstag von 1526 beriet über die Forderungen der Bauern. Die Ursachen der Empörung beseitigte der Reichstag zwar nicht, machte aber den Weg frei für Klagen von Untertanen gegen ihre Herren. Tatsächlich stieg die Zahl solcher Untertanenprozesse nach dem Bauernkrieg an. Allgemein waren die Obrigkeiten nach den Erfahrungen des bäuerlichen Widerstandes stärker bereit, künftig auf ihre Untertanen einzugehen. Der verlustreiche Bauernkrieg beendete also keineswegs, wie lange geglaubt, die politische Wirksamkeit des gemeinen Mannes.

Mit seinen kirchlich-religiösen Forderungen konnte sich der gemeine Mann allerdings nirgends durchsetzen. Der Ausgang des Bauernkrieges beendete die Versuche einer Reformation „von unten“. Die reformatorische Initiative ging an die Landesherren über. Auch Luther hatte nach einer zwischen den Parteien vermittelnden „Ermahnung zum Frieden“ den Aufständischen unter dem Eindruck der Ereignisse im thüringischen Mühlhausen jede theologische und publizistische Unterstützung versagt. In seiner Schrift „Wider die räuberischen und mörderischen Rotten der Bauern“ (Mai 1525) bezog er Stellung für die Herren und ermunterte sie zu gewaltsamer Niederschlagung.

155 Forderungen der Bauern

Aus den Memminger „Zwölf Artikeln", 1525:
Die gründlichen und rechten Hauptartikel aller Bauernschaft und Hintersassen der geistlichen und weltlichen Obrigkeiten, von welchen sie sich beschwert vermeinen. […] Wenn aber Gott die Bauern (die bange darum beten, nach seinem Worte leben zu dürfen) erhören will: Wer will den Willen Gottes tadeln? Wer will in sein Gericht greifen? Ja, wer will seiner Majestät widerstreben? Hat er die Kinder Israels, die zu ihm schrien, erhört und aus der Hand Pharaos befreit: Kann er nicht noch heute die Seinen erretten? Ja, er wird sie erretten! Und in kurzer Zeit! […]

Zum Ersten ist unser demütig Bitt und Begehr, auch unser aller Wille und Meinung, dass wir nun fürderhin Gewalt und Macht haben wollen, dass die ganze Gemeinde ihren Pfarrer selbst erwählen und kiesen soll; auch Gewalt haben, denselbigen wieder abzusetzen, wenn er sich ungebührlich verhalten sollte. Derselbige erwählte Pfarrer soll uns das heilige Evangelium lauter und klar predigen, ohne allen menschlichen Zusatz, Lehre und Gebot, nichts als den wahren Glauben uns stets verkündigen. […]

Zum andern, nachdem der rechte [große] Zehnt auferlegt ist im Alten Testament und im Neuen vollkommen erfüllt: Nichtsdestoweniger wollen wir den rechten Korn-Zehnt gern geben, doch wie sich's gebührt. Soll man ihn nun – seiner Bestimmung entsprechend – Gott und den Seinen zuteilwerden lassen, so gebührt er einem Pfarrer, der klar das Wort Gottes verkündet. Und wir sind willens, dass künftig diesen Zehnt unsere Kirchen-Pröpste, die eine Gemeinde setzt, einsammeln und einnehmen sollen, dass sie davon dem Pfarrer, der von der ganzen Gemeinde erwählt wird, seinen gebührenden, auskömmlichen Unterhalt geben – ihm und den Seinen, nach Erkenntnis der ganzen Gemeinde –, und was übrig bleibt, soll man als Almosen verteilen (und zwar armen Bedürftigen, wenn solche im selben Dorfe vorhanden sind, nach Lage der Sache und Erkenntnis der Gemeinde; was aber weiterhin übrig bleibt, soll man behalten für den Fall, dass man von Landes Not wegen zu Felde ziehen müsste. Damit man keine Landessteuer der besitzlosen Bevölkerung aufzuerlegen brauche, soll man's von diesem Überschuss bezahlen. […]

Zum Dritten ist der Brauch gewesen, dass man bisher behauptet hat, wir seien Eigenleute, was zum Erbarmen ist, in Anbetracht dessen, dass uns Christus alle mit seinem kostbaren Blutvergießen erlöst und losgekauft hat – den Hirten ebenso wie den Höchsten, keinen ausgenommen. Darum ergibt sich aus der Schrift, dass wir frei sind, und deshalb wollen wir's sein. Nicht, dass wir völlig frei sein und keine Obrigkeit haben wollen: Das lehrt uns Gott nicht. […] Wir bezweifeln auch nicht, ihr werdet als wahre und rechte Christen uns aus der Leibeigenschaft gern entlassen oder uns aus dem Evangelium belehren, dass wir leibeigen seien.

[…]

Zum Siebenten wollen wir uns künftig von der Herrschaft keine weiteren Lasten auflegen lassen, sondern unter den Bedingungen, unter denen die Herrschaft gebührenderweise einem ein Gut verleiht, soll er's besitzen laut der Vereinbarung zwischen Herrn und Bauern. […]

[…]

Zum Zwölften ist unser Beschluss und unsere endgültige Meinung: Wenn einer oder mehr Artikel allhier aufgestellt sein sollten, die dem Worte Gottes nicht gemäß – wie wir denn nicht vermeinen –: dieselben Artikel wolle man uns auf Grund des Wortes Gottes als ungebührlich erweisen, so wollten wir davon abstehen, wenn man uns den Nachweis mit Begründung aus der Schrift führt. […] Desgleichen: Wenn sich anhand der Schrift der Wahrheit gemäß noch weitere Artikel finden sollten, die wider Gott und die eine Beschwernis für den Nächsten wären, die wollen wir uns auch vorbehalten und in unsere Beschlüsse mit aufgenommen haben.

Zit. nach: Geschichte in Quellen. Bd. III: Renaissance, Glaubenskämpfe, Absolutismus. Hrsg. v. W. Lautemann und M. Schlenke, bearb. v. F. Dickmann. 3. Aufl. München 1982. S. 145 ff.

a) Gliedern Sie den Forderungskatalog der Bauern nach selbstgewählten Gesichtspunkten.
b) Legen Sie dar, was für eine Gesellschaftsordnung den Bauern vorschwebt.
c) Wie beurteilen Sie die Tragweite der Forderungen und die Chance einer tatsächlichen Veränderung?

156 Luther und die aufständischen Bauern

a) Martin Luther: „Ermahnung zum Frieden auf die zwölf Artikel der Bauernschaft in Schwaben", Anfang Mai 1525:

Dass die Obrigkeit böse und unrecht ist, entschuldigt keine Rotterei noch Aufruhr. Denn die Bosheit zu strafen, das gebühret nicht einem jeglichen, sondern der weltlichen Obrigkeit, die das Schwert führet. [...] Nicht, dass ich damit die Obrigkeit in ihrem unerträglichen Unrecht, so ihr leidet, rechtfertigen oder verteidigen wollte – sie sind und tun gräulich Unrecht, das bekenne ich –, sondern das will ich: [...] Wenn's zum Streit käme [...], dass die Obrigkeit wisse, wie sie nicht wider Christen streite, sondern wider Heiden; und ihr wiederum auch wisset, dass ihr nicht als die Christen, sondern als die Heiden wider die Obrigkeit streitet. [...]

Hieraus ist nun leichtlich auf alle eure Artikel geantwortet. Denn ob sie gleich alle natürlich recht und billig wären, so habt ihr doch das christliche Recht vergessen, dass ihr sie nicht mit Geduld und Gebet gegen Gott, wie christlichen Leuten gebührt, erobert und ausgeführet, sondern mit eigener Ungeduld und Frevel vorgenommen, der Obrigkeit abzudringen und mit Gewalt zu erzwingen. [...]

Auf den dritten Artikel: Es soll kein Leibeigener sein, weil Christus hat alle befreiet. Was ist das? Das heißt christliche Freiheit ganz fleischlich machen. Hat nicht Abraham und andre Patriarchen und Propheten auch Leibeigene gehabt? [...] Denn ein Leibeigener kann wohl Christ sein und christliche Freiheit haben, gleichwie ein Gefangener oder Kranker Christ ist und doch nicht frei ist. Es will dieser Artikel alle Menschen gleich machen und aus dem geistlichen Reich Christi ein weltlich, äußerlich Reich machen, welches unmöglich ist.

Zit. nach: Geschichte in Quellen. Bd. III: Renaissance, Glaubenskämpfe, Absolutismus. Hrsg. v. W. Lautemann und M. Schlenke, bearb. v. F. Dickmann. 3. Aufl. München 1982. S. 151 ff.

b) Martin Luther: „Wider die räuberischen und mörderischen Rotten der Bauern", Ende Mai 1525:

Dreierlei gräuliche Sünden wider Gott und Menschen laden diese Bauern auf sich, daran sie den Tode mannigfach verdient haben an Leib und Seele. [...] Zum Ersten, dass sie ihrer Obrigkeit Treu und Huld geschworen haben, untertänig und gehorsam zu sein. [...] Weil sie aber diesen Gehorsam mutwillig brechen und mit Frevel, und dazu sich wider ihre Herren setzen, haben sie damit verwirkt Leib und Seele. [...] Zum andern, dass sie Aufruhr anrichten, rauben und plündern mit Frevel Klöster und Schlösser, die nicht ihr sind, womit sie, als die öffentlichen Straßenräuber und Mörder, alleine wohl zwiefältig den Tod an Leib und Seele verschulden. [...] Drum soll hie zuschmeißen, würgen und stechen, heimlich oder öffentlich, wer da kann. [...] Zum Dritten, dass sie solche schreckliche, gräuliche Sünde mit dem Evangelium decken, nennen sich christliche Brüder, nehmen Eid und Huld und zwingen die Leute, zu solchen Gräueln mit ihnen zu halten. Womit sie die allergrößten Gotteslästerer und Schänder seines heiligen Namens werden und ehren und dienen also dem Teufel unter dem Schein des Evangeliums, daran sie wohl zehnmal den Tod verdienen an Leib und Seele, dass ich hässlichere Sünde nie gehöret habe. [...]

Darum, liebe Herren, erlöset hier, rettet hier, helft hier, erbarmet euch der armen Leute, steche, schlage, würge hier, wer da kann. Bleibst du drüber tot, wohl dir, seligeren Tod kannst du nimmermehr überkommen. Denn du stirbst im Gehorsam göttlichen Wortes und Befehls, Röm. 13,4, und im Dienst der Liebe, deinen Nächsten zu erretten aus der Hölle und Teufelsbanden. [...] Dünkt das jemand zu hart, der denke, dass untrüglich ist Aufruhr und alle Stunde der Welt Zerstörung zu erwarten sei.

Zit. nach: Geschichte in Quellen. Bd. III: Renaissance, Glaubenskämpfe, Absolutismus. Hrsg. v. W. Lautemann und M. Schlenke, bearb. v. F. Dickmann. 3. Aufl. München 1982. S. 154 f.

c) Hinrichtung von „Rädelsführern". Zeitgenössischer Holzschnitt

a) Erarbeiten Sie aus den Textmaterialien Luthers Haltung gegenüber dem Anliegen und dem Vorgehen der Bauern.
b) Erörtern Sie die Folgen, die Luthers entschiedene Parteinahme im Bauernkrieg gebracht hat (Rolle der Obrigkeiten, Sache der Bauern u. a.).

4. Religion und Politik

Herausbildung des protestantischen Lagers

Kriege mit dem französischen König Franz I. (1521–1525 und 1526–1529) in Italien zwangen Kaiser Karl V. nach dem Wormser Reichstag 1521 zu nahezu zehn Jahren Abwesenheit vom Reich. Ein ständisches Gremium unter Leitung seines Bruders Ferdinand übernahm anstelle des Kaisers das „Reichsregiment". Die Reformation breitete sich trotz des Wormser Edikts weiter aus. Gestützt auf seine Erfolge gegen Frankreich, erneuerte der Kaiser jedoch auf dem Speyrer Reichstag 1529 seine Forderungen, die Reformation rückgängig zu machen. Gegen einen entsprechenden Beschluss der katholischen Mehrheit legten die evangelischen Territorien Kursachsen, Hessen, Brandenburg-Ansbach, Braunschweig-Lüneburg und Anhalt und 14 Reichsstädte „Protest" ein. Als „Protestanten" standen sie künftig den katholischen Reichsständen gegenüber, die zusammen mit dem Kaiser auf dem Augsburger Reichstag des Folgejahres die evangelischen Bekenntnisschriften verwarfen, das Wormser Edikt nochmals bestätigten, die Rückgabe des mittlerweile säkularisierten Kirchengutes und den Stillstand jeder weiteren Neuerung forderten.

157 Verlesung der *Confessio Augustana* vor Kaiser Karl V. auf dem Reichstag zu Augsburg 1530. Kupferstich, 1698. Wegen der Uneinigkeit in der Abendmahlsfrage legten verschiedene Gruppen der evangelischen Stände drei unterschiedliche Darstellungen der evangelischen Lehre auf dem Reichstag vor. Die von Luthers Mitstreiter Philipp Melanchthon verfasste *Confessio Augustana* wurde Karl V. von Kurfürst Johann von Sachsen im Namen der Stände überreicht, die 1529 auf dem Reichstag in Speyer protestiert hatten.

Schmalkaldischer Bund und Schmalkaldischer Krieg

Gegen die drohende militärische Durchsetzung der Beschlüsse verbanden sich 1531 die meisten protestantischen Stände in Schmalkalden (Thüringen) zu einer Defensivallianz. Die türkische Offensive in Ungarn 1532 nötigte Karl V. zudem, die Unterstützung auch der protestantischen Reichsstände zu suchen und ihre Geld-

und Truppenhilfe im „Nürnberger Anstand (Religionsfrieden)" durch Zugeständnisse in den Glaubensfragen zu erkaufen. Die neue Lehre breitete sich weiter nahezu ungehindert aus. Als es schließlich zum Frieden mit Frankreich (1542/44) und zum Waffenstillstand mit dem Osmanischen Reich (1545) kam, konnte der Kaiser erneut versuchen den alten Glauben durchzusetzen. Mittlerweile war er überzeugt, dass die religiöse Einheit des Reiches nur noch mit militärischen Mitteln wiederherzustellen sei. Dem evangelischen Herzog Moritz von Sachsen versprach er die Kurwürde seines sächsischen Vetters und konnte ihn dadurch auf seine Seite ziehen. Als die Schmalkaldener 1545 den katholischen Herzog von Braunschweig gefangen nahmen und damit gegen das Reichsrecht verstießen, boten sie dem Kaiser einen Anlass für den Krieg. Aktiv unterstützt von Herzog Moritz, siegte Karl 1547 bei Mühlberg an der Elbe gegen den Schmalkaldischen Bund. Landgraf Philipp von Hessen und der sächsische Kurfürst wurden gefangen genommen und weitere protestantische Stände abgesetzt.

„Augsburger Interim"

Das „Interim", eine nur für die Protestanten vom Kaiser verfügte Übergangsregelung bis zu einem allgemeinen Konzil, hatte jedoch keinen Bestand. Den Anhängern der Augsburgischen Konfession wollte Karl nur den Laienkelch und den mittlerweile verheirateten Priestern die Befreiung vom Zölibat zugestehen. Dagegen regte sich Widerstand breiter Bevölkerungsschichten.

Frankreich und die Fürstenopposition im Reich

Auch viele Reichsfürsten zeigten sich durch den Zuwachs der kaiserlichen Macht beunruhigt. Es formierte sich eine überkonfessionelle Opposition, an deren Spitze der neue Kurfürst Moritz von Sachsen stand. Er bahnte im Vertrag von Chambord (1552) die Annäherung an Heinrich II. von Frankreich an: Gegen die Zahlung von Hilfsgeldern und die Durchführung militärischer Ablenkungsaktionen versprach er dem König das Reichsvikariat über die Reichsstädte Metz, Toul und Verdun in Lothringen. Vom Vormarsch des Kurfürsten völlig überrascht, floh der Kaiser aus Augsburg. Karls Stellung war schwer erschüttert. Sein Bruder, König Ferdinand, suchte die Verständigung mit der Fürstenopposition und sicherte ihr im Passauer Vertrag (1552) den Erhalt des konfessionellen Status quo zu.

Der Augsburger Religionsfriede 1555

Der 1555 in Augsburg geschlossene Religionsfriede stellte den Landfrieden im Reich wieder her: Die Lutheraner, wurden reichsrechtlich anerkannt, nicht dagegen Calvinisten, Zwinglianer und andere reformatorische Bewegungen. Die Reichsstände – mit Ausnahme der geistlichen Territorien (Geistlicher Vorbehalt) – erhielten das Recht, die Konfession ihres Landes zu bestimmen (Ius reformandi), die Untertanen bekamen ein Auswanderungsrecht (Ius emigrandi).

158 Auf dem Weg in den Religionskrieg

a) Aus dem allein von den katholischen Ständen beschlossenen und von Karl V. am 19. November 1530 verkündeten Reichstagsabschied:

§ 10. Nachdem aber Uns, als Römischem Käyser, und oberstem Vogt der Christenheit, aus auffgelegtem Käyserlichem Amt gebührt, wie Wir Uns auch schuldig erkennen, den Heil. Christlichen Glauben, wie derselbig durch die heilige gemeine Christliche Kirch biß anher ehrlich und löblich gehalten und vollnzogen, zu handhaben, zu schützen, und zu beschirmen, auch Unser Käyserlich Edict, auf Unserm erst gehaltenen Reichs-Tag zu Wormbs [1521] ausgangen, zu vollnziehen: Haben Wir Uns mit andern Unsern und des Heiligen Reichs gehorsamen Churfürsten, Fürsten und Ständen endlich entschlossen, auch für Uns und Unsere Unterthanen bewilligt und einander zugesagt und versprochen, bey dem alten wahren lange hergebrachten Christlichen Glauben und Religion, auch desselben ehrlichen, löblichen Ceremonien und Gebräuchen, in gemeiner Kirchen biß anher geübt, festiglich zu bleiben und zu halten: Auch denen vor Entschiedung nächstkünfftigs General-Cocilii[1], kein Enderung thun zu lassen.

1 Umgesetzt wurde das Konzilsvorhaben Karls V. allerdings erst mit der Eröffnung des Trienter Konzils am 15. Dezember 1544; s. a. Material c)

Zit. nach: Deutsche Geschichte in Quellen und Darstellung. Band 3: Reformationszeit 1495–1555. Hrsg. v. Ulrich Köpf. Stuttgart 2001. S. 381 f.

b) Aus dem von 18 evangelischen Reichsständen geschlossenen Schmalkaldischen Bundesvertrag, 27. Februar 1531:

Nachdem sich die Läufte dieser Zeit hin und wieder gleich sorglich, geschwinde und vorab dergestalt erzeigen, zutragen und anschicken, als ob man begehrte, diejenigen, so das heilige, klare, reine und unverstellte Wort Gottes in ihren Fürstentümern, Städten, Landschaften und Gebieten durch Gnade und Vorsehung des Allmächtigen predigen und verkünden lassen, […] mit Gewalt und der Tat von solchem ihrem christlichen Vorhaben zu dringen, […] so will unser höchste Notdurft und schuldiges Amt der Obrigkeit erfordern, ob sich itzo oder künftig zutragen oder begeben würde, dass jemand uns oder unsere Untertanen mit Gewalt oder der Tat von dem Wort Gottes und erkannter Wahrheit zu dringen […] und also wiederumb zu den abgetanen und veränderten Missbräuchen zu nötigen unterstünde, solches alles möglichen Fleißes zu verhüten, damit dann solche Gewalt abgewendet und das Verderben beider, Leib und Seele, unser und unserer Untertanen, verhütet werden möge, so haben wir Gott dem Allmächtigen zu Lobe, zu mehrem Gedeihen und Aufwachsen göttlicher, freien Lehre, zu Erweckung und Förderung eines christlichen, einhelligen Wesens und Friedens dem Heiligen Römischen Reich Deutscher Nation zu aller Ehrbarkeit, dazu insgemein unsern Fürstentümern, Städten und Landschaften zum Guten, zur Wohlfahrt, Ehre, Nutz und Frommen, allein zu Gegenwehr und rettungsweise, die einem jeden nicht allein von menschlichen, sondern auch von geschriebenen Rechten zugelassen und vergönnt ist, mit- und gegeneinander eines christlichen und freundlichen Vorstands [Bündnis] vereinigt. […] Ob sich dann begebe, dass ein Teil unter uns, wer auch der wäre, um das Wort Gottes, evangelischer Lehr und unsers heiligen Glaubens […] befehdet und überzogen würde, […] dass wir alle die anderen, […] ein jeder seinem höchsten Vermögen nach unerwartet der anderen den Befehdeten und Vergewaltigten helfen, retten und entschütten, […] und also den Handel einander getreulich helfen führen, sich auch kein Teil ohne der andern Wissen und Willen in eine Richtung, Vertrag oder Anstand einlassen und begeben.

Es soll auch dieser unser christlicher Vorstand [Bündnis] kaiserlicher Majestät, unserm allergnädigsten Herrn, oder keinem Stand des Heiligen Römischen Reichs oder sonst jemandem zuwider [sein], sondern allein zu Erhaltung christlicher Wahrheit und Friedens im Heiligen Reich Deutscher Nation und zu Entschüttung unbilliger Gewalt für uns und unsere Untertanen und Verwandten allein in Gegenwehr und rettungsweise vorgenommen [werden].

Zit. nach: Ekkehart Fabian: Die Entstehung des Schmalkaldischen Bundes und seiner Verfassung. Tübingen 1962. S. 350 ff.

c) Bündnis zwischen Karl V. und Papst Paul III. gegen die Protestanten, Juni 1546:

I. Da Deutschland seit vielen Jahren von der Häresie [evangelische Ketzerei] zerstört und verwüstet wird, woraus ihm unendliche Schäden und Unglück erwachsen sind und noch erwachsen, auch Gefahr der Zerstörung, des Unterganges und Ärgernisse für viele andere; und da die Beruhigung und Einigung dieses Reiches schon so lange Zeit und auf allerlei Weise erstrebt wurde und man nunmehr erfahren musste, dass die Protestanten und Schmalkaldener nach der Einberufung des allgemeinen Konzils nach Trient erklärten, dass sie nicht geneigt seien, sich der Entscheidung dieses Konzils zu unterwerfen[1] […], haben Seine Heiligkeit und Seine Majestät es für notwendig erachtet, zur Ehre Gottes, zum Besten der Christenheit im Allgemeinen und Deutschlands im Besonderen nachstehenden Vertrag zu schließen, indem sie einander in aller Form bindend zusagen, was folgt:

II. Seine Majestät wird im Namen Gottes, mit Hilfe und Unterstützung Seiner Heiligkeit im nächstfolgenden Monat Juni mit aller seiner Macht gegen die genannten Protestanten, Schmalkaldener und sonstigen Häretiker jeder Art in Deutschland mit Waffengewalt vorgehen, um sie erfolgreich zu der wahren alten Religion und zum Gehorsam gegen den apostolischen Stuhl zurückzuführen. Seine Majestät mag zu diesem Zwecke alle geeigneten Mittel und Wege anwenden, um zu versuchen, ob sie sich ohne Gewaltanwendung zu der genannten Religion und zum Gehorsam gegen den apostolischen Stuhl bringen lassen. […]

III. Seine Majestät darf [jedoch] […] den Protestanten und Schmalkaldenern und sonstigen Häretikern […] ohne ausdrückliche Zustimmung Seiner Heiligkeit oder des apostolischen Legaten nicht zugestehen oder bewilligen, was gegen die Religion oder gegen die Ordnungen der Kirche verstößt.

1 Die Protestanten hatten eine Beteiligung an dem im Dezember 1544 einberufenen Konzil abgelehnt.

Zit. nach: Geschichte in Quellen. Bd. III: Renaissance, Glaubenskämpfe, Absolutismus. Hrsg. v. W. Lautemann und M. Schlenke, bearb. v. F. Dickmann. 3. Aufl. München 1982. S. 180 f.

a) Welchen Zusammenhang sehen Sie zwischen dem Reichstagsabschied vom November 1530 und der Gründung des Schmalkaldischen Bundes im Februar 1531?
b) Erläutern Sie, inwiefern sowohl die Weigerung der evangelischen Stände, am Konzil in Trient teilzunehmen, als auch die darauf erfolgende „Kriegserklärung" durch Kaiser und Papst aus Sicht der jeweiligen Partei folgerichtig erscheinen.

159 Im Religionskrieg und danach

a) In seiner „Geschichte des Schmalkaldischen Krieges" berichtet Luis de Ávila y Zúñiga, der Vorsteher des Ritterordens von Alcantara, über die Gefangennahme des Kurfürsten Johann Friedrich von Sachsen in der Schlacht von Mühlberg am 24. April 1547:

Nachdem der Kaiser […] Halt gemacht, fand sich Herzog Alba ein, von der Verfolgung zurückkehrend. […] Während sie beisammen hielten, kam die Meldung, dass der Kurfürst von Sachsen gefangen sei. […] Der Kaiser ließ ihn durch Alba vor sich bringen. Er kam ganz mit Blut aus der am linken Backen empfangenen Hiebwunde bedeckt. […] Als Herzog Alba, zur Rechten des Kurfürsten, denselben vorstellte, wollte er vom Pferd steigen und den Handschuh abziehen, um dem Kaiser nach deutschem Brauche die Hand zu reichen, doch dieser gestattete weder das Eine noch das Andere. […] Johann Friedrich entblößte das Haupt und sagte, wie die Deutschen pflegen: „Großmächtigster und gnädigster Kaiser, ich bin Euer Gefangener". Dieser erwiderte: „Jetzt nennt Ihr mich Kaiser, das ist eine Bezeichnung sehr verschieden von derjenigen, die Ihr mir früher beizulegen pflegtet". An der Spitze des Bundesheeres hatten nämlich der Kurfürst und Landgraf (Philipp I. von Hessen] in ihren Schreiben denselben „Carl von Gent, welcher sich Kaiser dünkt", genannt[1], wobei die Deutschen auf unserer Seite bemerkten: Lasset Carl von Gent nur machen, er wird ihnen schon zeigen, dass er Kaiser ist. Darum antwortete Seine Majestät also, hinzufügend, dass die eigenen Taten des Kurfürsten ihn in seine dermalige Lage gebracht hätten. Derselbe entgegnete nichts, sondern zuckte seufzend die Achseln, mit einem Ausdruck, welcher Mitleid erregen können, wenn ein Barbar, dessen Benehmen so trotzig und hochmütig gewesen, es verdiente. Sodann bat Johann Friedrich den Kaiser, er möge ihn als Gefangenen [entsprechend seinem fürstlichen Stand] behandeln, worauf die Antwort lautete, er solle gemäß seiner Taten behandelt werden. […]

Der Kaiser [beschloss] seiner Gemütsart gemäß, Johann Friedrich das Leben unter Bedingungen zu schenken, die ziemlich der Todesstrafe entsprächen, deren ihn viele wert erachteten. […]

Alles war nunmehr so geordnet, dass der Kurfürst am Leben blieb, doch von schwerster Strafe getroffen, indem er, bisher einer der mächtigsten Fürsten Deutschlands, beinah auf den Standpunkt des einfachen Ritters zurücktrat. Bei seinen Söhnen wird dieses in noch höherem Maße stattfinden, weil sie unter sich teilen müssen, was ihm dermalen allein gehört. Daher wird dieses bisher sehr mächtige Haus in Zukunft so wenig besitzen, als sein Hochmut verschuldet hat.

1 Die Reichsacht, mit der Karl V. den sächsischen Kurfürsten und den hessischen Landgrafen zuvor belegt hatte, war u.a. mit dem Delikt der Majestätsbeleidigung begründet worden.

Zit. nach: Geschichte in Quellen. Bd. III: Renaissance, Glaubenskämpfe, Absolutismus. Hrsg. v. W. Lautemann und M. Schlenke, bearb. v. F. Dickmann. 3. Aufl. München 1982. S. 186 f.

b) Bildnis des Kaisers zu Pferd. Ölgemälde (332 x 279 cm) von Tizian. Das Porträt, das nach Angaben von Ávila angefertigt wurde, glorifiziert Karl V. nach der Schlacht von Mühlberg als Triumphator über die Protestanten.

c) Textausschnitt eines zeitgenössischen Volkslieds auf Herzog Moritz von Sachsen, der sich im Schmalkaldischen Krieg auf die Seite Karls V. geschlagen hatte und dafür vom Kaiser anstelle des entmachteten bisherigen Kurfürsten Johann Friedrich mit der Kurwürde ausgestattet wurde:

3) Moritz, du rechter Judas,
was hastu gethan!
du bringst zu uns die Spanier,
die schenden fraw und man;
du bringst her die Maraner
in unser vaterland,
darzu Italianer,
ist dir ewig schand!
[…]

5) Moritz, du armer Judas,
wie hastus doch gemacht,
dass du nit ans churfürsten
wolthaten hast gedacht?
Hat er dir doch gegeben
die kleider, speis und trank
er hielt dich als sein eigen kind,
so ist nun das der dank!
[…]

8) Moritz bei allen menschen
hat alle gunst verlorn,
hat uber sich geheufet
des großen gottes zorn.
Wie kann man für ihn beten?
es thuts kein biderman,
so wenig man für Judas
Christum anrufen kann.

9) Dann wider gott den heiligen geist
Moritz gesündigt hat,
dass er die erkante warheit
des ewigen gottes rath
verfolget und verspottet
und greift die Christen an
mit fewer, schwert und rauben;
das herzleid kum ihn an!
[…]

20) Moritz, du rechter Judas,
du hattest ein schönes land,
das dir hat gott bescheret
mit seiner milten hand;
noch kanstu nit zufrieden sein,
ein churfürst werstu gern:
die hoffart wirt dich stürzen,
wirst folgen Lucifern.

Zit. nach: Deutsche Geschichte in Quellen und Darstellung. Band 3: Reformationszeit 1495–1555. Hrsg. v. Ulrich Köpf. Stuttgart 2001. S. 452 ff.

a) Analysieren Sie, welche menschlichen Eigenschaften Ávila den beiden Kontrahenten Karl V. und Kurfürst Johann Friedrich zuschreibt. Zu welchem Ergebnis kommt er bei der Bewertung des politischen Handelns der konfessionellen Gegner?
b) Was lässt sich aus dem Volkslied über den Stand der Reformation in Sachsen ableiten?
c) Prüfen Sie, ob die beiden Textquellen auch Zeugnisse einer massiven Fremdwahrnehmung sind.

160 Politischer und religiöser Friede

a) Aus dem Augsburger Religionsfrieden vom 25. September 1555:

[…] [§ 14] Setzen demnach, ordnen, wöllen und gebieten, das hinfüro niemands, was würden, stands oder wesen der sei, den andern beveden, bekrigen, berauben, fahen, überziehen, belegern […] sol.

[§ 15] Und damit sölcher fried auch der spaltigen religion halben […] desto bestendiger zwischen der Röm. Kei. Mai., uns, auch churfürsten, fürsten und stenden des heil. Reichs Teutscher nation angestelt, aufgericht und erhalten werden möchte, so sollen die Kei. Mai., wir, auch churfürsten, fürsten und stende […] keinen stand des reichs von wegen der Augspurgischen confession und derselbigen lehr, religion und glaubens halb mit der tat gewaltiger weiß uberziehen, beschedigen, vergewaltigen oder in andere wege wider sein conscienz, gewissen und willen von dieser Augspurgischen confessions religion, glauben, kirchengebreuchen, ordnungen und ceremonien, so sie aufgericht oder nochmals aufrichten möchten in iren fürstentumben, landen und herschaften, tringen oder durch mandat oder in einiger anderer gestalt beschwären oder verachten, sonder bei sölcher religion, glauben, kirchengebreuchen, ordnungen und ceremonien, auch iren haabgütern […], land, leuten, herrschaften, obrigkeiten, herrlichkeiten und gerechtigkeiten rüglich und friedlich bleiben lassen […].

[In § 16 übernehmen die Stände Augsburgischer Konfession die gleiche Verpflichtung gegenüber den Katholiken.]

[§ 17] Doch sollen allen andere, so obgemelten bede religionen nit anhängig, in diesem frieden nit gemeint, sondern genzlich ausgeschlossen sein.

[§ 18] […] Wo ein erzbischof, bischof, prelat oder

ein anderer geistlichs stands von unser alten religion abtretten wurd, das derselbig sein erzbistum, bistum, prelatur und andere beneficia, auch damit alle frucht und einkommen, so er davon gehabt, [...] verlassen, auch den capiteln und denen es von gemeinem rechten oder der kirchen und stift gewonheiten zugehört, ein person der alten religion verwandt zu wölen und zu ordnen zugelassen sein [...].

[§ 19] Dieweil aber etliche stende und derselbigen vorfarn etliche stift, clöster und andere geistliche güter eingezogen und dieselbigen zu kirchen, schulen, milten und andern sachen angewendt, so sollen auch sölche eingezogene gütter, welche denjenigen, so dem reich ohn mittel underworfen und reichsstende sein, nit zugehörig, und dero possession die geistlichen zu zeit des Passawischen vertrags [1552] oder seithero nit gehabt, in diesem friedstand mit begriffen und eingezogen sein [...].

[§ 24] Wo aber unsere, auch der churfürsten, fürsten und stende undertonen, der alten religion oder Augspurgischen confession anhengig, von sölcher irer religion wegen aus [...] des heil. Reichs landen, fürstentumben, stetten oder flecken mit iren weib und kindern an andere ort ziehen und sich nider tun wölten, denen soll solcher ab- und zuzug, auch verkaufung irer haab und güter gegen zimblichen billichen abtrag der leibaigenschaft und nachsteuer [...] zugelassen und bewilligt [...] sein.

[§ 26] Und in sölchem frieden sollen die freien ritterschaft, welche on mittel der Kei. Mai. Und uns underworfen, auch begriffen sein, also und dergestalt, das sie obbemelter beder religion halb auch von niemand vergewaltiget, betrangt, noch beschwert sollen werden.

[§ 27] Nachdem aber in vielen frei- und reichsstetten die bede religionen [...] ein zeit hero im gang und geprauch gewesen, so sollen dieselbigen hinfüro auch also pleiben und in denselbigen stetten gehalten werden, und derselben frei- und reichsstet burger und andere einwoner, geistlich und weltlichs stands, friedlich und ruhig bei und neben einander wonen.

Zit. nach: Geschichte in Quellen. Bd. III: Renaissance, Glaubenskämpfe, Absolutismus. Hrsg. v. W. Lautemann und M. Schlenke, bearb. v. F. Dickmann. 3. Aufl. München 1982. S. 204 ff.

Abschiedt
Der Römischen Königlichen Maiestat / vnd gemeiner Stende / auff dem Reichßtag zu Augspurg / Anno Domini M. D. LV. auffgericht.
Sampt /
Der Keyserlichen Maiestat Camergerichts Ordnung / wie die auff diesem Reichßtag / durch die Königliche Maiestat / vnd gemeine Stendt / widerumb ersehen / ernewert / vnd an vilen orten geendert.
Mit Röm. Königlicher Maiestat gnad vnd Priuilegio, inn sechs Jaren nicht nach zůtrucken.
Getruckt inn der Churfürstlichen Stadt Meyntz / durch Franciscum Behem / Anno Domini M. D. LV.

b) Titelblatt des in Mainz von Franciscus Behem gedruckten Augsburger Reichsabschieds von 1555

a) Stellen Sie aus der Textvorlage die wesentlichen Vereinbarungen zusammen, die im Augsburger Religionsfrieden getroffen wurden.
b) Diskutieren Sie, ob der gefundene Kompromiss der Konfliktparteien ein tragfähiges Konzept für die Zukunft sein kann.

5. Konfessionsbildung und Konfessionalisierung

Unter „Konfessionsbildung" versteht die Geschichtswissenschaft die „geistige und organisatorische Verfestigung der seit der Glaubensspaltung auseinanderstrebenden verschiedenen christlichen Bekenntnisse zu einem halbwegs stabilen Kirchentum nach Dogma, Verfassung und religiös-sittlicher Lebensform". Bei allen Unterschieden im Einzelnen sind „Konfessionsbildung" und „Konfessionalisierung" bei

161 Konfessionelle Verteilung in Deutschland Ende des 16. Jahrhunderts

allen drei Bekenntnissen – lutherisch, katholisch, reformiert – in den Verfahren und Folgen ähnlich abgelaufen:
Zunächst wurden klare Glaubensbekenntnisse formuliert und dogmatische Unklarheiten beseitigt. Unterschiede zu den anderen Bekenntnissen – sichtbar auch in den Riten des Gottesdienstes – wurden betont, „Abweichler" schloss man aus. Im jeweiligen konfessionellen Sinne geprägte Bildungseinrichtungen – Schulen und Universitäten – bildeten geeignete Multiplikatoren – Theologen, Prediger, Priester – aus. Propaganda und Zensur richteten sich gegen den konfessionellen Gegner bzw. warben für das eigene Bekenntnis. Dabei gingen alle Konfessionen mehr oder weniger enge Verbindungen mit der jeweiligen Staatsgewalt ein, die auf diese Weise einen Zuwachs an Zuständigkeiten verbuchte.

5.1 Die lutherischen Kirchen

Dogmatische Verfestigung und Bekenntnisschriften

Nach einer Frühphase der Reformation zeigte gerade der Bauernkrieg neben der Sprengkraft auch die Vielfalt „evangelischer" Interpretationsmöglichkeiten. Zudem hatten Zwingli, oberdeutsche Reformatoren, Täufer und Spiritualisten eigene, von Luther abweichende theologische Vorstellungen entwickelt. Fortan mussten sich die Wittenberger also nicht mehr nur von der katholischen Kirche abgrenzen, sondern auch von ihren innerevangelischen „Konkurrenten". Das Schriftprinzip allein genügte dazu nicht. Theologische bzw. dogmatische Erläuterungen wurden notwendig. Als erste evangelische Bekenntnisschriften können Luthers „Großer" und „Kleiner Katechismus" von 1529 bezeichnet werden. Die reformatorische Lehre war darin als (abprüfbares) Glaubenswissen für alle Schichten der Bevölkerung in einem Frage-Antwort-Schema niedergelegt.

Für den Augsburger Reichstag von 1530 verfasste Luthers Mitstreiter Philipp Melanchthon die „Confessio Augustana". Der Kaiser verwarf sie ebenso wie die oberdeutsch-zwinglianisch geprägte „Confessio Tetrapolitana" der Reichsstädte Straßburg, Konstanz, Lindau und Memmingen und schloss sich der „Confutatio", einer Verteidigungsschrift der bisherigen kirchlichen Lehre, verfasst vom katholischen Theologen Johannes Eck, an. Seither sprach man von der „Augsburgischen Konfession".

Der Tod Luthers 1546, die Herausforderung durch Calvinismus und wiedererstarkende katholische Kirche führten dann zu theologischen Zerwürfnissen innerhalb der Lutheraner, die sich in unterschiedliche Richtungen spalteten. Die „Philippisten" orientierten sich an Philipp Melanchthon, die „Gnesiolutheraner" beriefen sich auf Martin Luther und warfen ihren Gegnern Nähe zum Calvinismus vor. 1577 wurden die Kontroversen mit der „Konkordienformel" bzw. 1580 im „Konkordienbuch" beigelegt.

162 Spottblatt auf den Konfessionsstreit. Holzschnitt, 1619. So mancher Zeitgenosse, der sich nach der Einheit der christlichen Lehre sehnte, betrachtete die jahrzehntelangen konfessionellen Auseinandersetzungen mit der Zeit mit zunehmendem Überdruss.

Reichsrechtliche Voraussetzungen

Schon die Reichstage von 1524 in Nürnberg und von 1526 in Regensburg hatten den Reichsständen einen großen Ermessensspielraum bei der Umsetzung des Wormser Ediktes (1521) gelassen. Mit der Formulierung, jeder Reichsstand solle sich so verhalten, wie er es gegenüber Gott und dem Kaiser verantworten könne (1526), war das *Ius reformandi*, das Recht der Reichsstände, die Reformation einzuführen, praktisch vorweggenommen. Nach wechselvollen Auseinandersetzungen in den folgenden Jahrzehnten bestätigten Passauer Vertrag (1552) und zuletzt Augsburger Religionsfriede (1555) dieses Recht, jedenfalls für die Reformation im Sinne der *Confessio Augustana*.

Das ernestinische Sachsen: Beispiel für die lutherische Konfessionalisierung

Das Kirchenregiment der Herzöge war im „Stammland" der Reformation, im ernestinischen Sachsen – bis 1547 Kurfürstentum – bereits vor der Reformation stark ausgeprägt. Die sächsischen Klöster standen schon seit dem 15. Jahrhundert ganz unter Kontrolle des Landesherrn. Von Anfang an hielten die Herzöge ihre Hand schützend über Martin Luther, Dozent an der 1502 gegründeten Universität Wittenberg. Initiativen zur Reform des religiösen Lebens gingen zunächst von den Professoren und Studenten Wittenbergs aus.

Erst nach dem Bauernkrieg setzte die landesherrliche Reformation ein; symbolkräftiger Auftakt war die Auflösung des berühmten herzoglichen Reliquienschatzes 1526. Die Gottesdienste, im Ablauf nach den Vorstellungen Luthers verändert, wurden nun in deutscher Sprache abgehalten, die Gemeinde stimmte deutsche

Gesänge an, Gegenstand der Predigt sollte fortan allein die Bibelauslegung sein. Auf der Grundlage der Reichstagsbeschlüsse von 1526 ließ Herzog Johann der Beständige (1525–1532) alle Pfarrer seines Herzogtums von Kommissionen unter der Leitung seines Geheimsekretärs Georg Spalatin besuchen, prüfen und auf die neue Lehre verpflichten. Mit dieser ersten großen landesherrlichen „Visitation" (1526/27) nahm der Herzog ein ursprünglich bischöfliches Recht wahr. Mehr und mehr besetzten in den folgenden Jahren im Sinne Luthers ausgebildete Absolventen der Universität Wittenberg die Pfarrstellen im Lande. Nicht mehr der Bischof, sondern der Landesherr setzte sie in ihr Amt ein; die Gemeinde besaß ein Widerspruchsrecht, falls sie einen Kandidaten ablehnte. Eine eigene Kirchenordnung (1528) regelte alle Fragen der Kirchen- und Schulorganisation. Klöster und Stifte wurden aufgehoben, ihr Vermögen diente, soweit sich der Herzog nicht selbst am Kirchengut bereicherte, für kirchliche und soziale Zwecke und zum Aufbau eines landesherrlichen Bildungswesens. 1539 wurde das „Konsistorium" gegründet, ein vom Herzog besetztes Ratsgremium, in dem Theologen gemeinsam mit landesherrlichen Beamten über alle kirchlich-religiöse Angelegenheiten berieten und so dem Herzog Entscheidungshilfen gaben. Landesherrliche Superintendenten wachten über die Befolgung der Beschlüsse und Ordnungen. Der Landesherr war damit als „summus episcopus" („oberster Bischof") an die Stelle des vom Papst eingesetzten Bischofs getreten. Wiederum symbolkräftig wurde mit der Entfernung von Heiligenbildern und Hochaltären im Jahr 1554 die lutherische Konfessionsbildung in Sachsen abgeschlossen.

163 Glaubenszucht

a) Aus Luthers Vorrede zu dem von ihm verfassten „Kleinen Katechismus", 1529:

Diesen Catechismon oder Christliche lere ynn solche kleine schlechte einfeltige form zustellen, hat mich gezwungen und gedrungen, die kleglich elende not, so ich newlich erfaren habe, da ich auch ein Visitator war.[1] Hilff lieber Gott, wie manchen iamer hab ich gesehen, das der gemeine man doch so gar nichts weis von der Christlichen lere, sonderlich auff den dörffern, und leider viel Pfarherr fast ungeschickt und untüchtig sind zu leren, und sollen doch alle Christen heisen, getaufft sein und der heiligen Sacrament[2] geniessen, können widder Vater unser noch den Glauben [das Glaubensbekenntnis] odder Zehen gebot, leben dahin wie das liebe vihe und unvernünfftige sewe [Säue]. [...]

Darümb bitte ich umb Gottes willen euch alle meine liebe herrn und brüder, so Pfarherr odder Prediger sind, wollet euch ewers ampts von hertzen annemen, euch erbarmen uber ewr volck, das euch befolhen ist, und uns helffen den Catechismum ynn die leute, sonderlich ynn das junge volck bringen. [...]

Der Prediger [hüte sich] für allen dingen [...] und meyde mancherley odder anderley text und form der Zehen gebot, Vater unser, Glauben, der Sacrament etc. Sondern neme einerley form für sich, darauff es bleibe, und die selbige ymer treibe ein iar wie das ander. Denn das junge und alber volck mus mit einerley gewissen text und formen lernen, sonst werden sie gar leicht yrre. [...]

Und lere sie für das erst diese stück, nemlich die Zehen gebot, Glauben, Vater unser etc. nach dem text hin von wort zu wort, das sie es auch so nach sagen können und auswendig lernen.

Welche es aber nicht lernen wollen, das man denselbigen sage, wie sie Christum verleugnen und keine Christen sind, sollen auch nicht zum Sacrament gelassen werden, kein kind aus der Tauffe heben. [...] Dazu sollen yhn die Eltern und Hausherrn essen noch trincken versagen und yhn anzeygen, das solche rohe leut der Furst aus dem lande iagen wolle etc.

[...] Das siebend gebot vom stelen mustu bey handwercken, hendlern, Ja auch bey baurn und gesynde hefftig treiben, Denn bey solchen leuten ist allerley untrew und dieberey gros. Item das vierde gebot mustu bey den kindern und gemeinem man, das sie stille, trew, gehorsam, fridsam sein, und ymer viel exempel aus der schrifft, da Gott solche leute gestrafft und gesegnet hat, einfuren.

Ynn sonderheit treibe auch daselbest die Obrigkeit und Eltern, das sie wol regirn und kinder zihen zur Schule. [...] Und streiche wol aus, was fur grewlich schaden sie thun, wo sie nicht helffen kinder zihen zu Pfarher, Prediger, Schreiber etc.

1 Nach der 1527 durchgeführten allgemeinen Visitation Kursachsens nahm Luther danach selbst an einzelnen Überprüfungen von Pfarrstellen teil.

2 Gemeint ist vornehmlich das Abendmahl.

Zit. nach: Deutsche Geschichte in Quellen und Darstellung. Band 3: Reformationszeit 1495–1555. Hrsg. v. Ulrich Köpf. Stuttgart 2001. S. 362 ff.

b) Titelblatt einer Ausgabe des Kleinen Katechismus von 1571. Mit dem von ihm 1529 verfassten Kleinen Katechismus wollte Luther den zumeist einfachen, glaubensunkundigen Gemeindemitgliedern die Grundlagen des christlichen Glaubens vermitteln.

c) Superintendenten und Beamte des hessischen Landgrafen zur Visitation der Herrschaft Schmalkalden, 2. September 1555:

Erstlich soll man alle Verächter des heiligen, göttlichen Wortes und der heiligen Sakramente, Gotteslästerer, Zauberer, Kristallseher strafen, die […] mit Ehebruch, Hurerei, Unzucht, Völlerei und Wucher […] befleckt sind. Und vor allem darauf achten, dass man unter der Predigt am Sonntagvor- und -nachmittag nicht gestatte, dass sie zechen, schlemmen, spazieren gehen, an Läden und an den Kirchmauern stehen, und dass man sie ernstlich strafe. Es haben auch beiderseits Geistliche und Weltliche kraft ihres Befehls einem ehrbaren Rat ernstlich befohlen, dass sie am Sonntag keinem nachgeben [erlauben] sollen, mit Waren, Eisen, Holz, Bauholz oder was dergleichen mehr sein mag zu handeln. […] Man soll auch niemandem, wenn der Jahrmarkt auf einen Sonntag oder Feiertag fällt, hinfort gestatten, vor dem Gottesdienst, der umso früher stattfinden sollte, zu verkaufen oder zu kaufen, sondern das soll bis nach dem Gottesdienst aufgeschoben werden.

Urkundliche Quellen zur hessischen Reformationsgeschichte. Band 3: 1547–1567. Hrsg. v. Günther Franz u.a. Marburg 195 f. (Sprachlich vereinfacht)

d) Aus dem Protokoll des Verhörs, das der Augsburger Rat 1598 den Stadtbürger David Altenstetter unterzog. Augsburg gehörte in der zweiten Hälfte des 16. Jahrhunderts zu den konfessionell gemischten „Paritätischen Reichsstädten", in denen Gleichberechtigung und exakte Ämterverteilung zwischen Katholiken und Protestanten herrschte:

Fragen an David Altenstetter am 4. Dezember 1598

[Frage:] Was sein thon sey, davon Er sich erhallte?

[Antwort:] Er seie seines Handwerks ein Goldschmied, dasselb treib Er.

[F.:] Was Religion Er sey, und zu was Confession Er sich bekhenne, solle Er mit Grundt und Wahrheit anzaigen?

[A.:] Er sej der Religion halben biß hero frej gewesen, dann ob er gleichwol an einem catholischen ort geborn, so sej er doch darnach inn Schweitz khommen, da die zwinglisch Lehr im Brauch. Nachdem er aber sich alhie her begeben, hab er underweilen die Predicanten der Augspurgischen Confession, underweilen auch die Catholische Prediger […] gehört. Sei doch weder der einen noch andern Religion aller dings anhängig, aber da er sich je zu einer bekennen solt, wolt er die catholisch annemen; müest doch zuvor nottürfftigen bericht darinn empfahen.

[F.:] Wie es khome, das Er vil Jar hero die Kirchen Augspurger Confession nit besuechet? und was er daran für mengel hab.

[A.:] Sagt wie ob. Sej underweilen in die Kirchen der Augspurgischen Confession, doch mehrertails in Domstifft gangen, in Ansehung die Catholisch Religion ime etwas anmuetiger sej und der Domprediger ime besser gefallen hab, denn die Predicanten der Augspurgischen Confession.

[F.:] Aus was Ursachen Er die Kirchen, Lehr und Ceremonien der Augspurgischen Confession, wie auch das hiesig Ministerium nit guet hallte, sondern verachte?

[A.:] Er laß die Kirchen, Lehr und Ceremonien der Augspurgischen Confession bei jrem werth und thun bleiben, wölle auch das hiesig Ministerium weder loben noch schelten. Sej biß hero der Religion halben frej gewesen. [...]

[F.:] Weylen Er khain Kirchen, noch Predigt besueche, was er dann an den Sonn- und Feyertagen thüe? oder wo Er Predigen höre?

[A.:] Sagt nochmal hierauf, wie hieoben [bei der zweiten Frage geantwortet]. Aber whar sei es, das er an Sonn- und Feiertägen bißweilen weder die ein, noch andere Kirchen besuecht, sonder entweder dahaim blieben oder in- und ausser der Statt, nachdem er etwan geselschafft antroffen, spacirn gangen seie, welches dann zu Sommers Zeiten vil geschehen. [...]

Fragen an David Altenstetter am 7. Dezember 1598

[F.:] [...] Weylen Er jungst selbsten bekhennt, das er weder der catholischen Religion noch der Augspurgischen Confession allerdings zugethon seye, derowegen soll Er lautter anzaigenb, zu was Religion Er sich dann bekhenne?

[A.:] [...] dieweil die Theologj der Catholischen Religion und Augspurgischen bißhero an einander zum hefftigisten zu wider, sei er weder dem einen, noch andern tail beigefallen, sonder sej gleichsam frej gewesen. [...] Und ob er gleichwol verhof, man solt Jne noch so eilends weder zu der ainen noch andern Religionen auß obgemelten nit tringen, sonder Jme etwas Zeit lassen, damit er sonderlich den Herrn Gregorium etwas bessers hören kan und der Catholischen Religion halben der Sachen mit mehrerm nachdencken kündt: Jedoch woher Jme solches abgeschlagen wurde, so müest er sich zu der Augspurgischen Confession bekhennen, auß Ursachen er bißhero jn der Catholischen Religion nit genugsamen Bericht hab.

Zit. nach: Deutsche Geschichte in Quellen und Darstellung. Band 4: Gegenreformation und Dreißigjähriger Krieg 1555–1648. Hrsg. v. Bernd Roeck. Stuttgart 1996. S. 105 ff.

a) *Zeigen Sie mit Blick auf die Materialien a) und b) auf, inwieweit Luther den von ihm eingeleiteten Reformationsprozess auch als „Bildungsauftrag" begriff.*
b) *Erläutern Sie anhand der Materialien a) und c) sowie des Begriffskastens S. 203, in welchem Maße Konfessionalisierung mit einer Sozialdisziplinierung einherging.*
c) *Welche Schlüsse lassen sich aus Material d) über den Entwicklungsstand der Konfessionalisierung gegen Ende des 16. Jahrhunderts ziehen?*

5.2 Die katholische Kirche

Katholische Reform und Gegenreformation

Bestrebungen zu einer geistigen und sittlichen Erneuerung gab es auch innerhalb der mittelalterlichen Kirche. Aber erst die Herausforderung der Reformation beschleunigte und vertiefte die „Reform an Haupt und Gliedern" der katholischen Kirche und führte zu einer klareren Formulierung der Glaubenssätze und zur konsequenteren Durchsetzung entsprechender Reformbeschlüsse. „Katholische Reform" bezeichnet dabei die „Selbstbesinnung der Kirche auf das katholische Lebensideal durch innere Erneuerung", während „Gegenreformation" die „Selbstbehauptung der Kirche im Kampf gegen den Protestantismus" meint (H. Jedin). Dazu gehörte sowohl die Abschottung vor protestantischen Einflüssen als auch die Rückgewinnung verlorenen Terrains. Dabei trugen auch in der katholischen Kirche die weltlichen Gewalten entscheidenden Anteil an der Konfessionsbildung bzw. Konfessionalisierung.

Neue Reformorden, wie die 1534 von Ignatius von Loyola (1491–1556) gegründete, 1540 päpstlich anerkannte „Gesellschaft Jesu" („Societas Iesu" bzw. Jesuitenorden) oder der Kapuzinerorden wirkten in Schul- und Universitätsbildung bzw. in Predigt und Seelsorge für die Gläubigen, stellten aber auch Beichtväter an den Fürstenhöfen.

Im Konzil von Trient (1545–1563, mehrfach unterbrochen) schärfte die katholische Kirche ihr konfessionelles Profil und formulierte einheitliche Reformforderungen, die allerdings nicht überall gleich schnell und gleich intensiv umgesetzt wurden: Die Konzilsväter fassten die Dogmen von Rechtfertigung und Erbsünde schärfer, begründeten Transsubstantiationslehre (Verwandlung von Brot und Wein), Messe, Heiligenverehrung und Sakramentenlehre neu und bestätigten die lateinische Vulgata als allein maßgebende Übersetzung der Heiligen Schrift. Nach Auffassung des Konzils sprach die Bibel nicht aus sich selbst. Sie musste ausgelegt werden, was notwendige und alleinige Aufgabe des Klerus, nicht des einzelnen Gläubigen sein sollte. Als Hilfe der Auslegung und als gleichrangige Quelle der Glaubenswahrheiten galt dabei die Tradition von Kirchenvätern, Konzilien und Päpsten.

Das Herzogtum Bayern: Ein Beispiel für katholische Konfessionalisierung

Ähnlich wie in Sachsen, war das landesherrliche Kirchenregiment auch im Herzogtum Bayern schon vor der Reformation stark ausgebaut, allerdings in einer traditionell engen Kooperation mit Rom.
Einer ersten, schwachen Phase reformatorischer Bewegung in den Landstädten begegneten der Herzog und sein Kanzler Leonhard von Eck sofort nach Erlass des Wormser Ediktes (1521) scharf und schlossen sich mit den Bischöfen des Landes 1522 zum Mühldorfer Reformkonvent zusammen. Zu einer evangelischen Gemeindebildung konnte es auf diese Weise in Bayern nicht kommen. 1558 führte der Landesherr, ausgestattet mit einem päpstlichen Privileg, eine erste große Visitation der Geistlichen, Pfarreien und Klöster im Land durch; Jesuiten wirkten an der Universität Ingolstadt und am Münchener Gymnasium; der Klerus wurde in Priesterseminaren ausgebildet. Um alle Belange kirchlichen Lebens, die nicht die Lehre betrafen, kümmerte sich seit 1556 – ähnlich den Konsistorien in protestantischen Ländern – ein vom Herzog eingesetzter „Geistlicher Rat". Die Untertanen wurden einerseits durch Spitzel und Denunzianten auf ihre Glaubenstreue hin überprüft, andererseits förderte man Volksmission und -predigt und neue Kultformen, etwa eine besondere Marienfrömmigkeit – Maximilian I. erhob Maria 1616 zur Schutzheiligen Bayerns. Wallfahrten, Reliquienverehrung, Betstunden, Passionsspiele, Bruderschaften und prächtige Kirchenbauten sollten auch das Gemüt der Gläubigen ansprechen und brachten eine fest verwurzelte und prägende religiöse Volkskultur hervor.

164 Die triumphierende Kirche mit der päpstlichen Tiara vor dem Konzil von Trient. Wandbild in der römischen Basilika Sa. Maria in Trastevere, 1569

165 Gegenreformation

a) Aus den Beschlüssen des Konzils von Trient, 1545–1563:

IV. Sitzung, 8. April 1546. Die hochheilige allgemeine Synode von Trient nimmt […] alle Bücher des Alten wie des Neuen Testamentes […] und auch die Überlieferungen, die sich teils auf den Glauben, teils auf die Sitten beziehen, als von Christus oder dem Heiligen Geiste wörtlich diktiert und in ununterbrochener Folge in der katholischen Kirche erhalten, mit der gleichen frommen Liebe und Ehrfurcht an. Wer aber

die Bücher selbst nicht vollständig mit allen ihren Teilen, wie sie in der katholischen Kirche gelesen zu werden pflegen und in der alten, allgemein verbreiteten lateinischen Ausgabe vorliegen, für heilig und katholisch annimmt und die besagten Überlieferungen mit Wissen und Vorbedacht verachtet, der sei verflucht.
Dazu bestimmt und erklärt dieselbe hochheilige Synode, dass ebendiese alte und allgemein verbreitete Ausgabe für authentisch gelten soll. Außerdem entscheidet sie, dass niemand, auf die eigene Klugheit gestützt, wider den Sinn, den die heilige Mutter Kirche festgehalten hat und festhält, oder auch wider die einstimmige Meinung der Väter die Heilige Schrift zu deuten wage.
XXV. Sitzung, 3. bis 4. Dezember 1563. Die heilige Synode trägt allen Bischöfen und den andern, deren Pflicht und Sorge der Unterweisung obliegt, auf […], die Gläubigen sorgsam zu unterweisen, indem sie lehren, […] dass ferner die Bilder Christi, der jungfräulichen Gottesmutter und anderer Heiligen in den Kirchen zumal zu haben und zu behalten sind und ihnen die schuldige Ehre und Verehrung zu erweisen ist, nicht als ob geglaubt würde, es sei irgendeine Göttlichkeit und Kraft in ihnen, sondern weil die Ehre, die man ihnen erweist, auf die Urbilder bezogen wird, die sie darstellen.

Zit. nach Gottfried Guggenbühl/Hans C. Huber: Quellen zur Geschichte der Neueren Zeit. Zürich 1956. S. 112 f.

b) Aus der Instruktion Ignatius von Loyolas über das Verhalten gegenüber den Protestanten, 13. August 1554:

Die Neuerer (= die Protestanten) verstehen es, ihre falsche Lehre mundgerecht zu machen und dem Fassungsvermögen der Masse anzupassen, indem sie ihre Lehre vor der Menge und in den Schulen verkünden und zugleich kurze Broschüren unter das Volk werfen, die von vielen verstanden und gekauft werden können. Durch ihre Schriften verschaffen sie sich auch da Zugang, wo ihre Agenten nicht selber hingelangen können, und bei der Nachlässigkeit der berufenen Wächter, bei dem schlechten Beispiel und der Unwissenheit der Katholiken, hauptsächlich der Geistlichen, haben sie im Weinberg des Herrn einen wahren Jammer der Verwüstung angerichtet.
Demgemäß will uns bedünken, dass die Gesellschaft [der Jesuitenorden] sich besonders mit den folgenden Mitteln auf den Kampfplatz werfen und gegen die Schäden angehen solle, die der Kirche von jener Seite zugefügt werden:
[…]
Die Hauptsätze der Theologie ließen sich, nach Art eines kurzen Katechismus zusammengestellt, den Kindern und dem ungebildeten Volk lehren, wie man jetzt Christenlehre gibt. […]
[…] wäre die Vervielfältigung von Schulen der Gesellschaft über viele Gegenden, hauptsächlich an den Punkten, wo sich guter Zulauf von Schülern erwarten lässt, das beste Mittel, um der Kirche in ihrer bedrängten Lage zu Hilfe zu kommen. […]
[Angesichts der Broschüren und Flugschriften der Protestanten], durch die sie der Katholiken und besonders unser, der Jesuiten, Ansehen untergraben und einige falsche Glaubenslehren auszustreuen suchen, scheint es zweckmäßig, dass auch die Unsrigen zur Abwehr einige Verteidigungsschriften oder Traktate herausgeben, und zwar gut und kurz geschrieben, damit sie schnell zur Stelle sind und von vielen gekauft werden können. Damit ließe sich nicht nur dem Übel abhelfen, das die Gegner durch ihre Schriften anrichten, sondern es wäre zugleich etwas zur Massenverbreitung der gesunden Lehre getan, wenn man bescheiden, aber lebendig, die Irrgänge oder Schliche der Neuerer aufdeckt.

Zit. nach: Deutsche Geschichte in Quellen und Darstellung. Band 3: Reformationszeit 1495–1555. Hrsg. v. Ulrich Köpf. Stuttgart 2001. S. 468 f.

c) Porträt von Ignatius von Loyola, dem Gründer des Jesuitenordens und dessen erstem Generaloberen

a) Inwiefern belegen die wiedergegebenen Beschlüsse des Konzils von Trient die Behauptung, Luther sei im Grunde der wichtigste Theologe des Konzils gewesen.
b) Setzen Sie sich mit dem Argument auseinander, mit dem das Konzilsdekret das Festhalten am gottesdienstlichen Gebrauch figürlicher und bildlicher Darstellungen begründet.
c) Zeigen Sie anhand der Instruktion Ignatius von Loyolas auf, in welchem Maße es sich bei den Konfessionalisierungsmaßnahmen auf katholischer Seite sowohl um eine katholische Reform als auch eine Gegenreformation handelte.

166 Geistlicher Gesang als Medium der Glaubenslehre

„Ein schoens geistliches gesang von den heiligen sieben Ehrwuerdigen Sacramenten" im katholischen Speyrer Gesangbuch, 1599:

Das erst der heilige Tauffe ist /
Darinn der mensch bald wird ein Christ /
Darauff die Firmung folgen thut /
Sterckt den menschen / macht jm ein mut.

Zum dritten ist auch von noeten sehr
Der Seel ein speiß nach Christi lehr /
Wer wuerdig isset von diesem Brot /
Wirdt nit sehen den ewigen Todt.

Die Buß auch ein Sacrament /
Nach dem der Mensch hat gesuend b[e]hend
Der Priester jhm die Suend verzeicht /
Wann ers mit rew hat recht gebeicht.

Das fuenfft bedarff die krancke person /
Dann ohn gnad niemand leben kan /
Die wird in heiliger Oelung geben /
Der mensch gesterckt zum ewigen leben.

Die Priesterweyh vnd der Ehestand /
Seind auch zwey Sacrament genant /
Sein nutz der Seel vnd leib zugleich /
Mehren die Welt vnd Himmelreich.

Durch deine Sieben Sacrament /
Verleyh vns Herr ein seeligs end /
Durch die heilge fuenff wunden dein /
Darauß sie all geflossen sein.

Alte Catholische Geistliche Kirchengeseng / auff die fuernemmste Feste [...]. Auß Beuelch Deß Hochwürdigen Fuersten vnd Herrn Eberharten Bischouen zu Speir [...] in diese ordnung gestelt. Gedruckt zu Coelln [...] M.D.XCIX. Nachdruck Speyer 2003. f. 144v-145r. (Eigenverlag der Bibliothek des Priesterseminars Speyer)

Inwiefern kann der Liedtext als typisch katholisch bezeichnet werden?

167 Der „Geistliche Rat" in Bayern: Instrument des landesherrlichen Kirchenregiments

a) Auszug aus den Statuten vom 5. Oktober 1573:
Sie [die Mitglieder des Rates] sollen [...] gemeinsam alle Religionssachen unseres Lebens kontrollieren, und ihre Mitarbeiter in allen Rentämtern bei den Stiften, Klöstern, Pfarreien und anderen Orten haben, wie sie es am besten [...] anzustellen wissen.
Zweimal in der Woche zumindest sollen sie jeweils einen halben Tag zusammenkommen, und wenn es nötig ist, auch öfter, und von den Sachen reden, die notwendigerweise wegen der Erhaltung der Religion untersucht werden müssen.
Und gleich zu Beginn [der Sitzung] sollen sie alles, was bisher die Religion und die Schulen betreffend an Befehlen, Mandaten und Anordnungen ergangen ist, zur Hand nehmen, dabei [...] überlegen, was sie daran zu verbessern gedenken, und zugleich in Erfahrung zu bringen suchen, ob diesen Erlassen gemäß an allen Orten wirklich gehandelt und gelebt werde, sowohl von Priestern und Pfarrern als auch von weltlichen Amtsinhabern. Und was sie dabei vorschlagen, das sollen sie in einem amtlichen Schreiben uns zur Kenntnis untertänig übergeben; und solche Vorlage soll nicht allein für den Augenblick gelten, sondern dazu dienen, dass in derselben Angelegenheit entsprechend der hier vorliegenden Anordnung jährlich Untersuchung und Erkundigung erfolgt, weil man überzeugt ist, dass ohne ständige Beobachtung und Nachforschung das Übel der Sekten[1] alsbald wieder Überhand nehmen würde.
An welchen Orten auch immer, und bei welchen Amtsinhabern, sie seien geistlich oder weltlich, die in unseren Diensten stehen, Mängel gefunden werden,

da sollen sie [die Räte], nachdem sie uns zuvor unterrichtet haben, umgehend eine erste Untersuchung durchführen. Insbesondere sollen ihnen aus allen Amtsbezirken die Berichte der Pfarrer, die sie jährlich wegen ketzerischer Gemeindemitglieder übergeben, zugestellt werden. […]
Was sie auch an Ungehorsam, Erregung von Ärgernis und Anstoß an sektiererischen Orten bei Bürgern und Bauern, auch bei allen ihren Angehörigen in Erfahrung bringen, die [Sektenanhänger] sollen vor sich laden und sich nachdrücklich bemühen, sie davon [von der Sektiererei] abzubringen und wieder zum Gehorsam zu bringen, und sie sollen auch an die Amtmänner schreiben, dass sie solches tun.

1 Anhänger der evangelischen Lehre

F. J. Lipowsky: Argula von Grumbach, geb. Freiin von Stauffen. München 1801. Beilage XIII. (Übertragung P. Völker)

b) Bildnis des Herzogs Albrecht V. von Bayern. Ölgemälde (87 x 68 cm) von Hans Mielich, 1545. Ehe der mit dem Beinamen „der Großmütige" versehene Herzog sich zum Verfechter einer strikt gegenreformatorischen Politik wandelte, hatte er zunächst einen gemäßigten Kurs gegenüber den Protestanten verfolgt.

a) Kennzeichnen Sie den „Geistlichen Rat". Gehen Sie dabei besonders auf seine Kompetenzen und Organisationsform ein.
b) Inwiefern ist seine Einrichtung typisch für die Konfessionalisierung?

5.3 Die reformierten Kirchen

Grundlagen des calvinistischen bzw. reformierten Bekenntnisses waren die Genfer Kirchenordnungen Johannes Calvins 1541 bzw. 1561. Sie wurden aber in den vom Calvinismus geprägten deutschen Territorialstaaten nur teilweise übernommen. Während man sich in Dogma und Liturgie den Genfer Regelungen anschloss, waren die reformierten Landesherren nicht bereit, auf ihr Kirchenregiment zu verzichten und den Gemeinden Autonomie in Form einer presbyterial-synodalen Kirchenverfassung zuzugestehen.

Die Pfalz: Beispiel einer reformierten Konfessionalisierung

Schon vor der Reformation verfügte auch in der Pfalz (Kur- bzw. Rheinpfalz und Oberpfalz) der Landesherr über ein ausgebautes Kirchenregiment. Auf seiner Grundlage erließ Kurfürst Ottheinrich Kirchenordnungen und begann 1556 in der Rheinpfalz und in der Oberpfalz zunächst mit der Reformation im Sinne Luthers. In Heidelberg kam es zum Bildersturm in der Hl.-Geist-Kirche, in der Oberpfalz wurden alle Klöster aufgehoben, in der Rheinpfalz blieben sie zunächst erhalten.
Die reformiert-calvinistische Konfessionsbildung leitete sein Nachfolger Friedrich III. (1559–1576) in der Rheinpfalz ein. Die Oberpfalz blieb dagegen weiterhin lutherisch. Heidelberg wurde zum Sammelpunkt von Philippisten, zudem wirkten hier reformierte Einflüsse des zwinglianisch orientierten Oberdeutschland sowie durch hugenottische Flüchtlinge aus Frankreich. Der „Heidelberger Katechismus" (1563) ist Ausdruck dieser konfessionellen Gemengelage, denn – bei scharf anti-

katholischer Haltung – mischen sich in seine calvinistische Grundausrichtung auch wenige lutherische Elemente. Im Sinne des reformierten Abendmahlsverständnisses ersetzte man jetzt die Altäre durch einfache Tische, und auch in der Rheinpfalz wurden nun die Klöster aufgehoben. Eine strenge Kirchenzuchtordnung regelte ab 1570 das religiöse und sittliche Leben der Untertanen. Im selben Jahr wurde in Heidelberg ein konfessioneller Abweichler hingerichtet.

Nach dem Regierungsantritt Ludwigs VI. erlebte die Rheinpfalz zwischen 1576 und 1583 einen neuerlichen Konfessionswechsel hin zum Luthertum. Ludwig schloss sich der Konkordienformel an und ließ rund 500 reformierte Pfarrer mit ihren Familien vertreiben. Ein neuerlicher Regierungswechsel 1583 führte wieder zu einem Umschwung hin zum Calvinismus. Bis in den Dreißigjährigen Krieg hinein vertiefte sich die reformierte Konfessionalisierung.

Catechiſmus
Oder
Chriſtlicher Underricht/
wie der in Kirchen und Schulen der Churfürſtlichen
Pfaltz getrieben
wirdt.
Gedruckt in der Churfürſtlichen Stad Heydelberg/ durch
Johannem Mayer.
1563.

168 Titelblatt des 1563 veröffentlichten (nach seinem ersten Druckort benannten) „Heidelberger Katechismus", der noch heute die grundlegende Bekenntnisschrift der reformierten Kirchen ist.

Kommunalismus: Der Begriff bezeichnet ein alteuropäisches Gesellschaftsmodell, in dem die gesellschaftlich-politischen Untereinheiten in Dorf, Stadt und Territorium relativ autonom das öffentliche Leben gestalten. Dazu tragen im Einzelnen alle Mechanismen gemeindlich-genossenschaftlicher Selbstregierung bei. Die Versammlung der „gemain" besitzt etwa im Dorf folgende Kompetenzen: Sie wählt die niederen Gemeindeamtsträger, bestimmt aber auch den Dorfvorsteher und die Mitglieder des Dorfgerichtes. Sie übt die Aufsicht über den Gemeindehaushalt und das Gemeindevermögen, zu dem die Allmende (von der ganzen Gemeinde genutztes Land) und gemeinsame Einrichtungen wie Schmiede, Mühle, Badstube oder Taverne gehören können. Auch als Kreditnehmer und Kreditgeber (z. B. gegenüber der eigenen Herrschaft) tritt die Gemeinde auf. Wo Rechte der Herrschaft berührt werden, wirken Gemeinde und Herrschaft zusammen, so beim Zustandekommen von Dorfordnungen.

Sozialdisziplinierung: Der vom Historiker Gerhard Oestreich geprägte Begriff interpretiert Vorgänge der Frühen Neuzeit, die Max Weber unter „Rationalisierung" zu fassen versuchte und Norbert Elias als „Prozess der Zivilisation" beschrieb. – Sozialdisziplinierung ist Bestandteil der Staatsbildung, insofern das Bemühen der Obrigkeit um Disziplinierung nach Heer und Bürokratie nun über Schule, Kirche und Niedergerichtsbarkeit die gesamte Bevölkerung erfasst. In dieser Intention trifft sie sich weitgehend mit der Konfessionalisierung. Beide Vorgänge zielen darauf ab, das Verhalten des Einzelnen im Alltag sittlich zu bessern. Mit dem Begriff der „guten polizey" ist dieser Wirkungsbereich umschrieben, in dem so genannte Polizeyordnungen Vergehen wie Aberglauben, Fluchen und Schwören, Spielen und (Be-)Trinken, Sonn- und Feiertagsarbeit oder vor- und außerehelichen Sexualverkehr ahnden. Weil all dies gegen einen „naturnahen Lebensrhythmus", gegen „magische Vorstellungen und Riten" im Volk (Heinz Schilling) gerichtet war, wird Sozialdisziplinierung auch als Verdrängung von Volks- durch Elitenkultur interpretiert. Trotz mancher Widerstände verlief dieser Prozess letztlich weithin erfolgreich.

169 Religiöse Legitimation weltlicher Gewalt

a) Mandat des pfälzischen Kurfürsten Ottheinrich an die Amtleute der kurpfälzischen Gebiete zur verstärkten Durchsetzung der Reformation, 16. April 1556:

Lieber getreuer. Wievol wir jetzo in eindretung unserer churfurstlichen regierung[1] bericht empfangen, auch nit zweyfeln, da weyland der hochgeborn furst, unser freundtlicher lieber herr und vetter pfaltzgrave Friderich, churfurst etc., löbseliger gedechtnus, lenger bey leben geblieben, es were durch sein lieb in dem churfurstenthumb der Pfalz die ware christliche religion gepflantzet und, sovie muglich, falscher gottesdienst abgestellet worden, so haben wir doch der ort die religion, lere und kirchendienst nicht one besondere unser misfallen noch dergestalt irrig und unrein befunden, das uns als der ordentlichen obrigkeit [...], rechts und gewissens wegen lenger nit zuzusehen, sonder geburen wöllen, vor allen dingen Gottes ehre und unserer underthanen seligkeit aus christlichem eifer zu gemuet zu furen und [...] onverzugliche gepurliche christliche änderung und ordnung der hailigen schrift und Augspurgischer Confession gemeß furzunemen, damit also am ersten die ehre und das reich Gottes, der underthanen seelenheil und seligkeit gesucht und gepflantzet, das ubel oder Gräuel hinweggeton, außgereutet und keyner gelegenheit der zeit, wie man sagt, befolhen oder args von folge wegen des gueten gestattet und geduldet werde, wie wir uns dan solches nit allein gegen Gott zu thun schuldig erkennen, sonder auch vor uns selbsten nach muglichkeit zu befurdern wolgenaigt seien. Demnach dir hiermit befelhendt, du wolltest bey den pfarhern und kirchendienern deines von uns befolhenen ambts dieses ernstlich einsehen haben und verfugen, das sie bey vermeidung unserer ungnade und onnachleßlichen straf furderlich und oneverlengt in iren befolhenen kirchen heimlich und offentlich den falschen gottesdienst, die bäpstlichen meß, [...] gantz und gar allerdings underlaßen. [...] Damit aber dannochten uf solche abstellung hiezwischen die kirchen und gemeinde Gottes one christliche leer und trost nit seyen, so sollestu den pfarhern deines ambts auferlegen, das sie [...] in iren befolhenen kirchen das hailig evangelium und andere biblische schriften getreulich predigen, darbey auch christliche psalmen in teutscher sprach singen, die gemeinde absolution und mitteilung des heiligen taufs [...], auch reichung der heiligen sacramenten des leibs und bluts Christi under beeder gestalt mit christlicher andacht und ehrerpietung halten und sich hierinnen gantzs gehorsamlich erzeigen und beweisen, das wir uns [...] zu inen genediglech verlassen und es hienwider in gnaden zu erkenen genaigt sein wöllen. Das laß dir also mit sonderm treuen ernst und schuldigen fleis zu verrichten befolhen sein.

1 Ottheinrich hatte erst im selben Jahr die kurfürstliche Nachfolge seines verstorbenen Vorgängers, des Pfalzgrafen Friedrich II., angetreten.

Die evangelischen Kirchenordnungen des XVI. Jahrhunderts, hrsg. v. E. Sehling. Bd. 14: Kurpfalz. Tübingen 1969, S. 111 ff. Zit. nach: Deutsche Geschichte in Quellen und Darstellung. Band 4: Gegenreformation und Dreißigjähriger Krieg 1555–1648. Hrsg. v. Bernd Roeck. Stuttgart 1996. S. 25 ff.

b) Das Verhältnis zwischen Gläubigen und weltlicher Obrigkeit in der kurpfälzischen Kirchenordnung von 1563:

(Rom 13; 1. Pet. 2) Jedermann sey underthon der Oberkeyt, die Gewalt uber in hat, dann es ist kein oberkeyt on von Gott. Was aber Oberkeyt ist, die ist von Gott verordnet. Wer sich nun wider die Oberkeyt setzet, der widerstrebt Gottes Ordnung. Die aber widerstreben, die werden über sich ein Urtheil empfahen. Dann sie gewaltigen sich nicht den guten Wercken, sonder den bösen zu förchten. Wilt du dich aber nit fürchten vor der Oberkeyt, so thu guts, so wirdstu Lob von derselbigen haben. Dann sie ist Gottes Dienerin, dir zu gut. Thust du aber bös, so fürcht dich, dann sie tregt das Schwert nicht umbsonst. Sie ist Gottes Dienerin, eine Recherin zur Straf uber den, der böses thut. So seyt nun underthon, nicht allein umb der Straf willen, sonder auch umb des Gewissens willen. Derhalben müssen ihr auch Steur geben, dann sie seind Gottes Diener, die solchen Schutz sollen handthaben etc. Rom. 13 (1, 2 seq.), 1. Pet 2 (19).

Die evangelischen Kirchenordnungen des XVI. Jahrhunderts, hrsg. v. E. Sehling. Bd. 14: Kurpfalz. Tübingen 1969, S. 376. Zit. nach: Frauen in der Geschichte. Grundlagen – Anregungen – Materialien für den Unterricht. Bd. 2: Materialien. Hrsg. v. Brigitte Löhr unter Mitarbeit von Siegfried Münchenbach und Alexander Ohgke. Tübingen 1994. S. 135 f.

a) Erläutern Sie anhand des Mandats des pfälzischen Kurfürsten Ottheinrich, wie Konfessionalisierung konkret vonstatten ging.

b) Legen Sie dar, welche Einstellung und welches Verhalten gegenüber der Obrigkeit die kurpfälzische Kirchenordnung von den Untertanen fordert. Was bedeutet dies umgekehrt für die Obrigkeit?

VI. Großer Krieg und großer Friede

In der zweiten Hälfte des 16. Jahrhunderts nahmen nicht allein im Reich die konfessionellen Spannungen zu (vgl. Kap. V.4). In ganz Europa verschärften das Vordringen des Calvinismus und die Reorganisation der katholischen Kirche die religiösen Gegensätze. Am Vorabend des Dreißigjährigen Krieges, im Jubiläumsjahr 1617 der Reformation, hatte auch die konfessionelle Polemik einen Höhepunkt erreicht. Unterschiedliche politische Interessen verbanden sich meist mit gegensätzlicher konfessioneller Orientierung. Dem katholischen habsburgischen Spanien standen das anglikanisch-puritanische England und die calvinistischen Niederlande, besonders aber das konfessionell uneinheitliche Frankreich gegenüber. Diese Länder wollten sich vom Einfluss Spanien-Habsburgs befreien und entwickelten sich gleichzeitig zu dessen Konkurrenten auf den Weltmeeren und in Übersee. Beides, Glaubenskampf und Kampf um die politische Hegemonie in Europa, fand seine Fortsetzung auch im Dreißigjährigen Krieg. Im Reich berührte der Krieg dabei nicht zuletzt das Verhältnis zwischen kaiserlich-habsburgischer und fürstlicher bzw. reichsständischer Macht (vgl. Kap. IV). Insofern war der Dreißigjährige Krieg gleichermaßen ein europäischer wie deutscher Krieg.

1558–1603	Elisabeth I. regiert in England. Sie erneuert den Anspruch der englischen Staatskirche. Karl I. (1625–1649) knüpft an ihre Politik an und unterstützt die europäischen Gegner Habsburgs.
1568–1648	Die Niederlande kämpfen erfolgreich um ihre Unabhängigkeit von Spanien-Habsburg (Waffenstillstand zwischen 1609 und 1621).
1593/1598	Heinrich IV. von Navarra konvertiert zum Katholizismus, gesteht den Hugenotten aber im Edikt von Nantes weitgehende Religionsfreiheit und politische Gleichberechtigung zu.
1618	Der Versuch des gewählten böhmischen Königs, Kaiser Ferdinands II., die Macht der Stände zurückzudrängen, führt zum „Prager Fenstersturz". Die Stände erklären Ferdinand für abgesetzt und wählen an seiner Stelle den calvinistischen Kurfürsten Friedrich V. von der Pfalz. Der Dreißigjährige Krieg beginnt.
1629	Die kaiserliche Macht befindet sich dank der militärischen Erfolge Albrecht von Wallensteins auf ihrem Höhepunkt. Das „Restitutionsedikt" soll den vormaligen katholischen Besitzstand wiederherstellen.
1630	Der schwedische König Gustav II. Adolf landet in Pommern. Den Schweden gelingt in kurzer Zeit der siegreiche Vormarsch bis nach Süddeutschland.
1635	Nach Schwächung der schwedischen Position tritt Frankreich offen in den Krieg gegen Habsburg ein.
1648	Am 24. Oktober beendet der Friedensschluss von Münster und Osnabrück den Dreißigjährigen Krieg.

1. Der europäische Hintergrund des Dreißigjährigen Krieges: das Zeitalter der Glaubenskämpfe

England und die Grenzen der spanischen Macht

Der Tod Maria Tudors (1553–1558), Gemahlin des spanischen Königs Philipp II. (1556–1598), und die Thronbesteigung Elisabeths I. (1558–1603) beendeten das gegenreformatorische Zwischenspiel in England. Das Land kehrte zur anglikanischen Staatskirche zurück, deren protestantische Elemente noch weiter ausgebaut wur-

169 Das „Armada-Porträt" Elisabeths I. Ölgemälde (133,5 x 105,5 cm) von George Gower, entstanden um 1588 nach dem Sieg der englischen Flotte über die spanische Armada

den. Elisabeth erneuerte den königlichen Machtanspruch in kirchlichen und geistlichen Angelegenheiten mit der Suprematsakte von 1559. Die an Bucer und Calvin orientierten „39 Artikel" bildeten seit 1563 die dogmatische Grundlage der „High Church". Ein geistliches Gericht – die „High Commission" (1580) – setzte diese Vorstellungen gegen eine starke Opposition von „Puritanern" durch. Auch sie orientierten sich an Calvin, beriefen sich aber auf dessen presbyterial-synodale Kirchenverfassung, die sich jedoch mit dem Führungsanspruch der Königin über die anglikanische Kirche grundsätzlich nicht vertrug.

Außenpolitisch entwickelte sich England in dieser Zeit durch die Unterstützung niederländischer und französischer Protestanten zu einem Bollwerk der reformatorischen Bewegung. Die Aufnahme calvinistischer Emigranten auch aus den spanischen Niederlanden und die Zunahme kolonialer Konflikte – etwa durch das Kapern spanischer Silberflotten aus Südamerika – verschärften die Gegensätze mit Spanien. 1588 sollte die spanische Flotte Invasionstruppen nach England geleiten, wurde aber von einer überlegenen englischen Artillerie unter großen Verlusten an Menschen und Material in die Nordsee abgedrängt. Die Niederlage der Armada beendete zwar keineswegs die spanische Vormachtstellung in Europa und Übersee; dennoch stärkte sie die Position der konfessionellen und politischen Gegner Spaniens in Westeuropa nicht unerheblich.

Die Niederlande auf dem Weg in die Unabhängigkeit

Als Erbe waren 1477 die südlichen Provinzen der Niederlande mit Holland und bis 1543 auch die nördlichen Provinzen an Habsburg bzw. dessen spanische Linie gefallen. Das Land zeichnete sich durch seine überragende Wirtschaftskraft aus. Es wies die größte Bevölkerungsdichte in Europa auf, auf fruchtbaren Böden wurden mit den modernsten Methoden weit überdurchschnittliche Erträge geerntet, Fischfang, Seefahrt und der Aufbau eines Überseereiches (1602 Gründung der Ostindischen Kompanie) machten es zum Zentrum des europäischen Handels. Das Steueraufkommen übertraf den Wert der spanischen Silbereinfuhren aus Amerika um ein Vielfaches.

Der spanische König Philipp II. suchte die traditionellen Autonomierechte der Stände zu beschneiden und den Protestantismus in den nördlichen Provinzen zu bekämpfen. Er erneuerte die Ketzergesetze und verschärfte die Inquisition.

Dagegen formierte sich Widerstand unter Führung der niederländischen Statthalter Egmont und Hoorne (1568 hingerichtet) und Wilhelm von Oranien (1533–1584). Dieser organisierte den Abwehrkampf, der auch als Seekrieg gegen das spanische Kolonialreich geführt wurde. Die „Oranische Heeresreform", machte durch Einführung strenger Disziplin und klarer Kommandostrukturen das niederländische Heer zu einem schlagkräftigen Gegner der Spanier. 1566 entluden sich religiöser Eifer und politische Unzufriedenheit in einem Bilder- und Kirchensturm. Philipp II. versuchte den Aufruhr durch die Entsendung des „eisernen" Herzogs von Alba zu brechen, der mit grausamer Härte vorging, dadurch aber nur die Solidarisierung breiter Bevölkerungsschichten über konfessionelle Grenzen hinweg bewirkte.

Erst dessen Nachfolger Alexander Farnese gelang es, in der „Union von Arras" (1579) die katholischen Südprovinzen wieder an Spanien zu binden. Die daraufhin in den nördlichen Provinzen gegründete „Union von Utrecht" bedeutete die Spaltung der Niederlande, die durch eine eigene Verfassung für die „Generalstaaten" im Norden vertieft wurde.

Frankreich zur Zeit der Religionskriege

Trotz Verfolgung durch Heinrich II. (1547–1559) breitete sich in Frankreich der Calvinismus aus. Auch die hochadligen Häuser Bourbon und Châtillon schlossen sich den „Hugenotten" an. In acht „Hugenottenkriegen" zwischen 1562 und 1598 – ausgelöst durch das Blutbad von Vassy – ging es aber nicht allein um religiöse Fragen. Zugleich mit dem konfessionellen Konflikt wurden Rivalitäten zwischen den Adelsparteien ausgetragen, die Macht des Königshauses bekämpft, um den Einfluss auswärtiger Mächte (Spanien, England) gerungen.

170 Das Massaker in der Bartholomäusnacht am 23./24. August 1572. Ölgemälde (95,5 x 154 cm) von François Dubois, 1595. Nur wenige Tage nach der Trauung zwischen Heinrich von Navarra und Margarete von Valois, mit der ein Schlussstrich unter die seit Jahrzehnten anhaltenden Kämpfe zwischen Katholiken und Protestanten gezogen werden sollte, ließ die Königinmutter Katharina von Medici die aus Anlass der Hochzeitsfeierlichkeiten fast geschlossen am Königshof in Paris weilenden Anführer des hugenottischen Adels und viele ihrer Glaubensgenossen ermorden. Der auch in anderen französischen Städten durchgeführten Mordaktion fielen einige tausend Hugenotten zum Opfer.

Im Edikt von St. Germain (1570) erhielten die Hugenotten bedingt Religionsfreiheit und eine Sicherheitsgarantie für eine Reihe von befestigten Orten. Doch flammten die Kämpfe mit der „Pariser Bluthochzeit" („Bartholomäusnacht") wieder auf, als die Hochzeit der Prinzessin Margarete mit dem Hugenotten Heinrich von Navarra den Anlass zu einer organisierten Mordaktion gegen Protestanten im ganzen Land gab. Erst als Heinrich von Navarra als König Heinrich IV. (1589–1610) 1593 zum Katholizismus konvertierte („Paris ist eine Messe wert"), gelang die Befriedung des Landes. Im Edikt von Nantes (1598) sagte Heinrich den Hugenotten erneut bedingte Religionsfreiheit, politische Gleichberechtigung und Sicherheitsplätze zu.

171 Maria Stuart und Spanien

Die im Mai 1568 nach England geflohene und dort am Hof Königin Elisabeths gefangen gesetzte katholische Königin von Schottland, Maria Stuart, schreibt an Elisabeth von Spanien, Gattin König Philipps II., 23. September 1568:

Mein Aufenthalt in diesem Lande hat mich Bekanntschaften machen lassen, durch welche ich so vieles erfuhr über die hiesige Lage, dass ich, könnte ich auch nur mit ein wenig Hilfe sicher rechnen, der alten Religion wiederum zum Sieg verhelfen wollte oder zugrunde gehen bei dem Versuch. [...] Das Schönste bietet man mir indessen an, lasse ich mich dazu herbei, die Religion zu wechseln, wozu ich mich niemals entschließen werde. [...] Dem Kult kann ich hier äußerlich nicht genügen, man will es mir unter keinen Umständen gestatten. [...]

[...] sie [Elisabeth von England] ist bei keiner der beiden Religionsparteien sehr beliebt und, Gott sei Dank, glaube ich mir viele Herzen der Gutgesinnten hier gewonnen zu haben seit meinem Hiersein, sodass ich mir erlauben darf anzunehmen, dass sie auf meiner Seite sind und mir geneigt bei meinem Kampf. Wenn dies geschehen könnte und noch einige notwendige Vergünstigungen, die ich Eurem Gesandten nenne, gewährt würden, so hoffe ich, zurückgegeben meinem Lande und mit der Königin in Freundschaft [...], meinen Sohn in Verehrung für Euch auferziehen zu können und ihm mit Eurem Beistand zu erlangen, was uns gehört. Und ist uns Gott in diesem Sinne gnädig, so erwarte ich mit Bestimmtheit, dass Ihr mir eine von Euren Töchtern für ihn gebet, welche Ihr für passend erachtet; er wird dann überglücklich sein. Es wird mir hier angeboten, ihm solle die englische Staatsbürgerschaft verliehen werden, und dann wolle die Königin ihn an Sohnes Statt annehmen. Es gelüstet mich nicht danach, Verzicht auf ihn zu leisten und mich meiner Rechte zu begeben, denn dann würde er ihren misslichen Glauben annehmen müssen; eher wollte ich ihn, wäre er mir zurückgegeben, zu Euch senden, und mich allen Gefahren aussetzen, um diese Insel im Gesamten dem alten und ehrwürdigen Glauben wiederum zuzuführen. Seid angefleht, dies ganz geheim zu halten, denn anders kann es mir das Leben kosten. [...] Ich bitte Euch, sendet mir einen Boten ausdrücklich in Eurem Namen, auf den ich mich gänzlich verlassen kann, damit ich ihm von meinen Plänen rede.

Zit. nach: Geschichte in Quellen. Bd. III: Renaissance, Glaubenskämpfe, Absolutismus. Hrsg. v. W. Lautemann und M. Schlenke, bearb. v. F. Dickmann. 3. Aufl. München 1982. S. 282f.

a) Inwiefern ist der politische Konflikt zwischen der schottischen und der englischen Königin mit der Konfessionsfrage verknüpft?
b) Worin liegt die außenpolitische Bedeutung dieses Konflikts?

172 Das Edikt von Nantes

Nach 36 Jahren des blutigen Bürgerkrieges zwischen Katholiken und Protestanten setzt Heinrich IV. mit dem Edikt von Nantes am 13. April 1598 ein Ende.

[...]

III. Wir befehlen, dass die katholische, apostolische, römische Religion an allen Orten und Stellen unseres Königreiches und Machtgebietes, wo ihre Ausübung unterbrochen worden ist, wiederhergestellt und aufgerichtet wird. [...]

VI. Um keinen Anlass zu Unruhen und Streitigkeiten zwischen Unseren Untertanen bestehen zu lassen, haben wir erlaubt und erlauben Wir den Anhängern der so genannten reformierten Religion, in allen Städten und Ortschaften Unseres Königreichs und Ländern Unseres Machtbereichs zu leben und zu wohnen, ohne dass dort nach ihnen gesucht wird oder sie bedrückt und belästigt und gezwungen werden, etwas gegen ihr Gewissen zu tun.

VII. Wir haben auch allen Seigneurs, Edelleuten und sonstigen Personen, Inländern wie auch anderen, die sich zur so genannten reformierten Religion bekennen und in Unserem Königreich und Machtgebiet die hohe Gerichtsbarkeit haben [...], die Ausübung der genannten Religion in einem ihrer Häuser [...] zu gestatten [...], desgleichen in ihrer Abwesenheit ihren Frauen, ihrer Familie oder einem Teil derselben. [...]

IX. Wir erlauben auch den Angehörigen der genannten Religion, an allen Orten Unseres Machtbereiches, wo im Lauf des Jahres 1596 und im Jahr 1597 bis Ende des Monats August ihre Ausübung mehrere oder verschiedene Male öffentlich stattgefunden hat, diese Ausübung zu praktizieren und fortzusetzen. [...]

XI. [...] Wir befehlen, dass in den Vorstädten einer Stadt [...] die Ausübung der so genannten reformierten Religion öffentlich stattfinden kann für alle, die dahin gehen wollen. [...]

XIV. Wir verbieten ausdrücklichst, die genannte Religion an Unserem Hofe und in Unserem Gefolge, ebensowenig in Unserer Stadt Paris und in einem Umkreis von fünf Meilen außerhalb dieser Stadt auszuüben.

XV. Die öffentliche Ausübung der genannten Religion bei den Armeen ist verboten außer in den Quartieren der obersten Befehlshaber, die sich zu ihr bekennen. [...]

XVI. [...] Wir erlauben den Anhängern der genannten Religion, in den Städten oder Plätzen, wo ihnen die Religionsübung gestattet ist, dafür Gebäude zu errichten. [...]

XX. Die Anhänger der genannten Religion sollen auch die Feste der katholischen, apostolischen und römischen Kirche be[ob]achten und halten, und sie können an diesen Festtagen weder arbeiten noch in offenen Läden verkaufen oder zum Verkauf ausstellen. [...]

XXVII. Um unsere Untertanen desto besser zu versöhnen, wie es Unsere Absicht ist, und um künftig allen Klagen vorzubeugen, erklären Wir, dass alle die, welche sich zur genannten angeblich reformierten Religion bekennen oder bekennen werden, fähig seien, innezuhaben und auszuüben alle öffentlichen Stellen, Würden, Ämter und Funktionen [...] in Unserem Königreich.

Zit. nach: Geschichte in Quellen. Bd. III: Renaissance, Glaubenskämpfe, Absolutismus. Hrsg. v. W. Lautemann und M. Schlenke, bearb. v. F. Dickmann. 3. Aufl. München 1982. S. 265 f.

a) Mit welchen Mitteln versucht das Edikt von Nantes die konfessionelle Kontroverse zu entschärfen?

b) Setzen Sie sich exemplarisch mit den Bestimmungen des Edikts auseinander, die aus Ihrer Sicht der Dinge geeignet sind, das komplizierte Verhältnis zwischen den Konfessionen erneut zu belasten.

2. Ausbruch und Verlauf des Dreißigjährigen Krieges

Habsburg und die böhmischen Stände

1526 waren die Länder der Krone Böhmens an Habsburg gefallen. Dabei blieben die Stände bei ihrer Auffassung, dass Böhmen ein Wahlkönigtum sei. Auch behielten Herren, Ritter und Städte bis 1618 sehr weitgehende Steuerbewilligungsrechte und die Kommandogewalt über das Heer. Neue Rechte kamen hinzu: Denn in den Auseinandersetzungen zwischen Kaiser Rudolf II. (1576–1612) und seinem Bruder Matthias (Erzherzog seit 1608, Kaiser 1612–1619) versuchte jeder der beiden, durch Zugeständnisse und Privilegien die Stände auf seine Seite zu ziehen. So erkannte Rudolf II. im „Majestätsbrief" (1609) das landständische Kirchenregiment an, auf dessen Grundlage die Stände in Böhmen eine calvinistische „Confessio Bohemica" eingeführt und das hussitische Traditionen fortführende Bildungs- und Schulwesen selbst geordnet hatten.

Böhmisch-pfälzischer Krieg (1618–1623)

Ferdinand II. (Kaiser 1619–1637), 1617 von den Ständen zum König von Böhmen gewählt, leitete den politischen Wechsel ein. Obwohl er vor seiner Krönung die alten Privilegien einschließlich des „Majestätsbriefs" noch bestätigt hatte, versuchte er bald die konfessionellen und politischen Rechte der Stände einzuschränken. Im symbolträchtigen „Prager Fenstersturz" brachte die radikale ständische Opposition um Graf Thurn ihren Unmut darüber zum Ausdruck: Sie stürzten zwei Statthalter des Königs und deren Sekretär aus einem Fenster der Prager Burg (die dabei aber nur leichte Verletzungen davontrugen).

Der Bruch mit dem habsburgischen Landesherrn war damit vollzogen. Die Stände übernahmen die Regierungsgewalt und setzten einen Ausschuss von 30 Direktoren ein. Die Jesuiten als verhasste Vorkämpfer der katholischen Sache wurden aus dem

173 Der Prager Fenstersturz im Mai 1618. Fotogravure nach dem Gemälde von Vaclav Brozik, 1889

Land getrieben, ein eigenes Heer wurde aufgestellt. Die Stände beschworen im Sommer 1619 die „Confoederatio Bohemica", eine ständische Verfassung mit reiner Wahlmonarchie, und erklärten König Ferdinand für abgesetzt. An seiner Stelle wählten sie den calvinistischen Kurfürsten Friedrich V. von der Pfalz, der im November in Prag gekrönt wurde. Doch nur aus den Niederlanden kam finanzielle Hilfe.
Indessen ging der Kaiser mit der „Liga" – der militärischen Allianz der katholischen Reichsstände unter Führung Bayerns – ein Bündnis ein. Dagegen erklärte sich die protestantische „Union" – Allianz der evangelischen Reichsstände – für neutral und löste sich 1621 auf. Im November 1620 besiegten die Liga-Truppen unter Feldherrn Tilly das böhmische Ständeheer entscheidend in der Schlacht am Weißen Berg bei Prag. Der „Winterkönig", wie man Friedrich von der Pfalz nun im Spott nannte, floh und wurde geächtet. Er fand schließlich Asyl im niederländischen Den Haag, wo er 1632 starb.
Der verlorene Krieg bedeutete für Böhmen ein Debakel: In Hochverratsprozessen mit zahlreichen Hinrichtungen wurde die ständische Opposition zerschlagen und die Zusammensetzung der Aristokratie grundlegend verändert. Die „Verneuerte Landesordnung" von 1627 hielt die Erblichkeit der böhmischen Krone für das Haus Habsburg fest, das Steuerbewilligungsrecht des Landtages wurde zur bloßen Formalität. Eine konsequente Rekatholisierungspolitik trieb viele Protestanten zur Auswanderung. Die bayerischen Wittelsbacher bekamen die Oberpfalz und die Kurwürde des Pfälzers (1623). Die Rheinpfalz wurde von spanischen und Ligatruppen erobert und rekatholisiert. Die Heidelberger „Bibliotheca Palatina" gelangte als Geschenk der Eroberer an den päpstlichen Hof.

Niedersächsisch-dänischer Krieg (1624–1629)

Der Erfolg der kaiserlich-ligistischen Waffen und ihre neue Machtposition im Westen des Reiches bedeutete eine Bedrohung für Frankreich, die Niederlande und die evangelisch gewordenen norddeutschen Fürstbistümer. Gemeinsam mit England und den Niederlanden finanzierte Frankreich den Kriegseintritt des dänischen Königs Christian, der mit der Besetzung der Städte Verden, Nienburg und Hameln 1625 die Kampfhandlungen eröffnete.

In dieser Situation kam Ferdinand II. das Angebot des mährischen Adligen Albrecht von Wallenstein (1583–1634) zu Hilfe, für den Kaiser ein eigenes Heer aufzustellen.
Wallenstein wurde zum Herzog erhoben und warb binnen weniger Wochen ein Heer von 24000 Soldaten an. Zusammen mit anderen kaiserlichen Truppen gebot er damit über 40000 Soldaten, die in mehreren Schlachten den Dänenkönig besiegten.
Wallenstein wurde zum Dank mit dem Herzogtum Mecklenburg belehnt und im selben Jahr (1628) zum „General des ozeanischen und baltischen Meeres“ ernannt. Die Macht des Kaisers erstreckte sich nun über ganz Norddeutschland bis zur Küste. Im Frieden zu Lübeck (1629) verzichtete Christian von Dänemark auf jedes weitere Eingreifen im Reich.

174 Folterung und Hinrichtung der aufständischen böhmischen Adligen am 21. Juni 1621 in Prag. Zeitgenössischer Kupferstich

Das Restitutionsedikt und der Umschwung des Krieges

Der Kaiser, auf dem Höhepunkt seiner Macht, glaubte nun, einen lange währenden konfessionellen Streitfall in seinem – katholischen – Sinne lösen zu können: Im Restitutionsedikt, erlassen am 6. März 1629, befahl er die Herausgabe aller nach 1552 (Passauer Vertrag, vgl. Kap. V.4) säkularisierten, d.h. von den Protestanten eingezogenen Kirchentümer: zwei Erzbistümer, sieben Bistümer und über 500 Klöster im ganzen Reich. Unter dem Schutz kaiserlich-ligistischer Waffen schritten die Kommissare des Kaisers zur Vollstreckung.
Doch die Reichsstände – katholische wie evangelische – empfanden diesen Machtzuwachs als Bedrohung ihrer „Libertät“. Mit Argwohn betrachteten sie vor allem die einflussreiche Stellung Wallensteins an der Spitze eines starken kaiserlichen Heeres. Auf dem Regensburger Kurfürstentag von 1630 erzwangen sie daher unter Führung Bayerns – Druckmittel war die bevorstehende Wahl des Kaisersohnes zum deutschen König – die Entlassung Wallensteins, die drastische Verringerung des kaiserlichen Heeres und seine Unterstellung unter den Ligafeldherrn Tilly.

Schwedischer Krieg (1630–1634)

Politisch hatte sich das Blatt also schon gewendet, als im Sommer 1630 Schwedenkönig Gustav II. Adolf (1611–1632) in Pommern landete. Es ging ihm, wie er überall verkünden ließ, um die Rettung der protestantischen Sache, aber auch – wovon öffentlich natürlich nicht die Rede war – um schwedische Großmachtambitionen. Doch erst die finanzielle Unterstützung seines Feldzuges, die Frankreich im Vertrag von Bärwalde (1631) zusagte, machte den Vormarsch der Schweden möglich. Bei Breitenfeld unweit Leipzigs trafen sie, zusammen mit sächsischen Truppen, am 18. September 1631 auf das Ligaheer Tillys. Der Sieg der Schweden war der Durchbruch: Ganz Süddeutschland stand nun offen und ohne Schutz. Rasch rückte Gustav Adolf vor, besiegte ein letztes Heeresaufgebot am Lech – Tilly wurde tödlich verwundet – und zog im Mai 1632 in München ein. Sächsische Truppen besetzten Prag.

175 Mitteleuropa während des Dreißigjährigen Krieges

In dieser Situation hatte der Kaiser erneut Wallenstein mit der Aufstellung eines Heeres betraut und ihn mit weitgehenden militärischen und politischen Vollmachten ausgestattet. Lange wich Wallenstein der direkten militärischen Konfrontation aus, kaiserliches und schwedisches Heer zogen über Monate nebeneinander her und hinterließen eine Spur der Plünderung und Verwüstung. Bei Lützen kam es am 16. November schließlich doch zur offenen Schlacht. Zwar siegten die Schweden, doch fiel König Gustav Adolf. Reichskanzler Axel Oxenstierna übernahm die Leitung der schwedischen Politik und Kriegsführung und einte die meisten evangelischen Reichsstände im „Heilbronner Bund“ (1633) zu einer gemeinsamen Politik. Wallenstein blieb militärisch untätig, vielmehr wurden Verhandlungen ruchbar, die er ohne kaiserliche Vollmacht mit Schweden, Frankreich und böhmischen Exulanten führte. Die Ziele, die der Generalissimus damit verfolgte, sind nicht zweifelsfrei geklärt. Am kaiserlichen Hof fürchtete man jedoch einen Verrat Wallensteins und trat der Gefahr entgegen: Im Februar 1634 wurde der Feldherr im böhmischen Eger ermordet.

Als die Schweden einige Monate später bei Nördlingen eine schwere militärische Niederlage erlitten, zerfiel der Heilbronner Bund. Der Weg zu einer innerdeutschen Verständigung schien frei. Im Mai 1635 einigten sich Sachsen und der Kaiser im „Prager Frieden“ darauf, alle fremden Truppen aus dem Land zu treiben. Der Kaiser verzichtete auf die Durchführung des Restitutionsedikts. Fast alle Reichsstände schlossen sich dem Frieden an. – Dennoch fand der große Krieg kein Ende. Im selben Monat erklärte Frankreich Spanien den Krieg und trat nun offen in den Kampf im Reich ein.

Schwedisch-französischer Krieg (1635-1648)

Aber erst nach vier Jahren gelang den französischen Truppen die Inbesitznahme des Elsass. 1639 fügten die Holländer der spanischen Flotte eine vernichtende Niederlage bei; Spaniens Stellung als Seemacht war schwer erschüttert. Hinzu kamen Aufstände in Katalonien und Portugal, die, von Richelieu unterstützt, 1640 zum Abfall Portugals von der spanischen Krone führten.

Im selben Jahr vereinigten sich erstmals schwedische und französische Truppen. Von Thüringen aus stießen sie 1642 bis in die Nähe Wiens vor. Im letzten Kriegsjahr besetzten Schweden die Prager Kleinseite. Den kaiserlichen und bayerischen Waffen gelangen dagegen keine wichtigen Erfolge mehr. Der Krieg zerfiel mehr und mehr in Einzelaktionen, unter denen vor allem die ohnehin bereits ausgeblutete Bevölkerung zu leiden hatte.

Stehendes Heer: Das stehende Heer (miles perpetuus) des Absolutismus hat seine Anfänge zum einen in den verstetigten, ursprünglich ständisch organisierten „Landesdefensionen" zur Verteidigung bestimmter Territorien, in den österreichischen Grenzregionen etwa gegen die Türken. Diese Verteidigungskräfte bestanden aus ausgelosten Aufgebotspflichtigen oder deren Ersatzmännern. Eine andere Wurzel sind die im Auftrag des Landesfürsten durch regelrechte Kriegsunternehmer ursprünglich nur für einen Feldzug frei geworbenen Söldnerheere. Im Dreißigjährigen Krieg ist das Söldnerheer die militärisch bedeutendere Organisationsform. Beide Typen verschmelzen nach dem Krieg allmählich: Aus dem stehen gebliebenen wird das stehende Heer. – Man nimmt an, dass 1648 eine Viertelmillion Menschen unter Waffen standen – mehr als je zuvor. Allein Schweden hatte sein Heer im Verlauf des Krieges von 15000 auf 140000 Mann vergrößert. Die Fürsten übernahmen die Söldnerheere, um sie nicht ihren Konkurrenten überlassen oder Aufstände befürchten zu müssen. Zwar wurden die Truppen aus Kostengründen auf einen Kernbestand reduziert, dieser sicherte aber die organisatorische Kontinuität und ließ sich aus weiteren kriegserfahrenen Soldaten jederzeit aufstocken. Stetige Ausbildung, Versorgung und Verwaltung des Heeres waren für den frühneuzeitlichen Staat eine neue Herausforderung. Sie beschleunigten den Prozess der Staatsbildung.

Libertät (von lat. libertas = Freiheit) ist während des Dreißigjährigen Krieges und der Friedensverhandlungen ein Schlüsselbegriff zur Legitimierung des reichsständischen, insbesondere landesfürstlichen Strebens, kaiserlichen Absolutismus zu verhindern und innerhalb des eigenen Territoriums weitgehende Selbstständigkeit zu gewinnen. Der Sache nach ist das libertäre Prinzip aber bereits ein Grundzug der Reichsverfassung im 16. Jahrhundert. Es schließt weitgehend aus, dass der Kaiser oder die Reichsorgane Zwangsmittel gegen Reichsfürsten einsetzen. Kleinere Reichsstände sind davon ausgenommen und müssen Sanktionen bis hin zur Reichsacht befürchten. Auf der anderen Seite entwickeln die Reichsstände, darunter auch die Reichsfürsten ein eigenes Interesse an der Beschränkung der Libertät, weil ihre Stellung im Reichsverband ohne den Kaiser nicht gewährleistet ist und sie auf Reichstagen oder im Reichskreis die auf Kooperation mit anderen Ständen angewiesen sind. Libertät ist also keineswegs gleichbedeutend mit Souveränität.

176 Frankreich und Schweden – Grenzen des Religionskrieges

a) Aus dem Subsidienvertrag von Bärwalde, Januar 1631:

Es soll [hiermit] ein Bündnis geschlossen werden zwischen den durchlauchtigsten Königen von Schweden und Frankreich zum Zweck der Verteidigung ihrer gemeinsamen Bundesgenossen, der Sicherheit der Ost- und Nordsee, der Freiheit des Handels und der Wiederherstellung der unterdrückten Stände des Römischen Reiches.

[...] Zu dem Zweck wird der König von Schweden entsprechend der großen Kriegslast dreißigtausend Mann zu Fuß und sechstausend Kürassiere auf seine Kosten nach Deutschland führen und dort unterhalten. Der König von Frankreich wird jährlich 400000 Reichstaler = eine Million Livres beisteuern [...] und den Beauftragten des Königs von Schweden auszahlen und übergeben.

[...] Wenn Gott dem König von Schweden Erfolg verleiht, wird er sich hinsichtlich der Religionsausübung in den eroberten und besetzten Ländern nach den Reichsgesetzen und -konstitutionen verhalten. An Orten, wo er die Ausübung der römisch-katholischen Religion vorfindet, soll diese unberührt erhalten bleiben.

Mit dem Herzog von Bayern und der Katholischen Liga im Römischen Reich soll Freundschaft oder wenigstens Neutralität gehalten werden, sofern sie ihrerseits das Gleiche tun. [Darüber stellte Gustav

Adolf noch eine besondere Erklärung aus, worin er Bayern Neutralität zusagte, sofern der Herzog einen entsprechenden Antrag stellen würde [was dieser aber nicht tat].

Sollte sich durch Gottes Gnade Gelegenheit zu Verhandlungen bieten, sollen diese in Übereinstimmung der Verbündeten geführt werden. Keiner der Bundesgenossen darf ohne den anderen irgendetwas eingehen oder Frieden schließen.

Zit. nach: Geschichte in Quellen. Bd. III: Renaissance, Glaubenskämpfe, Absolutismus. Hrsg. v. W. Lautemann und M. Schlenke, bearb. v. F. Dickmann. 3. Aufl. München 1982. S. 324.

b) Der französische Kardinal und Erste Minister Richelieu in seinem „politischen Testament“ über die Politik des „verdeckten Krieges“, 1642:

Wenn es das Zeichen einer einzigartigen Klugheit ist, durch zehn Jahre hindurch alle Kräfte der Feinde Ihres [= des Königs Ludwig XIV.] Staates durch die Ihrer Alliierten gebunden zu haben, indem sie die Hand an den Geldbeutel und nicht an die Waffen legten, und [erst dann] in den offenen Kampf einzutreten, als Ihre Verbündeten sich nicht mehr allein halten konnten, so zeugt es zugleich auch für Ihren Mut und Weitblick. Das Ergebnis rechtfertigt vollkommen Ihr Verfahren, die Ruhe Ihres Königreiches dadurch zu sichern, dass Sie wie die vorsichtigen Geschäftsleute handelten, die mit aller Umsicht ein Vermögen anhäufen, aber auch klug genug sind, es zur rechten Zeit auszugeben, um sich vor größeren Verlusten zu bewahren.

Zit. nach: Geschichte in Quellen. Bd. III: Renaissance, Glaubenskämpfe, Absolutismus. Hrsg. v. W. Lautemann und M. Schlenke, bearb. v. F. Dickmann. 3. Aufl. München 1982. S. 325.

c) Nach der Landung der Schweden steht das Reich nach dieser Darstellung ganz im Bann ihres Königs Gustav Adolf. Kupferstich auf einem anonymen Flugblatt von 1630

a) Erläutern Sie, welche unterschiedlichen und welche gemeinsamen Kriegsziele Schweden und Frankreich verfolgen. Wo liegen möglicherweise die Grenzen des Einvernehmens?

b) Prüfen Sie die Frage, ob der Subsidienvertrag die These vom Dreißigjährigen Krieg als Religionskrieg eher bestätigt oder widerlegt.

177 Katholiken und Protestanten auf dem Höhepunkt ihrer Macht

a) Kriegsziele der Protestanten um Landgraf Wilhelm von Hessen, 5. März 1632:

1. Fürs Erste [fordern wir], dass ohne Unterschied sowohl die Reformierten als auch die Lutherischen im Religionsfrieden [von 1555] ausdrücklich begriffen sein sollen.
2. Zum andern: Dass alle Stifter, Klöster, geistliche Güter ohne Unterschied [...], was derselben die sämtlichen Evangelischen vor und nach dem Passauschen Vertrag[1] ersessen und in Händen gehabt haben, ihnen auch unwiderruflich ruhig gelassen werden sollen. [...]

3. Dass allen und jeden Evangelischen ohne irgendeinen Unterschied freistehen soll, die in ihren Territorien gelegenen [...] Stifte und Klöster [...] zu reformieren und über derselben Einkünfte, Nutzungen und Gefälle zu disponieren. [...]
4. Dass viertens auch allen hohen und niedrigen katholischen Stiften, Klöstern, Kollegien und Kapiteln insgemein und einer jedweden in denselben begriffenen Personen absonderlich [...] freistehen soll, sich von der katholischen papistischen Religion ohne Nachteil ihrer geistlichen Ehrenstände, Würden und Dignitäten zu bekehren und die evangelische anzunehmen. [...]
5. Und zum Fünften, dass an allen katholischen Orten und Enden die Evangelischen ohne Unterschied nicht allein unbedrängt geduldet [...], sondern ihnen auch das freie *exercitium religionis* öffentlich zu treiben, zu lehren und zu bekennen verstattet sein soll. [...]

[Wir fordern, dass man erstens] die geistlichen Kurfürsten nicht mehr zu einer Wahl eines römischen Kaisers [zu]ziehe, sondern an deren Stelle die weltlichen, zu Deputationstagen benannten evangelischen Stände gebrauche. [...]
2. Wenn ein Reichslehen frei wird, dass nicht ein römischer Kaiser oder König [...] allein dasselbe anderwärts zu übertragen Macht haben, sondern die Konzession dessen auf einem allgemeinen Reichstag debattiert und per majora [durch Mehrheitsentscheid] ein solches Lehen einem oder mehreren Ständen übertragen werden soll.
3. Dass auch alle kaiserlichen Hofprozesse künftig und zu allen Zeiten eingestellt und an den kaiserlichen Hof kein Reichsstand mehr gezogen werde.

1 Der „Passauer Vertrag" vom August 1552 beendete den „Fürstenkrieg", den die – konfessionsübergreifende – fürstliche Opposition im Reich gegen Karl V. geführt hatte, um eine weitere Zunahme der kaiserlichen Macht zu verhindern. Die religiösen Passagen des Vertrages nahmen die entsprechenden Regelungen des Augsburger Religionsfriedens vorweg.

Zit. nach: Geschichte in Quellen. Bd. III: Renaissance, Glaubenskämpfe, Absolutismus. Hrsg. v. W. Lautemann und M. Schlenke, bearb. v. F. Dickmann. 3. Aufl. München 1982. S. 313 f.

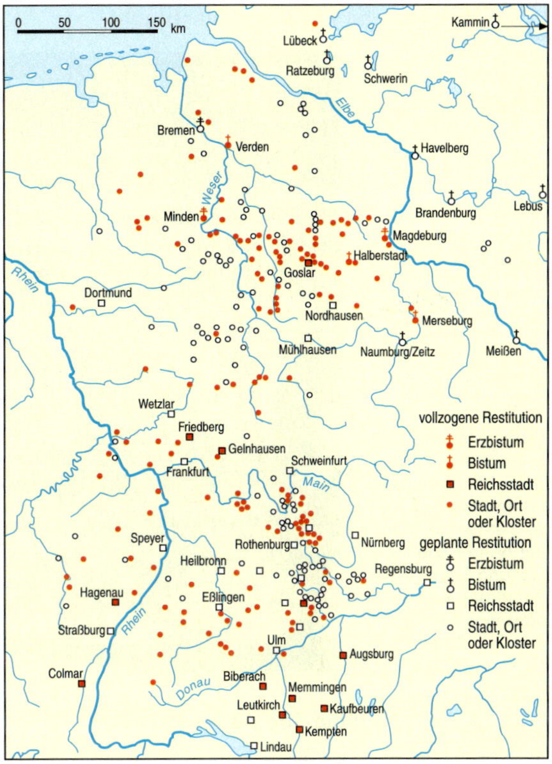

b) Vollzogene und geplante Restitutionen nach dem Restitutionsedikt von 1629

Nach Heinz Schilling: Aufbruch und Krise. Deutschland 1517–1648. Berlin 1998. S. 424.

a) Zeigen Sie die konfessionellen und politischen Konsequenzen auf, die sich aus einer vollständigen Durchsetzung des Restitutionsediktes ergeben hätten.
b) Welche Folgen hätte umgekehrt ein Friedensschluss zu den Bedingungen der radikalen Protestanten gehabt?
c) Überprüfen Sie am Beispiel des Westfälischen Friedens (Material 186), welche Forderungen der Protestanten am Ende des Krieges durchgesetzt werden konnten.

178 Wallensteins Ende und Nachhall

a) Wallensteins Ermordung durch den irischen Hauptmann Devereux am 25. Februar 1634 in der böhmischen Festung Eger. Radierung von Matthäus Merian aus dem „Theatrum Europaeum“, 1635

b) Volkslied auf den Tod Wallensteins

Neue Wallenstein'sche Grabschrift

Hier liegt der Wallenstein ohne Fried,
Des Reichs ein Fürst und doch kein Glied
War ohne Schiff ein Admiral
Und offne [ohne?] Schlacht ein General,
Ein Landsass in dem Herzogstand,
Im Kopf ein Heer in keinem Land,
Gut römisch und ein Mameluck[1],
Aufrichtig voll der Untreu Stuck,
Mit Krieg im Sinn ein Friedenmann,
Von süßen Worten ein Tyrann,
Wollt endlich mehr als Kaiser sein,
Büßt drüber miteinander ein
Leib, Ehr, Gut, fast Seel dazu –
Ei seht doch, was die Ehrsucht tu!

1 Mameluck = Söldner im Dienst des osmanischen Herrschers

Zit. nach: Geschichte in Quellen. Bd. III: Renaissance, Glaubenskämpfe, Absolutismus. Hrsg. v. W. Lautemann und M. Schlenke, bearb. v. F. Dickmann. 3. Aufl. München 1982. S. 320.

Das Volkslied vermittelt aspekthaft Einblicke in die facettenreiche Lebensgeschichte Wallensteins. Entwerfen Sie – auch unter Zuhilfenahme anderer Informationsquellen – ein Persönlichkeitsprofil, das deutlich werden lässt, weshalb er zu den bedeutenden Gestalten des 17. Jahrhunderts gezählt wird.

179 Frieden ohne Bestand

Die Bestimmungen des „Prager Friedens“, 1635. Er wurde formell zwischen dem Kaiser und dem sächsischen Kurfürsten geschlossen, doch traten die übrigen Reichsstände bis auf wenige Ausnahmen dem Vertrag bei:

Erstlich bleibt es wegen der Mediatstifte, Klöster und anderer geistlicher Güter und deren sämtlichen Zugehörigen, welche der Augsburgischen Konfessionsverwandten Kurfürsten und Stände [...] noch vor dem aufgerichteten Passauschen Vertrag oder Religionsfrieden eingezogen und innegehabt, bei dem klaren Buchstaben und Verordnung des angeregten hochbeteuerten Religionsfriedens allerdings und durchaus. Was aber anlangen tut die Immediatstifte und geistlichen Güter, so vor dem Passauschen Vertrag oder Religionsfrieden eingezogen worden, sowohl auch diejenigen Stifte und geistlichen Güter, welche nach gedachtem Passauschen Vertrag oder Religionsfrieden in der Augsburgischen Konfessionsverwandten Gewalt gekommen, die seien gleich Mediat oder Immediat [...], ist es endlich dahin verhandelt, dass dieselben [...] Kurfürsten und Ständen, so viel deren Anno 1627 den 12. Novembris stylo novo[1] innegehabt, besessen und gebrauchet [...] auf vierzig Jahre, von dato dieser geschlossenen Vergleichung an zu rechnen, geruhiglich verbleiben. [...] [Es soll] noch vor Ausgang der bewilligten vierzigjährigen Zeit durch Zusammensetzung friedliebender Stände von beiderlei Religion in gleicher Anzahl [...] alle äußerste Bemühung, Sorg und Fleiß dahin angewendet werden, ob die Sache [...] mit beider Teile belieben [...] könne [...] verglichen werden. [...] Würde aber solches nicht erfolgen, so soll nach Ausgang der bemeldeten vierzig Jahre jeder Teil in dem Rechte stehen, welches er den 12. Novembris stylo novo Anno 1627 gehabt hat. [...]

[...] Was aber die auswärtigen Potentaten und Nationen, in specie die Krone Frankreich, Schweden und andere [...] in Händen haben, zu dessen allen wirklicher unfehlbarer Restitution und Wiedererlangung sollen Ihro Kurfürstliche Durchlaucht zu Sachsen sowohl die anderen Augsburgischen Konfessionsverwandten, Kurfürsten und Stände, wenn sie dieses Friedens mit genießen wollen, der Römischen Kaiserlichen Majestät und den Katholischen mit gesamter Hand [...] ohne allen Anstand helfen. [...] Auch sonst insgemein soll man conjunctis viribus sich dahin bemühen, dass der Ober- und Niedersächsische Kreis von Fremden und insonderheit dem schwedischen [...] Kriegsvolk liberiret [befreit], solches von des Reichs Boden abgeschafft und, da es nicht gutwillig weichen würde, mit zusammengesetzter Macht daraus gebracht [...] werden. [...]

Zu dessen allen wirklicher und glücklicher Vollstreckung und Handhabung sollen Ihre Kaiserliche Majestät als das Oberhaupt im Reich armiert verbleiben. Zu derselben soll der Kurfürstlichen Durchlaucht zu Sachsen und aller anderen Kurfürsten und Stände Kriegsvolk [...] stoßen und Ihrer Kaiserlichen Majestät und dem Reich zu Exequierung [Ausführung, Umsetzung] und Handhabung dieses Friedensschlusses Pflicht leisten, und also aus allen Armaden eine Hauptarmada gemacht werden, die soll heißen und genannt werden: Der Röm. Kaiserlichen Majestät und des Heil. Röm. Reiches Kriegsheer.

1 An diesem Tag war dem Kaiser in Mühlhausen (Thüringen) ein Gutachten der katholischen Kurfürsten überreicht worden, das den Anstoß zum Restitutionsedikt gegeben hatte. „stylo novo" verweist auf die neue Zeitrechnung nach dem Gregorianischen Kalender.

Zit. nach: Geschichte in Quellen. Bd. III: Renaissance, Glaubenskämpfe, Absolutismus. Hrsg. v. W. Lautemann und M. Schlenke, bearb. v. F. Dickmann. 3. Aufl. München 1982. S. 326 ff.

Vergleichen Sie die Bestimmungen des Prager Friedens mit denen des Friedens von Münster und Osnabrück (Material 186). Worin liegen die wesentlichen Unterschiede?

3. Leben und Sterben im Krieg

„Der Krieg ernährt den Krieg"

Der Dreißigjährige Krieg wurde zum größten Teil von Söldnerheeren geführt. Dabei waren Freiwillige für ursprünglich nur einen Kriegszug („Sommer") geworben worden. Kriegsunternehmer – „Obristen" – mit Vollmacht des Landesherrn finanzierten die Söldnerheere im Voraus und bezahlten ihnen den Sold in der Hoffnung auf reichen Anteil an der Kriegsbeute. Wallenstein, und nach ihm andere, lösten das Sold- und Versorgungsproblem auf neue Art. Gleichgültig ob in Feindes- oder Freundesland, wurden dazu die Vorräte und Viehbestände der ansässigen Bauern requiriert. Zwar lag es im Interesse aller Heeresführungen, die Agrarproduktion nicht nachhaltig zu schwächen. Strenge Vorschriften und harte Strafen sollten Übergriffe verhindern. Dennoch versuchten unzulänglich versorgte und schlecht besoldete Soldaten nicht selten die Herausgabe von Nahrung und Geld durch zahllose Grausamkeiten zu erpressen. Auch die Verschonung der Bauern ließen sich die Soldaten, die ja selbst meist aus bäuerlichen Familien kamen, etwas kosten: Der Krieg ernährte sich selbst, während der Hunger in der Bevölkerung, aber auch unter den Soldaten zunahm.

180 Marodierende Soldaten plündern einen Bauernhof. Ölgemälde (50,8 x 69,5 cm) von Sebastiaen Vrancx, um 1620

Auf dem Land entwickelten die Menschen im Verlauf des Krieges eine Art „Frühwarnsystem" von Dorf zu Dorf und flohen bei Gefahr in benachbarte Wälder und Städte. Konfessionelle Rücksichten wurden bei der „Einflucht" in die Städte immer weniger genommen. Durch das Einfluchtsystem erhöhte sich freilich auch die Seuchengefahr unter den zusammengepferchten, ohnehin unterernährten und geschwächten Menschen.
Insgesamt waren die Verluste auf dem Land größer als in den Städten. Schätzungsweise um vier Millionen – das entspricht 15-20 % der Gesamtbevölkerung – nahm die Zahl der Menschen während des Krieges ab, mehr durch Krankheiten und Unterernährung als durch direkte Kriegseinwirkungen.
Allerdings gab es regionale Unterschiede – man spricht von einer „Zerstörungsdiagonalen" vom Nordosten des Reiches nach Südwesten – mit Gegenden, die vom Krieg völlig verschont blieben, und solchen, in denen die Mehrzahl der Menschen umkam.

Gesellschaftliche Auswirkungen

Eine Folge von Zerstörungen und Seuchen war das Ausweichen in weniger betroffene Gebiete, in denen entwurzelte Menschen Lebensunterhalt zu finden hofften. Auch wanderten vor allem nach dem Krieg Menschen aus den kargen Landschaften der Alpen, gefördert durch Maßnahmen der Landesherren, in die fruchtbareren, inzwischen dünner besiedelten Gegenden Süddeutschlands ein. Allerdings waren viele brachliegende Höfe zugleich hoch verschuldet, was die Besitzübernahme erschwerte, denn überall fehlte es am nötigen Geld.
Das jahre-, wenn nicht jahrzehntelange Leben in Bedrohung und Not und die Erfahrung menschlicher Grausamkeit hatten auch mentale Konsequenzen: Verrohung und Abnahme der Bildung waren in vielen Gegenden die Folge, Anzeichen einer Glaubenskrise – schwindendes Gottvertrauen angesichts der Leiderfahrung – waren ebenso feststellbar wie die völlige Weltabkehr und gläubige Jenseitsorientierung.

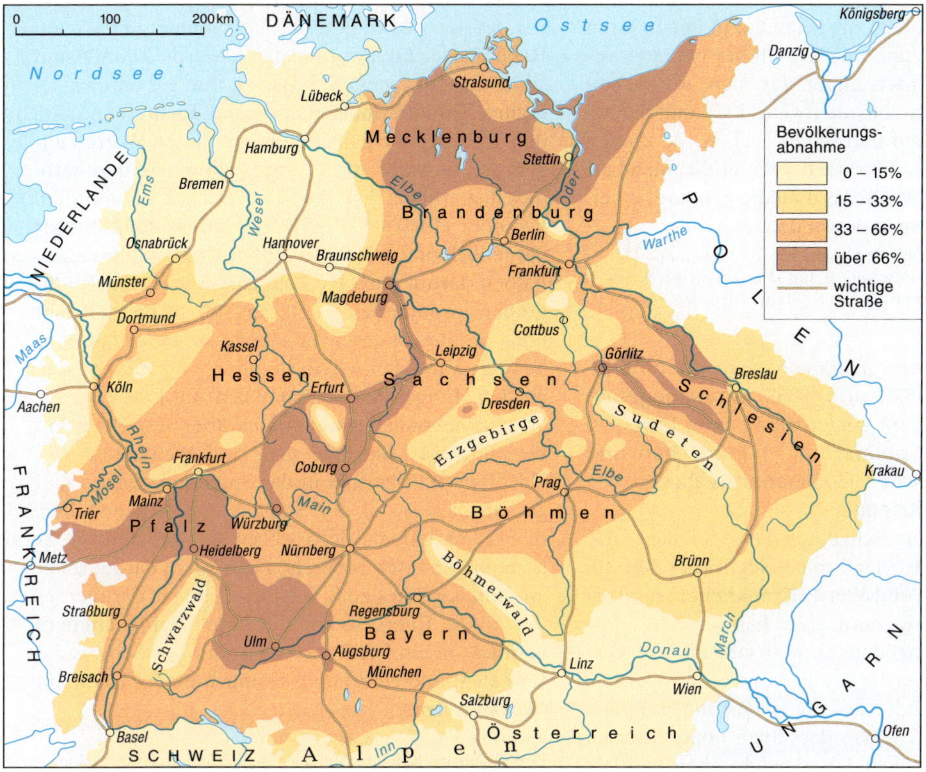

181 Bevölkerungsverluste während des Dreißigjährigen Krieges 1618–1648

182 Schrecken des Krieges

a) Der nahe der Reichsstadt Ulm geborene Schuster Hans Heberle beschreibt in seinem „Zeytregister" als Augenzeuge die Belagerung des Schlosses Albeck durch kaiserliche Truppen:

So hatt ihnen [der Besatzung] der feind [die Kaiserlichen] die wasserbronnen abgegraben, das sie kein wasser mehr haben. Gar wenig hatt das gute bauersvolckh: mit brot, mehl, salz und schmalz sindt sie gar nit versehen. So haben die soldaten auch nit vüll zum besten, wie woll sie gehren mitgetheilt heten, wan sie es nur gekent heten. […]

Da ist es an ein metzen [Schlachten] gangen. Da hat alles mißen herhalten, vüh und roß, wiewoll es anfangs ein grosser hauffen roß und vüh ist gewessen, aber nachmals gar wenig ist worden. das wehre alles zu gedulden gewessen, wan sie nur wasser gehabt, dan es ist so mangel an wasser worden, das sie das wasser gebraucht haben, wo man die kutelfleckhen [Tierdärme] darein geweschen, auch die spielwasser, auch fast ein jeder seinen harn oder deren kinder harn gemeinlich getrunkhen haben, und dannoch das selbig für gutt gehalten. Und nur heten kenden uberkomen, das der durst so gross ist worden, das sie des hungers nicht mehr geachtet, wiewol sie nichts mehr haben dan das roßfleisch.

Alls aber der jamer ist [in] disem schloß, und je lenger je höcher hinauffsteigt, da haben sich das baursvolckh auff mitel bedacht, und haben sich auß dem schloß begeben und ir außflucht genomen, wie sie mögen in die statt Ulm komen. […] Es sindt […] etlich wohl darvon komen, aber zum theil sindt vill erschoßen und erschlagen worden, die weibsbilder mehr theils gefangen und alerley mutwilen mit ihnen getrieben worden, und darnach wider in die stat komen.

b) Nicht nur die unmittelbaren Kriegsfolgen belasteten die Menschen: Zum Jahr 1640 notiert Hans Heberle:

Im anfang dißes jars, da wir ein wenig ruoh und friden haben vor dem krieg, ist vast unser greste arbeit in disem winter wölff jagen. Dan es sindt vüll wölff in unser landt komen im kriegswessen. Dan Gott schickht unß zur straff beße thier in das landt, die unsere schaff und rinder sollen fressen.

Dann vor dem krieg war es ein wunder, wan man einen wolff gesehen hatt, aber jetzund in denen jaren war es uns nit seltzum, wan wir vill bey einander sehen [...]. Sie la[u]ffen under das vieh, wan schon zwen oder drey man bey dem vich sindt, und nemen von der herd geißen und schaff [...]. Ja, sie komen gar in die dörffer und für die heüßer und nemen katzen und hundt hinwegh, das man die gantze zeit keinen hundt mehr kan in denen derffer haben.

a) und b) zit. nach: Deutsche Geschichte in Quellen und Darstellung, Bd. 4: Gegenreformation und Dreißigjähriger Krieg 1555–1648. Hrsg. v. Bernd Roeck. Stuttgart 1996, S. 313 ff.

c) Bericht aus dem „Theatrum Europaeum", einem zwischen 1629 und 1635 herausgegeben mehrbändigen Werk zur europäischen Topographie sowie zum politischen, militärischen und alltagsgeschichtlichen Geschehen während des Dreißigjährigen Krieges:

Es hat Gott der Herr nicht allein diese Zeit das ganze hochbetrübte Teutschland mit Krieg, Feuer, Verstörung und Pestilenz und allerlei Krankheiten, sondern auch mit Teuerung dermaßen heimgesucht, dass wohl bei Menschengedenken, ja so lang die Welt entstanden, dergleichen nie gesehen und erhört worden, sonderlich überwindet diese Teuerung und Hungersnot alle Strafen [...], also dass auch ohne Grausen und Erschrecken nicht kann beschrieben werden, was nämlich zu Ruffach, einer fürnehmen Stadt im Elsass, von Valentin Engeln, Bürger und Totengräber, referiert worden und [...] von einem ehrsamen Rat aufgezeichnet worden den 3. Martii [März] Anno 1636, dass an einem Sonntag zu ihm gekommen sei Agnes Ebsteinerin, Hans Ebsteins Tochter, und ihn, den Totengräber, ganz fleißig mit diesen Worten angeredet, sie wäre von Colmar gekommen und hätte daselbst etliche Tage aufgewartet, dass sie von dem Schinder etwas tot Rossfleisch haben könnte, aber vergeblich und sei wegen großer Kälte und Hungers halben darum nach Ruffach gekommen, ihn Totengräber insonderheit zu bitten, ob nicht vielleicht noch ein junger toter unbegrabener Leichnam vorhanden wäre, den wollte sie ohne einiges Ekel, den großen Hunger dadurch zu büßen, mit Lust essen. Weiters hat obgedachter Totengräber bei seinem Eid bezeugt, dass ein Jung und zwei Weiber aus der Nachbarschaft zu ihm in das Spital gekommen und gesagt, dass sie in der Stadt Almosen geheischen, nichts bekommen, dero wegen ihn gebeten, ob er kein jungen toten Menschen hätte, [...] darauf sei er auf den Kirchhof zu S. Capell gegangen, darin er jederzeit die Toten, bis er einen guten Teil zusammengebracht in ein Grab verwahrt, ein Mahl Schloss dafür gelegt und gefürchtet, sie möchten die Toten mit Gewalt holen.

Theatrum Europaeum. Teil III. 1636. S. 617. Zit. nach: Der Dreißigjährige Krieg in Augenzeugenberichten. Hrsg. v. Hans Jessen. München 3. Aufl. 1975. S. 382.

d) Die Rache der Bauern. Radierung von Jacques Callot. In einem Zyklus von 18 Radierungen hat der französische Zeichner die Schrecken und den Jammer des Krieges dargestellt („Les misère et les malheurs de la guerre", 1633). In dieser Szene rächt sich die gequälte Landbevölkerung für das zuvor ihr von marodierenden Söldnern zugefügte Leid. Der beigefügte Text lautet übersetzt: „Es rotten sich die Bauern wider die Soldaten,/von denen sie oft erlitten größten Schaden,/sie lauern ihnen auf und schlagen jählings los,/da liegen schon die Feinde ganz entseelt und bloß,/so schrecklich rächen sie sich an den armen Toten/fürs Hab und Gut, das sie durch deren Hand verloren.

a) Untersuchen Sie den Stil des „Zeytregisters“: Wie steht der Verfasser offenbar zur Erfahrung von Leid und Schrecken? Welche – tiefere – Ursache dafür deutet er an?
b) Inwiefern war die Art der Kriegführung verantwortlich für die beschriebenen Schrecken?
c) Erörtern Sie, was für die Glaubwürdigkeit des Berichts über die Auswüchse der Hungersnot während des Dreißigjährigen Krieges spricht.

4. Bestimmungen und Folgen des Westfälischen Friedens

Verhandlungen zu Münster und Osnabrück

Der Kaiser hatte bis zuletzt versucht, die spanischen Verwandten in ihrem Krieg mit Frankreich nicht durch einen Separatfrieden im Stich zu lassen. Doch sah er sich angesichts seiner militärischen Misserfolge schließlich gezwungen, in Friedensverhandlungen einzutreten. Dazu drängten auch die Reichsstände immer stärker. Ende 1641 einigte man sich auf die Aufnahme von Verhandlungen, die schließlich konfessionell getrennt ab 1643 mit dem katholischen Frankreich in Münster und mit Schweden und den evangelischen Reichsständen in Osnabrück geführt wurden. Beide Städte und die Verbindungsstraßen galten während des Kongresses als neutral und waren frei von Truppen der kriegführenden Parteien. Bedeutender kaiserlicher Handlungsbevollmächtigter war seit 1645 Graf Maximilian von Trauttmansdorff. Als Vermittler wirkten der Gesandte Venedigs und – nur zwischen den katholischen Mächten – der päpstliche Nuntius.
Nach jahrelangen langwierigen Verhandlungen verkündeten am 24. Oktober 1648 drei Geschützsalven von den Wällen der Stadt Münster die Unterzeichnung des Westfälischen Friedens. Nachverhandlungen über den Abzug der fremden Truppen – 1654 verließ die letzte schwedische Besatzung das Land – wurden vor allem in Nürnberg geführt und fanden 1650 ihren Abschluss im „Friedensexekutionshauptrezess“.

183 „Ankunft des holländischen Gesandten Adriaen Pauw in Münster“. Ölgemälde (100 x 161,5 cm) von Gerard Ter Borch, um 1646. Das Gemälde vermittelt etwas von dem ungeheuren Aufwand und Repräsentationsgebahren, mit dem die einzelnen Diplomaten den Friedenskongress in Münster und Osnabrück betrieben.

Die Begründung des europäischen Staatensystems

Dass Kaiser Ferdinand III. in Münster zuletzt in den Separatfrieden mit Frankreich einwilligen musste und damit Spanien im Kampf gegen Frankreich auf sich gestellt war, bedeutete das Ende der habsburgischen Hauseinheit. Das völlig entkräftete Spanien schloss 1659 den „Pyrenäenfrieden“ mit Frankreich. Die Zerschlagung der größten Universalmacht (vgl. Kap. IV.2) begründete zugleich das europäische Staatensystem der Neuzeit. Frankreich zog aber auch direkte, territoriale Gewinne aus dem Frieden: Der Sundgau und zehn elsässische Reichsstädte kamen an Frankreich; als „Schutzmacht“ des Friedens – gemeinsam mit Schweden – besetzte es Festungen in Oberitalien und am Rhein (Breisach, Philippsburg). Schweden erhielt mit dem Erwerb von Reichsgebiet an der Ostsee als immerwährendes Reichslehen die gewünschte „Assekuration“ und mit der Übernahme seiner Kriegskosten durch die Stände die begehrte „Satisfaktion“. Der Besitz von Vorpommern mit Stettin und Rügen, von Wismar und dem Erzbistum Bremen und dem Bistum Verden brachte dem schwedischen König Sitz und Stimme auf dem Reichstag. Die Niederlande wurden im Westfälischen Frieden anerkannt und schieden ebenso wie nun auch formell die Schweizer Eidgenossenschaft aus dem Reichsverband aus. Brandenburg wurde mit Hinterpommern und den Bistümern Halberstadt, Kammin und Minden und der Anwartschaft auf das Erzbistum Magdeburg entschädigt. Bayern erhielt den Besitz der Oberpfalz, Sachsen den der Lausitzen bestätigt.

184 Das Heilige Römische Reich Deutscher Nation nach 1648

Vom Religionskrieg zum Religionsfrieden

Der Westfälische Friede beendete einen Krieg, der auch aus konfessionellen Motiven geführt worden war. Allerdings lag das Verhalten Frankreichs und zeitweise Sachsens quer zu den konfessionellen Fronten und schon nach den ersten Jahren war die konfessionelle Identität der Heere verloren gegangen. In manchen Territorien hatte die konfessionelle Orientierung durch mehrmaligen Bekenntniswechsel bei stetiger Verminderung der Bevölkerungszahl an Bedeutung verloren. Die Erfahrung des Krieges und sein konfessionell unentschiedener Verlauf förderten die Einsicht in die Notwendigkeit eines friedlichen und dauerhaften konfessionellen Nebeneinanders. Der Friede schuf dafür die rechtlichen Grundlagen.

185 Verhandlungen über den Frieden

a) Geheime Instruktion für den schwedischen Verhandlungsbevollmächtigten, 1641:

Wenn die Dinge soweit gediehen, dass die Satisfaktion gebilligt und von den Interessenten angenommen wird und gesprächsweise die Frage aufgeworfen wird, was von Schweden als Satisfaktion begehrt wird, dann sollen die Kommissare Ihrer K[öniglichen] M[ajestät] vorerst die Absichten und Meinungen der Kaiserlichen und des Vermittlers ergründen. Und wenn jene auf eine Geldsumme hinauslaufen, müssen Ihrer K[öniglichen] M[ajestät] Kommissare das Missverhältnis des Angebotes darlegen; denn so große Auslagen wurden gemacht, so mancher stolze schwedische Mann hat sein Blut vergossen und insonderheit der unvergleichliche Held, König Gustav Adolf der Große, dass man mit einer geringen Summe nicht befriedigt werden kann. [...]
Mittels solcher und ähnlicher, durch Zeitumstände und die Gegenpartei veranlasster Gespräche sollen die Kommissare Ihrer K[öniglichen] M[ajestät] eine Gelegenheit wahrnehmen, um die Rede auf ein ansehnliches Fürstentum in Deutschland zu bringen, das Ihrer K[öniglichen] M[ajestät] und der Krone Schweden eingeräumt, übertragen und abgetreten würde, und zwar unter Anerkennung des Lehnrechts vonseiten des Kaisers und des Reiches. [...]
Kommt man darauf zu sprechen, welches Land es doch sein sollte, dann ist Pommern zu nennen, 1. wegen der Lage, denn obwohl es weit weg liegt, liegt es trotzdem so, dass es einigermaßen erreichbar ist; 2. weil die regierenden Herren ausgestorben sind [...]; 3. weil nun auch Ihre K[önigliche] M[ajestät] im Besitz des Herzogtums ist, mit Verträgen und Bündnissen hineingekommen und nicht anders als mit Waffen oder Verträgen herauszubringen ist.

Zit. nach: Geschichte in Quellen. Bd. III: Renaissance, Glaubenskämpfe, Absolutismus. Hrsg. v. W. Lautemann und M. Schlenke, bearb. v. F. Dickmann. 3. Aufl. München 1982. S. 338 f.

b) Aus dem Erlass des Ministers Mazarin an die französischen Bevollmächtigten beim Friedenskongress, 20. Januar 1646:

Ich habe Ihnen, meine Herren, in meinem vorhergehenden Erlass versprochen, Ihnen im Einzelnen die Gründe auseinanderzusetzen, die es mir höchst vorteilhaft für diese Krone [Frankreich] erscheinen lassen, wenn sie sich mit der Zurückziehung ihrer Truppen aus Katalonien und sogar aus Roussillon einverstanden erklärt unter der Voraussetzung, dass der König von Spanien uns die [spanischen] Niederlande und die Grafschaft Burgund [Franche Comté] abtritt. [...]
Erstens würde der Erwerb der Niederlande für die Stadt Paris ein uneinnehmbares Bollwerk schaffen. [...] Man hätte dessen [Frankreichs] Grenze bis nach Holland und auf der deutschen Seite, die auch viele Befürchtungen erweckt, durch Einbehaltung von Lothringen und Elsass und durch Besitz Luxemburgs und der Grafschaft Burgund bis zum Rhein vorgeschoben. [...]
Viertens würde Frankreichs Macht allen Nachbarn furchtbar werden, vor allem den Engländern, die natürlich auf Frankreichs Größe eifersüchtig sind und keine Gelegenheit versäumen würden, ihm zu schaden und es zu schwächen, wenn ihnen nicht durch einen so bedeutenden Gebietszuwachs [Frankreichs] jede Hoffnung auf Erfolg genommen wird. [...]
Fünftens: Wenn Frankreich irgendetwas vom Hause Österreich zu befürchten hat, dann nur von der Seite Flanderns und Deutschlands her; einerseits wegen der Möglichkeit ihre Kräfte zu vereinigen, da diese Länder ja aneinandergrenzen; andererseits weil selbst bei der größten Überlegenheit auf unserer Seite ein einziger Erfolg, den sie davontrügen [...] in dem nahe gelegenen Paris alsbald [...] Panik hervorrufen könnte. [...]
Sechstens: Der Erwerb der [spanischen] Niederlande schafft uns für immer Sicherheit gegen diese beiden Gefahrenquellen. Es wird keine Truppenkonzentrationen unserer Gegner mehr geben, weil Spanien auf jener Seite nichts mehr besitzen würde, und wenn wir unsere Grenzen in allen Richtungen bis zum Rhein ausgedehnt hätten, wären wir in der Lage, vonseiten des Kaisers kein Übel mehr fürchten zu müssen. Er hätte nämlich dadurch allen Grund, mit Sorge auf uns zu blicken, und das würde ihn zwingen, auf gutes Einvernehmen mit Frankreich bedacht zu sein, was wiederum nicht wenig zu der für Frankreich mit gutem Grund so erwünschten Trennung der spanischen und deutschen Linie des Hauses Habsburg beitragen würde.

Zit. nach: Geschichte in Quellen. Bd. III: Renaissance, Glaubenskämpfe, Absolutismus. Hrsg. v. W. Lautemann und M. Schlenke, bearb. v. F. Dickmann. 3. Aufl. München 1982. S. 345.

d) Geheime Instruktion für den kaiserlichen Verhandlungsbevollmächtigten Graf Trauttmansdorff, 16. Oktober 1645:

Und zwar was Schweden anbelanget, da wirdt anfenkhlich denen Schenbekhischen tractaten zu inhaeriren sein.[1] Weilen man aber ihnen in secreto noch vor disem schon halb Pommern offeriret, allso ist wohl zu vermuthen, daß sie nicht allein nicht davon weichen, sundern auch nicht zufriden darmit sein werden, khundte ihnen allso auch endtlichen ganz Pommern verwilliget, auch die stift [wohl Bremen und Verden], wann es nicht anderst sein khundte auch waß vom erzstift Bremen darzue adjungiret, auch Stralsundt, Wismär und Rostokh, ad certos annos vel in perpetuum concediret werden. [...]

Auf die Francosen nuhn zu khumen und deren satisfaction zum driten anbelangent, da wird er grav erstlichen deme zu inhaeriren, waß in dem an Curbaiern de dato 3 Aprillis hujus anni von mir abgangen schreiben begriffen[2], und darauf zu beharren haben so lang miglich, endtlichen ihnen daß Elsas endtern [jenseits] Reihn verwilligen gegen heruberlassung der vestung Preisach. Wann daß nicht zu erhalten, auch preisach adjungiren, und wann der friden allein an Preiskhau hafften sollte, entlichen auch selbiges fahren lassen, doch dises letzte non nisi in desparatissimo casu [nur in verzweifelster Lage]. [...]

Es ist wohl zu vermuten, daß Frankhreich im reich sessionem et votum [Sitz und Stimme im Reichstag] praetendiren und behaubten wirdt wollen, welliche praetension dann genzlichen zu rejiciren und sich derselben mit allen khreften zu widersezen sein wirdt. [...]

Viertens wirdt es maistens auch an denen Spanischen interessen haften. Nuhn ist bekhandt, daß alle unserer feindt dissegni [Pläne], intentiones [Absichten], mihe und arbeit dahin gehen, wie sie die Teitsche und die Spanische lini voneinander separiren. [...] Allso wirdt er grav von Trautmanstorf vor allen dingen dahin zu sehen haben, daß es zu dieser separation nicht khume, auch ehender alles uber und uber gehen ehe er es darzue khumen lasse.

1 Bei den Verhandlungen von Schönebeck (an der Elbe) 1636 war Schweden bereit gewesen, sich mit einer Geldentschädigung abfinden zu lassen. In den darauf folgenden Jahren hatte der Kaiser bei Geheimverhandlungen schrittweise Teile von Pommern angeboten.

2 Darin hatte der Kaiser die Abtretung der Festung Pinerolo (in Oberitalien) und die Schleifung der Festungsanlagen von Breisach, evtl. auch eine französischen Garnison für Breisach in Aussicht gestellt.

Zit. nach: Geschichte in Quellen. Bd. III: Renaissance, Glaubenskämpfe, Absolutismus. Hrsg. v. W. Lautemann und M. Schlenke, bearb. v. F. Dickmann. 3. Aufl. München 1982. S. 341 f.

c) Porträt des Grafen Maximilian von Trauttmansdorff. Obwohl der kaiserliche Gesandte enttäuscht vorzeitig vor dem Friedensschluss abreiste, trägt das Abkommen in wesentlichen Zügen seine Handschrift.

a) Untersuchen Sie die Ziele der Vertragspartner und loten Sie deren Spielräume aus.
b) Wie ist vor diesem Hintergrund Zustandekommen und Inhalt des Friedens von 1648 zu beurteilen?

186 Die Friedensbestimmungen

a) Der „freudenreiche Postilion" verkündet die Nachricht vom Frieden. Über ihm links die Göttin Fama, die dem „Ruhmesblatt" des Friedenswerks weltweit Publicity verschaffen wird, und rechts der Götterbote Merkur als Überbringer eines gleichsam gottgegebenen Friedens. Nachträglich kolorierter zeitgenössischer Holzschnitt

b) Aus dem Friedensvertrag von Osnabrück, geschlossen zwischen Kaiser Ferdinand III. und seinen Verbündeten und der schwedischen Königin Christine und ihren Verbündeten, 24. Oktober 1648:

Art. I Es sei ein christlicher, allgemeiner, immerwährender Friede und wahre und aufrichtige Freundschaft zwischen der hl. kaiserlichen Majestät, dem Hause Österreich und allen seinen Verbündeten und Anhängern und deren jeglichen Erben und Nachfolgern, insbesondere dem Katholischen König, den Kurfürsten, Fürsten und Ständen des Reichs einerseits, und der hl. königlichen Majestät und dem Königreich Schweden und allen seinen Verbündeten und Anhängern und deren jeglichen Erben und Nachfolgern, insbesondere dem Allerchristlichsten König und den betreffenden Kurfürsten, Fürsten und Ständen des Reichs andererseits. […]

Art. II Beiderseits sein immerwährendes Vergessen und Amnestie alles dessen, was seit Anbeginn dieser Unruhen an irgendeinem Ort und auf irgendeine Weise vom einen oder andern Teil, hüben und drüben, feindlich begangen worden ist. […]

Art. IV § 3. Und zwar soll […], was das Haus Bayern betrifft, die Kurwürde, welche die Kurfürsten von der Pfalz zuvor innehatten, […] wie bisher, so auch inskünftig dem Herrn Maximilian, Pfalzgrafen bei Rhein, Herzog von Bayern und seinen Kindern […] verbleiben. […]

§ 5. Was das pfälzische Haus betrifft, so willigen Kaiser und Reich im Interesse der öffentlichen Ruhe darein, dass kraft gegenwärtigen Vertrages eine achte Kurwürde errichtet sein soll. […]

Art. V Da aber die Beschwerden, die zwischen den Kurfürsten, Fürsten und Reichsständen beider Religionen obwalteten, großenteils Ursache und Anlass zum gegenwärtigen Krieg gegeben haben, so hat man sich ihretwegen wie folgt vereinbart und verglichen.

§ 1. Der im Jahre 1552 zu Passau abgeschlossene Vertrag und der im Jahre 1555 darauf gefolgte [Augsburger] Religionsfriede soll in allen seinen, mit einmütiger Zustimmung des Kaisers, der Kurfürsten, Fürsten und Stände beschlossenen Artikeln für gültig gehalten und gewissenhaft und unverletztlich beobachtet werden. […] In allen übrigen Dingen aber soll zwischen allen und jeden Kurfürsten, Fürsten und Ständen beider Religionen genaue und gegenseitige Gleichheit herrschen, soweit sie der Verfassung des Staatswesens, den Reichssatzungen und gegenwärtigem Vertrag gemäß ist […], wobei alle Gewalt und Tätlichkeit, wie im Übrigen, so auch hier zwischen beiden Teilen auf alle Zeit verboten ist.

§ 2. Der *terminus a quo* für die Wiederherstellung in geistlichen Dingen und für das, was mit Rücksicht auf sie in weltlichen Dingen geändert worden ist, soll der 1. Januar 1624 sein.[1] […]

§ 34. Ferner ist beschlossen worden, dass jene der Augsburgischen Konfession anhangenden Untertanen von Katholiken, sowie auch die katholischen Untertanen von Ständen Augsburgischer Konfession, die zu keiner Zeit des Jahres 1624 ihren Glauben öffentlich oder auch privat üben durften, und auch die, welche nach der Verkündigung des Friedens inkünftig eine andere Religion bekennen oder annehmen werden als ihr Landesherr, nachsichtig geduldet und nicht gehindert werden sollen. [...]

Art. VII § 1. Auch ist mit einmütiger Zustimmung der kaiserlichen Majestät und aller Reichsstände beschlossen worden, dass sämtliche Rechte oder Vergünstigungen, welche [...] sowohl alle anderen Reichssatzungen, als besonders der Religionsfriede [...] den katholischen und den der Augsburgischen Konfession zugetanen Stände und Untertanen erteilen, auch denen unter ihnen, die Reformierte genannt werden, zukommen sollen. [...]

Art. VIII § 2. Ohne allen Widerspruch sollen [alle und jede Kurfürsten, Fürsten und Stände des Römischen Reichs] das Stimmrecht in allen Beratungen über Reichsgeschäfte haben, vornehmlich wenn Gesetze zu erlassen oder auszulegen, Krieg zu beschließen, Steuern auszuschreiben, Werbungen oder Einquartierungen von Soldaten vorzunehmen, neue Befestigungen innerhalb des Herrschaftsgebiets der Stände im Namen des Reichs zu errichten oder alte mit Besatzungen zu versehen, und auch wo Frieden oder Bündnisse zu schließen oder andere derartige Geschäfte zu erledigen sind. [...]

Vor allem aber soll das Recht, unter sich und mit dem Ausland Bündnisse für ihre Erhaltung und Sicherheit abzuschließen, den einzelnen Ständen immerdar freistehen, jedoch unter der Bedingung, dass dergleichen Bündnisse nicht gegen Kaiser und Reich und dessen Landfrieden oder besonders gegen diesen Vertrag gerichtet, sondern so beschaffen seien, dass der Eid, durch den ein jeder dem Kaiser und Reich verpflichtet ist, in allen Stücken unverletzt bleibt.

[...]

Art X § 9. Viertens: Wegen aller oben erwähnten Herrschaften und Lehen [Vorpommern mit Stettin und Rügen, Wismar, Erzbistum Bremen sowie Bistum Verden] nimmt der Kaiser mit dem Reich die durchlauchtigste Königin und ihre Nachfolger am Königreich Schweden als unmittelbaren Reichsstand auf, so dass zu den Reichstagen unter den anderen Reichsständen auch die Königin und die Könige von Schweden [...] geladen werden müssen. [...]

[...]

Art. XVI § 3. Gegen diesen Vertrag oder irgendeinen seiner Artikel oder Vorbehalte sollen keine geistlichen und weltlichen Rechte [...] jemals geltend gemacht, angehört oder zugelassen werden.

1 D.h. der 1. Januar 1624 ist das Stichdatum für den Besitzstand der geistlichen Güter und der Konfessionszugehörigkeit.

Zit. nach: Deutsche Geschichte in Quellen und Darstellung. Band 4: Gegenreformation und Dreißigjähriger Krieg 1555–1648. Hrsg. v. Bernd Roeck. Stuttgart 1996. S. 399 ff. (Reclam)

c) Allegorie auf den Westfälischen Frieden zum Ruhme Frankreichs. Ölgemälde (225 x 162 cm) von Laurent de la Hyre, 1648. Zum Zeichen ihres Triumphs wird Gallia als Personifikation Frankreichs von der Siegesgöttin mit einem Lorbeerkranz bekränzt. Auch hier sorgt Fama für den angemessenen öffentlichen Nachhall. Vermutlich entstand das Gemälde im Auftrag Annas von Österreich, die zu dieser Zeit zusammen mit Mazarin die Regierungsgeschäfte für ihren noch unmündigen Sohn Ludwig XIV. lenkte.

d) Aus dem Friedensvertrag von Münster, geschlossen zwischen Kaiser Ferdinand III. und dem französischen König Ludwig XIV. mit ihren jeweiligen Verbündeten, 24. Oktober 1648:

§ 4. Die Lothringische Streitsache[1] soll entweder Schiedsrichtern, die von beiden Parteien zu ernennen sind, unterbreitet oder in einem französisch-spanischen Vertrag oder auf anderem gütlichen Wege beigelegt werden. [...]

§ 69. Damit aber der besagte Friede und die Freundschaft zwischen dem Kaiser und dem Allerchristlichsten König [dem französischen König] desto mehr befestigt werden könne und für die öffentliche Sicherheit besser vorgesorgt werde, so ist mit Zustimmung,

Rat und Willen der Kurfürsten, Fürsten und Stände des Reichs zur Förderung des Friedens vereinbart worden:

§ 70. Erstens, dass die Oberherrschaft, die Landeshoheit und alle andern Rechte auf die Bistümer Metz, Toul und Verdun und die gleichnamigen Städte und die Gebiete jener Bistümer [...] in derselben Weise, wie sie bisher zum Römischen Reiche gehörten, inskünftig zur Krone Frankreich gehören und ihr auf immer und unwiderruflich einverleibt werden sollen. [...]

§ 73. Drittens: Der Kaiser – für sich wie für das ganze durchlauchtigste Haus Österreich – sowie das Reich begeben sich aller Befugnisse, Eigentumsrechte, Herrschaften, Besitzungen und Gerichtsbarkeiten, die bis jetzt ihm, dem Reich und dem Hause Österreich zustanden auf die Stadt Breisach, die Landgrafschaft Ober- und Unter-Elsass, den Sundgau und die Landvogtei über die zehn im Elsass gelegenen Reichsstädte.

1 Gemeint ist der Streit um die territoriale Zugehörigkeit des seit 1634 von Frankreich annektierten Lothringens.

Zit. nach: Deutsche Geschichte in Quellen und Darstellung. Band 4: Gegenreformation und Dreißigjähriger Krieg 1555–1648. Hrsg. v. Bernd Roeck. Stuttgart 1996. S. 418 f.

a) Erstellen Sie eine tabellarische Übersicht zu den verfassungsrechtlichen, konfessionellen sowie zwischenstaatlichen Regelungen des Westfälischen Friedens.

b) Charakterisieren Sie das Machtverhältnis zwischen Kaiser und Reichsständen nach dem Westfälischen Frieden.

c) Diskutieren Sie die Friedensbestimmungen unter der Frage, ob sich in einzelnen Regelungen bereits zukünftige Konfliktfelder abzeichnen.

Literatur zur Vertiefung

Quellensammlungen

Geschichte in Quellen. Hrsg. v. W. Lautemann u. M. Schlenke. Bd. III: Renaissance – Glaubenskämpfe – Absolutismus. Bearb. v. F. Dickmann. 3. Aufl. München 1982.
Deutsche Geschichte in Quellen und Darstellung. Band 2: Spätmittelalter 1250–1495. Hrsg. v. Jean-Marie Moeglin u. Rainer A. Müller. Stuttgart 2000.
Deutsche Geschichte in Quellen und Darstellung. Band 3: Reformationszeit 1495–1555. Hrsg. v. Ulrich Köpf. Stuttgart 2001.
Deutsche Geschichte in Quellen und Darstellung. Band 4: Gegenreformation und Dreißigjähriger Krieg 1555–1648. Hrsg. v. Bernd Roeck. Stuttgart 2001.
Deutsche Geschichte in Quellen und Darstellung. Band 5: Zeitalter des Absolutismus 1648–1789. Hrsg. v. Helmut Neuhaus. Stuttgart 1997.

I. Aufbruch in die Neuzeit

Hartmut Boockmann: Wissen und Widerstand. Geschichte der deutschen Universität. Berlin 1999.
A. Buck: Humanismus. Seine europäische Entwicklung in Dokumenten und Darstellungen. Freiburg/München 1987.
P. Burke: Die europäische Renaissance. Zentren und Peripherien. München 1998.
K. Clark: Leonardo da Vinci in Selbstzeugnissen und Bilddokumenten. Reinbek 1980.
I. B. Cohen: Revolutionen in der Naturwissenschaft. Frankfurt/M. 1994.
A. C. Crombie: Von Augustinus bis Galilei. Die Emanzipation der Naturwissenschaft. München 1977.
J. Hale: Die Kultur der Renaissance in Europa. München 1994.
M. Heidelberger/S. Thiessen: Natur und Erfahrung. Von der mittelalterlichen zur neuzeitlichen Naturwissenschaft. Reinbek 1981.
J. Hemleben: Galilei in Selbstzeugnissen und Bilddokumenten. Reinbek 1969.
J. Huizinga: Erasmus. Eine Biographie. Reinbek 1993.
B. Kempers: Macht und Mäzenatentum. Der Beruf des Malers in der italienischen Renaissance. München 1989.
T. S. Kuhn: Die kopernikanische Revolution. Braunschweig/Wiesbaden 1981.
V. Reinhardt: Die Renaissance in Italien. Geschichte und Kultur. München 2002.
M. Wundram: Kunst der Renaissance. Malerei, Plastik und Architektur. Stuttgart/Zürich 1991.

II. Wirtschaft und Gesellschaft in der Frühen Neuzeit

B. S. Anderson/J P. Zinsser: Eine eigene Geschichte. Frauen in Europa. Band 1: Verschüttete Spuren. Frühgeschichte bis 18. Jahrhundert. Frankfurt/M. 1995.
R. van Dülmen: Kultur und Alltag in der Frühen Neuzeit. Band 2: Dorf und Stadt. München 1992.
R. van Dülmen: Kultur und Alltag in der Frühen Neuzeit. Band 3: Religion, Magie, Aufklärung. 16.–18. Jahrhundert. München 1994.
F.-W. Henning: Handbuch der Wirtschafts- und Sozialgeschichte Deutschlands. Band 1: Deutsche Wirtschafts- und Sozialgeschichte im Mittelalter und in der frühen Neuzeit. Paderborn/München/Wien/Zürich 1991.
M. L. King: Frauen in der Renaissance. München 1993.
G. Ogger: Kauf dir einen Kaiser. Die Geschichte der Fugger. München 1978.
H. Wunder: „Er ist die Sonn', sie ist der Mond". Frauen in der Frühen Neuzeit. München 1992.

III. Die Herausbildung des modernen Staats

G. Barudio: Das Zeitalter des Absolutismus und der Aufklärung 1648–1779. Frankfurt/M. 1981.
B. Beuys: Florenz. Stadtwelt – Weltstadt. Reinbek 1992.

G. A. Brucker: Florenz. Stadt – Kulturzentrum – Wirtschaftsmacht. München 1984.
G. A. Brucker: Florenz in der Renaissance. Stadt, Gesellschaft, Kultur. Reinbek 1990.
R. van Dülmen: Entstehung des frühneuzeitlichen Europa 1550-1648. Frankfurt/M. 1982.
N. Machiavelli: Politische Schriften. Hrsg. v. H. Münkler. Frankfurt/M. 1990.
H. Münkler: Machiavelli. Die Begründung des politischen Denkens der Neuzeit aus der Krise der Republik Florenz. Frankfurt/M. 1984.
W. Reinhard: Geschichte der Staatsgewalt. Eine vergleichende Verfassungsgeschichte Europas von den Anfängen bis zur Gegenwart. 2., durchges. Aufl. München 2000.
V. Reinhardt: Die Medici. Florenz im Zeitalter der Renaissance. München 2. Aufl. 2001.
R. Saage: Politische Utopien der Neuzeit. Darmstadt 1991.
W. Schulze: Deutsche Geschichte im 16. Jahrhundert. 1500–1618. Frankfurt/M. 1987.
F. Seibt: Die Begründung Europas. Ein Zwischenbericht über die letzten tausend Jahre. 2. Aufl. Frankfurt/M. 2002.

IV. Heiliges Römisches Reich Deutscher Nation: Struktur und politische Geschichte

A. Kohler: Karl V. 1500–1558. Eine Biographie. 3., durchges. Aufl. München 2001.
H. Neuhaus: Das Reich in der Frühen Neuzeit. 2. Aufl. München: 2003.
W. Reinhard: Probleme deutscher Geschichte 1495–1806. Reichreform und Reformation 1495–1555. In: Ders. (Hrsg.): Gebhardt. Handbuch der Deutschen Geschichte, Bd. 9. 10., völlig neu bearb. Aufl. Stuttgart 2001.
H. Schilling/W. Heun/J. Götzmann (Hrsg.): Heiliges Römisches Reich Deutscher Nation 962 bis 1806. Altes Reich und neue Staaten 1495 bis 1806. Essays. 29. Ausstellung des Europarates in Berlin und Magdeburg. Dresden 2006.
G. Schmidt: Geschichte des Alten Reiches. Staat und Nation in der Frühen Neuzeit 1495–1806. München 1999.

V. Das Jahrhundert der Reformation und die Ausbildung der Konfessionen

P. Blickle: Kommunalismus: Skizzen einer gesellschaftlichen Organisationsform. Bd. 1: Oberdeutschland. München 2000.
P. Blickle: Die Revolution von 1525. 4., durchges. und bibliograph. erw. Aufl. München 2004.
H. Bornkamm: Das Jahrhundert der Reformation. Gestalten und Kräfte. Frankfurt/M. 1983.
J. Burkhardt: Das Reformationsjahrhundert. Deutsche Geschichte zwischen Medienrevolution und Institutionenbildung 1517–1617. Stuttgart 2002.
R. van Dülmen: Kultur und Alltag in der Frühen Neuzeit, 3 Bde. München 1990–1994.
H-J. Goertz: Religiöse Bewegungen in der Frühen Neuzeit. München 1993.
E. Hinrichs: Absolutismus. (Suhrkamp-Taschenbuch Wissenschaft 535) Frankfurt/M. 1986.
M. Lanzinner: Konfessionelles Zeitalter 1555–1618. In: W. Reinhard (Hrsg.): Gebhardt. Handbuch der Deutschen Geschichte, Bd. 10. 10., völlig neu bearb. Aufl. Stuttgart: 2001. S. 3–203.
O. Mörke: Die Reformation. Voraussetzungen und Durchsetzung. München 2005.
A. Schinling/W. Ziegler (Hrsg.): Die Territorien des Reichs im Zeitalter der Reformation und Konfessionalisierung. Land und Konfession 1500–1650. Bd. 7: Bilanz, Forschungsperspektiven, Register. Münster 1997.
H. R. Schmidt: Konfessionalisierung im 16. Jahrhundert. München 1992.
D. J. Weiss: Katholische Reform und Gegenreformation. Ein Überblick. Darmstadt 2005.

VI. Großer Krieg und großer Friede

J. Burkhardt: Der Dreißigjährige Krieg. Frankfurt/M. 1992.
G. Schormann: Der Dreißigjährige Krieg. Göttingen 1985.
G. Schormann: Dreißigjähriger Krieg 1618–1648. In: W. Reinhard (Hrsg.): Gebhardt. Handbuch der Deutschen Geschichte, Bd. 10. 10., völlig neu bearb. Aufl. Stuttgart 2001 S. 206–279.

Register

Personenregister

Agricola, Georg 42, 47
Alba 125, 191, 206
Alberti, Leon Battista 31 f., 35 f.
Albrecht IV. 160
Albrecht V. 202
Andreä, Johann Valentin 132, 134, 135
Aristoteles 15, 31, 44, 45, 46, 47, 51, 53, 54
Augustinus 23
Avicenna (Ibn Sina) 44, 48
Ávila y Zúñiga, Luis de 191

Bacon, Francis 24, 47, 132, 134
Boccaccio, Giovanni 81
Bodin, Jean 51, 102, 104, 107, 132, 133, 134, 136 f.
Boemus, Johannes 60 f.
Brahe, Tycho 45 f.
Brunelleschi, Filippo 32, 33, 37 f.
Bruni, Leonardo 97
Bruno, Giordano 45
Bucer, Martin 27, 176, 206

Cajetan, Thomas 168
Calvin, Johannes 71, 167, 176–182, 202, 206
Campanella, Tommaso 132, 134, 135, 139 f.
Castiglione, Baldassare 21, 55, 59
Celtis, Konrad 22
Christian IV. 210 f.
Christine (Königin von Schweden) 225 f.
Cicero 14, 17, 18, 49
Clemens VII. 152, 153
Colbert, Jean Baptiste de Seignelay 108 f.
Cromwell, Oliver 110, 112, 115

Dante Allighieri 23
Descartes, René 49
Donatello 33 f., 40
Dürer, Albrecht 34

Eck, Johannes 169, 195
Egmont 125, 206
Elisabeth I. 205 f., 208
Erasmus von Rotterdam, Desiderius 6–13, 27, 55, 59, 65

Ferdinand I. (Kaiser) 144 f., 151
Ferdinand II. (Kaiser) 121 f., 150, 154, 189, 205, 209 f., 222
Ferdinand II. von Aragón 100, 101
Ferdinand III. (Kaiser) 225 f.
Franz I. 6, 100, 151, 153, 188
Friedrich II. (Kurfürst der Pfalz) 204
Friedrich III. (Kurfürst der Pfalz) 202
Friedrich III. (Kaiser) 141
Friedrich V. von der Pfalz 120, 205, 210
Friedrich der Weise 25, 168 f.
Friedrich Wilhelm I. 165
Fugger (Handelshaus) 151; -, Anton 76; -, Hans 70; -, Jakob 67, 70 f.

Galen (Galenos) 43, 48
Galilei, Galileo 41, 46, 47, 51, 52, 53, 54
Gattinara, Mercurino Arborio di 152, 155, 156
Geiler von Kaysersberg, Johann 84
Gesner, Conrad 41, 43
Grazia, Vincenzio di 51 f.
Grignan 108 f.
Guiccardini, Francesco 98 f.
Gustav II. Adolf 205, 211 f., 213 f., 223
Gutenberg, Johann 22, 25, 27

Heinrich II. 189, 207
Heinrich IV. 100, 103, 205, 207, 208
Heinrich VII. 110, 111
Heinrich VIII. 111, 151
Henneberg, Berthold von 29
Hieronymus 23
Hoorne, Philipp 125, 206
Horaz 14
Hume, David 47
Hus, Jan 117
Hutten, Ulrich von 14, 62 f.

Ibn Sina (Avicenna) 44, 48
Innozenz VIII. 83, 87
Isabella von Kastilien 100, 101

Jakob II. 113
Jesus Christus 12, 36, 82, 173 f., 180, 186, 199
Johann Friedrich (Kurfürst von Sachsen) 191 f.
Justinian 155, 163

Karl I. 110 f., 205
Karl II. 112 f.
Karl IV. 141
Karl V. 67, 71, 75 f., 104, 141, 148–158, 167, 173, 188, 189 f.
Karl VII. 106
Karl der Große 16, 21
Kepler, Johannes 41, 54, 88; -, Katharine 88 f.
Kopernikus, Nikolaus 41, 45, 49, 50, 52, 53

Leo X. 168, 170
Leonardo da Vinci 6–13
Locke, John 47
Loyala, Ignatius von 198, 200
Ludwig VI. 203
Ludwig XI. 100, 106
Ludwig XIV. 100, 103, 104, 108, 214, 226
Ludwig XV. 107
Luther, Martin 6, 26, 27, 67, 71, 73, 167–173, 183, 185, 187, 194–197

Machiavelli, Niccolò 21, 132–136
Malatesta, Carlo 17 f.
Maria (Burgund) 124 f., 150, 152
Maria Stuart 208
Masaccio 32, 40
Matthias 26, 119 f., 209
Maximilian I. 25, 71, 120, 141, 146 f., 150, 152, 199
Mazarin, Júles 100, 223, 226
Medici (Familie) 91, 94, 96; -, Cosimo II. 51, 94, 96; -, Giovanni Bicci di 94, 98; -, Giuliano 94; -, Lorenzo 94 f., 98 f.; -, Piero 95
Melanchthon, Philipp 19, 50, 183, 188, 195
Merian, Matthäus 127, 216
Michelangelo 33, 34, 38
Mirandola, Giovanni Pico della 14 f., 18 f.
Montaigne, Michel de 30 f.
Montefeltro, Federico da 23, 35
Moritz von Sachsen 189, 191 f.
Morus, Thomas 8, 20, 30, 132, 134, 135, 138 f.
Müntzer, Thomas 177, 180, 181, 184, 185

Newton, Isaac 54

Ottheinrich 202, 204
Oxenstierna, Axel 212

Palladio, Andrea 33
Paracelsus 44, 48
Paul III. 49 f., 190
Paulus 13, 168, 171, 181
Petrarca, Francesco 14, 23, 63
Pirckheimer, Willibald 20, 62 f.
Pizan, Christine de 78, 87
Philipp I. 181 f., 189, 191
Philipp II. 104., 105, 124 f., 127, 152, 154, 156 f., 205 f.
Platon 15, 19, 27, 30
Plinius d.Ä. 19, 64
Plutarch 15, 49
Ptolemäus 15, 44, 45, 53, 54
Pufendorf, Samuel 149
Pym, John 111

Quintilian 17, 19

Rabelais, François 17, 140
Richelieu, Armand Jean du Plessis 212, 214
Rudolf II. 26, 119 f., 209

Salutati, Coluccio di Piero 17 f.
Savonarola, Girolamo 91, 95
Schwenckfeld, Caspar von 178
Sforza, Ludovico il Moro 6, 8, 9
Simoncino 96 f.
Soderini, Piero 34, 38
Sokrates 65
Spee, Friedrich von 83, 89 f.
Sprenger, Jakob 78, 83
Sueton 15
Suleiman 152 f.

Taxis, Franz von 26
Tilly, Johann 210 f.
Trauttmannsdorf, Maximilian von 221, 224

Ulrich von Württemberg 163

Valla, Laurentius 13
Vasari, Giorgio 6 f., 31, 35, 37 f., 92, 94
Veronese, Paolo 36 f.
Vesalius, Andreas 41, 43 f.

Waldburg, Georg Truchsess von 183, 184
Waldseemüller, Martin 22, 25
Wallenstein, Albrecht von 205, 211 f.
Weber, Max 77, 78, 203
Wenzel IV. 119
Wilhelm III. 113, 116, 125, 206
Wilhelm von Hessen 214 f.

Zwingli, Huldrych (Ulrich) 71, 167, 175 f., 178 f., 183, 194

Sachregister

Abendmahl 36, 169, 176, 181, 197; -sstreit 175
Ablass 168
Absolutismus 102, **104**, 131, 132, 213
Adel, Adlige 55, 58, 59, 60, 66, 69, 71, 80, 91, 92f., 101, 110, 113, 117, 122, 124, 130, 133, 149f., 158, 162
Allmende 203
Altes Testament 77, 86, 186
Anatomie 11, 43f.
anglikanische (Staats-)Kirche 177, 205f.
Antike 12f., 14, 32ff. 39, 54, 82
Apostel 36, 86
Apotheke, Apotheker 85f.
Architektur 14, 21, 31, 32f., 37f.
Aristokratie 133; → Adel
Arme, Armut 63f., 66
Arzt, Ärzte 42, 48
Astronomie 47, 51, 54
Aufklärung 167
Augsburg 68, 75; Augsburger Reichsabschied 193; - Reichstag 167f., 176, 188, 195; - Religionsfriede(n) 167, 189, 192f., 215

Bankgeschäfte 69; Bankiers 42, 71
Bartholomäusnacht 133, 207
Bauern 55, 58, 59, 60f., 73, 80, 184–188, 217, 220; -krieg 167, 182–187
Bayern 160f., 162, 199, 201f., 211, 214, 222
Beginen 82, 85
Berg/bau 67, 69f.; -leute 42, 47, 70; -recht 47; -werke 75f.
Bettler, Bettelei 59, 63f.
Bevölkerungs/entwicklung 55f., 68; -verluste 219
Bibel 9, 12f., 28, 50, 51, 82, 83, 167, 169, 177, 196, 199
bildende Kunst 16, 21
Bildhauer/ei 31, 33
Bildung 16, 20, 25f., 40, 59, 197
Bill of Rights 113, 116
Böhmen 117, 119–122, 141, 151, 209f.; böhmisch-pfälzischer Krieg 209
Buch, Bücher 25, 28, 29, 86; Buchdruck 16, 22, 25, 27f.
„Bundschuh" 182
Bürger, -tum 55, 60, 65, 91, 101, 132, 133; -kriege 133; - in England 111f.; - in Frankreich 107f.

Calvinismus 176f., 195, 202, 205, 207; Calvinisten 125
Christentum 9, 12f., 15
Confessio Augustana 188, 195; - Bohemica 209; - Helvetica Prima 175; -Tetrapolitana 195
Cortes (Stände) 105

Declaration of Rights 113, 116
Deutsches Reich 22; Deutschland 83, 167, 220
Domänenstaat 161
Dominikanerorden 168
Dreißigjähriger Krieg 118, 205–227

Edikt von Nantes 205, 208f.; - von St. Germain 207
Eidgenossenschaft → Schweiz
Empirismus **47**
England 6, 22, 110–116, 131, 141, 177, 205, 210
Erbrecht 160
Erde 44, 45, 46, 49, 50f., 52
Erfahrung **47**
Erzberg/bau 67; -werke 42
Erziehung 25f., 135, 139f.
Europa, Europäer 24, 67, 100, 131, 132, 152, 167, 205
Evangelium 182, 186f.

Fern/handel, -händler 57, 67, 68, 91
Flächenstaat 159
Florenz 6, 23, 33, 34, 38, 39, 40f., 91–99, 132
Flug/blätter, -schriften 25
Folter 83, 89f.
Frankreich 22, 68, 102f., 106–109, 110f., 131, 132, 141, 153f., 188f., 205, 207, 210, 212–214, 217, 221–223, 227; Französisch (Sprache) 20; Französische Revolution 96, 104
Frauen 20, 30; - im Kloster 81f.; - in der Reformation 82; - in der Renaissance 78–90; Frauen/arbeit 80f.; -bildung 82, 86
Friedens/bestimmungen 225–227; -verhandlungen 223–224
Frühkapitalismus 67–87, **71**
Fugger, Handelshaus 151
Fürsten 71, 132, 136f., 150; -höfe 23; -staat 162, 165

Gegenreformation 198f., 201
Geistlicher Rat 201f.; Geistlichkeit 60
Geld 66, 72, 133; -gier 78; -verkehr 69, 91; -wirtschaft 34, 135
General/staaten 124f., 207; -stände 109, 113, 127, 157f.
Gerichtsordnung Kaiser Karls V., Peinliche 148
Getreide/preise 56; -produktion 59
Gewohnheitsrecht 162
Gilden 60, 62, 81
„Glorious Revolution" 110, 113
„Goldene Bulle" 141, 146, 154
Gottes/dienst 195; -staat 91, 95, 177; -urteil 15
Griechisch (Sprache) 15, 17, 19, 27, 29, 82
Großkaufleute → Kaufleute
Grundherren 55, 58, 158, 162
„gute policey" → Polizei

Habsburger (Haus Habsburg) 70, 117, 118, 119, 124f., 126, 132, 141, 150–153, 205, 209f., 222, 223
Handel 21, 55, 66, 68, 91; -shäuser 69, 151
Handwerk/er 55, 57, 60, 67, 80, 138, 139
Heidelberger Katechismus 202f.
Heilige Schrift 12, 13, 17, 51, 52, 107, 168, 169, 170, 182, 199f.; → Bibel
Heiliges Römisches Reich Deutscher Nation 120, 141–166, 190, 192, 222
Hexen 78, 81, 85; „Hexen/bulle" 83, 87; „-hammer" 78, 83; -prozess(e) 88f., 144; -verfolgung, -wahn 82f., 87–90
Hofrat (Zentralbehörde) 160f.
House of Commons 110–116; - of Lords 110–116
Hugenotte 133, 177, 205, 207; -kriege 100, 207
Humanismus 6, 14, **16**, 31; Humanisten 22, 23, 26, 59, 82, 169
Humanitas, Humanität 17f.
Hundertjähriger Krieg 100, 102, 106f., 110f.
Hunger, -snöte 55f., 220
Hussitenkriege 118

Inquisition 36, 41, 51, 52, 101f., 206
Italien 6, 22, 33, 40, 78, 188

Jag(i)ellonen 118, 150
Jesuiten, -orden 198–200, 209
Juden 100; -schutz 158
Juristen 162f.; Justiz 104

Kaiser 91, 195, 214; -krönung 152; -tum 141, 150f.
Kapital 66, 67, 70, 72, 77, 128; Kapitalismus 77f.
Kartografie 24f.
Kastilien 101, 104
Katholiken 133, 192, 200, 208, 214f.; katholische Kirche 198f., 205; Katholizismus 205, 207, 213
Kaufleute 39, 42, 55, 60, 66, 67, 71, 73, 75, 80
Ketzer/ei 87f.; -gesetze 206
King in Parliament 110, 113
Klimaverschlechterung 55f.
Kloster, Klöster 23, 42, 140, 158, 160, 162, 203, 211; -bibliotheken 14 f
Kommunalismus **203**
Konfessionen 167–204; Konfessionalisierung 194–204; Konfessions/bildung 194–204; -streit 195
Konföderationsakte (Böhmen) 121f.
König von Böhmen 117, 119–121; - von England 110–116; - von Frankreich 106–109; - von Polen 117, 119, 122f.; - Spanien 104f.; Königswahl, deutsche 146
Konsistorium 176, 177, 196
Kredit(e) 66, 71
Kunst, Künste 14, 53; Künstler 16, 34, 39, 40; Kunstrevolution 40f.
Kurfürsten 55, 142; -kolleg(ium) 146, 150

Landesherrschaft 159f.
Land/stände („Landschaft") 161, 166; -tag 162
Landwirtschaft 135, 138
Latein (Sprache) 15, 17, 20, 25, 29, 82; -schule 25
Lehen 149f.
Leibeigen/e, -schaft 55, 58, 158, 187
Libertät **213**
Liberum Veto 117, 118
Lohn, Löhne 56, 59, 70; -arbeit 135
Lord Protector 112f.
Lutherbibel 170; Luthers Thesen 168; lutherische Kirchen 194–198
Luxus, -artikel, -güter 68, 77, 96, 135

Macchiavellismus 132f.
Mädchen/bildung, -erziehung 30, 79
Magna Charta Libertatum 110
Maler/ei 10f., 31f., 35ff., 39
Manierismus **35**
Mathematik/er 19, 46, 49, 52, 53, 139
Mäzene 8, 31, 34, 39
Medizin/er 43, 47, 48, 139

Memminger „Zwölf Artikel“ 186
Mennoniten 178
Mensch 18, 20, 30, 32, 49, 133, 136, 139, 187; Menschlichkeit 17f.
Missernte 55f.
Mittelalter 20, 39, 55
Monarchie 96, 103, 107f., 111, 122, 133, 149f., 152f., 155f.
Mönch/tum 11f., 23, 42
Monopol/gesellschaften (Monopolia) 73–75
Morisken (Moriskos) 102
Moslems 100f.
Mühlberg, Schlacht bei 191
Münster 205, 221
Münzrecht 137, 151, 158
Müßiggang 59, 63f.
Mythologie 32

Nahrungsmittel 57, 59, 68, 92
Natur/gesetze 7, 10f., 17, 32, 41ff., 51, 137; -philosophie 41; -wissenschaften 19, 42, 50, 51, 53
Neapel 24, 95, 99; -, Königreich 153
Neues Testament 9, 13, 15, 17, 83, 170, 186; → Bibel
Niederlande 8, 22, 68, 77, 83, 96, 124–129, 177, 205–207, 210, 222f.
Nonnen 81f.
Nürnberg 68, 75, 147, 160, 195

Oberhaus 110–116
Osmanisches Reich 119, 143, 151, 152f., 189
Osnabrück 205, 221, 225–227
Ostindische Kompanie 128f., 206

Papst 91, 95, 102, 111, 171, 196; -tum 153
Parlament **113**; - (Deutsches Reich) 113; - (England) 110, 113ff.; - (Frankreich) 113
Passauer Vertrag 215
Patriziat, Patrizier 31, 57, 66, 94
Pest 40, 55f., 58, 93
Petition of Right 110f., 114
Philosophen, Philosophie 9, 14, 15, 19, 20, 23, 27, 47, 49, 52, 82, 156
Physik 46, 51, 52
Polen 22, 117–119, 122–124, 141, 177; -, Teilungen 117f.
Politik 21, 167, 188–193
Polizeigesetze 145, 162, 203; -ordnung 164
Pommern 205, 211, 222–224
Portugal 100f., 212
Post **26**
Prag 22, 205, 209f., 211; Prager Fenstersturz 205, 209; - Frieden 216f.
Presbyterianer 177
Primogenitur 160
Protestanten 188, 190, 200, 206, 208, 211, 214f.; Protestantismus 77f., 198
ptolemäisches System 54
Puritaner 177, 206; Puritanische Revolution 110

Raubrittertum 63
Rechtfertigungstheologie 168f.
Recht/sprechung 162; -sstaat 148
Reconquista 100f.
Reformation 26, 82, 83, 104, 167–204; -stheologie 175; Reformatoren 59, 79, 176, 194; Reformierte Kirche 176; reformierte Kirchen 202f., 208
Regensburger Reichstag 195
Reich **145**; Reichs/abschied 174; -acht 167, 191, 213; -ämter 152; -fürsten 55, 213; -handwerksordnung 165; -hofrat, Wiener 144; -justiz 161; -kammergericht 141–144, 161; -kreise 141–144, 213; -polizeiordnungen 145; -rat 146; -recht 145; -reform 146f.; -regiment 147, 152; -ritter 55, 144, 162; Reichsstädte 143; -kollegium 146; Reichs/stände 70, 141–144, **146**, 150, 189, 195, 211, 213, 216, 221; -standschaft 160; -steuer 143; -tag(e) 71, 141–144, 146, 160, 195; -verband 213; -verfassung 146, 151, 160
Religion 167, 188–193; -sfreiheit 207; -kriege 134, 191, 207, 222
Renaissance 6, 14, **16**, 20f., 31, 39, 40f., 43, 91; -fürst 35
Republik 95, **96**, 97, 110, 131, 133
Restitutionsedikt 205, 211, 215, 217
Revolution 184; -, Französische 96, 104
Rhetorik 19, 23, 82
Ritterschaft 62f.
Rohstoffe 57, 68
Rom 23, 99, 153, 199; Römisches Recht **162–163**
Roundheads 112
Rütlischwur 129

Sachsen 199, 217, 222
Sakramente 169
Schmalkaldischer Bund 167, 188f., 190; - Krieg 188f.
Scholastik **9**, 11f; Scholastiker 23, 27
Schulen 25f.
Schwabenkrieg 124; Schwäbischer Bund 184
Schweden 119, 211f., 213f., 217, 221–224; schwedischer Krieg 211; schwedisch-französischer Krieg 212
Schweiz 83; Schweizer Brüder 177; - Eidgenossenschaft (Confoederatio Helvetica) 96, 124, 126f., 129f., 222; Schweizerkrieg 124
Schwyz 126, 129, 175
Sejm 117f., 123
Sieben freie Künste 22f.
Soldaten 217f., 220; Söldner 220; -heer 213, 217
Sonne 45, 50f., 52, 54; Sonnenstaat 132, 135, 139
Souverän/ität 133, 136f.
Sozialdisziplinierung **203**
Spanien 22, 100f., 104f., 149, 205f., 212, 222f.
Speyrer Reichstag 174, 185, 188
Spiritualisten 178, 194
Staat 141; Staatenbildung 91–140; Staats/bildung **104**, 161, 203, 213; -gewalt 137; -räson **136**, -souveränität 132
Stadt, Städte 55f., 59, 66, 67, 113, 158, 160, 209; Stadt/bürgertum 66; -republiken 34, 132, 134; -wirtschaft 57
Stand **60**; -, geistlicher 170; -, weltlicher 170
Stände 56, 105, 106–109, 117, 130f., 209; -gesellschaft **60**; -ordnung 55f.; Ständestaat **60**; - , Dualistischer 162, 165
stehendes Heer **213**
Steuern 98, 106–109, 128; Steuerstaat 143, 161
Stoiker 31
Sünde 167
Suprematsakte 110

Taufe 169; Täufer → Wiedertäufer
Territorialisierungsprozess 162; Territorialität 161; Territorial/herrschaft 158f.; -staat 133f., 162
Textil/erzeugung 68; -gewerbe 67; -produktion 80
Theologie, Theologen 8, 11f., 19, 23, 52
Thüringen 183f.
Toskana 91, 93, 96
Trienter Konzil 167, 190, 198–200
Tübinger Vertrag 163
Tuch/macherei 138; -weben 85
Tudor-Revolution 111
Tugend(en) 29, 133
Türken 24, 118, 143, 152f.; -krieg 152f.

Ungarn 151, 177
Union von Arras 124f., 207; - von Utrecht 124f., 207
Universalmonarchie 152f., 155f.
Universitäten 22
Universum 44f.
Unterhaus 110–116
Unterricht 139f.; -smethoden 30f.
Untertanen 137, 189, 204
Unterwalden 126, 129, 175
Uri 126, 129
Utopia, Utopien 134f., 138f.
Utraquisten 121

Vagabunden 63f.
Vatikan 94, 153
Venedig 24, 36, 91
Verfassung (Florenz) 93f.; - (Polen) 122f.
Verlags/kaufleute 91f.; -system 68f.

Wahl/kapitulationen 141, 151, 154; -königtum 209; -monarchie 141
Weltbild 44ff.
Westfälischer Friede(n) 125, 221
Wiedertäufer 82, **83**, 177, 181f., 194f.
Wien 26, 144f.
Wissenschaft/en, -ler 14, 40, 41, 53, 54
Wittenberg, Universität 167, 195
Woll/arbeiter 91, 93, 96f.; -industrie 91f.
Wormser Edikt 188; - Reichsmatrikel 141f.; - Reichstag 141, 144, 167, 170, 173, 174, 188
Wucher 73
Württemberg 162, 163

Zensur 16, 29, 135
Zentralgewalt(en) 91, 103, 133, 135
Zins/en 66; -verbot 69, 71
Zunft, Zünfte 57, **60**, 81, 91, 92f., 96; Zunftaufstand (Braunschweig) 61
Zürich 126, 127, 175, 181